U0872389

“一带一路”和境外投资
法律合规手册

英国 分册

招商局集团有限公司◎著
北京斐石律师事务所　担任顾问律师

法律出版社 LAW PRESS·CHINA
北京

图书在版编目(CIP)数据

"一带一路"和境外投资法律合规手册. 英国分册 / 招商局集团有限公司著. -- 北京 : 法律出版社, 2022
ISBN 978-7-5197-6319-0

Ⅰ. ①一… Ⅱ. ①招… Ⅲ. ①投资-金融法-英国-手册 Ⅳ. ①D912.29-62

中国版本图书馆 CIP 数据核字(2022)第 000315 号

"一带一路"和境外投资法律合规手册
(英国分册)
"YIDAI YILU"HE JINGWAI TOUZI FALÜ
HEGUI SHOUCE(YINGGUO FENCE)

招商局集团有限公司 著

责任编辑 董 昱
装帧设计 汪奇峰

出版发行 法律出版社
编辑统筹 法规出版分社
责任校对 张红蕊
责任印制 耿润瑜
经　　销 新华书店

开本 710 毫米×1000 毫米 1/16
印张 26.5 **字数** 560 千
版本 2022 年 11 月第 1 版
印次 2022 年 11 月第 1 次印刷
印刷 北京虎彩文化传播有限公司

地址:北京市丰台区莲花池西里 7 号(100073)
网址:www.lawpress.com.cn
投稿邮箱:info@lawpress.com.cn
举报盗版邮箱:jbwq@lawpress.com.cn
版权所有·侵权必究
销售电话:010-83938349
客服电话:010-83938350
咨询电话:010-63939796

书号:ISBN 978-7-5197-6319-0
定价:98.00 元

凡购买本社图书,如有印装错误,我社负责退换。电话:010-83938349

前　言

2020年1月31日，英国正式脱离欧盟。换言之，2020年是英国的脱欧元年。此书在英国的脱欧元年编写，对于已经或准备在英国投资的中国公司而言，具有非常重要的指导意义。

首先，对于在英国有经营活动或准备去英国投资的中国公司而言，英国脱欧会导致原来直接适用欧盟法律的领域转而适用英国本国法，使英国法律变得更为重要。例如，英国反垄断监管机构的执法行为在脱欧后会变得更加积极。举例来说，2018年10月，英国竞争和市场管理局对英国航空、西班牙比利亚航空、芬兰航空和美国航空的联营项目启动了调查，然而，该航线联营项目在2010年已经被欧盟委员会附条件批准，考虑到该条件于2020年到期且该条件到期时英国可能已经脱欧，英国竞争和市场管理局决定在2018年发起对该航线联营的反垄断调查。但假设英国没有脱欧，该航线联营只需要欧盟委员会审查，英国的单方调查不会出现。

其次，从长期来看，脱欧也会使原来英国与欧盟一致的法律逐渐变得更加本土化。例如，目前《2018年英国数据保护法》（Data Protection Act 2018）与欧盟的《通用数据保护条例》（General Data Protection Regulation, GDPR）的规定是一致的，但随着脱欧完成，英国的数据保护法律会逐渐发展成为独立的数据保护法律。

再次，因为脱欧，在英国有经营活动的中国公司，或者准备去英国投资的中国公司有必要系统地了解英国的相关法律和案例，而不能简单地套用欧盟的相关法律来解决问题。

最后，因为英国在一些传统行业具有全球领先的地位，英国在这些领域的立法和司法实践本身即具有全球示范作用。尤其是在一些行业，英国法和英国的仲裁机构都是首选的适用法律和争议解决机构，这一点在海商海事案件领域尤其明显。例如，国际上众多的保险赔偿协会（Protection And Indemnity Club）都要求其会员船东在签订航运合同时或者产生争议后，选择在伦敦仲裁解决，以有效控制和降低法律风险。大量的船东要获得保险赔偿协会的赔偿，就必须依照这些协会的指示在伦敦仲裁。中国船厂所接受的船舶订单中，大部分选择将争议提交伦敦海事仲裁员协会（London Maritime Arbitrators Association, LMAA）。

因此，本书旨在为已经和准备在英国投资的中国企业提供指导，以便其初步了解涉及英国的投资和日常运营的部分英国法律。然而，囿于字数和编者的水平，本书不可能将英国法律完全清晰地展示出来，故仅作初步介绍，其中不足之处，还望专家、同人指正。

名词缩写释义表

缩写	中英文全称
ACAS	劳动咨询、调解、仲裁委员会(The Advisory, Conciliation and Arbitration Service)
ADR	替代性纠纷解决机制(Alternative Dispute Resolution)
AEO	经认证的经营者(Authorised Economic Operator)
AO	审裁办公室(Adjudicator's Office)
APHA	动植物卫生署(Animal and Plant Health Agency)
ARP	适应报告能力(Adaptation Reporting Power)
ASC	适应小组委员会(Adaptation Sub – Committee)
BCRs	有约束力的公司规则(Binding Corporate Rules)
BCP	边境检查站(Border Control Post)
BEIS	商业、能源和工业战略部(Department for Business, Energy and Industrial Strategy)
BoE	英格兰银行(Bank of England)
BOT	建设—经营—转让(Build – Operate – Transfer)
BOTs	英国海外领地(British Overseas Territories)
BPTC	律师执业培训课程(Bar Professional Training Course)
BSB	大律师执业标准委员会(Bar Standards Board)
BSI	英国标准协会(British Standards Institution)
BT	英国电信公司(British Telecom)
BTI	具有约束力的关税信息(Binding Tariff Information)
CAC	中央仲裁委员会(Central Arbitration Commission)
CCA	气候变化协议(Climate Change Agreements)
CCC	气候变化委员会(Committee on Climate Change)
CCL	气候变化税(Climate Change Levy)
CDD	客户尽职调查(Customer Due Diligence)

续表

缩写	中英文全称
CEDR	有效争议解决中心(Center for Effective Dispute Resolution)
CFS	自由销售证书(Certificates of Free Sale)
CFSP	海关货运简化程序(Customs Freight Simplified Procedure)
CHED	一般健康入境文件(Common Health Entry Document)
CHP	热电联产(Combined Heat and Power)
CIF	成本加保险费加运费,指定目的港(Cost Insurance and Freight)
CIS	集合投资计划(Collective Investment Scheme)
CISG	《联合国国际货物销售合同公约》(the United Nations Convention on Contracts for the International Sale of Goods)
CITES	《濒危物种国际贸易公约》(Convention on International Trade in Endangered Species)
CLC	《1992 年国际油污损害民事责任公约》(The International Convention on Civil Liability for Oil Pollution Damage 1992)
CMA	竞争和市场局(Competition and Markets Authority)
CMC	案件管理会议(Case Management Conference)
CPI	消费者物价指数(Consumer Price Index)
CPIH	包括住房成本的消费者物价指数(Consumer Price Inflation Including Owner – Occupiers’ Housing Costs)
CPO	强制购买令(Compulsory Purchase Order)
CPS	碳价支持(Carbon Price Support)
CST	中国的北京时间(China Standard Time)
CVA	公司自愿整理（Company Voluntary Arrangement)
DBC	设计建造合同(Design and Build Contract)
DEFRA	环境、食品和农村事务部(Department for Environment, Food and Rural Affairs)
DFLU	药品和枪支许可管理局(The Drugs and Firearms Licensing Unit)
DIT	国际贸易部(Department for International Trade)
DPAs	暂缓起诉协议(Deferred Prosecution Agreements)
DPO	数据保护合规官(Data Protection Officer)
DSRs	数据主体的权利请求(Data Subject Requests)

续表

缩写	中英文全称
DWP	就业及养老金事务部(Department for Work and Pensions)
EA	自然署(Environment Agency)
EC	欧盟委员会(European Commission)
EC Treaty	《欧洲共同体条约》(Treaty Establishing the European Community)
ECC	工程和施工合同(Engineering and Construction Contract)
ECJU	出口管制联合机构(Export Control Joint Unit)
ECO	环境控制组织(Environmental Control Organization)
ECSC	工程和施工缩略版合同(Engineering and Construction Short Contract)
EDPB	欧盟数据保护委员会(European Data Protection Board)
EEA	欧洲经济区(European Economic Area)
EEIG	欧洲经济利益集团(European Economic Interest Grouping)
EHC	出口健康证书(Export Health Certificate)
EIA	《环境影响评估指令》(Environmental Impact Assessment)
EIS	企业投资计划(Enterprise Investment Scheme)
EP	环境许可证(Environmental Permits)
EPC	能源证书(Energy Performance Certificates)
EPO	欧洲专利局(European Patent Office)
EPR	环境许可制度(Environmental Permits Regime)
ES	环境报告(Environmental Statement)
ETF	交易基金(Exchange Traded Fund)
ETSF	外部临时存储设施(External Temporary Storage Facility)
FATF	金融行动特别工作组(Financial Action Task Force)
FCA	金融行为监管局(Financial Conduct Authority)
FCPA	《反海外腐败法》(Foreign Corrupt Practices Act)
FDI	外商直接投资(Foreign Direct Investment)
FIDIC	国际咨询工程师联合会(Fédération Internationale Des Ingénieurs Conseils,International Federation of Consulting Engineers)
FTA	自由贸易协定(Free Trade Agreement)

续表

缩写	中英文全称
GATT 1994	1994 年关税与贸易总协定(General Agreement on Tariffs and Trade 1994)
GDFC	绿色交易融资公司(Green Deal Finance Company)
GDPR	《通用数据保护条例》(Regulation 2016/679 of the European Parliament and of the Council of 27 April 2016 on the Protection of Natural Persons with Regard to the Processing of Personal Data and on the Free Movement of Such Data, and Repealing Directive 95/46/EC)
GMT	格林尼治标准时间(Greenwich Mean Time)
GP	普通合伙(General Partnership)
GPA	《政府采购协议》(Government Procurement Agreement)
G - SIIs	具有全球系统重要性的金融机构(Global Systemically Important Institutions)
HHSRS	房屋健康和安全评估系统(Housing Health and Safety Rating System)
HMCE	海关和消费税局(HM Customs and Excise)
HMO	多租户分租(House in Multiple Occupation)
HMRC	税务和海关总署(HM Revenue and Customs)
IAS (Accounts)	国际会计准则账目[International Accounting Standards (Accounts)]
IBC	中型建设合同(Intermediate Building Contract)
ICC	国际商会(International Chamber of Commerce)
ICE	土木工程师学会(Institution of Civil Engineers)
ICO	信息专员办公室(Information Commissioner's Office)
ICT	信息与通信技术(Information and Communications Technology)
IFRS	国际财务报告准则(International Financial Reporting Standards)
ILB	进口许可局(Import Licensing Branch)
IMO	国际海事组织(International Maritime Organization)
IPAFFS	产品、动物、食品和饲料进口系统(Import of Products, Animals, Food and Feed System)
IPO	知识产权办公室(Intellectual Property Office)
IR	国内税务局(Inland Revenue)
ISA	个人储蓄账户(Individual Savings Account)
ISCF	“产业战略挑战基金”(Industrial Strategy Challenge Fund)

续表

缩写	中英文全称
ISO	国际标准化组织(International Organization for Standardization)
ITAHC	内部贸易动物健康证书(Intra Trade Animal Health Certificate)
IUK	财政部基础设施局(Infrastructure UK)
IVP	诚信局(Integrity Vice Presidency)
JCT	联合合同委员会(The Joint Contracts Tribunal)
JMLSG	联合反洗钱指导小组(Joint Money Laundering Steering Group)
LBTT	土地和建筑交易税(Land and Buildings Transaction Tax)
LCIA	伦敦国际仲裁院(London Court of International Arbitration)
LibDems	自由民主党(Liberal Democrat Party)
LLMC	《1976 年海事赔偿责任限制公约》(The Convention on Limitation of Liability for Maritime Claims 1976)
LLP	有限责任合伙(Limited Liability Partnership)
LMAA	伦敦海事仲裁员协会(London Maritime Arbitrators Association)
LP	有限合伙(Limited Partnership)
LPC	法律实务课程(Legal Practice Course)
LTT	土地交易税(Land Transaction Tax)
MA	生育津贴(Maternity Allowance)
MARPOL	《1973 年国际防止污染公约》(The International Convention for the Prevention of Pollution 1973)
MPC	货币政策委员会(Monetary Policy Committee)
MRA	相互承认协议(Mutual Recognition Agreement)
MWBW	小型建设合同(Minor Works Building Contract)
NAP	国家行动计划(National Adaptation Programme)
NDS	国家药品管理局(National Drugs Control System)
NEC	新工程合同(New Engineering Contract)
NETP	未在英设立的应纳税义务人(Non – Established Taxable Person)
NICs	国民保险税(National Insurance Contributions)
NIEA	北爱尔兰环境署(Northern Ireland Environment Agency)

续表

缩写	中英文全称
NMW	最低工资标准(National Minimum Wage)
NRW	威尔士自然资源署(Natural Resources Wales)
NTI	致进口商的通知(Notices to Importers)
Ofcom	通讯管理局(The Office of Communications)
Ofgem	天然气电力市场办公室(The Office of Gas and Electricity Markets)
Ofqual	资格及考试监督办公室(The Office of Qualifications and Examinations Regulation)
OFSI	金融制裁执行办公室(Office of Financial Sanctions Implementation)
OGA	油气管理局(Oil and Gas Authority)
OGIL	通用开放进口许可(Open General Import Licence)
O – SIIs	其他系统重要性的金融机构(Other Systemically Important Institutions)
PAYE	发薪时扣除制(Pay As You Earn)
PEACH	园艺营销检查机构的证书电子申请程序(Procedure for Electronic Application for Certificates from the Horticultural Marketing Inspectorate)
PEP	个人股本计划(The Personal Equity Plan)
PF2	新型私人融资(Private Finance 2)
PFI	私人融资计划(Private Finance Initiative)
PIMs	独立调解员组织(Panel of Independent Mediators)
PPP	政府和社会资本合作(Public Private Partnership)
PRA	审慎监管局(Prudential Regulation Authority)
PSW	“毕业生工作”(Post – study Work)
PUK	英国合作伙伴关系组织(Partnership UK)
QBD	皇座法庭(Queen’s Bench Division)
QUB	贝尔法斯特女王大学(Queen’s University Belfast)
R& D	研究与发展项目(Research and Development)
RBS	苏格兰皇家银行(The Royal Bank of Scotland)
RHI Scandal	“可再生热能激励项目丑闻”(Renewable Heat Incentive Scandal)
RIN	标记号码(Reference Identification Number)

续表

缩写	中英文全称
RIS 1	“第一期道路投资计划”(The First “Road Investment Strategy”)
Rome 1980	《1980年欧共体关于合同法律适用的罗马公约》(EC Convention on the Law Applicable to Contractual Obligations 1980)
RPG	区域规划指南(Regional Planning Guide)
RPI	零售价格指数(Retail Price Index)
RQFII	人民币合格境外机构投资者(RMB Qualified Foreign Institutional Investor)
RSS	区域空间战略(Regional Spatial Strategy)
SBC	标准建设合同(Standard Building Contract)
SBC/AQ	估量合同(SBC with Approximate Quantities)
SBC/Q	定量合同(SBC with Quantities)
SBC/XQ	未知工程量合同(SBC without Quantities)
SBEE	小企业和雇佣法(The Small Business, Enterprise and Employment Act)
SCC	标准合同条款(Standard Contract Clause)
SE	欧洲股份有限公司 (Societas Europapaes)
SEA	《战略环境评价指令》(SEA Directive)
SEIS	种子企业投资计划(Seed Enterprise Investment Scheme)
SEPA	苏格兰自然保护署(Scottish Environment Protection Agency)
SFO	严重欺诈办公室(Serious Fraud Office)
SMP	法定产假金(Statutory Maternity Pay)
SNP	苏格兰民族党(Scottish National Party)
SOGA 1979	《1979年货物买卖法》(Sale of Goods Act 1979)
SOLAS	《国际海上生命安全公约》(International Convention for Safety of Life at Sea)
SOSREP	海上救助和干预代表国务大臣(The Secretary of State's Representative for Maritime Salvage and Intervention)
SPV	特殊目的实体(Special Purpose Vehicle)
SQE	事务律师资格考试(Solicitors Qualifying Examination)
SRA	律师监管局(Solicitors Regulation Authority)
SSE	股权豁免(Substantial Shareholdings Exemption)

续表

缩写	中英文全称
SSP	法定带薪病假（Statutory Sick Pay）
TCTA	《2018 年税收（跨境贸易）法》[Taxation（Cross – border Trade）Act 2018]
TDP	承租人押金保护（Tenancy Deposit Protection）
TOCs	铁路运营公司（Train Operating Companies）
TRACES	贸易控制系统（Trade Control and Expert System）
TRIPS	与贸易有关的知识产权协定（Agreement on Trade – Related Intellectual Property Rights）
UCAS	大学和学院招生服务中心（Universities and Colleges Admissions Service）
UCC	《联合海关法典》（Union Customs Code）
UDC	城市发展公司（Urban Development Corporations）
UK GAAP	英国公认会计原则（Generally Accepted Accounting Practice in the UK）
UKBA	英国《2010 年贿赂法》（Bribery Act 2010）
UKEF	英国出口融资部（UK Export Financing）
UKELA	英国环境法协会（UK Environmental Law Association）
UKIP	英国独立党（UK Independence Party）
UNCTAD	联合国贸易和发展会议（United Nations Conference on Trade and Development）
VOA	估价办公室（Valuation Office Agency）
WRC	《2007 年内罗毕国际残骸清除公约》（Nairobi International Convention on the Removal of Wrecks 2007）
WTO	世界贸易组织（World Trade Organization）

目　录

第一篇　英国概况

第二篇　与企业运营有关的英国法律

第三篇　外国企业英国投资实务

第一篇

英国概况

第一章

英国社会概况

第一节 地理和资源

一、地理

(一)位置

英国地处西欧,由大不列颠岛上的英格兰、苏格兰、威尔士以及爱尔兰岛东北部的北爱尔兰共同组成,隔北海、多佛尔海峡、英吉利海峡与欧洲大陆相望。

英国纬度为北纬 50°—58°,经度为东经 2°到西经 7°。英国被北海、英吉利海峡、凯尔特海、爱尔兰海和大西洋包围,东临北海,面对比利时、荷兰、德国、丹麦和挪威等国,西邻爱尔兰,横隔大西洋与美国、加拿大遥遥相对,北过大西洋可达冰岛,南穿英吉利海峡行 33 公里即为法国。英国国土面积为 24.41 万平方公里(包括内陆水域),其中英格兰地区 13.04 万平方公里、苏格兰 7.88 万平方公里、威尔士 2.08 万平方公里、北爱尔兰 1.41 万平方公里。

在不同的历史时期,英国所处的地理位置对英国的发展有着不一样的影响。当世界航海业不发达,且欧洲的经济、文化中心集中于地中海沿岸时,英国被认为处在世界的边缘,大洋限制了它的发展。地理大发现后,国际贸易中心地带逐渐由地中海转移到大西洋,而英国恰好利用其交通枢纽的地理位置优势,促使其经济得到较快发展。目前,英国仍处于世界重要工业带的关键部位——北美与西欧两个工业带之间,西欧与亚、非之间联系的航路都经过英国或其周围,这对于英国现代经济的发展十分有利。

与此同时,英国的地理位置也有利于农作物生长和内河航运业的发展,再加上其海岸漫长且曲折,多优良且不封冻的港湾,十分有利于海上运输业的发展,英国在其东北海沿岸已建成多个重要港口。同时,北海渔业资源丰富,是世界著名的渔场。北海海底拥有丰富的石油资源,是世界九大油田之一。这些都为英国的经济发展提供了有利条件。

英国处于世界零时区,使用格林尼治标准时间(Greenwich Mean Time,GMT)。冬季,英国实行冬令时,届时伦敦时间比中国的北京时间(China Standard Time,CST)晚 8 小时。夏季,英国实行夏令时,届时伦敦时间比中国的北京时间晚 7 小时。

（二）地貌

英国大部分地区的地形为低地、崎岖的丘陵与低矮的山脉，东部与东南部地区主要为平坦或平缓起伏的平原。英国的最高点位于苏格兰东北部的本尼维斯山，海拔4406英尺（1343米）。[1]

（三）气候

英国虽地处北纬50°以北，但受西风及北大西洋暖流的影响，冬暖夏凉，大部分地区不结冰，属温带阔叶林气候，通常最热时（7月）平均气温为19℃—25℃，最冷时（1月）平均气温为4℃—7℃。北部和西部的年降水量超过1100毫米，其中山区超过2000毫米，中部低地为700—850毫米，东部和东南部地区只有550毫米。英国每年2—3月最为干燥，10月至翌年1月最为湿润。[2]

二、资源

（一）人口

截至2019年10月18日，英国总人口为67,636,582人，年增长率为0.58%，人口密度为241.930人/平方千米。[3] 英国人口密度较大的城市有伦敦、伯明翰、曼彻斯特、利物浦、爱丁堡、格拉斯哥等。英国2016—2018年度的人口情况见表1-1。[4]：

表1-1　英国2016—2018年度人口情况

年份	2018	2017	2016
人口数（人）	67,141,684	66,727,461	66,297,944
年增长率（%）	40.62	10.65	40.66
年增长数（人）	414,223	429,517	437,798
移民数（人）	260,650	260,650	260,650
中值年龄（岁）	40.1	40.1	40.1
生育率（%）	1.84	1.84	1.84
人口密度（人/平方千米）	278	276	274
城市人口比例（%）	82.7	82.5	82.2

---

[1] J. Smith, *The Rough Guide to Scotland*, Rough Guides, Oxford - Brookes, 2017, p. 14.

[2] 中华人民共和国驻大不列颠及北爱尔兰联合王国大使馆：《英国国家概况》，载https://www.fmprc.gov.cn/ce/ceuk/chn/yggk/t687647.htm，最后访问日期：2019年10月11日。

[3] Worldometer, *U. K. Population (Live)*, Accessed on October 18, 2019, https://www.worldometers.info/world-population/uk-population/.

[4] Ibid.

续表

年份	2018	2017	2016
城市人口数(人)	55,521,226	55,025,421	54,529,375
英国占世界人口比例(%)	0.88	0.88	0.89
世界人口数(人)	7,631,091,040	7,547,858,925	7,464,022,049
英国人口世界排名	21	21	21

(二)水资源

英国河川多年平均径流量约为1590亿立方米,人均占有量约为2700立方米。英国工业化程度很高,水资源开发利用主要是为了改善城乡人民的生活用水,发展工业、内河航运、水产养殖和水上旅游等。饮用水的质量很高,有3/4采自山中的湖水、水库蓄水以及河流,另外大约有1/4是地下水。同时,英国对污水处理非常重视,污水处理已达到很高水平,自1973年以来污水处理已成为整个供水系统的一部分。英国已成为国际上城市水业民营化、市场化的代表之一。

(三)动植物资源

英国动物资源丰富。2007年英国政府开始实施野生动物保护计划,截至2007年,英国有1149种濒临灭绝的野生动物,刺猬、收割鼠、大西洋鲑和麻雀首次被列入其中。英国政府的这一野生动物保护计划名为《生物多样性行动计划》,其中收录了需要保护的哺乳动物、鸟类、昆虫、菌类等的名单。[1]

英国15世纪以前曾是一个森林资源丰富、木材足以自给的国家。产业革命以后,滥垦滥伐、毁林放牧等行为使森林资源几乎丧失殆尽。第一次、第二次世界大战后,英国通过立法,制定了恢复森林资源的长远规划,推进人工造林,逐渐使森林覆盖率恢复到较好的水平。2017年,英国森林覆盖面积为317万公顷,占本土面积的13%。英国的森林计划宗旨是保护森林资源和自然环境,并计划在21世纪中叶,使英格兰的绿化面积增加1倍,使威尔士的林地面积增加50%。

(四)矿藏资源

英国的矿产资源主要有煤、铁、石油和天然气,铁的蕴藏量约为38亿吨。西南部康沃尔半岛有锡矿以及非金属矿物,包括石灰石、白垩、板岩、黏土和富勒土;在柴郡和达腊姆蕴藏着大量石盐;斯塔福德郡有优质黏土;康沃尔半岛出产白黏土;奔宁山脉东坡出产白云石;兰开夏西南部施尔德利丘陵附近蕴藏着石英矿。

英国硬煤总储量为1700亿吨。煤炭曾是对英国经济至关重要的燃料,但其重要性呈逐渐下降的趋势。发电厂是煤炭行业的主要客户,但随着其他燃料使用量的增长,

〔1〕 中华人民共和国驻大不列颠及北爱尔兰联合王国大使馆:《英国国家概况》,载 https://www.fmprc.gov.cn/ce/ceuk/chn/yggk/t687647.htm,最后访问日期:2019年10月11日。

以及越来越多煤矿因为经营亏本而关闭，煤炭行业面临着相当大的压力。

北海石油的发现，促成了英国石油开采领域的迅速发展。自1975年开始生产以来，石油产值逐年递增，在石油方面几乎实现了自给自足，现在已成为石油出口国。20世纪90年代末，英国已探明的石油储量约为7亿吨。21世纪初，英国的石油平均日产量接近300万桶，成为世界上最大的产油国之一。[1]石油收益为英国的财政收支平衡作出了极大贡献。

自1967年天然气开始大量供应以来，英国在全国铺设了配气输送管道网络，石油天然气已经取代了原本以煤为基础的燃料形式。20世纪90年代末，英国已探明的天然气储量估值为26.8万亿立方英尺(7600亿立方米)。[2]

石油、天然气的自给自足以及煤炭能源的开采减少已经改变了英国传统的能源行业。另外，英国传统的蒸汽发电站为全国供应了大部分的电力，核燃料对国内电力的供应量略有扩大，而水力发电的供应量占据了很小的部分（主要为苏格兰地区）。

第二节　政治制度

一、宪法

与绝大多数国家的宪法不同，英国的宪法并不是一个独立的文件，而是主要由成文法、习惯法、惯例等组成。《1215年大宪章》（The Great Charter 1215）、《1679年人身保护法》（Habeas Corpus Act 1679）等均构成英国宪法的一部分。

二、政体

英国的政体为君主立宪制。国王/女王是国家元首、最高司法长官、武装部队总司令和英国圣公会的“最高领袖”，形式上具有任免首相、各部大臣、高级法官、军官、各属地的总督、外交官、主教及英国圣公会的高级神职人员等权力，并有召集、停止和解散议会，批准法律，宣战媾和等权力，但实权掌握在内阁手中。

三、议会

（一）中央议会

英国议会迄今已有600多年的历史，被称为世界“议会之母”。中央议会是英国的最高立法机构，由君主、上院和下院组成，在宪法、税收、外交政策、国防与国家安全等方面享有最高立法权。

君主为国王/女王。

---

〔1〕 Barry Cunliffe, *The Penguin Illustrated History of Britain and Ireland: From earliest times to present day*, Penguin 2004, p.19.

〔2〕 J. Smith, *The Rough Guide to Scotland*, Rough Guides, Oxford - Brookes, 2017, p.77.

上院也称贵族院，由王室后裔、世袭贵族、终身贵族、上诉法院法官和教会大主教及主教组成。1999 年 11 月，上院改革法案通过，除 92 名留任外，其余世袭的 600 余名贵族失去上院议员资格，非政治任命的上院议员将由专门的皇家委员会推荐。

下院也称平民院，议员由普选产生，采取最多票当选的小选区选举制度，任期 5 年，但政府可决定提前大选。随着英国资产阶级力量的不断壮大，上院权力在历次议会改革中逐渐被削弱，下院成为国家核心立法机构和各党派角逐的场所。1911 年，英国通过新的《议会法》，进一步巩固了下院权力，确立了现行议会制度。

（二）地方议会

除了位于伦敦的中央议会外，英国也有地方议会，分别为苏格兰、威尔士以及北爱尔兰地方议会。

英格兰缺乏独立的地方议会，中央议会对英格兰拥有完全的立法和行政控制权，地方议会只能因地制宜地修改这些立法，但地方议会的具体权责范围也可由中央议会决定增大或缩小。

苏格兰议会于 1999 年 5 月选举成立，其在地方政务、司法、卫生、教育、经济等方面享有一定的立法权和行政权，并享有部分征税权，可将所得税的基本税率浮动 3%。与英国议会下议院的议员最多票当选的小选区选拔方式不同，苏格兰议会议员按比例代表制选出。

威尔士议会同样于 1999 年 5 月选举成立，但是直到 2011 年议会才获得了直接立法权。该议会主要在就业、卫生、教育和环境等问题上拥有决策权，但没有调整税率的权力。威尔士同样通过比例代表制选出议会议员。

北爱尔兰议会在 1991 年年底获得了有限的立法权和行政权[1]，其同样按比例代表制选出议会议员。北爱尔兰议会有权处理农业、经济、教育、环境、卫生和社会服务等事务。1998 年 4 月 10 日，英国和爱尔兰政府及北爱尔兰冲突各方签署和平协议，英国向北爱尔兰移交了地方事务管理权，爱尔兰放弃对北爱尔兰领土的主权要求，之后选举产生了北爱尔兰地方议会。2010 年 2 月，民主统一党和新芬党就移交警务和司法权问题达成协议，北爱尔兰的警务和司法权从中央议会移交至北爱尔兰地方议会。2017 年北爱尔兰议会领导层内部出现政策分歧，并发生"可再生热能激励项目丑闻"(Renewable Heat Incentive Scandal, RHI Scandal)后，议会首席大臣马丁·麦吉尼斯辞职，议会宣布解散。截至 2019 年 10 月，北爱尔兰议会仍处于一个中止运作的状态，北爱尔兰事务暂由中央政府直接管理。

因此，英国被认为是一个权力下放的单一制国家，中央议会与地方议会的关系是在中央集权控制下的地方有限分权，地方议会的立法权受到限制。而在联邦制国家中，地方议会的地位得到宪法承认，其权限范围和职责都有明确保障，中央议会无权随意剥夺这些权力。

---

〔1〕 Brain Doolan, *Principles of Irish Law*, Gill & MacMillan, 2011, p. 56.

四、政府

（一）中央政府

英国中央政府实行内阁制，在议会中占多数席位的政党领袖，由国王或女王任命出任首相并组成内阁，对议会负责。中央政府负责外交、国防、社会保障和整体的经济政策规划。中央政府提出的任何议案如果未获议会通过，将可能面临议会的不信任投票，而这项不信任投票一旦通过，将迫使首相宣布辞职，或解散议会，重新举行大选。

中央政府部门包括内阁部门（Ministerial Departments）和非内阁部门（Non Ministerial Departments）。

内阁政府部门共有 23 个（统计截至 2021 年 11 月 17 日），包括：总检察长办公室（Attorney General's Office），内阁办公室（Cabinet Office），商业、能源与产业战略部（Department for Business, Energy & Industrial Strategy），数字、文化、传媒与体育部（Department for Digital, Culture, Media & Sport），教育部（Department for Education），环境、食品与农村事务部（Department for Environment Food & Rural Affairs），国际贸易部（Department for International Trade），运输部（Department for Transport），就业及养老金事务部（Department for Work & Pensions），住房、社区和地方政府部（Department for Levelling Up,Housing & Communites），健康与社会保障部（Department of Health & Social Care），外交、联邦及发展事务部（Foreign Commonwealth & Developemnt Office），财政部（HM Treasury），内政部（Home Office），国防部（Ministry of Defence），司法部（Ministry of Justice），北爱尔兰办公室（Northern Ireland Office），苏格兰总检察长办公室（Office of the Advocate General for Scotland），下议院领袖办公室（Office of the Leader of the House of Commons），上议院领袖办公室（Office of the Leader of the House of Lords），苏格兰国务卿办公室（Office of the Secretary of State for Scotland），威尔士国务秘书办公室（Office of the Secretary of State for Wales），英国出口融资局（UK Export Finance）。

非内阁部门有 20 个（统计截至 2021 年 11 月 17 日），包括：慈善委员会（The Charity Commission），竞争和市场局（Competition and Markets Authority），皇家检察署（Crown Prosecution Service），食品标准局（Food Standards Agency），林业委员会（Forestry Commission），政府精算部（Government Actuary's Department），政府法制部（Government Legal Department），土地登记管理局（HM Land Registry），税务和海关总署（HM Revenue and Customs, HMRC），国家储备银行（National Savings and Investments），国家档案局（The National Archives），国家犯罪调查局（National Crime Agency），铁路和公路办公室（Office of Rail and Road），天然气电力市场办公室（The Office of Gas and Electricity Markets, Ofgem），资格及考试监督办公室（The Office of Qualifications and Examinations Regulation, Ofqual），教育标准办公室/教育，儿童服务和技能标准办公室（The Office for Standards in Education, Children's Services and Skills, Ofsted），严重欺诈办公室（Serious Fraud Office），英国最高法院（Supreme Court of the United Kingdom)，英国统计局（UK Statistics Authority），水务管理局（The Water Services Regulation Authority）。

（二）地方政府

英国地方政府有苏格兰政府、威尔士政府和北爱尔兰政府。地方政府管理本地事务相对自治，中央政府与地方政府的关系体现为财权集中、事权分散，地方政府只有在执行中央政府的方针政策和规划时，才接受中央政府的指导和监督。

如上所述，英国政府由议会选举产生，同样，地方政府的一切职能均由议会通过法律予以确定。各级地方政府的组织形式为地方政府委员会，真正的权力由地方政府委员会中的多数党领袖掌握，而具体的执行又由政府委员会下属的各分支委员会主席掌控。

苏格兰政府成立于1999年，随着苏格兰议会第一次选举而产生、成立，并为苏格兰议会的行政机关，当时称为"苏格兰行政院"。苏格兰政府负责《1998年苏格兰法》（Scotland Act 1998）中未明确规定的政府事务，明确规定的事务由议会负责。苏格兰政府由首席部长领导，首席部长由苏格兰议会选出，并由苏格兰君主委任，其任职后可向苏格兰议会提名众内阁大臣及次官（Junior Ministers）。

威尔士政府成立于1999年，由威尔士首席部长联合其他从议员中选举产生的议会部长共同组成。威尔士政府负责威尔士政策发布和财政预算，受立法机关监督。2007年3月，根据《2006年威尔士政府法》（Government of Wales Act 2006），负责立法的威尔士议会和负责行政的威尔士政府彼此分离。

1998年4月10日，北爱尔兰选举产生北爱尔兰地方议会，推举成立由北爱尔兰多党分享权力的北爱尔兰自治政府，行使除国防、外交和税收之外的立法权和行政权。由于北爱尔兰各派在缴械等问题上出现的争执，英国中央政府先后被迫4次中止北爱尔兰政府的运作。2007年5月8日，北爱尔兰各方经过艰苦谈判，就权力分配问题达成一致，北爱尔兰地方政府工作随后重启。2015年9月，北爱尔兰政府因爱尔兰共和军前成员遇刺事件引发危机，截至2019年10月，北爱尔兰地方政府尚未组阁。

第三节　行政与区划

一、概述

英国的领土由3种类型构成：4个联合王国组成的英国本土、3块皇室属地和15个海外领土。英国本土分为英格兰、苏格兰、威尔士和北爱尔兰4部分；英格兰划分为43个郡；苏格兰下设32个区，包括3个特别管辖区；威尔士下设22个区；北爱尔兰下设26个区。苏格兰、威尔士议会及其行政机构全面负责地方事务，中央政府则控制其外交、国防、宏观经济和货币政策、就业政策以及社会保障等；北爱尔兰议会及地方政府暂时中止运作，北爱尔兰事务暂由中央政府直接管理。

英国首都伦敦也称"大伦敦"（Greater London），位于英格兰东南部，跨泰晤士河下游两岸，是英国的政治、经济和文化中心，面积为1650平方公里，人口数量为800余万。自1965年起，大伦敦划分为32个伦敦自治市（London Borough）以及伦敦城（City of London），伦敦城音译作西堤区，又称为伦敦市和伦敦金融城，伦敦城的地方政府机构是伦敦城法团（City of London Corporation），其建制不同于英国其他的所有地方政府，其首长是伦敦城市长（与大伦敦城长是两个不同的职位）。同时，伦敦城是大伦敦的主要金融区，也是世界最大的金融中心之一，汇集了来自世界各国的金融机构和企业总部。

二、本土

英国本土主要由英格兰、威尔士、苏格兰和北爱尔兰4部分组成。以英格兰为例，英格兰共有四级行政区划：大区、郡、地区、教区。

第一级区划：大区（Region），共有9个大区。分别为大伦敦、英格兰东北、英格兰西北、约克郡—亨伯、中英格兰西、中英格兰东、东英格兰、英格兰西南、英格兰东南。

第二级区划：郡（County），分为6个都市郡（Metropolitan County）、34个非都市郡（Non－metropolitan）、41个单一管理区（Unitary Authority）。都市郡的人口在120万人至280万人之间；非都市郡人口在30万人到140万人之间；单一管理区是指只有单一层级，即不能再往下划分行政区，如怀特岛（Isle of Wight）。

第三级区划：地区（District），分为若干个都市区（Metropolitan District）和非都市区（Non－metropolitan District），以及由大伦敦划分出来的32个伦敦自治市和伦敦市。

第四级区划：教区（Parish）是一些小的村镇或者城市里的分区，类似中国的乡镇、街道办事处。

与英格兰相比，威尔士、苏格兰和北爱尔兰的行政区划较为简单，均实行一元行政单位。威尔士有22个行政单位，包含郡、市和郡级自治市镇，首府在加的夫（Cardiff）；苏格兰有32个统一管理区，首府是爱丁堡（Edinburgh）；北爱尔兰有26个区（也称自治区、自治市镇），首府位于贝尔法斯特（Belfast）。

三、皇室属地

英国皇家属地（Crown Dependencies）共3块，包括根西岛、泽西岛（合称海峡群岛Channel Islands）以及马恩岛（Isle of Man）。它们不是独立主权国家，奉英王为君主，但不正式属于联合王国，拥有独立议会及司法机关，亦非欧盟成员国，但借由特别条款成为欧洲关税区成员，享有商品货物贸易自由流动等权益。

四、海外领土

英国海外领地（British Overseas Territories，BOTs）共有15块，其主权归于英国，但不在大不列颠及北爱尔兰联合王国的版图内，分别为：阿克罗蒂里（Akrotiri）、安圭拉（Anguilla）、百慕大（Bermuda）、英属南极领地（British Antarctic Territory）、英属印度洋领地(British Indian Ocean Territory)、英属维尔京群岛(British Virgin Islands)、开曼群岛(Cayman Islands)、德凯利亚(Dhekelia)、福克兰群岛(Falkland Islands)、直布罗陀(Gibraltar)、蒙特塞拉特(Montserrat)、皮特凯恩—亨德森—迪西—奥埃诺群岛(Pitcairn, Henderson, Ducie and Oeno Islands)、圣赫勒拿—阿森松—特里斯坦—达库尼亚群岛(St Helena, Ascension and Tristan da Cunha)、南乔治亚和南桑威奇群岛(South Georgia and South Sandwich Islands)和特克斯和凯科斯群岛(Turks and Caicos Islands)。[1]

第四节 经济与发展

一、经济制度

英国经济采用宏观调控与市场机制相结合的方式,这种方式在发达国家非常具有典型性,被称为混合型市场经济[2],主要通过资源配置、产权制度和企业制度来进行体现。

资源配置方面:以市场经济为主,政府仅会在必要时采取宏观调控以使经济的发展归于正确轨道。

产权制度方面:采取公私混合的模式。公私混合经营的模式最初起源于英国。早在19世纪,就有英国的工程师提出在地方市政上采取特许经营的方式,引入个人资本和竞争机制来促进市场效率的提升[3]。第二次世界大战之后,英国曾有一段国有企业发展的黄金时期,但国有企业从未在英国经济中占据主导地位。撒切尔夫人执政时期,英国进行了轰轰烈烈的国有企业民营化改造运动,有上百家大型国有企业实现了民营化改造,仅在1979—1989年的10年时间里,英国国有企业的总资产就减少了45%[4]。

企业制度方面:在英国,每个人都可以经依法登记设立及经营企业,企业的组织形式较为多元自由,包括公司、合伙企业等类型。

二、宏观经济

2013年以来,英国经济逐步走出金融危机带来的阴影,经济有所复苏。2019年,受英国脱欧日期几次推迟影响,英国经济在2019年波动明显,并延续了近几年来的放缓

---

〔1〕 UK Government, Accessed on October 18, 2019, https://www.gov.uk/government/uploads/system/uploads/attachment_data/file/541077/territory - names.csv/preview.

〔2〕《企业境外法律风险防范国别指引》系列丛书编辑委员会编:《企业境外法律风险防范国别指引——英国》,经济科学出版社2013年版,第6页。

〔3〕 邓沛琦:《中英混合所有制经济模式比较研究》,武汉大学2015年博士学位论文,第4页。

〔4〕《企业境外法律风险防范国别指引》系列丛书编辑委员会编:《企业境外法律风险防范国别指引——英国》,经济科学出版社2013年版,第7页。

趋势，GDP 仅增长 1.4%（见表 1－2）。

表 1－2 2013—2019 年英国经济情况

年份	GDP（亿美元）	同比增长（%）	人均 GDP（美元）
2013	27,195.09	1.9	42,407.37
2014	29,988.34	3.1	46,412.12
2015	28,610.91	2.2	43,929.69
2016	26,188.86	1.8	39,899.39
2017	26,224.34	1.7	39,869.30
2018	28,252.08	1.4	39,862
2019	28,271.13	1.4	42,300.3

资料来源：世界银行。

根据英国国家统计局数据统计，截至 2020 财年末（财年指 4 月至下年 3 月），英国广义政府总债务为 18,768 亿英镑，占 GDP 比重为 84.6%〔1〕。2019 年 11 月至 2020 年 1 月，英国失业率为 3.9%，与上年同期基本保持不变〔2〕。2019 年 12 月，英国 12 个月的包括住房成本的消费者物价指数（Consumer Price Inflation Including Owner－Occupiers' Housing Costs，CPIH）为 1.4%〔3〕。根据英国财政部统计数据显示，截至 2019 年 10 月，英国政府外汇储备净资产为 717.15 亿美元〔4〕。

2019 年 12 月，国际评级机构标准普尔（S&P Global）对英国主权信用评级为 AA，展望为负面。2020 年 3 月，国际评级机构惠誉（Fitch Ratings）对英国主权信用评级为 AA，展望为负面。2020 年 5 月，国际评级机构穆迪（Moody）对英国主权信用评级为 Aa2，展望为稳定。

---

〔1〕 Office for National Statistics，*UK government debt and deficit：June* 2020，Accessed on October 27，2020，https://www.ons.gov.uk/economy/governmentpublicsectorandtaxes/publicspending/bulletins/ukgovernmentdebtanddeficitforeurostatmaast/june2020.

〔2〕 Office for National Statistics，*Labour market overview，UK：March* 2020，Accessed on October 27，2020，https://www.ons.gov.uk/employmentandlabourmarket/peopleinwork/employmentandemployeetypes/bulletins/uklabourmarket/march2020.

〔3〕 Office for National Statistics，*Consumer price inflation，UK：October* 2020，Accessed on October 27，2020，https://www.ons.gov.uk/economy/inflationandpriceindices/bulletins/consumerpriceinflation/latest.

〔4〕 Office for National Statistics，*Statistical Release：UK official holdings of international reserves－December* 2019，Accessed on October 27，2020，https://assets.publishing.service.gov.uk/government/uploads/system/uploads/attachment_data/file/855900/Reserves_Statistical_Release_－_December_19.pdf.

三、基础设施

英国拥有世界先进的交通运输网络，海陆空运输业发达，英国各城市间以及其与世界其他地区之间的交通方式呈现便捷、多样的特点。

（一）公路

根据英国交通部发布的《2018 年英国道路长度统计报告》（Road Lengths in Great Britain：2018 Report）显示，2018 年，英国道路总长度约为 246,700 英里。按道路类型，主干道为 31,800 英里，占公路总长度的 13%；非主干道为 214,900 英里，占公路总长度的 87%。主干道中高速路为 2300 英里、A 级公路为 29,400 英里，但收费高速路仅占总里程的 1%。除伯明翰北部 M6 处有约 43 公里长度的高速路收费外，其他均无收费。

自 20 世纪 80 年代末以来，超过 60% 的英国货物采用公路运输。据测算，从英国中心地区物流中心取货的卡车可以将货物在 24 小时内送往英国任何一个角落。[1] 2014 年 11 月，英国政府宣布施行"第一期道路投资计划"（The First "Road Investment Strategy", RIS 1），投资 152 亿英镑以改良 100 多条主干道路况，包括 A303 和纽卡斯尔北部 A1 等公路，这是英国近半个世纪来最大的道路建设工程计划，也是英国政府首次制定长期道路投资策略。2016—2017 年，在"第一期道路投资计划"项下英国政府已投资 20 亿英镑进行道路建设及维修，且另外投资 10 亿英镑对道路网进行建设。

（二）铁路

英国轨道交通发达，客货运输非常便利。许多人乘坐火车在英国各城市之间甚至大城市内部往来通行。通过欧洲之星和海峡隧道，英国铁路系统与欧洲大陆紧密相连。

英国铁路在体制上经历了从国有到民营化再到目前的国有与私有制并存的混合制发展格局。当前铁路实行网运分离，英国铁路网公司作为国企，负责英国铁路基础设施的建设和维护，而铁路运营则向私企开放特许经营。英国铁路历史悠久，发展融合度高，主要呈现以下特点：

站场高密度布局。据统计，英国全国有 2200 万人（总人口的 1/3）工作或居住在距离铁路 500 米的范围内。

综合开发、站城一体。例如伦敦桥火车站上盖了伦敦的最高建筑碎片大厦（The Shard），火车站周边 500 米的范围内，云集了大量商业、办公、文化娱乐等城市服务功能设施，已成为伦敦城的核心地带。

以人为本、通勤便利。例如为促进绿色低碳出行，铁路站场与城市地铁、公交和自行车均有很好的衔接，地铁的进站口与铁路候车大厅直接联通，而且自行车能够直接在铁路站台上骑行。

---

[1] 商务部国际贸易经济合作研究院、中国驻英国大使馆经济商务参赞处、商务部对外投资和经济合作司：《对外投资合作国别（地区）指南——英国（2018 年版）》，载 http://www.mofcom.gov.cn/dl/gbdqzn/upload/yingguo.pdf，最后访问日期：2019 年 10 月 12 日。

信息开放共享。英国铁路和公路办公室网站上，有关铁路的各类统计数据信息都可以轻松查询到，英国铁路网公司（Network Rail）和各家铁路运营公司（Train Operating Companies，TOCs）的日常经营、规划情况、年度报告等信息也都向社会公开。

目前，英国国家铁路网总长度达10，072英里。2019年度，英国的铁路乘客运输总里程数达到689亿公里[1]，客运量达到创纪录的1.755千万人次[2]，同比增长了3.0%，铁路旅客运输总收入达到103亿英镑，年收入增速创2014年来的最高水平（6.1%）。[3]

（三）空运

长期以来，航空业一直是英国经济的核心产业。在早期，航空业就已帮助英国在世界范围内建立了四通八达的运输网络。

根据英国运输部2018年发布的《航空2050战略》绿皮书（Aviation 2050 the Future of UK Aviation a Consultation：General Aviation Reports）[4]，英国已拥有欧洲最大的航空网络和世界第三大航空网络，航空业为英国经济贡献了至少220亿英镑，并提供了23万多个工作岗位。据估计，英国的航空客运量会从2018年的2.92亿人次增加至2050年的4.35亿人次。

英国共有60多个民用机场，其中35个机场年客流量在10万人次以上。2018年英国全部机场抵离旅客2.92亿人次[5]、货物吞吐量为264万吨。其中主要机场有6个，分别是伦敦希思罗机场（IATA代码：LHR）、盖特威克机场（IATA代码：LGW）、爱丁堡机场（IATA代码：EDI）、曼彻斯特机场（IATA代码：MAN）、利兹机场（IATA代码：LBA）、伯明翰机场（IATA代码：BHX）。伦敦希思罗机场作为世界主要航空枢纽，是全欧洲最繁忙的机场。2018年旅客吞吐量为8010万人次，居全球第7位。从中国北京、上海等地飞往伦敦的航班都会在伦敦希思罗机场着陆，飞行时间约为11～13小时。2018年，英国中央政府内阁批准了伦敦希思罗机场第三条跑道建设计划。

（四）水运

英国大小港口众多，其中100个为重要商业港口，52个港口年吞吐量在100万吨

---

〔1〕 Office of Rail and Road, *Table* 1230 – *Passenger kilometres*, Accessed on October 27, 2020, https://dataportal. orr. gov. uk/statistics/usage/passenger – rail – usage/table – 1230 – passenger – kilometres/.

〔2〕 Office of Rail and Road, *Table* 1220 – *Passenger journeys*, Accessed on October 27, 2020, https://dataportal. orr. gov. uk/statistics/usage/passenger – rail – usage/table – 1220 – passenger – journeys/.

〔3〕 https://dataportal. orr. gov. uk/statistics/usage/passenger – rail – usage/, Accessed on September 20, 2019.

〔4〕 Office of Rail and Road, *Passenger rail usage*, Accessed on September 20, 2019, https://www. gov. uk/government/publications/aviation – 2050 – the – future – of – uk – aviation – consultation – general – aviation – reports.

〔5〕 Civil Aviation Authority, *Airport data* 2018, Accessed on October 27, 2020, https://www. caa. co. uk/Data – and – analysis/UK – aviation – market/Airports/Datasets/UK – Airport – data/Airport – data – 2018/.

以上。年吞吐量达1000万吨的港口有：格里姆斯比—因明翰、伦敦、蒂斯—哈特浦尔、福斯、米尔福德—黑文、南安普顿、路维普、萨伦沃、菲力克斯托、多佛等。海运承担了95%的对外贸易运输，从英国多数港口向欧洲主要海港如阿姆斯特丹、布鲁塞尔、巴黎、汉堡等运送货物可1天到达，到马赛、法兰克福和米兰可2天到达。英国内河航运共3200公里，其中620公里用于货运。泰晤士河是最繁忙的内陆运河，其次为福斯河。2016年，英国港口吞吐量为4.73亿吨。[1]

（五）通信[2]

电信方面，英国电话网络发达，固定电话普及率为52.2%，移动电话覆盖率达99.8%。移动电话用户达到130.6部/百人，移动数据业务用户占29%。英国电信资费低，英国电信公司（BT）等电信运营商提供多种通话套餐服务。英国电信原是由英国邮政总局管理的英国国营电信公共事业，1981年实现了民营化，这一变化导致政府放松了对该电信部门的管制。但是，英国电信仍然是英国最大的电信公司，受到独立监管机构——通讯管理局（The Office of Communications, Ofcom）的监管。

邮政通信方面，英国邮政网络同样发达，各城市和乡村邮局林立，邮寄物品非常便利。截至目前，邮寄仍是英国人生活的重要组成部分。FedEx、UPS、DHL、TNT等快递公司在英国都有分支业务，在英国可以实现限时送达，到欧美可以实现1天送达，而到中国目前可以实现2天送达。

网络通信方面，英国拥有良好的信息网络基础设施。根据英国统计局数据显示，2019年，有87%以上的成年人几乎每天都在使用互联网服务，有84%的人通过使用手机、智能手机、笔记本电脑、平板电脑或手持设备等随时随地使用互联网服务。

（六）电力[3]

英国与爱尔兰、法国、荷兰已实现电网互联互通，有关企业还将实施与比利时、挪威、丹麦电网的互联互通。

2017年英国总的电力供应量为349.8TWh，其中，国内发电量335.9TWh，同比下降0.2%；净进口14.8TWh，占电力供应总量的4.2%。2017年英国电力消费350TWh，同比下降1.8%。根据英国商业、能源与产业战略部预测，到2025年英国电力终端消费预计为2856万吨标准煤，仅比2011年消费量高5%。

---

〔1〕 商务部国际贸易经济合作研究院、中国驻英国大使馆经济商务参赞处、商务部对外投资和经济合作司：《对外投资合作国别（地区）指南——英国（2018年版）》，载 http://www.mofcom.gov.cn/dl/gbdqzn/upload/yingguo.pdf，最后访问日期：2019年10月12日。

〔2〕 商务部国际贸易经济合作研究院、中国驻英国大使馆经济商务参赞处、商务部对外投资和经济合作司：《对外投资合作国别（地区）指南——英国（2018年版）》，载 http://www.mofcom.gov.cn/dl/gbdqzn/upload/yingguo.pdf，最后访问日期：2019年10月12日。

〔3〕 商务部国际贸易经济合作研究院、中国驻英国大使馆经济商务参赞处、商务部对外投资和经济合作司：《对外投资合作国别（地区）指南——英国（2018年版）》，载 http://www.mofcom.gov.cn/dl/gbdqzn/upload/yingguo.pdf，最后访问日期：2019年10月12日。

英国拥有完善的发电站、变电站网络和输电系统。2017 年，煤电发电量为 22.6TWh，所占份额持续下降；油电发电量为 10.75TWh；天然气发电量为133.3TWh；核能发电量为 70.3TWh；可再生能源（风电、光伏、生物质）发电量为 98.9TWh。2017 年，英国低碳发电（核电和可再生能源）比例首次超过一半，达到 50.4%。英国现有 10 座核电站，其发电量约占总发电量的 20.9%，到 2025 年，英国 40% 的电力供应将来自核能。政府高度重视风能、生物能、太阳能等可再生能源的开发和应用。

四、国内市场

英国是世界上人均消费水平最高的国家之一。根据英国统计局数据显示，2017 年英国全年消费品零售总额（包括汽车燃料）为 4057 亿英镑，同比增长 4.6%。

英国统计局公布的消费趋势报告（Consumer Trends, UK：January to March 2019）显示，2018 年英国居民最终消费支出总额达 1.34 万亿英镑。其中，食品及非酒精饮料消费支出占居民消费总支出的 8.02%、衣服鞋帽支出占 5.29%、住房支出占 26.27%、交通支出占 13.16%、住宿和餐饮支出占 9.32%、文化娱乐支出占 9.60%。英国 2019 年 8 月消费者物价指数（Consumer Price Index, CPI）同比增长 1.7%，增幅创 2016 年 12 月以来新低。

五、对外贸易

（一）贸易概况

英国作为贸易大国，外贸依存度较高，与 80 多个国家与地区建立了贸易关系。据联合国贸易和发展会议（United Nations Conference on Trade and Development, UNCTAD）发布的 2019 年《世界投资报告》显示，受“脱欧”影响，2018 年英国吸收外资总额 640 亿美元，外资流入大幅减少了 36%。世界经济论坛（World Economic Forum）《2019 年全球竞争力报告》（The Global Competitiveness Report 2019）显示，英国在全球最具竞争力的 140 个国家和地区中排名第 8 位。

根据英国国际贸易部 2018 年 8 月发布的《贸易和投资核心统计书》（Trade and Investment Core Statistics Book），2018 年英国进出口总额 1.32 万亿美元，同比增长 3.0%。其中，出口总额 6422 亿英镑，同比增长 2.1%；进口总额 6800 亿英镑，同比增长 3.9%；贸易逆差为 377 亿美元。

2018 年，英国前十大贸易伙伴分别为美国（14.7%）、德国（10.2%）、荷兰（7.2%）、法国（6.5%）、中国（5.3%）、爱尔兰（4.6%）、西班牙（3.8%）、比利时（3.7%）、意大利（3.4%）和瑞士（2.3%）。

2018 年，英国商品与服务出口前十大贸易伙伴分别为：美国（1182 亿英镑，18.6%）、德国（554 亿英镑，8.7%）、荷兰（440 亿英镑，6.9%）、法国（421 亿英镑，6.6%）、爱尔兰（383 亿英镑，6.0%）、中国（231 亿英镑，3.6%）、意大利（197 亿英镑，3.1%）、瑞士（196 亿英镑，3.1%）、比利时（194 亿英镑，3.1%）和西班牙（176 亿英镑，

2.8%);其中欧盟国家占45.6%,非欧盟国家占54.4%。主要出口商品为汽车及其零部件、机械发电机、医药制品、原油、航空器、成品油、有色金属、科学仪器、有机化学品、电器等。

2018年,英国商品与服务进口前十大贸易伙伴分别为:德国(773亿英镑,11.6%)、美国(724亿英镑,10.9%)、荷兰(491亿英镑,7.4%)、中国(454亿英镑,6.8%)、法国(428亿英镑,6.4%)、西班牙(323亿英镑,4.9%)、比利时(291亿英镑,4.4%)、意大利(248亿英镑,3.7%)、爱尔兰(219亿英镑,3.3%)和挪威(217亿英镑,3.3%)。其中欧盟国家占比53.1%,非欧盟国家占比46.9%。主要进口商品为汽车及其零部件、医药制品、成品油、服装、原油、音像设备及其零附件、电器等。

(二)服务贸易

2018年,英国服务贸易出口2834亿英镑,同比增长1.7%。其中,金融服务出口贸易612亿英镑,占21.3%;旅行服务出口贸易39.2亿英镑,占13.6%;运输服务出口贸易30.4亿英镑,占10.6%。

2018年,英国服务贸易进口总额1763亿英镑,同比增长6.4%。其中,旅行服务进口额572亿英镑,占31.8%;运输服务进口额238亿英镑,占13.2%;金融服务进口额191亿英镑,占10.6%。英国服务贸易顺差1071亿英镑,其中金融服务贸易贡献了顺差的40.15%。

六、金融环境

(一)概述

英国,尤其是首都伦敦,一直以来都是世界的重要金融中心。凭借深厚的贸易渊源、一流的专业人员、高质量的配套服务,以及语言、时区、法律监管等方面的优势,伦敦位居世界三大金融中心之列,在证券和外汇交易、海事和航空保险、债券保险和交易、银行间拆借等国际金融市场上均占有重要一席。根据2018年全球金融中心指数,伦敦在国际金融中心中位列首位,包括银行、保险、证券、债券及相关法律、咨询服务在内的金融服务业是英国国际收支平衡表中的最大单项顺差来源,就业人口超过100万人,涉及2万多家金融机构,具备丰富的金融服务生态。

近年来,中英金融合作不断加深。2012年,伦敦金融城启动离岸人民币业务中心计划。2013年6月,两国央行签署了规模为200亿英镑/2000亿人民币的中英双边本币互换协议。2013年10月,两国就人民币和英镑直接交易达成协议,伦敦投资者获800亿人民币的人民币合格境外机构投资者(RMB Qualified Foreign Institutional Investor,RQFII)额度。2014年6月,中国人民银行宣布中国建设银行负责伦敦人民币清算业务,中国建设银行成为首个可以在亚洲区外进行人民币清算的银行。2014年10月,英国政府成功发行30亿元、3年期人民币债券,为首个发行人民币主权债的外国政府,人民币也成为英国外汇储备货币之一。2015年,中国人民银行在伦敦发行50亿人民币计价的央行票据,首只人民币货币市场基金——中国建设银行上市交易基金

(Exchange Traded Fund, ETF)在伦敦证券交易所挂牌。此外，中国农业银行在伦敦发行10亿美元绿色债券，国家开发银行发行10亿美元和5亿欧元外币债券并在伦敦证交所上市。2016年3月，中国邮政收购苏格兰皇家银行(The Royal Bank of Scotland, RBS)交易所交易基金(Exchange Traded Fund, ETF)业务。2016年5月，中国工商银行控股子公司工银标准银行公众有限公司收购巴克莱银行(Barclays Bank)的伦敦贵金属仓库以及相关贵金属仓储业务。2016年5月，中国财政部在伦敦发行30亿人民币国债，是中国首次在国外金融市场发行人民币国债。2016年11月，第八次中英经济与财金对话发布《中英金融服务战略规划》，两国在资产管理、银行业、资本市场、保险业、绿色金融和“一带一路”项目融资等领域进行深入合作。2018年，汇丰银行(中国)有限公司获准在中国银行间债券市场开展境外非金融企业债务融资工具(“熊猫债券”)的主承销业务。

(二)金融服务业

金融服务业是英国经济的重要支柱产业。2017年，英国金融服务业对英国经济的贡献值为1190亿英镑，占英国经济总产出的6.5%，其中伦敦贡献了50%。金融服务业雇用员工110万人，占英国总就业的3.2%。2016年英国金融服务业出口额为610亿英镑，创造贸易顺差510亿英镑;2016—2017财年，金融服务业创造税收达273亿英镑。

英国金融服务业主要包括银行业、保险业、投资管理、股票市场、外汇市场、期货市场等。

伦敦证券交易所是全球国际化水平最高的证券交易所。证券交易所内交易正式上市的股票(包括政府债券、交易期权、股票指数期权以及货币期权)，适合小规模公司的非上市证券市场，以及针对小型非上市公司的第三市场。货币市场活动包括票据、存单、短期存款以及越来越多的英镑商业票据。

伦敦不仅拥有大量银行，并且是全球最大的保险市场和最大的再保险市场之一。英国保险业位居欧洲之最，全球第三，共有800多家经批准的保险公司，其中420家属于英国保险协会，航空与航海保险市场世界领先。

伦敦是世界主要外汇交易市场，日交易量达5000多亿美元，占全球交易量的30%;伦敦也是全球最大的场外金融衍生品交易市场、最大的基金管理中心，继芝加哥之后成为全球第二大期货与期权交易市场。

伦敦金属交易所是全球最大的金属交易所，成交的非铁金属占全球交易总量的90%以上;伦敦石油交易所是欧洲领先的能源交易所，作为国际主要原油交易的价格市场——布伦特原油交易量占全球交易量的2/3;伦敦还是全球最透明的黄金交易市场，也是全球黄金交易的结算中心;伦敦是主要的国际债券市场中心，在伦敦登记并以伦敦为基地的券商发行的债券占全球债券发行量的60%。

(三)当地货币

英国虽然是欧盟成员，但没有参加欧洲货币一体化，本币依然是英镑。英镑的英文为 Pound Sterling，符号为“£”。英格兰银行（Bank of England，BoE）发行英国全境通用的纸币。硬币则是由英国皇家铸币厂（The Royal Mint）制造发行。英国的货币单位换算目前采取1英镑等于100新便士（Penny）的十进位制。现流通的纸币面额有1英镑（仅苏格兰）、5英镑、10英镑、20英镑、50英镑和100英镑（仅苏格兰和北爱尔兰），硬币面额有1便士、2便士、5便士、10便士、20便士、50便士和1英镑。

2020年10月下旬，1英镑可兑换约8.7人民币，1英镑可兑换约1.3美元。

（四）外汇管理

1979年10月，英国取消了外汇管制，对外汇进出、公司收益分红的汇出没有限制。只要企业或个人能够提供相应的资料，均可以在当地银行开立账户。

外国人携带现金出入英国国境，所携现金在1万欧元（或其他等值货币）以下，可走绿色通道，免验通关，否则应走红色通道依实申报。英国海关有权检查旅客及其行李，如果发现超过规定的未申报现金时，有权盘问其现金来源，并作出是否扣押该笔现金的行政决定。

（五）中央银行

英国的中央银行是英格兰银行，总行设于伦敦，1694年成立，1946年被收归国有，1997年间成为一个独立的公共机构，由政府全资所有但拥有其独立的货币政策。英格兰银行垄断了英格兰及威尔士地区的纸币发行权，并且由其货币政策委员会（Monetary Policy Committee，MPC）管理英国全国货币政策，而财政部则保留了在极端情况接管该权限的资格（但必须在接管后28天内获得议会的认可）。

目前，英格兰银行设有8家分行（Branches），分别位于曼彻斯特、伯明翰、利物浦、布里斯托、利兹、纽卡斯尔、南安普顿和伦敦的“法院大楼”（Law Courts）[1]。曼彻斯特分行开设于1826年9月，伯明翰分行开设于1827年1月，利物浦分行、布里斯托开设于1827年7月，利兹分行开设于1827年8月，纽卡斯尔分行开设于1828年4月，南安普顿分行开设于1940年4月，伦敦的“法院大楼”开设于1881年10月。

七、发展规划

（一）主要经济政策

2017年3月29日，英国政府启动脱欧程序。为应对脱欧挑战，2017年11月，英国政府发布《产业战略：建设适应未来的英国》白皮书（Industrial Strategy：Building a Britain Fit for the Future），规划脱欧后产业发展战略，总结了影响英国未来的四大挑战：人工智能与数字经济、清洁能源发展、老龄化社会与流动性的未来。为应对上述挑战，英国政府规划到2027年将研发总投入所占的GDP比例从1.7%提升至2.4%，这意味着未来10年英国对先进技术的投入将增加800亿英镑。此外，英国政府还计划将研发税

---

〔1〕“法院大楼”为皇家司法院（Royal Courts of Justice）的俗称，是英格兰和威尔士的高等法院（High Court）与上诉法院（Court of Appeal）的所在地。

收抵免率提高到12%，并向新设立的"产业战略挑战基金"（Industrial Strategy Challenge Fund, ISCF）投资7.25亿英镑。同时，英国政府预计将国家生产力投资基金增至310亿英镑，支持交通、住房和数字基础设施等领域；投资4亿英镑于充电基础设施，并额外增加1亿英镑投资用于发展混合动力汽车；投资10亿英镑推动英国数字基础设施建设，包括5G技术和全光纤网络高速宽带等；投资200亿英镑支持创新和高潜力企业。

（二）北部振兴计划

英国北部地区自20世纪后半叶以来，经济社会发展整体落后于大伦敦地区。北部振兴计划最早由英国时任财政大臣奥斯本于2014年在曼彻斯特提出，大体上涉及以曼彻斯特、利物浦、利兹、纽卡斯尔等城市为核心的英格兰北部11个地区，拟将英格兰北部打造成与伦敦并驾齐驱的第二个经济中心，主要措施包括权力下放、行政体制改革、大力发展基础设施建设、发展科研、优化产业升级等。

（三）工业2050战略

所谓"工业2050战略"，是指英国政府科学办公室（Government Office for Science）与商业、创新与技能部（Department for Business, Innovation & Skills）[1]于2013年10月推出的报告《制造业的未来：英国面临的机遇与挑战》（The Future of Manufacturing: a New Era of Opportunity and Challenge for the UK）中"远见"（Foresight）项目中的一个。作为现代工业革命的发源地，自20世纪六七十年代开始，英国制造业经历巨大变革，"去工业化"现象明显。国际金融危机给英国经济带来沉重打击，也让英国政府意识到以金融为核心的服务业无法持续保持国际竞争力，开始重新强调制造业对于创新、技能、就业和经济再平衡等方面的重要性，探索重振制造业，提升国际竞争力。

该报告提出未来制造业的四大发展趋势及其对英国政府的挑战。第一，制造业由技术驱动的特征将更加明显，技术突破加快，对市场的响应时间变得更短，更贴近客户的需求。这需要英国加快智力知识向应用领域的转化，有效保护知识产权。第二，在全球制造业布局调整的时期，英国需要把握住新的市场机遇。财富结构和人口结构的变化将带来制造业基地和市场的变化，新兴经济体的地位提高，服务外包和离岸业务等使全球价值链碎片化越来越明显，新的商业模式将不断涌现。这需要英国保持其高技术产品的优势地位，加大制造业对外商直接投资的吸引。第三，可持续性发展和环境保护方面的要求对制造业生产过程影响深远。这需要政府加强环境监管，提高企业能源效率、材料回收和废物处理标准。第四，对高技能劳动力的需求越来越迫切。这需要政府加大力度培养高素质劳动力、提高工程类课程质量、吸引国际人才。

该报告为此提出以下政策建议：一是注重制造业的整体价值链发展。政府应鼓励

---

[1] 商业、创新与技能部（Department for Business, Innovation & Skills）后与能源与气候变化部（Department of Energy and Climate Change）合并为商业、能源与产业战略部（Department for Business, Energy & Industrial Strategy）。

新商业模式,发展生产服务业,鼓励生产和创新活动的集群化;重新界定英国在工程技术、人员技能和市场营销方面的优势,促进制造业出口,挖掘中小企业潜力。二是满足制造业价值链的特定要求。提升产业战略、促进具备全球竞争力企业的发展、提升英国的创新能力、发展研发集群、扩大生产性服务业、提高企业能源利用效率。三是提高政府在评估和协调长期政策方面的能力,发展新的制度框架。

第五节　教育和文化

一、教育

(一)教育概况

英国是一个具有悠久教育传统的国家。它的教育体系经过几百年的沿革,相当的完善,整个体系虽然复杂但具有较大的灵活性。总体来说教育分为 3 个阶段:义务教育(Compulsory Education)、延续教育(Further Education)和高等教育(Higher Education)。英格兰、威尔士和苏格兰实行 5—16 岁义务教育制度,北爱尔兰地区实行 4—16 岁义务教育制度。义务教育归地方政府主管,高等教育则由中央政府负责。

英国政府重视教育和科研水平的提高,教育经费占政府预算支出约 13%,约占 GDP 的 5.8%,文盲率仅为 1%。公立学校学生免交学费,约占学生总数的 94%;私立学校师资条件与教学设备都较好,但收费高,约占学生总数的 6%。英国著名的高等院校有牛津大学、剑桥大学、帝国理工学院、伦敦政治经济学院、伦敦大学学院、圣安德鲁斯大学、华威大学、曼彻斯特大学、爱丁堡大学和卡迪夫大学等。其中,剑桥大学、牛津大学、伦敦大学学院、帝国理工学院、伦敦政治经济学院并称"G5 超级精英大学",也称"金砖五校",代表了英国最顶尖的科研实力、师生质量、经济实力,享有最多的政府教育与科研经费。这一阵营也是回中国就业认可度较高的英国学府。

(二)法学教育

英国作为英美法律体系的发源地,十分重视法学教育,其质量也位居全球前列。G5 超级精英大学中除帝国理工学院外均开设了法学院。2019 年 2 月 27 日,英国高等教育资讯与分析数据提供商 QS 公司发布了最新一年的 QS 世界大学学科排名(QS World University Rankings by Subject 2019)。在最新的 QS 全球法学院排名中,英国法学院中剑桥、牛津依旧表现优秀,分别占据世界第 2 和第 3,伦敦政治经济学院排名第 7,伦敦大学学院排名第 15,伦敦国王学院排名第 19。

在具体的法学教育方面,不同于美国、加拿大等国家只在研究生阶段才开设法律专业,英国在本科教育阶段即开设法律专业,取得文学学士学位(Bachelor of Arts Degree),与中国相似,学制通常为 3— 4 年制。

英国的法学硕士项目,学制一般为 1 年制,也有少数实行 2 年制,包括如今英国逐渐推出非全日制的硕士学习制度。在法学硕士教育阶段,通常学生将会选择一个感兴趣的法律领域,然后搭配相关的选修课,来更好地进行研究。

法学硕士学位在英国各个学校里各有特色。例如，剑桥大学法学院的硕士项目，分为 LL. M 和 MCL。LL. M 是通常需要 9 个月左右完成的授课型硕士课程；MCL 则是 2012 年才创办的且仅存在于剑桥大学的硕士项目，与 LL. M 相比，MCL 更关注公司法相关领域，授课教授大多是律师。牛津大学法学院共有 7 个研究生项目，其中 3 个为非全日制的学位项目，可以在 1—2 年内完成。大陆申请者熟悉的是 Bachelor of Civil Law（BCL）、Magister Juris（MJur）两个项目。BCL 项目针对普通法背景的法学院学生。MJur 项目则为非普通法学生提供普通法系学习。BCL 和 MJur 两个硕士项目的自由度均较高，无强制必修的课程。

在法学博士教育阶段，严格意义上说，没有必须修习的课程，但研究方法课程是所有法学专业的博士生都需要学习的，课程的形式是请不同法学专业的老师轮流来介绍其所在领域的法学研究方法。英国法学博士没有发表论文的硬性要求，更关注学位论文本身。

外国学生申请英国的法学硕士和博士的要求均在逐年改变，例如语言成绩要求以及其他文书要求。一般来说，以 G5 大学为例，申请都可以在网上提交。申请法学硕士或博士都需要雅思达到总分 7.5 分的水平，同时会对各项小分作额外要求；此外，托福成绩也可成为语言能力的证明。在申请所需要的材料中，一般需要提交两页左右的个人陈述（Personal Statement）和推荐信，有些学校如伦敦大学学院和牛津大学还会要求提交文书写作（Written Work）。

英国 G5 联盟学校都是世界名校，申请难度也比较大，牛津大学和剑桥大学难度最大。在语言方面，两所学校均要求就读法学硕士的申请者达到雅思总分 7.5 分，各小分不低于 7 分。牛津大学法学院硕士学位分为全日制和非全日制，2020 届的学费为全日制 35,510 英镑/年，非全日制则是 14,020 英镑/年。伦敦政治经济学院的语言要求为：雅思总分 7.5（阅读 6.5，听力 7，写作 7，口语 6）；托福成绩总分 109（阅读 22，听力 24，写作 25，口语 20）。2020 届的伦敦政治经济学院传统 LLM 项目全日制学生学费为 24,640 英镑/年，而非全日制学费则为 12,132 英镑/年。伦敦大学学院的法学院语言成绩要求为：雅思 7.5（单项均不低于 7），托福 109（阅读、听力不低于 25，口语不低于 23，写作不低于 27）。2020 届传统 LLM 项目的全日制学生学费为 24,450 英镑/年；非全日制学生 12,240 英镑/年。伦敦大学学院的 MPhoil/PhD 项目的语言成绩要求为雅思 7.5（单项均不低于 6.5），托福 109（阅读、写作不低于 24，听力、口语不低于 20）。

在强势专业上，英国海商法历史悠久。英国的航海事业奠定了海上的霸主地位，英国的海商法对世界影响非常大。时至今日，英国的海事保险法仍然为许多英联邦国家所沿用。在英国法学院中，英国海商法专业最受学生欢迎的 3 所院校分别是南安普顿大学、卡迪夫大学和斯旺西大学。

更为重要的是，2019 年 9 月英国发布了新的签证政策：2020 年入学的英国本科和硕士留学生，将在毕业后获得 2 年的“毕业生工作”（Post – study Work，PSW）签证，持有该签证者在毕业之后，有两年的时间在英找工作或者开展商业活动。该签证不设数量上限，也没有专业要求，任何专业的学生都可以申请。在持有“毕业生工作”签证期间，留学生还可以再次申请更长期的工作签证。因此，未来英国留学可以预见将会迎来热潮。

英国拥有法律学历背景的人群热衷于从事律师行业。英国律师分为事务律师（Solicitor）和大律师（Barrister）两种，前者是专门与客户打交道，后者不直接接触客户，而是通过文书来处理法律问题。关于如何成为英国律师将在本书第二章第四节“律师制度”中详述。

二、文化

英国人口主要由 4 个大的民族构成，即英格兰人、苏格兰人、威尔士人和爱尔兰人，其中英格兰人占人口总数的 80%。此外，英国还居住着占总人口近 8% 的少数民族。

英国的官方语言为英语，威尔士北部居民使用威尔士语，苏格兰西北高地及北爱尔兰部分地区居民使用盖尔语。

英国居民多信奉基督教新教，主要分英格兰教会（亦称英国国教圣公会，其成员约占英国成年人的 60%）和苏格兰教会（亦称长老会，有成年教徒 59 万人）。另有天主教会及伊斯兰教、印度教、锡克教、犹太教和佛教等较大的宗教社团。

英国实行公共医疗、社会保险等福利制度，是最早实施福利制度的西方国家。

英国人注重生活质量，追求精神享受。英国人在重要场合穿着正规，平时追求简单、舒适的服饰。饮食式样简单，但注重营养。由于气候原因，英国人特别喜爱阳光，喜欢日光浴。平时喜欢自己动手做家务和园艺，酷爱运动，也喜欢外出旅游度假。英国人非常爱好文化活动，如阅读书刊、写作、听音乐、看戏等，还喜欢养宠物。

英国主要节假日有元旦（New Year Day，每年 1 月 1 日）、耶稣受难日（Good Friday，每年 3 月底到 4 月底的 1 天）、复活节（Easter，每年 3 月底到 4 月底的 1 天）、银行公共假日（Banking Holiday，春季为每年 5 月初的 1 天，夏季为每年 8 月底的 1 天）、圣诞节（Christmas，多为 12 月 25 日，若为周六或周日，则顺延到下周一）及节礼日（Boxing Day，圣诞节后第 1 天，若为周六或周日，则顺延至下周一）。

第二章

英国法律概况

在世界法律发展史上,英国法律文化占有重要地位,并具有鲜明的特色。英国开创了以判例法为基础的法律传统,在法律史上呈现保守性、持续性和渐进性的发展特点,作为西方法律文化的两大发源地之一,法律制度具有鲜明的原生性,对现代世界各国法律制度具有深远的影响。在西方国家中,英国是较早形成职业法律人阶层的国家之一。

第一节　法　律　渊　源

一、概述

英国是英美法系的发源地。英美法系亦称“普通法系”、“英国法系”、“判例法系”或“海洋法系”,是以英国普通法为基础发展起来的法律制度总称。

法律渊源上,大陆法系具有成文法为主的传统,成文法为其主要法律渊源,判例一般不被作为正式法律渊源,且对法院审判无约束力;而英美法系具有判例法为主的传统,判例法为其正式法律渊源,即上级法院的判例对下级法院在审理类似案件时有约束力。

目前,英格兰、威尔士和北爱尔兰的法律制度,仍为英美法系的代表,其主要法律渊源为普通法(Common Law)、衡平法(Equity)、成文法(即制定法,Statute Law)、欧盟法(EU Law)以及国际条约(International Treaty),其中普通法对整个英国法律影响最大。苏格兰的法律制度具有大陆法系的许多特征,属于混合性质的法律制度。

二、英格兰、威尔士和北爱尔兰

英格兰是英国最重要的组成部分,在整个英国中面积最大、人口最多。在 1284 年爱德华一世征服威尔士的时候,英格兰与威尔士建立起十分紧密的政治与经济联系。直至今日,英格兰与威尔士的总人口已发展到 5300 万人,在英国 6000 万人口总数中占绝大多数,二者的法律体系也一脉相承,统称英格兰与威尔士法,也即现称的英国法(English Law)。北爱尔兰的法律体系与英国法类似。英格兰和威尔士、北爱尔兰的法律渊源包括普通法、衡平法、制定法和欧盟法以及其他国际条约。此外,教会法对普通法的形成也产生了一定影响。

（一）普通法

诺曼征服是英国历史的分水岭，塑造了英国的政治与文化。威廉二世时期建立了以国王为中心的封建土地制度，逐步形成王权专制国家，国王发布的敕令成了英国法律最初的形态，而随后发展衍生出的皇室法院和巡回法院产生的判例、某些习惯法原则成为全国普遍适用的普通法。

普通法（Common Law）最重要的一个原则就是“遵循先例”原则（Stare Decisis/The Doctrine of Precedent），即“以相似的方法处理相似的案件，并遵循既定的法律规则与实践”，足以见得判例在普通法体系中的深远影响。在现代英国普通法的实际操作中，该等原则在不同级别的法院中具有不同的意义。一般来说，英国最高法院的判决对所有英国法院具有约束力，英国上诉法院的判决对所有下级法院有约束力，英国高等法院的判决对所有下级法院有约束力，但对其自身无约束力。同时，判决中的核心部分“判决理由”（Ratio Decidendi）才具有约束力，判决中的“附带意见”（Obiter Dicta）仅有说服力而无约束力。

普通法对整个英国法律体系的影响体现在另一个重要的原则——“程序先于权利”（Remedies Precede Rights）原则中，即一项权利能否得到保护，首先要看当事人所选择的法律程序是否正确，正当程序规则在很多方面决定着英国法律的制定和实施，许多判例和立法仅仅因为程序上存在纰漏而被推翻。由于普通法重程序、轻实体，也造成了其在处理案件时过分僵化导致不公平，因此在15世纪催生了衡平法。

（二）衡平法

1. 概述

衡平法（Equity）作为英国三大法律渊源之一，其基本含义是大法官（Lord Chancellor）以“公平”“公正”为基础，在不违反法律的前提下，依照内心的正义，对当事人之间的纠纷作出裁决，以判例的形式成为一系列法律规范的渊源。

衡平法产生于14世纪的英国，弥补了普通法在权利、程序和救济方式上的不足，同时也带动了普通法的改革。15世纪，英国衡平法院（Court of Equity）正式形成，专门负责审理衡平案件，衡平法逐渐发展并成为一个独立于普通法的法律体系。《1873年最高法院审判法》撤销了衡平法院，所有法院都可适用英国法的全部内容，从而为普通法和衡平法的融合创造了条件，但衡平法的许多原则被保留下来并沿用至今。

2. 衡平法的发展过程

衡平法的概念出现之前，受王权思想、早期文艺复兴和神权思想的影响，英国呈现出普通法、罗马法与教会法三强并存的法律格局[1]。

11世纪中叶，法国诺曼底公爵威廉一世征服英格兰后，为改变司法权分散、地方法院林立的割据状态，规定地方法院应根据国王的令状（Writs）并以国王的名义进行审判，原告向法院起诉必须首先向国王的大法官申请令状，只有得到了适格的令状，法院

[1] 张怡铭：《试论英国衡平法的发展历程——从权利救济角度探究》，载《法制与社会》2015年第22期。

才可受理，从而巧妙地把地方法院纳入国王的审判体系中，加强了集权统治。后亨利二世在位期间改革诉讼程序，确立并实现了王室法院法官到地方审理案件的巡回审判的定期化、制度化，久而久之，形成了实施于全国的普遍适用的习惯法和判例法（普通法），各地法院也逐渐转化为普通法院。

但随着商品贸易的兴旺，英国经济迅速发展，新的财产关系和人身关系不断涌现，普通法的局限性逐渐显现出来，主要表现为：

形式僵化：如上所述，普通法遵行依令状起诉，当事人要向王室法院提起诉讼，必须先向大法官领取开审令状（Original Writs），法院才能开始审判。最初这些令状是大法官根据实际需要颁发给申请人的，在种类上并没有限制，但发展到13世纪后期，基于“遵循先例”的普通法精神，大法官不再颁发任何不符合先例的新令状，令状及其所代表的诉讼种类、诉讼形式和诉讼程序都被严格固定下来，形成了一套僵化的程式。提起诉讼时，原告必须精心考虑适用哪一种令状，如果选错，其诉讼将不被受理。对于新产生的经济关系，当事人往往难以在已存的令状类型中找到对应的令状，也就无法在普通法院中寻求救济以维护其权益。

救济方式有限：普通法的救济方式主要是损害赔偿，且只能针对现实的损害，不支持当事人要求对难以用金钱衡量的损失或未来可能遭受的损失进行赔偿，也不支持当事人不提出赔偿请求而只要求停止侵害行为的权利主张，因此对于那些无法用金钱来计算的损失，比如预期利益，往往会无济于事。

审理迟缓且费用高昂：普通法院的审理效率低下，设于威斯敏斯特的皇座法院在星期日和其他宗教活动日都不开庭，夏季还有所谓的“长假”（Long Vacation）。伊丽莎白女王统治时期（1558—1603年），高等法院一年总共才工作99天。再加上当时英国普通法尚无缺席审判制度，且没有有效的方法确保被告到庭应诉，审判常常遥遥无期。以1808年的Morgan v. Lord Clarendon案的审理为例，该案直至1824年还处在中间程序阶段，后续的调查报告却认为大法官庭的司法程序没有什么缺陷，是诉讼当事人的漫不经心和固执己见导致了程序的拖沓[1]。与诉讼程序的形式主义和审理迟缓相联系的，还有高昂的讼费。普通法的开审令状实际上是由大法官“卖”给诉讼申请人的，其价格在亨利三世时曾达到诉讼总标金额的1/4到1/3[2]。

普通法的僵化使其难以适应当时英国经济社会的发展。在新的商品经济关系中，人们很难依据普通法得到救济，于是就按照自古形成的习惯，直接向“正义之源”（Fountain of Justice）——国王请求裁决，而国王本人也借机表示自己的“恩典和仁爱”，通过王权进行直接干预。最初，国王总是亲自审理，但由于此类请求日益增多，国王难以事必躬亲，就逐渐把裁判的重任交给了自己的大法官。

大法官在审理案件时，弥补了普通法拘泥于形式的缺陷，形成了更加简便、经济的

〔1〕 谢贤标：《英国衡平法初论》，复旦大学2009年硕士学位论文，第29页。

〔2〕 高桐：《论英国衡平法的产生及其早期的发展》，载《比较法研究》1987年第2期。

审理方式。具体来说，起诉不再要求令状，只需有起诉书即可；对起诉书的形式要求也更加宽松，有时甚至允许口头起诉；审理时不受普通法内容的限制，而主要根据公平、正义原则和大法官的良知来作出判决，并创制出了许多新的权利和救济方法。

至15世纪，衡平法院正式设立，专门负责审理衡平案件，衡平法逐渐发展成为独立于普通法的法律体系，成为英国最重要的两大法律渊源之一。直至19世纪末，普通法和衡平法并立的双轨制法律体系一直是英国法的重要特征。《1873年最高法院审判法》撤销衡平法院后，衡平法仍在英国法律体系中发挥着作用，衡平法的许多原则依然被保留下来，沿用至今。

值得一提的是，普通法和衡平法由不同法院创立，具有不同的实施领域、诉讼形式和救济方法，但其关系并非截然对立的，而是相互补充、相互依存的。

从实施领域上看，普通法是全方位的，从民事侵权行为到刑事犯罪，从土地转让到家事纠纷，几乎涉及公法和私法的各个领域，衡平法则着重关注那些普通法调整不力的领域。普通法是一种完整的法律制度，而衡平法则是一种补充性的法律制度，其存在是以普通法的存在为前提的，但当二者的规则发生冲突时，衡平法规则优先适用。

从诉讼形式上看，普通法程序较为复杂、僵化，通常设有陪审团制度，并以口头答辩询问的方式审理案件。衡平法的程序较为简单、灵活，一般不设陪审团，并通过书面方式审理案件，以快速、经济和切实解决当事人的争端为宗旨。

从救济方法上看，普通法的救济方法以损害赔偿为主，虽然单一，但其适用却极为普遍，只有在普通法的救济方法不足以弥补当事人的损失时，衡平法的救济方法才能充分发挥作用。

3. 基本原则

衡平法作为非成文法，起初并没有明文规定的具体原则，在案件审理过程中，大法官拥有自由裁量权，有权根据案件的具体情况，决定是否采取、采取何种救济手段。然而在司法实践中，衡平法也贯彻“遵循先例”的原则，大法官不断总结一些判例作为先例，由此形成了一些基本原则，作为审判的指导原则。这些原则包括但不限于：

（1）“衡平法下有权利必有救济”。

“衡平法不允许有错误而无救济”英文原文为 equity will not suffer a wrong to be without remedy。如果由于某些技术上的缺陷，一种权利在普通法上无法强制执行，使当事人在普通法上难以得到救济，衡平法则将进行干预以保护这种权利，给予当事人救济。最典型的表现为衡平法在信托领域的救济：当委托人将财产转移给受托人后，受托人如果声称这些财产属于自己，由于在普通法上受托人确实是财产的法定所有者，而委托人指定的财产受益人权利受损时，受益人无法得到普通法上的救济，但受益人可以请求适用衡平法上的救济。但此原则并非意指所有的错误都能在衡平法院得到救济，只有那些能够在司法上予以强制纠正的错误情形，才能由衡平法干预并给予救济。

（2）“衡平法遵从普通法”。

“衡平法遵从普通法”英文原文为 equity follows the law，即适用衡平法时，应首先依据普通法之规定。凡是普通法承认的权益，衡平法也予以承认。衡平法的作用不是要否定普通法，而是意在弥补普通法的不足。除承认普通法的权益外，衡平法还承认一些普通法所不承认的权益。

（3）“求助于衡平法者自身必须公正行事”。

“求助于衡平法者自身必须公正行事”英文原文为 he who seeks equity must do equity，即寻求衡平法救济的原告，必须准备对被告公平地采取行动。如果原告因自己的不当行为而提起诉讼，法院则不会针对被告实现原告的权利。同样，如果为了实现原告的诉求会给被告造成更大的不公正，衡平法同样不会干预，因为其不能为了实现公正而造成更大的不公正，这违反了衡平法的基本含义。

（4）“衡平法下不得不当迟延”。

“衡平法下不得不当迟延”英文原文为 delay defeats equity，即如果受害人经过了不合理的过长时间才提起诉讼，则可能构成迟延（Delay），有可能无法适用衡平法的救济，对“不合理”的判定应根据每个案件的具体事实逐案确定。1950 年 Leaf v. International Galleries 案中，法院指出，虽然原合同是因为欺诈而签订的，但原告在货物售出 5 年后才提起诉讼，构成不合理的迟延，因此不支持原告撤销原销售合同的请求。

（5）“衡平法推定应尽义务已履行”。

“衡平法推定应尽义务已履行”英文原文为 equity regards as done that which ought to be done，即当个人被要求根据协议或法律履行一定的义务时，即使未实际履行，衡平法也将其视为已经履行。

在 2016 年 Chambers v. Chatfield 案中，租赁公司签订了一份财产租赁协议，规定公司将签署包含担保格式条款的租赁契约，且承租公司董事和大股东的个人担保由承租公司安排。承租公司董事代表承租人和担保人签署了租赁协议。后承租公司由于经营困难被清算而放弃了租约，租赁公司根据“担保条款”起诉承租公司主管主张其未付租金。根据英国法律规定，担保合同必须以书面形式、由担保人签署。本案中，担保条款包含在承租公司已经签署的租赁契约中。虽然承租公司董事并没有亲自签署担保书，但法官认为应适用“衡平法将应做之事视为已做之事”的衡平法原则，将承租公司董事视为已实际亲自签署了担保书，并有责任履行他的担保义务。

4. 衡平法确认的权利

衡平法的发展与完善就是用“衡平”的方式不断弥补普通法的不足，这个过程有两个重点，即权利的衡平与创设新的救济方式。其中，衡平法对权利的衡平表现在两个方面：一方面，衡平法对诉讼程序进行了补充和完善，即衡平管辖权得以独立行使，改变了普通法在诉讼程序中的陪审制度及令状制度，为法官提供了良知、公平、正义等价值标准，赋予其自由裁量权，有利于个案正义的实现；另一方面，衡平法拓宽了普通民众享有的权利种类，最典型的实例就是确认了用益和信托制下的衡平利益，以及确定了衡平回赎权。[1]

(1)用益和信托制下的衡平利益。

一般认为,现代信托是由中世纪的用益制(Use)发展而来的。用益制大概自13世纪起开始流行于英国民间,最初是人们为了规避沉重的封建赋税、长子继承制和普通法的限制,向教会捐赠而进行的一种设计,通过把土地先让与他人,并由他人将管理土地的收益转交给教会,而使教会成为土地的实际受益者。出让人承担着失去财产的风险,受益人承担着无法获取收益的风险,因为管理人已经完全居于财产所有权的地位,是否履行约定义务全凭其个人意愿,出让人和管理人之间的约定不具有法律上的意义,完全依靠道德的约束。用益制中的出让人、管理人和受益人一般被视为后来信托制度中委托人、受托人和受益人的原型。

由于用益制规避封建义务且极易被用于欺诈的特性,在13—15世纪,用益制并不为普通法法庭所承认,也不存在能使普通法法庭处理有关用益案件的开审令状。如果管理人不顾信义将财产据为己有,受益人也无法向普通法法庭提出强制管理人履行其约定义务的诉讼。

在用益制下的受益人权益无法得到普通法法庭救济的情况下,大法官法庭取得了处理用益制纠纷的管辖权。大法官根据衡平原则颁布法庭令,赋予了受益人依大法官法庭的诉讼程序请求管理人履行其约定义务的权利。在大法官看来,委托人信任管理人而将财产交其管理,管理人背信弃义是不道德的,因此不允许这样的管理人取得利益。用益制在15世纪初逐渐被大法官法庭承认并具有衡平法上的效力。

(2)衡平回赎权。

衡平回赎权出现以前,英国的抵押在普通法中被归为质押的范围。在衡平思想的影响下,抵押被定义为可依据一定条件予以撤销的让与,具体来说,就是抵押人以某标的为担保向抵押权人借款,从而在一定期限内将该标的的所有权益转让给抵押权人,抵押人赎回抵押标的的条件是在该期限内偿还全部本金和利息,即抵押人享有"附条件的回赎权";若抵押人未能于期限届满之时行使该回赎权,则将丧失对抵押标的的一切权利,而只负有偿还欠款的义务。

衡平法兴起后,赋予了抵押人一种新的回赎权,即衡平回赎权,其与之前附条件的回赎权相比最大的突破在于禁止抵押标的在期限届满之后不可被回赎,从而避免了抵押权人凭借对抵押标的的占有,而对在期限内无力偿还债务的抵押人使用加付利息等方式损害抵押人的合法权益。

衡平回赎权减少了抵押人在抵押活动中可能蒙受的不必要损失,是衡平法体现公平正义的典型。[2]

---

[1] 罗骁:《论衡平原则在我国〈消费者权益保护法〉中的演进》,暨南大学2015年硕士学位论文,第12页。

[2] 罗骁:《论衡平原则在我国〈消费者权益保护法〉中的演进》,暨南大学2015年硕士学位论文,第13-14页。

5. 衡平法创设的新救济方式

衡平法在发展完善过程中的另一重点是创设了许多新的救济方式。传统普通法对当事人财产权受到的不法侵害无法全部救济，有时存在惩罚力度不够、不足以解决被害者困境的情况。衡平法基于对公平正义的追求，针对普通法救济方式中的不合理之处，提出了禁止令、特定履行、撤销、改正、恢复原状等救济方式。

（1）禁止令。

禁止令（Injunction）是法院作出的裁定，指示一人或数人不得做某项具体的事。禁止令只有为强制执行或保护一种普通法上或衡平法上的权利时，才能作出。违反禁止令，情节严重的可能会被判入狱。

例如，雇主和雇员签署了竞业禁止协议，若雇员离开雇主后，违反竞业禁止协议与原公司竞争，则公司可申请法院发出禁止令，要求雇员停止此类行为；卖方向买方承诺买方对一件独特的艺术品或不动产享有优先购买权，后卖方违反书面合同将货物提供给了第三方，法院也可通过禁止令命令卖方不得向该第三方出售。

（2）特定履行。

特定履行（Specific Performance）是法院对需要履行合同义务的当事人发出的一种命令。只有存在需要履行的合同义务，才能发出特定履行的命令。比如，如果在普通法的诉讼中，胜诉人只能取得名义上的损害赔偿，这时普通法的救济不足以赔偿胜诉人受到的损害，只有发出特定履行的命令才能使胜诉人获得比损害赔偿更完善的救济时，法院就可以依据衡平法作出特定履行的命令。

（3）撤销。

撤销（Rescission）是指如果合同有一些固有的缺陷导致其违反衡平法，则合同当事人有权要求法院作出撤销的命令，废除合同。

值得注意的是，只有在当事人的利益能被实质性地恢复时，法院才可以命令部分撤销或按条款撤销。

（4）改正。

改正（Rectification）是指对书面文件进行变更，使它反映当事人的真实意思表示。改正是将当事人曾经真正达成的协议但文书没有记录的内容予以证明，而非创造新内容。

（5）恢复原状。

恢复原状（Restitution）是指将当事人受影响的标的恢复到损害发生之前的状态或者使之恢复到无损害时的应有状态，方式可以是取回被非法剥夺占有的原物，也可以是支付相应的等价物。但衡平法将受害方能够得到的赔偿数额限于弥补其损失，因为恢复原状的目的不在于惩罚损害方，因此不能使受害方得到超额的利益。

6. 衡平法管辖权

在衡平法管辖权的发展过程中，其适用的客体不断发生变化。

衡平法管辖权适用客体的变化与普通法的管辖权领域密切相关，主要以弥补现行法律不足、实现公平正义为目标。早期的衡平法管辖权适用于刑事、民事等众多的司法领域，案件之间的关联性较弱，基本由大法官根据公平正义决定某一案件是否适用衡平法。后来随着英国司法系统的不断完善以及衡平法自身体系化的发展，衡平法管辖权不再适用于刑事领域，在都铎王朝加强自身治理的过程中，建立了星室法庭[1]（Star Chamber）等特殊法庭，衡平法院逐渐将重大刑事案件的司法管辖权转交给这些特殊法庭，并将治安案件的司法管辖权交给各郡的治安法官。因此，到16世纪后期，衡平法院基本只负责与民事案件相关的内容。[2]

具体来说，根据衡平法管辖权与普通法管辖权的关系，在衡平法下主要有3种管辖权，分别是：

（1）专属管辖权。

在民事管辖权领域，衡平法确立了其专属管辖权（Exclusive Jurisdiction），管辖其自身独创而普通法院无力管辖的领域，主要包括信托、衡平抵押权、衡平回赎权、遗产管理、契约、禁止令等内容，具有排他性的特点。在当事人受侵犯的权利不被普通法认可，只能通过衡平法行使其权利时，就落入了衡平法的专属管辖权范围，即对普通法无明文规定导致普通法院不受理之案件、普通法院判决无法执行之案件和超出普通法管辖范围之案件领域的专属管辖。

（2）共同管辖权。

如果当事人的权利同时被普通法和衡平法所认同，则衡平法和普通法享有共同管辖权（Concurrent Jurisdiction），当事人既可以寻求普通法上的救济，也可以寻求衡平法上的救济。例如，在房产交易中，如果卖方违约，买方可以通过普通法要求卖方进行违约补偿，也可以通过衡平法寻求救济，例如申请“特定履行”。

（3）辅助管辖权。

当事人的普通法权利受到侵害时，可以使用衡平法救济方式来辅助普通法权利的执行，此时衡平法所享有的即为辅助管辖权（Auxiliary Jurisdiction）。例如，就骚扰的侵权行为，受害者的衡平法权利并没有受到侵害，但是受害者还是可以申请衡平法下的禁止令来保障其普通法权利。

《1873年最高法院审判法》颁布，高等法院接管衡平法院与普通法院所有初审司法管辖权，至此，衡平法院与普通法院完成形式上的合并。但衡平法与普通法仍存在实质差别，互为补充，在司法实践中一并发展。

7. 衡平法对英国法的影响

衡平法是吸收了多种因素的结果，它凭借自身的灵活衡平的特性，完善了普通法的救济方式的同时，创制出许多新的救济方式，及时确认和保护了当事人的权利，促进

---

[1] 代成兵：《星室法庭与都铎前期的政治和社会治理——以星室法庭案例为中心的考察》，北京师范大学2012年博士学位论文，第1页。

[2] 张锦星：《论英国衡平法专属管辖权的形成》，载《法制与社会》2019年第15期，第3-4页。

了英国法律体系的变革与发展。

虽然在衡平法的发展过程中，也体现了较大的弊端，譬如缺乏稳定的标准，依赖于裁判者的道德标准等，但直到21 世纪，衡平法依然在继续发展，始终在促进普通法的革新与英国整个法律体制的完善。

（三）成文法

成文法（Statute Law）即制定法，是享有立法权的国家机关或个人以明文制定并颁布实施的法律规范。在英国的法律渊源中，成文法所占比例虽然不如普通法和衡平法[1]，但随着议会立法权的加强，成文法数量日趋增多，地位也逐渐上升。尤其是19 世纪英国法律改革以来，成文法数量大增，社会类型法律如劳动法等一些重要的法律部门几乎完全是在成文法的基础上发展起来的。

从法律效力上而言，成文法的地位与效力高于判例法。英国在中世纪即已形成成文法的地位与效力高于判例法的原则，当两者在适用上发生冲突时，以成文法为依据，但前提是矛盾必须明确，例如除非成文法明确规定废除该等权利，否则推定普通法下的权利继续存续。同时，成文法可以补充、解释、指导或修改包括普通法和衡平法在内的判例法。

成文法包括基本立法（Primary Legislation）和次级立法（Secondary/Delegated Legislation）。

基本立法仅包括由议会负责制定的法律或法令（Statutes or Acts），这些法律制定后由各法院的审判法官进行理解并适用，形成判例法。

次级立法又称附属立法，指由议会授权的政府部门等制定的各种规则、条例、法令等，该等立法可以由基本立法或新的次级立法修订或废除。行政立法性文件集（Statutory Instruments）是次级立法最常见的形式。次级立法的优点主要是：第一，节省议会时间；第二，可以针对特别的专业领域立法；第三，能够较快地获得通过；第四，能够较容易对其修订或废除。次级立法的缺点主要是：第一，太多的次级立法可能引起混淆误解，并且有损议会立法权；第二，缺乏必要的磋商；第三，存在立法权滥用的风险。

（四）欧盟法

欧盟法（EU Law）是与欧盟各成员国国内法律平行执行的独立法律系统，是在欧盟成员国范围内运作的规则体系。欧盟法的位阶高于各成员国的国内法。目前在28 个成员国（英国正式脱欧后，即为27 个成员国）中，大约5 亿欧盟公民受欧盟法律支配，这使欧盟法律被称为世界上被适用最广泛的现代法律体系之一。

实践中，欧洲法院的判例确立了欧盟法的两大基本原则——直接效力原则和优先

〔1〕《企业境外法律风险防范国别指引》系列丛书编辑委员会编：《企业境外法律风险防范国别指引——英国》，经济科学出版社2013 年版，第11 页。

于成员国法原则。[1]因此,欧盟法律在欧盟各成员国的法律系统中有直接效力,甚至在诸多领域高于其国内法,特别是单一市场所涵盖的领域(经济政策和社会政策方面)。

欧盟法最基础的是基本条约,其次是相关的条例、指令,欧盟法院的决定、建议和意见[2]。其中,欧盟条例的各个组成部分都具有约束力,可以直接适用于各成员国;指令对任何接受指令的成员国都具有约束力,但应采取何种形式或方法实施,由有关成员国决定。

(五)其他国际条约

国际条约(International Treaty)也是英国的重要法律渊源。根据英国政府网站显示[3],截至2019年10月,超过14,000个条约与英国相关。国际条约涉及的领域非常广泛,包括动物与环境保护、农业、航空、文化关系、环境污染、太空和科技等。与此同时,身为联合国的一员,英国也批准了许多联合国公约,例如《经济、社会及文化权利国际公约》(International Covenant on Economic, Social and Cultural Rights)、《消除一切形式种族歧视国际公约》(International Convention on the Elimination of All Forms of Racial Discrimination)以及《儿童权利公约》(Convention on the Rights of the Child)等。

英国也是许多环境保护公约的缔约国,例如,1975年12月生效的《关于具有国际重要性的湿地特别是水禽栖息地的公约》(《拉姆萨尔公约》或《湿地公约》),提供了唯一的国际机制来保护全球性湿地;《1982年养护欧洲野生生物和自然栖息地公约》(《伯尔尼公约》),主要目的是增加缔约方之间的合作,确保野生动植物物种及其自然栖息地的保护,并规范对这些物种栖息地(包括迁徙物种)的开发;1993年生效的第一个为生物多样性保护提供法律框架的全球条约是《生物多样性公约》,它确立了3个主要目标,即保护生物多样性、生物多样性组成成分的可持续利用和以公平合理的方式共享遗传资源的商业利益和其他形式的利用。

三、苏格兰

苏格兰、英格兰与威尔士、北爱尔兰在法律渊源的类型上差别不大,包括成文法、判例法、欧盟法和国际条约。但是由于历史原因,苏格兰的法律实践深受大陆法系的影响,对判例法这一类型的法律渊源的态度也与其他地区的法律不尽相同。

古苏格兰法律受到源自欧洲大陆罗马法的影响,并推动古苏格兰法院依据罗马法原则审判案件。不同于英格兰在诺曼征服后逐步形成的普通法体系,古苏格兰的主要法律渊源包括封建土地法、教会法、法学著作和习俗。1707年苏格兰与英格兰合并时,

---

[1] 苏杨:《从欧盟法的性质看欧盟法与成员国法的关系》,载《经济研究导刊》2009年第34期。

[2] Anthony Lester, et al., *A British Bill of Rights*, IPPR Publications, 1990, p. 17.

[3] UK Government, Accessed on October 23, 2019. https://www.gov.uk/guidance/uk-treaties.

苏格兰法律体系已经成为一种独立且成熟的大陆法律体系，且由于两国合并条约中约定的一个条件是保持苏格兰法律体系的完整，因此当时的合并未影响苏格兰法律体系的独立性。

1707 年苏格兰与英格兰的合并最初只是两国议会的联合，原苏格兰议会由于位于威斯敏斯特的大不列颠议会的创立而解散，直至《苏格兰 1998 年法案》（Scotland Act 1998）（以下简称《1998 法案》）通过后，一个民主选举的苏格兰议会才因英国中央议会的权力下放而在爱丁堡复建。

《1998 法案》作为苏格兰法律中的基础性立法，列出了可由英国中央议会单独立法的保留事项，即关系到苏格兰并对全英国或者国际产生影响的问题包括外交、国防、移民和社会安全等保留及例外事项（Reserved and Excepted Matters），仍由英国国会处理，其他苏格兰议会立法权限则为下放权限。下放给苏格兰议会的立法权包括诉讼程序、交通、教育、环境、住房和地方政府，保留给中央议会的事项包括宪政、外交、移民、国防、国家财政、能源、贸易与工业、人权、社会安全等。

苏格兰议会法案和英国中央议会法案之间的一个重要区别是，前者可能会受到质疑。《1998 法案》第 28 节和第 29 节规定了苏格兰议会的权限，并指出如果苏格兰议会立法涉及英国中央议会的保留事项或与欧盟法或欧洲人权公约不相符，该等立法将被视为越权。关于苏格兰议会法案合法性的问题被称为“权力下放事务”（Devolution Issues），因该等问题产生的争议由英国最高法院负责审理。

苏格兰作为英国的一个组成部分，欧盟法对苏格兰的适用方式与英格兰和威尔士相同。欧洲法院的条约、法规、指令和决定都会影响苏格兰的立法。脱欧前，当欧盟发布一项属于权力下放至苏格兰管辖范围的指令时，苏格兰将执行该指令。

判例是苏格兰的另一个法律渊源，“遵循先例”原则在苏格兰各级法院内运作，但与英国法有所区别。苏格兰民事案件的最高上诉审级在英国最高法院，刑事案件的最高上诉审级在苏格兰高等刑事法院。故此，仅英国最高法院和苏格兰高等刑事法院确立的判例对苏格兰下级法院具有约束力；苏格兰高等刑事法院的独任法官对法律问题的判决对所有下级法院有约束力，但无法制约苏格兰高等刑事法院的其他独任法官或法庭。

尽管判例作为苏格兰的法律渊源得以适用，但成文法仍然是苏格兰的主要法律渊源，判例只是对成文法的补充。除此之外，苏格兰理论界对判例的效力存有争论，仍有很多学者认为遵循判例的原因仅仅是为了保证司法的一致性，并不认可司法判例具有法律的效力。

第二节　法律体系

一、宪法

英国是立宪之母，其宪政制度对世界其他国家的影响非常深远，在世界宪政史上占据着不可替代的地位。英国宪法具有鲜明的特征和独树一帜的风格。

在形式上,英国宪法属于不成文的宪法,没有独立的宪法典。英国宪法的法律渊源较为分散,有宪法法案,如《1215 年大宪章》(The Great Charter 1215)、《1259 年人民公约》(An Agreement of the People 1259)、《1628 年权利请愿书》(the Petition of Right 1628)、《1679 年人身保护法》(Habeas Corpus Act 1679)、《1701 年王位继承法》(Act of Settlement 1701)等。除此之外,有关公民的自由权利大多集中在不同时期的判例中。特别是 17 世纪以后,英国政治体制中的许多原则,如首相主持内阁政务、首相自行组阁、内阁失去下议院信任应辞职、首相可解散下议院等都是通过宪法惯例确定的。

在内容上,英国宪法内容具有不确定性,这是由于没有成文的宪法典、渊源众多和分散所造成的。英国宪法中比较重要的一项制度即责任内阁制,它是通过宪法惯例经过几百年的沉积而成,直到《1937 年国王大臣法》(Ministers of the Crown Act 1937)才首次在成文法规中出现"内阁"一词。

在变更程序上,由于英国宪法是不成文宪法,在修改宪法上并没有特别的程序,按照 19 世纪末英国著名宪法学者 J. Bryce 关于将宪法分为刚性宪法(Rigid Constitution)与柔性宪法(Flexible Constitution)的观点,英国属于柔性宪法。[1]

二、行政法

英国作为英美法系的代表性国家,虽然拥有庞杂的法律体系,但并未区分为公法与私法,也没有独立的行政法院,行政诉讼与民事诉讼受同样的诉讼法律规制。虽然英国设立了行政裁判所(Administrative Tribunal),裁决大量的行政案件,但是这些行政裁判所没有终审权,行政裁判所的裁决在某些特定情况下可以上诉至法院,而且法院也可根据其所享有的司法审查权直接受理行政诉讼。1958 年英国通过了《行政裁判所和调查法》(Tribunals and Inquiries Act),设立裁判所委员会(Council on Tribunals),负责对行政裁判所进行总体指导和监督。

英国的行政法中,最重要的原则为越权无效原则与自然公正原则。顾名思义,越权无效原则即指行政机关应当在法律的授权范围内执行公务,如果职务行为超越了法律的授权,则该行为无效;自然公正原则最初产生于越权无效原则,其中的"自然"指的是一般人所公认的价值判断和是非观念,该原则包含两个基本要求:第一,个人不能在自身的案件中担任执法人员;第二,要求执法人员能公正地听取抗辩。该两个基本要求不仅适用于行政机关,也可以适用于司法机关。值得注意的是,行政机关可以根据法律的授权进行次级立法。

三、民商法

英国未建立自己的民法典体系。根据过往的判决,法院建立了一套经验式的普通

---

〔1〕 何勤华主编:《英国法律发达史》,法律出版社 1999 年版,第 150 页。

法规则。本书将英国有关民事与商事的法律统称为民商法，以便企业更清楚地了解英国的法律体系，实际上英国并未形成"民商法"这一独立的法律部门。在民事与商事的相关法律中，英国一贯从现实主义的角度出发，侧重于解决问题而并非将规则理论化、类型化，所以英国并不像成文法国家一样具有统一的民法典、商法典。在英国，调整民商事法律关系的相关规定主要有财产法、合同法、侵权行为法、公司法、信托法、知识产权法、婚姻继承法等。

英国财产法将财产权划分为物的财产权（Reality）及人的财产权（Personality），前者主要指固定资产，如土地以及土地附着物，例如房产等；后者则主要指的是动产和无形资产，例如汽车、珠宝、银行账户和知识产权等。

合同法是英美法系民商法的基石，其规则来自普通法、衡平法及成文法。在成文法方面，早在 1667 年，英国就建立了反欺诈法（Statute of Fraud），以确立一些通用的合同规则。

侵权行为法（Torts Law）规定了多种的侵权行为类型，但该等规则大多以判决形式体现，难以提炼一个适用于所有侵权案件的原则性规定。

公司法存在专门的法律规定，即英国《2006 年公司法》（Companies Act 2006）。

信托法所规范的主要是信托行为。信托行为是基于主体之间的信托关系所产生的，涉及委托人、受托人与受益人三方关系。信托关系一经成立，便依法产生包括信托关系人之间的内部权利义务以及信托关系人与第三人间的外部权利义务。

知识产权法的法律渊源是多样的，包括成文法、普通法及衡平法的各项原则。一般而言，传统的知识产权分类主要指专利权、商标权及著作权。特别值得一提的是，英国曾建立世界上第一部成文的版权法——《安娜法》（Anne Act），该法后来经历了多次修订，对英国知识产权制度影响颇深。1988 年，英国议会推出了新的知识产权法——《1988 年版权、外观设计和专利法》（Copyright, Designs And Patent Act 1988），规定了包括版权、外观设计、专利 3 方面的内容。

婚姻继承法（Family Law）是关于家庭组织及家庭人员法律关系的规范。

四、经济与社会法

英国关于经济与社会的立法是基于其经济社会的发展而诞生的。作为曾经的"日不落帝国"，英国在工业革命中获得了经济上的大发展，随之而来的社会问题也日益突出，如劳资争议、企业破产以及不正当竞争等。

劳动法是调整劳资双方法律关系的法律。历史上，英国的劳动法曾命名《主仆法》（Master and Servant Act）、《雇佣法》（Employment Law）。随着劳动法学在全球范围内的发展，英国也开始使用劳动法（Labour Law）一词。英国在 1909 年成立了行业委员会，其成员由劳资双方的代表及行业无利害关系人组成，该委员会经讨论通过了《行业委员会法》（Trade Board Act）。该法规定，为了保障工人最基本的生活需求，应当制定最低工资标准，从此确立了英国最低薪资制度。后来，英国又相应通过了《工资委员会法》(The Wages Councils Act)、《农业工资法》(Agricultural Wages Act)以及《雇员保护法》(Employment Protection Act)等调整劳动关系的法律规范。

英国破产法历史悠久,最初订立于1542年,是为了使全部债权人得到公平的债务清偿,限制债务人在破产之际对债务的拖延。随着时间的变化,英国逐渐使破产法承担更多的职能,在调整债权债务关系基础上,增进社会利益,调和社会矛盾。由此,英国现代破产法确立了3个方面的宗旨:保护债权人利益、让债务人有得以恢复的机会和稳定经济秩序。

竞争法是为了规范在自由市场中发生的造成垄断或其他不正当竞争效果的集中行为。鼓励竞争原本是为了促使企业创新,降低生产成本,但不正当竞争行为的出现,使相关领域通过市场机制进行调整出现障碍,所以需要法律来对其进行限制。英国第一部竞争法为《垄断与限制性行为法》(The Monopolies and Restrictive Practices Act),后来又相继推出《垄断与合并法》(Monopolies and Mergers Act)、《公平交易法》(Fair Trading Act)和《竞争法》(Competition Act)。

五、刑法

英国目前并未有统一的刑法典,刑法主要由普通法与成文法组成。其中,普通法是英国的法官通过长期的实践,逐渐确立的一套适用于司法审判的规则。在普通法规则之外,存在由议会制定、颁布的法律,即成文法,对普通法规则进行统整及修订。总的来说,一般人们常说的英国刑法,主要指英格兰和威尔士地区所适用的刑法,其呈现较为强烈的普通法色彩。苏格兰地区由于历史原因,具有大陆法系的特点,因此与英格兰和威尔士地区的刑法规则有所差异。北爱尔兰地区虽也属于普通法系,适用判例制度,但其与英格兰和威尔士的刑法规则也有一些区别,该等区别主要体现在具体判例中。

六、诉讼法

英国的诉讼程序可区分为民事诉讼程序与刑事诉讼程序。民事诉讼程序在1999年后主要受《1999年民事诉讼规则》(Civil Procedure Rules 1999)的规制。有关民诉程序的具体规定及介绍,可参见本书第十七章有关民事争议解决的内容。

英国刑事诉讼程序较为复杂,采用当事人主义,由法官主持双方的辩论,最终由陪审团和法官就事实和刑罚作出决定。英国有关刑事诉讼的规定较多,主要有《2015年刑事诉讼规则》(Criminal Procedure Rules 2015)、《1984年警察和刑事证据法》(Police and Criminal Evidence Act 1984)和《1985年犯罪起诉法》(Prosecution of Offences Act 1985)等。

第三节　司 法 系 统

一、概况

如本章第一节所述,英国的法律体系不统一,英格兰和威尔士属于普通法系,苏格兰是大陆法系和普通法系的混合体系。北爱尔兰法律体系与英格兰相似。相对地,司法系统也不统一,分为英格兰和威尔士、苏格兰、北爱尔兰 3 个司法管辖区,英格兰和威尔士与北爱尔兰较为类似,苏格兰与前两者的司法系统区别较大。

英国司法组织因历史原因,体系比较错综复杂。在管辖权上,法院主要基于民事、家事、刑事的案件分类进行管辖,但也存在交叉,例如基层法院中的治安法院,虽然主要管辖刑事案件,但是也审理某些民事案件,而中国则是一级法院不分案件类型均统一管辖,只是内设不同法庭分别审理。

在审级上,英国无正式文件明确其法院系统的组织架构与级别关系,其法院系统大致可划分为基层法院(Subordinate Court)、高等法院(High Court)、上诉法院(Court of Appeal)和最高法院(Supreme Court)四级。其中,基层法院主要按民事、家事和刑事案件管辖一审案件;第二级的高等法院主审二审案件,但同时会负责某些类型的一审案件,在英格兰和威尔士、苏格兰民事和刑事二审案件分别由不同的法院管辖,北爱尔兰由统一的高等法院管辖;第三级法院为上诉法院,上诉法院仅审理来自高等法院的上诉案件;最高法院作为英国的终审法院,在《2005 年宪政改革法令》施行前,该等职权由上议院(House of Lords)所负责。具体的各法院分三大司法区域在下文介绍。

英国整体法院组织架构见图 2－1:

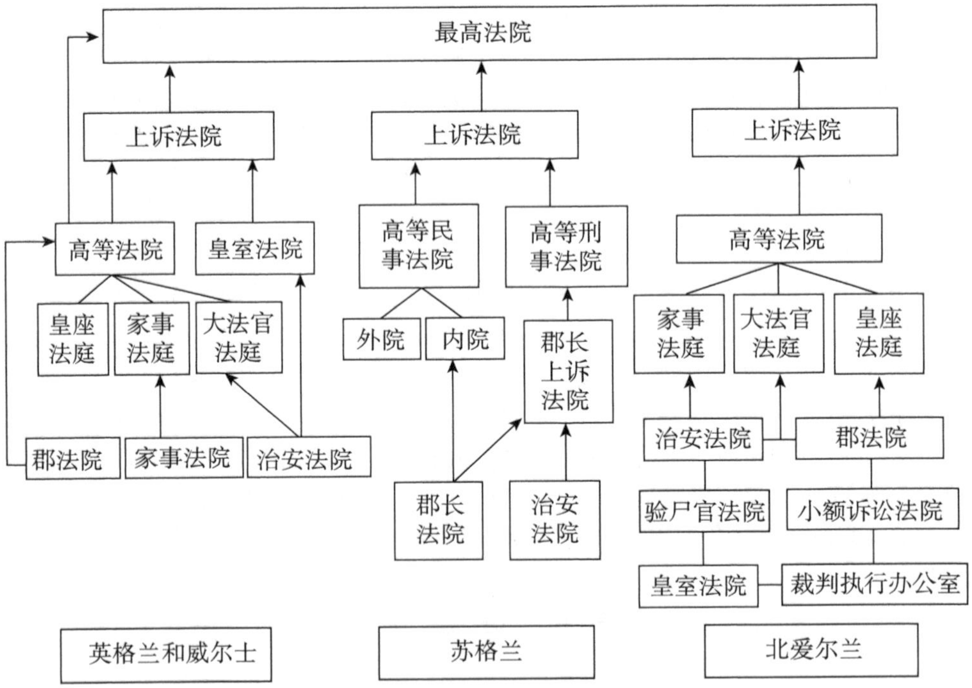

图 2－1　英国整体法院组织架构

二、英格兰和威尔士的法院系统

英格兰和威尔士的法院由四级法院组成,法院组织架构见图 2－2:

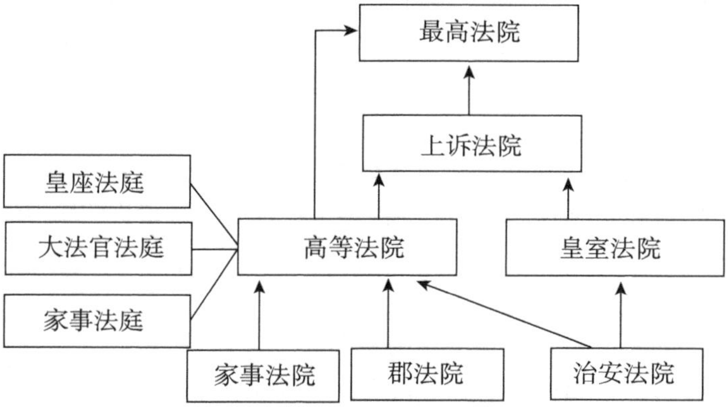

图 2－2　英格兰和威尔士法院组织架构

(一)治安法院

治安法院(Magistrates Court)是英格兰与威尔士的基层法院之一,是大多数犯罪案件的一审法院,对轻罪(Summary Offences)具有管辖权,包括公共秩序犯罪或大部分的交通案件。治安法院的裁判权包括社区服务、罚款、短期监禁等。2015 年,英格兰与威尔士大约有 330 个治安法院。

治安法院中的大多数案件由非专业的司法官(也称治安法官)(Lay Magistrate)审理[1],治安法院审理案件不设陪审团。非专业的司法官没有受过法律训练,通常 3 人为一组,具备法律资格的办事员会在法律问题上为他们提供咨询。治安法院审理的较为复杂的案件由专业司法人员,即地区法官(District Judge)专职审理,而副职地区法官(Deputy District Judge)为兼职[2]。

治安法院同时审理一些民事案件,包括家事、收回某些种类的债务(如市政税)、许可证案件(例如酒类许可证)、违反许可证条款或法院命令以及博彩和赌博等案件。治安法院的上级法院为皇室法院和高等法院。

(二)郡法院

郡法院(County Court)是英格兰与威尔士的基层法院之一,负责处理英格兰和威尔士的大多数民事案件。郡法院审理的民事案件较为简单,处理债务追偿的案件较多,如财产收回(例如抵押贷款未能偿还)、人身伤害或过失索赔和破产事项等。一些郡法院还充当高级法院的地区登记处。截至 2018 年,英格兰与威尔士共有 216 个郡

---

〔1〕 Peter Bennett & Stephen Pullinger, *Making the Commons Work: Information Analysis and Accountability*, IPPR Publications, 1991, p. 46.

〔2〕 Megan Dewart, *The Scottish Legal System*, Bloomsbury, 2019.

法院。[1]

根据《1998 年民事诉讼程序规则》（Civil Procedure Rules 1998），对于10,000英镑以下的债务或损失的索赔通常是由一种特殊的小额索赔程序（Small Claims Track）来完成，公众多称为小额诉讼法庭，但实际其并非为单独的法庭。郡法院还提供内部小额索赔调解服务，对一些有争议的索赔进行外部调解。

郡法院还处理家庭事务，包括离婚、子女居住、监护案件和收养等事务。如果是复杂的家事案件，则移交高等法院处理。大多数郡法院会有至少一名巡回法官（Circuit Judge）和一名地方法官。通常情况下，案件会于被告居住地司法辖区内的郡法院审理。郡法院的上级法院为高等法院。

（三）家事法院

家事法院（Family Court）是英格兰与威尔士的基层法院之一，是管辖英格兰与威尔士全境的法院，针对两地所有家庭案件的审理均适用统一程序。家事法院依据《2013 年犯罪与法院法》（Crime and Courts Act 2013）第二部分设立，整合了此前散布于治安法院与郡法院的家事案件管辖权。

家事法院可以处理父母抚养子女的争议、地方当局干预保护儿童、与离婚有关的法令、离婚后对孩子的经济支持、家庭暴力、收养等方面的案件。

家事法院审理案件同样不设陪审团。有关儿童的案件通常是不公开审理，媒体被允许参加部分庭审，但是其可报道部分存在限制。不公开审理的案件的判决通常会公布，尤其是涉及重大或争议案件，但当事人姓名将被隐去。

（四）皇室法院

皇室法院（Crown Court）依据《1971 年法院法》（Court Act 1971）设立，是英格兰与威尔士的基层法院的上级法院之一，其地域管辖范围为英格兰与威尔士全境。级别上，它管辖治安法院一审的刑事上诉案件与一审重大刑事案件，重大刑事案件包括谋杀、强奸与抢劫案件等。审判案件由法官和 12 位公民组成的陪审团审理[2]。皇室法院的审判权包括社区服务和监禁刑。

皇室法院的日常行政运作由法院服务署（HM Courts and Tribunals Service）负责。皇室法院的法官通常分为 3 类，高等法院法官（High Court Judge）、巡回法官（Circuit Judge）与记录法官（Recorder）[3]，其中记录法官由律师兼职担任。最为严重的犯罪由

---

〔1〕 https://web.archive.org/web/20090328072319/http://www.hmcourts-service.gov.uk/aboutus/structure/county.htm , Accessed on October 15, 2019.

〔2〕 Peter Bennett and Stephen Pullinger, *Making the Commons Work: Information Analysis and Accountability*, IPPR Publications, 1991, p. 45.

〔3〕 Hirschel, David, Wakefield, William, Sasse, Scott, *Criminal justice in England and the United States* (2nd ed.), MA: Jones and Bartlett Publishers, p. 163.

高等法院法官和资深巡回法官审理,其他案件则由巡回法官和记录法官审理。[1]

(五)高等法院

高等法院也是英格兰与威尔士的基层法院的上级法院之一,设在伦敦,同样可以审理英格兰和威尔士的其他地区案件,在英格兰和威尔士各地均设有地方登记处。在级别管辖上,高等法院可审理治安法院通过"籍案件呈述"(Case Stated)上诉案件,同时,高等法院原则上可以审理任何民事诉讼,但在实践中,它主要处理大型或复杂的案件。高等法院分为以下3个部门[2]:

皇座法庭(Queen's Bench Division)。此部门是3个部门中最大的一个,处理广泛的民事事务,包括违反合同、侵权行为、诽谤、商业纠纷、技术和建筑领域以及海事案件而引起的损害赔偿。同时,皇座法庭下设行政法庭,关注有关英格兰和威尔士地区的行政法事宜并检查下级法院,其主要职能是审核司法复核申请。

大法官法庭(Chancery Division)。此部门主要关注财产问题,包括对遗产的管理、知识产权的分析、破产以及有关公司和合伙企业的纠纷等。

家事法庭(Family Division)。此部门处理许多复杂的婚姻案件以及有关的财产事务,同时也处理涉及保护儿童(特别是监护、领养和拐卖儿童)的案件,以及法院固有管辖权下涉及儿童医疗的案件。

大多数高等法院的案件都由1名法官审理,但在皇座法庭中则会被分配到1个由2名或以上法官组成的分庭。在特殊情况下,案件可以设陪审团,实际中通常仅在诽谤案件或针对警察的案件中设陪审团。

原则上,高等法院对民事案件的上诉通常向上诉法院提出,重大案件可以直接向最高法院提出"越级上诉"。在刑事案件中,皇座法庭审理的案件直接向最高法院提起上诉。

(六)上诉法院

上诉法院是皇室法院和高等法院的上级法院,只受理来自下级法院的上诉案件,分为民事法庭(Civil Division)和刑事法庭(Criminal Division)两大法庭。

刑事法庭由首席大法官主持,负责审理在皇室法院被定罪或判刑人士的上诉案件。上诉法院刑事法庭经常由3名法官审理,按多数意见形成判决。刑事法庭有权撤销、维持定罪或发回重审,可以对上诉的判决提出异议,但不得对上诉判处更严重的刑罚(上诉不加刑)。但是,如果是司法部长将案件提交上诉法院的情况下,如上诉法院认为判决过于宽松,则可以延长刑期[3]。刑事法庭审理上诉案件的管辖范围较广,

---

[1] Slapper, et al., *The English Legal System* (17th ed.), Abingdon: Routledge, p. 311.

[2] Peter Bennett and Stephen Pullinger, *Making the Commons Work: Information Analysis and Accountability*, IPPR Publications, 1991, p. 13.

[3] Peter Bennett and Stephen Pullinger, *Making the Commons Work: Information Analysis and Accountability*, IPPR Publications, 1991, p. 13.

例如：

（1）关于报告或公共访问限制的上诉，在英国，一般的案件是公开审理的。但是法院可以作出限制公开或阻止公众访问的命令（决定），对案件相关事项是否公开的决定，可以上诉；[1]

（2）对不利于控方的裁决提起的上诉；

（3）根据《2002 年犯罪所得法》（Proceeds of Crime Act 2002）提起的上诉。

民事法庭由审判长主持，主要审理与高等法院（包括皇座法庭、大法官法庭和家事法庭）裁决相关的民事上诉案件，以及英格兰和威尔士郡法院和特定法庭的民事上诉案件。

上诉法院审理案件由 3 位大法官共同形成判决，在某些情况下，还可以要求原审法院重新审理。上诉法院基本采用书面审理的方式，即基于文件、先前听证会的记录以及当事人代理律师出庭的意见来作出判决。

案件要上诉到上诉法院，需获得下级法院或上诉法院的许可。上诉法院的判决在获得上诉许可后可以上诉到最高法院。

（七）最高法院

英国最高法院依据《2005 年宪制改革法》（Constitutional Reform Act 2005）第三章设立，于 2009 年 10 月 1 日正式接管了上议院上诉委员会（Appellate Committee）的权力。此前，12 位同时拥有上院议员身份的常任上诉法官（或“上议院高等法官”，Lord of Appeal in Ordinary）组成上议院上诉委员会行使该等权力。与此同时，最高法院还接管了枢密院司法委员会（Judicial Committee of the Privy Council）的“权力下放事务”，该等事务由《1998 年人权法》（Human Rights Act 1998）和《2006 年威尔士政府法》（Government of Wales Act 2006）确定。

最高法院有权独立诠释欧盟法，并确保英国各级法院履行由欧洲人权法院作出的裁决。如果欧洲法院未对欧盟法进行有效诠释，而有关法律又涉及最高法院的案件，最高法院法官亦可向欧洲法院寻求解释。

英国最高法院的审讯不设陪审团，陪审团不会参与审讯及裁判。一般而言，最高法院审理的案件会由多名法官会审，会审人数多为单数，以确保多数裁决。一般案件会由 5 名法官会审，特别重大的案件会由 9 名法官会审。会审后法官达成一致共识，才会撰写判词。

三、苏格兰的法院系统

苏格兰的法院由四级法院组成，法院组织架构见图 2－3：

---

[1] Criminal Justice Act 1988, Accessed on November 19, 2019, http://www.legislation.gov.uk/ukpga/1988/33/section/159.

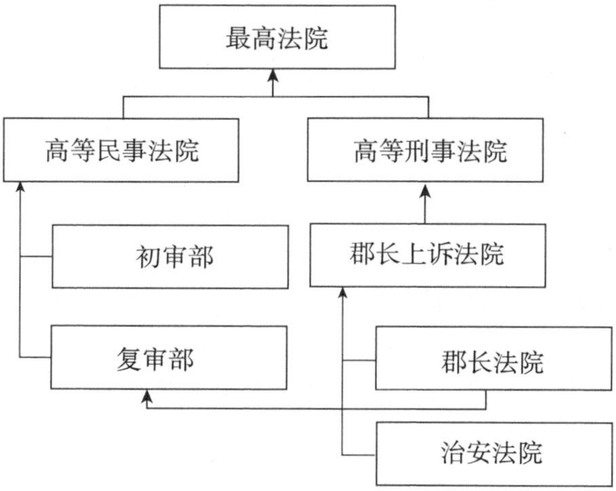

图 2－3 苏格兰法院组织架构

（一）治安法院

治安法院（Justice of the Peace Courts）是苏格兰的基层法院之一，苏格兰共有 50 个治安法院。该法院主要处理轻微的刑事案件。治安法官的审判权限为最高 60 天的监禁或不超过 2500 英镑的罚款[1]。治安法官不具备法律从业资格，但是具备法律从业资格的法庭书记员会为其提供支持和建议。治安法院可能单独审案，也可能 2～3 名法官一起审案。

治安法院的书记员负责法院的行政工作，包括[2]：

（1）罚款和赔偿命令的撤销；

（2）签发法院命令的副本，例如与保释、社区补偿命令或限制自由的相关的命令；

（3）法院传票和陪审员的管理。

（二）郡长法院

郡长法院为苏格兰的基层法院之一。出于司法管辖之目的，苏格兰被划分为 6 个地区，称为“郡区”（Sheriffdoms）。在这些辖区内，共有 49 个郡长法院（Sheriff Courts）[3]。每个郡区设有 1 名负责人，负责协调郡长法院中的事务。

郡长法院的案件由郡长委任的代表（Sheriffs）审理。郡长代表有权在刑事诉讼和民事诉讼中行使职权。

郡长法院规定由 1 个或 3 个郡长代表负责审理民事上诉案件。郡长法院处理 3 种

[1] Megan Dewart, *The Scottish Legal System*, Bloomsbury, 2019, p. 105.

[2] Anna Coote, *Citizens' Rights in a Modern Welfare System*, IPPR Publications, 1997, p. 11.

[3] Megan Dewart, *The Scottish Legal System*, Bloomsbury, 2019, p. 18.

不同类型的民事案件[1]：(1)普通诉讼：涉及离婚与子女抚养纠纷、财产纠纷和债务偿还纠纷；(2)简易诉讼：涉及有关租金、货物运送和债务的纠纷；(3)小额索赔：非正式的程序，在不需委托律师情况下便可处理的轻微纠纷。此外，郡长法院还处理许多其他的民事申请和程序，包括[2]：(4)儿童的领养；(5)公司的清算；(6)致命事故的调查；(7)破产案件。

郡长法院的刑事案件可以通过正式或简易的程序提起。检察官负责决定某一特定案件应遵循何种程序[3]。如果指控可能导致12个月以上的监禁或罚款，则采用正式程序(The Solemn Proceedings)，审判将由郡长代表与陪审团共同审理。轻微的刑事案件适用简易程序(The Summary Proceedings)，郡长代表可以在没有陪审团的情况下审理案件。虽然郡长代表的量刑空间是12个月以内的监禁，但在例外情况下可能会有所增加[4]。

（三）郡长上诉法院

郡长上诉法院(Sheriff Appeal Court)是苏格兰基层法院的上诉法院，于2015年9月22日设立，设立之初主要负责原由郡长法院或治安法院适用刑事诉讼简易程序所作判决案件的上诉审理。2016年9月1日，郡长上诉法院的管辖权延伸至来自郡长法院的民事案件的上诉审理，以及处理对在郡长法院通过正式程序作出的保释决定的上诉案件审理。在郡长上诉法院审理的案件不设陪审团，基于案件复杂程度，通常由2至3名法官审理案件。

（四）高等民事法院

高等民事法院(Court of Session)是苏格兰最高级别的民事法院，位于爱丁堡的议会大厦，它既有负责审理上诉案件的职能，也负责债务追偿、损害赔偿、家事案件和商事等案件在内的一审民事案件的审理[5]。在一审案件中，首先由一名法官在初审部(Outer House)单独审理；复审部(Inner House)主要处理来自初审部、郡长法院的上诉案件，通常至少要有3名法官审理。更高级别的上诉由英国最高法院处理。

高等民事法院内设以下部门以支持法院的工作：(1)呈请部(Petition Department)：处理与收养、破产、公司清算、司法因素和司法审查、信托和停职等与禁令相关的申请；(2)总务部(General Department)：处理按普通程序进行的民事诉讼，通常始于一方因债务、损失或者离婚状告另一方；(3)提请执行部门(Extracts Department)：签署官方法庭授权令状的证明书，使法院裁决得以强制执行；(4)案卷管理办公室(Office of the Keeper of the Rolls)：负责安排最高民事法院审理案件的日程以及每天和每周开庭时间表。

---

[1] David Walker, *The Scottish Legal System*, Sweet & Maxwell Ltd, 2011, p. 29.

[2] Ibid., p. 38.

[3] Megan Dewart, *The Scottish Legal System*, Bloomsbury, 2019, p. 101.

[4] Ibid., p. 104.

[5] Megan Dewart, *The Scottish Legal System*, Bloomsbury, 2019, p. 17.

（五）高等刑事法院

高等刑事法院（High Court of Justiciary）是位于爱丁堡、格拉斯哥和阿伯丁的常设法庭，负责处理刑事案件的上诉及严重刑事案件的审理。为了审理特别严重的刑事案件（谋杀、强奸、持械抢劫、毒品交易罪等），法庭可能会临时移至位于其他城市的郡长法院办公地进行审理。审判时由法官与陪审团共同组成审理，陪审团由 15 人组成，成员均从公众中随机选取。

（六）最高法院

英国最高法院在苏格兰司法系统中担当的角色则相对有限，苏格兰的刑事案件一般无权向最高法院上诉，而是由苏格兰的高等刑事法院进行终审。只有在涉及重大公共利益的法律问题时，才允许将案件提交至最高法院进行上诉。

最高法院受理高等民事法院（Court of Session）的上诉案件前，必先要由两名苏格兰出庭律师（Advocates）确认上诉理据合理。

最高法院亦对涉及权力下放而衍生的诉讼有管辖权，包括关于苏格兰地方政府涉及其法律权力的诉讼以及由地方政府的立法机关因立法而导致的诉讼。

四、北爱尔兰的法院系统

如前所述，北爱尔兰的法律体系与英格兰和威尔士相似，均属判例法系，但北爱尔兰的司法系统架构与英格兰和威尔士有所不同，差异主要体现在基层法院的设置上。

北爱尔兰的法院由四级法院组成，法院组织架构见图 2－4：

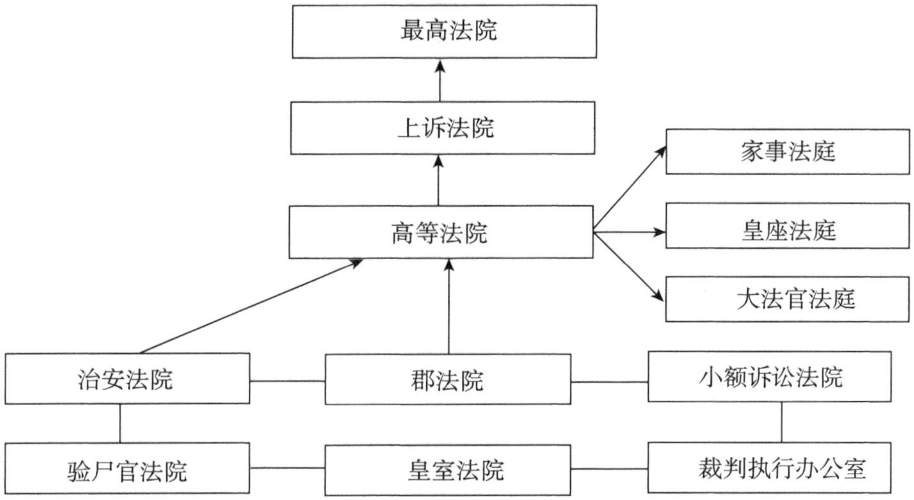

图 2－4　北爱尔兰法院组织架构

（一）治安法院

治安法院（Magistrates Court）为北爱尔兰的基层法院之一，由地区法官（District Judge）处理轻微刑事案件和部分民事案件。

治安法院审理一些不需要由陪审团审判的轻微刑事犯罪案件。这些犯罪通常最高刑期不超过6个月，罚款不高于5000英镑[1]。

一些可由陪审团审判也可由治安法院审判的案件，若被告选择由治安法院审理，则由治安法院管辖；若被告选择由陪审团审理，则案件将被移交至皇室法院。

治安法院处理的民事案件是有限的，主要包括以下案件：

（1）部分民事债务案件：所得税欠款、国民保险缴款、增值税欠款、税率争议；

（2）行政许可案件：酒吧或俱乐部等的设立、延期或吊销；

（3）婚姻相关案件：配偶资料的更新；

（4）儿童福利有关的案件：本地的照顾或监护令、收养程序和居留令。

（二）郡法院

郡法院（County Court）同样也是北爱尔兰的基层法院之一，主要负责审理民事案件。一般由法官（Judge）或地区法官（District Judge）审理，通常处理涉案金额低于3万英镑（或价值4.5万英镑）的案件。因受监管的信贷协议引发的索赔争议，无论其牵涉金额为多少，均须由郡法院处理。

郡法院审理的较为常见案件类型如下：

（1）房屋租赁纠纷：租赁房屋占有返还、租金拖欠、日常维修等争议；

（2）商品买卖纠纷：有缺陷商品或服务争议审理；

（3）人身损害纠纷：交通事故、在人行道上行走发生意外、工作事故等；

（4）郡法院管辖范围内的未经辩护的离婚案件；

（5）种族和性别歧视案件；

（6）债务纠纷：债权人要求履行债务；

（7）劳动保护纠纷：工资争议、薪资支付。

郡法院同时可以处理治安法院的上诉案件，一般由法官审理。如果被告是10～17岁的青少年，则至少应由1名法官和2名治安法官审理。

（三）小额诉讼法院

作为北爱尔兰的基层法院，小额诉讼法院（Small Claims Court）是处理某些类型的小额诉讼的法院，通常这个程序下不需要委托事务律师（Solicitor）。在涉及的金额或商品价值不超过3000英镑的情况下，可以适用小额索赔程序。但是，一些类型的索赔不包括在内，例如涉及人身伤害、诽谤、遗产、土地所有权、婚姻财产和道路交通事故的索赔等。当事人可以选择适用该程序，但是法官有权依据特定的情形将该诉讼请求移交郡法院。

---

〔1〕 Anna Coote, *Citizens' Rights in a Modern Welfare System*, IPPR Publications, 1997, p.11.

(四)验尸官法院

验尸官法院(Coroners' Court)为北爱尔兰独有的基层法院,设立的主要法律依据为《1959年(北爱尔兰)死因裁判法》[Coroners Act (Northern Ireland) 1959],以及经修正的《1963年(北爱尔兰)死因裁判(规程与程序)规则》[Coroners (Practice and Procedure) Rules (Northern Ireland) 1963]。验尸官法院负责辖区内突发暴力或者非自然死亡事件的死因调查。死因调查目的在于确认死者的死亡原因、时间和地点,但不认定具体的刑事或民事法律责任。

(五)皇室法院

北爱尔兰的皇室法院(Crown Court)同样也属于基层法院之一,皇室法院审理所有较严重的应由法官或陪审团参与的刑事犯罪案件,同时也审理治安法院上诉案件。皇室法院所判处的监禁和罚款通常比治安法院更重。

皇室法院首席大法官(The Lord Chief Justice)担任院长,上诉法院、高等法院乃至郡法院法官有时亦在皇室法院审理案件。

(六)裁判执行办公室

裁判执行办公室(Enforcement of Judgments Office),亦属于基层法院的级别,设立于20世纪70年代,主要负责民事判决的执行,执行程序较为简化。

(七)高等法院

高等法院(High Court)是北爱尔兰基层法院的上级法院,主要审理诉讼标的金额相对较大、案情复杂、重大的民事案件,以及来自郡法院上诉的案件。高等法院通常负责审理涉案金额超过3万英镑的案件。高等法院分为以下3个分庭[1]:

家事法庭。负责审理复杂的离婚、监护、收养、家庭暴力等案件。同时,它还负责审理来自治安法院和郡法院的婚姻上诉案件和简单的遗嘱认证事务等。

皇座法庭。负责审理案情复杂,金额较大的索赔案件。同时审理来自治安法院或刑事法院的部分上诉案件,以及文字及口头的诽谤案件等。

大法官法庭。负责审理信托、遗嘱、公司清算、破产、抵押贷款、捐赠、有争议收入案件(所得税相关案件较多)等类型案件。

(八)上诉法院

上诉法院(Court of Appeal)为北爱尔兰的最高级别法院,位于贝尔法斯特。上诉法院主要负责审理来自皇室法院的刑事上诉案件和高等法院的民事上诉案件,它同时也审理来自郡法院、治安法院的上诉案件。

上诉法院的案件通常由3名法官共同审理,但是也可以根据案件的具体情况由2名法官进行审理。附带事项(Incidental Matters)的上诉也有可能由1名上诉法官审理。

(九)最高法院

如英格兰与威尔士部分所述,最高法院的主要职责是审理来自英格兰和威尔士、

---

[1] Brain Doolan, *Principles of Irish Law*, Gill & MacMillan, 2011, p. 75.

苏格兰及北爱尔兰 3 个司法管辖区的上诉案件,主要包括:(1)具有重要影响的司法案件;(2)商业纠纷案件;(3)家庭纠纷案件;(4)涉及公共机构的司法复核案件;(5)涉及《1998 年人权法》(Human Rights Act 1998)等的上诉案件;(6)刑事上诉案件。

第四节 律 师 制 度

一、概述

英国律师制度与中国律师制度之间的差异极大。英国律师分为事务律师(Solicitors)和大律师或出庭律师(Barristers)。虽然同是律师,但在资格取得、执业范围、服务费用收取、行业组织与管理等方面有所差异,形成独特的二元化律师制度。

事务律师是指直接受当事人委托,在下级法院及诉讼外执行律师职务,为当事人提供多种法律服务的律师。事务律师是由中世纪普通法诉讼程序的代理人、衡平法诉讼程序中的申请人和教会法院中的代管(办)人(Proctor)演变而来的。事务律师的活动范围远较出庭律师广泛,他们可以担任政府、公司、银行、商店、公私团体的法律顾问,可以在下级法院,如治安法院、郡法院和验尸官法院执行代理和辩护职务,还可以处理非诉讼案件,为当事人起草法律文书和解答一般法律问题。如果当事人需要查询英国事务律师是否有被投诉的记录,可以在独立的监督机构即律师监管局(Solicitors Regulation Authority, SRA)的官方网站进行查询。

出庭律师是指能在英国上级法院执行律师职务的律师。出庭律师一般是精通某类法律或某类案件的专家。他们不仅通过辩护为当事人提供法律服务,还回答事务律师们提出的疑难问题。此外,出庭律师经过大法官的提名,还可被授予皇家大律师(Queen's Counsel)的称号。出庭律师还有更多的机会被任命为高等法院法官和上诉法院法官。出庭律师办理的事务一般分为两部分:一是衡平法方面的事务,包括信托、转移迁户、遗嘱、公司财产移收等事务;二是普通法方面的事务,包括契约法、侵权行为法、刑法、家事法等方面的事务。近年来,英国出庭律师的专门化倾向越来越明确,出现了商事律师、专利律师、税务律师等新业务领域律师。

二、英格兰和威尔士的律师制度

英格兰和威尔士的律师分为两类:事务律师(Solicitors)和大律师或出庭律师(Barristers)。英格兰及威尔士的事务律师由英格兰及威尔士律师协会(The Law Society of England and Wales)负责管理,而大律师则由大律师公会(The General Council of the Bar)负责管理。

英国《2011 年 SRA 执业框架规则》(The SRA Practice Framework Rules 2011)和《1974 年事务律师法》(Solicitors Act 1974)要求事务律师应当持有执业证书或执照。要取得事务律师执照,必须先完成法律学位(或在获得非法律学位后再取得法律研究生文凭),然后完成法律实务课程(Legal Practice Course, LPC)后,在律师事务所或其他单位实习2年。实习结束后，完成律师协会规定的培训与考核，取得执业资格的事务律师便可以在英格兰和威尔士从事相关工作。律师执业证书必须按期支付费用并每年更新。此外，其他受认可法域（包含中华人民共和国）[1]的执业律师可以通过参加转换考试（Qualified Lawyers Transfer Scheme）成为英格兰和威尔士的事务律师。

2020年10月，英格兰和威尔士推出了事务律师资格考试（Solicitors Qualifying Examination, SQE），将于2021年9月1日开始实施。参加事务律师资格考试需要符合如下条件：（1）具有任何学科的学位（或同等学力或经验）；（2）符合性格和适应性要求；（3）获得2年的合格工作经验；（4）通过事务律师资格考试评估的2个阶段：SQE1将测试考生有效的英格兰和威尔士法律知识，而SQE2将测试实用的法律技能和知识。

在正式施行事务律师资格考试前的过渡期内，已经开始按照现行规定进行法律实务课程学习的学生可以选择继续按原方式完成执业许可流程或选择参加事务律师资格考试。[2]

成为一名大律师的过程与事务律师相似，不同的是，相关的职业课程不是法律实务课程，而是律师执业培训课程（Bar Professional Training Course, BPTC）。完成律师执业培训课程后，还需要接受1年时间的培训。只有经大律师执业标准委员会（Bar Standards Board, BSB）授权，大律师才可以执业。在英格兰和威尔士，大律师必须持有由管理机构授权的年度执业证书，该证书需要按期支付费用并更新。大律师执业守则允许已完成非执业实习（6个月）的学生担任见习大律师。学生如于实习期内（首6个月）递交已填妥的结业证书或豁免证书，并注册实习期，便可获发临时见习证书，有效期至见习期届满为止。

三、苏格兰的律师制度

在苏格兰，事务律师（Solicitors）和出庭律师（Advocates）之间也是区分开来的。事务律师受苏格兰律师协会（The Law Society of Scotland）管理，而出庭律师受苏格兰出庭律师公会（The Faculty of Advocates）管理。

要想成为苏格兰的事务律师或出庭律师，必须在苏格兰的大学获得为期4年的法学学士学位（法学研究生可以参加2年的速成课程）。在此之后，无论是想成为一名事务律师还是出庭律师，学生必须获得法律实践的证明，在律师事务所接受为期2年的实习培训。实习结束后，若要成为出庭律师，还要跟随具有丰富经验的出庭律师进行为期8~9个月无薪实习，并通过最后的考核。

苏格兰出庭律师和英格兰大律师概念相同，主要从事辩护工作，事务律师会协助

---

[1] 受认可法域列表参见 https://www.qlts.co.uk/qlts-assessments/taking-the-assessments/。

[2] Solicitors Regulation Authority, *Green light for new solicitor exam*, Accessed on November 9, 2020, https://www.sra.org.uk/sra/news/press/sqe-approved-lsb/.

出庭律师出庭辩护。苏格兰出庭律师有在英国最高法院和所有苏格兰法院出庭的权利[1]。

四、北爱尔兰的律师制度

在北爱尔兰，律师同样分为事务律师（Solicitors）和大律师（Barristers）两类。事务律师受北爱尔兰律师协会（The Law Society of Northern Ireland）管理，而大律师受北爱尔兰大律师公会（The General Council of the Bar of Northern Ireland）管理。

在英格兰、威尔士和苏格兰，事务律师的专业学习和实践培训是分开进行的，北爱尔兰则是结合在一起。北爱尔兰见习的事务律师必须在一名律师指导老师（Supervising Solicitor）即导师（Master）的督导下接受为期 2 年的学徒训练。学徒训练以 4 个月的办公室培训开始，然后在贝尔法斯特女王大学（Queen's University Belfast，QUB）的法律研究所或阿尔斯特大学（The University of Ulster）学习 1 年，并获得专业证书，接下来还需再继续到办公室工作 8 个月后方可成为事务律师。

在北爱尔兰成为大律师首先要在贝尔法斯特女王大学法律研究所取得硕士学位，然后在执业 7 年以上的大律师的指导下学习 1 年，之后接受资格审查，才能成为独立执业的大律师。

同时，英国存在国内律师资格转换的规则，即英格兰和威尔士的律师资格可以转换至北爱尔兰。原则上，转换不需要重新考试，申请人只需要填写申请表，提供所需的证明，并支付一定的费用即可完成。但是，苏格兰律师资格转换至北爱尔兰之前，必须接受一个考试并完成一段见习期。

---

[1] Megan Dewart, *The Scottish Legal System*, Bloomsbury, 2019, p. 109.

第二篇

与企业运营有关的英国法律

第三章

英国公司法

第一节　概　　述

英国公司法主要由成文法和判例法组成。欧盟涉及公司法的条约、条例、指令以及欧盟法院的相关判决,也对英国公司法的发展产生重要影响。

英国第一部现代意义上的公司法是《1844 年公司法》。有限责任公司是英国最具创造力的发明,英国成为全球大部分地区公司法的发源地,对 BVI 群岛、开曼群岛等离岸公司注册地的公司法制定也产生了直接影响。自 1844 年第一部认可公司独立法人地位的公司法出台后,英国公司法从此基本保持每 20 年修改一次的"不成文"惯例,最近一次的修改是在 2006 年。在经过长达 8 年的激烈争论后,《1985 年公司法》中约 1/3 的条款被删除、约 1/3 的条款被修改,只有约 1/3 的条款得以保留。《2006 年公司法》于 2006 年 11 月 8 日最终获得英国女王批准,此后各部分陆续生效,最终于 2009 年 10 月 1 日全部生效。总体而言,《2006 年公司法》确立了小公司优先原则,注重提高公司运作效率、增强公司的竞争力,同时为董事和股东提供了更大的隐私保护,对董事义务法定化,规定董事应"以有利于公司全体成员整体利益的宗旨促进公司成功运作"[1]。

此外,《2015 年小企业和雇佣法》(The Small Business, Enterprise and Employment Act 2015, SBEE)对英国公司法作出重大改变,规定拥有公司重大控制权的人员须登记在册,旨在对拥有英国公司重大控制权的人员进行识别和披露,实现英国公司实益拥有人和控制人的透明性。

第二节　公 司 类 型

一、英国公司的类型

英国的公司一般分为以下几种。

(一)有限公司和无限公司

有限公司(Limited Companies)的成员责任被其宪章(Constitution)限定。有限公

[1] 郭洪俊:《英国最新〈公司法〉修改述评》,载《金融法苑》(总第七十五辑),中国金融出版社 2008 年版。

司可以是股份有限公司或者保证有限公司。如果成员的责任被限定在其所持有股份的支付金额，则公司是“股份有限”（Limited by Shares）的；如果公司成员的责任被限定在其承诺当公司清算时向其缴纳出资的金额，则公司是“保证有限”（Limited by Guarantee）的。[1]如果对其成员的责任没有限定，则公司为无限公司（Unlimited Companies）。[2]

（二）公众公司和私人公司

公众公司（Public Companies）是指其设立证明载明其是公众公司的股份有限公司或保证有限公司，且具有股本（Share Capital）的公司。私人公司（Private Companies）是指除公众公司以外的任何公司。[3]两者之间最主要的区分标准是股权的流动性：私人公司的股份不能向社会公众发行，也不能上市交易；公众公司的股份可以向社会公众发行，达到上市条件，可以上市交易。公众公司股权流通性较强，对社会影响也相对较大，因此公众公司受到更多的规范和管制，对其透明性的要求更高、更严和更紧。例如，公众公司需要有2名以上的董事，而私人公司则只需要有1名董事；私人公司股权流通性较弱，对社会影响也较小，对私人公司法律不要求最低资本，而公众公司则需要最低资本5万英镑，但是只需要缴纳1/4即可设立。[4]

（三）保证有限责任公司和股份有限公司

保证有限责任公司（Companies Limited by Guarantee）没有注册资本，它的成员作为担保者而不是股东，成员的责任限于当公司结束时，由其承诺对公司资产的贡献额所确定，这种公司包括RTM（Right to Manage）、CIC（Community Interest Companies）等公司，一般适用于社团、协会慈善机构等。股份有限公司（Companies Limited by Having Share Capital）是指设立时在公司章程中列明股份数或股本额的公司。

（四）社区利益公司

社区利益公司（Community Interest Companies），是指利用企业盈利为公共利益服务的社会企业。任何慈善组织及非政府组织都可以成立社区利益公司，并且可以选择股份有限公司或保证有限公司的任何一种形式。社区利益公司有资产锁定的特点，意思是指公司盈利和资产永久为社区利益公司所持有，不得向其股东分配；同时，公司盈利和资产的使用必须基于社会公益，或转移给另一个受到资产锁定的组织。

（五）欧洲股份有限公司

2004年起，英格兰和威尔士允许成立一种新型的上市公司——欧洲股份有限公司

---

[1] 在一般情况下，保证有限公司不需要营业资本（Trading Capital），因为创立这类公司的目的往往是非营利性，是以推进艺术、慈善、宗教、科学、体育等活动为目的。此外，这种公司的资金经常来源于其成员的捐助或会费，因此，此类非营利性公司多选择“保证有限”的形式。

[2] 英国《2006年公司法》第3条。

[3] 英国《2006年公司法》第4条。

[4] 陈颖健：《事实公众公司制度研究》，载《证券市场导报》2016年第4期。

(Societas Europaes, SE)。在欧洲经济区一个以上成员国经营业务的公司或集团均可以成立欧洲股份有限公司,并在这些成员国之一进行注册。欧洲股份有限公司受欧盟理事会规定(2157/2001/EC)管辖,在英国则受欧洲有限责任上市公司规定(SI2204/2326)管辖。[1]

二、设立公司的选择和考虑

在英国设立企业的中国投资者有多种选择,而且影响企业实体选择的因素也很多,需要考虑的因素主要有:公司具体的业务活动范围、在设立初期可能面临的风险、计划在英国的运营时间、相关的监管成本、税务问题以及其他商业上的考虑等。但总体来讲,中国投资者在英国开展业务主要有2种方式,即:

英国营业机构(UK Establishment)[2]。营业机构的概念来源于英国《2009年海外公司条例》(Overseas Companies Regulations),指外国公司在英国的营业机构(Place of Business)或分支机构(Branch)。在《2009年海外公司条例》生效之前,营业机构与分支机构为两个不同的概念,《2009年海外公司条例》结束了在此之前对营业机构和分支机构的不同登记和披露制度,两者统一为营业机构。[3]

私人有限公司。它既可以是中国公司在英国的子公司,也可以是与欧洲的企业共同成立的合资企业。采用私人有限公司的方式有许多好处,例如有限责任、内部人合性和设立简便。当地公司更愿意与有限公司开展业务,并且可以享受中英两国协议签订的税收优惠政策等。

第三节 公司设立

一、公司的注册登记要求

在英国,负责公司注册的政府机构主要是英国公司登记局(Companies House)。在英国设立公司,必须在英国公司登记局进行登记。

在申请公司登记时,提交的登记文件主要有章程大纲(Memorandum)、章程细则(Articles of Association)、登记申请、合规承诺等相关文件。

---

[1] 商务部国际贸易经济合作研究院、中国驻英国大使馆经济商务参赞处、商务部对外投资和经济合作司:《对外投资合作国别(地区)指南——英国(2018年版)》,载 http://fec. mofcom. gov. cn/article/gbdqzn/# ,最后访问日期:2019年9月4日。

[2] The Overseas Companies Regulations 2009, Accessed on November 22, 2019, http://www. legislation. gov. uk/uksi/2009/1801.

[3] Companies House, *Overseas companies registered in the UK*, Accessed on November 22, 2019, https://assets. publishing. service. gov. uk/government/uploads/system/uploads/attachment_data/file/834539/GP01_Overseas_companies. pdf.

1. 章程大纲

章程大纲必须载明投资人希望依法组建公司，以及同意成为公司股东。对于具有股本的公司，每个投资人至少持有1股，并且必须在章程大纲上签字。

2. 章程细则

章程细则是公司宪章的重要组成部分，内容应包括公司成员协商确定的相关营运管理的具体细节，列明股东和股权结构、股东会职权、董事任命与权力、股东和董事的决策机制等。公司可以选择采用法规规定的章程细则格式或自行依法制定章程细则。

3. 登记申请

登记申请必须载明以下事项：(1)拟议公司名称。公司名称应是独有的，不应与其他公司的名称相同，不应包含敏感文字或表意，不能使用任何与皇室有关联的文字，不能包含特定字符、标志、符号，禁止使用字母和数字以外的字，禁止使用标点符号（例如@和#），不能具有冒犯性。(2)公司的登记住所。公司在英国拥有的实际地址，该地址将在网上注册公开发布，官方信函也会邮寄至这个地址。(3)公司股东的责任。股东责任是不是有限的，如果是有限责任公司，公司是股份有限公司还是保证有限责任公司。(4)公司的组织形式。例如，申请设立的是私人公司还是公众公司。(5)有重大控制权的人。任何拥有重大控制权的人必须在公司成立时进行登记，拥有重大控制权的人必须是符合股权、投票权、董事任命或行使权利等相关条件的个人或实体。

4. 登记申请相关文件

登记申请必须随附一系列相关文件，这些文件包括：资本和最初持股声明、保证声明、公司高管声明、地址声明等。

如果英国公司登记局办事人员认为申请的材料符合要求，则将签发公司注册证书，公司注册证书的签发意味着公司设立的成功。公司注册证书载明：公司名称和登记号、设立的时间、有限或无限公司、私人还是公众公司和住所地。

二、公司宪章

（一）公司宪章的构成

根据英国《2006年公司法》，公司宪章（公司章程）作为指导和规范公司行为的基本文件，主要包括章程大纲（Memorandum）和章程细则（Articles of Association）。章程大纲不能随意修改，而章程细则可以通过股东会议进行修改。章程大纲记载的是公司的外部特征，例如公司名称、住址、目的、性质等，而章程细则在股东和股东之间以及股东和公司之间创设了一个合同，关注公司内部管理事务和公司业务，例如股份转让、股东会议和董事会的召集，对董事的任命、免职和薪金的支付等。在不违反法律规定的情况下，组建公司的人可以根据公司的性质和经营目的自行决定对章程细则作出哪些约定。章程大纲的效力大于章程细则的效力，章程细则的条款如果与章程大纲有冲突，则以章程大纲为准。[1]

（二）公司宪章的效力[2]

公司宪章的条款对公司及其成员具有相同的约束力，如同它们是公司和每个成员达成的遵守那些条款的契约。

成员根据宪章对公司应缴付的款项，是其对公司的到期债务。在英格兰、威尔士和北爱尔兰，其性质为普通合同债务。

三、董事责任

董事的职权义务应规定在公司章程细则中。依据《2006 年公司法》第 171 条至第 177 条，公司董事必须根据公司宪章行事，其一般义务包括：[3]

（1）在权力内行事的义务；

（2）促进公司成功的义务；

（3）独立判断的义务；

（4）行使合理谨慎和勤勉的义务；

（5）避免利益冲突的义务；

（6）不得从第三人处接受权益的义务；

（7）在拟议的交易或安排中公布利益的义务。

其中，为尽可能地促进公司的成功运营，董事应考虑：[4]

（1）任何决定最终可能的后果；

（2）公司雇员的利益；

（3）维护公司与供应商、消费者和其他商业关系的需求；

（4）公司运作对社会和环境的影响；

（5）公司维护高标准商业行为之声誉的愿望；

（6）在公司成员之间公平行事的需要。

第四节　公司融资

公司可以通过多种方式筹措资金，以满足其正常运营的需要。公司常用的融资渠道如下：

〔1〕 英国《2006 年公司法》第 5 条、第 21 条、第 29 条。

〔2〕 《英国 2006 年公司法》，葛伟军译，法律出版社 2012 年版，第 125 页。

〔3〕 《英国 2006 年公司法》，葛伟军译，法律出版社 2012 年版，第 125 页。

〔4〕 《英国 2006 年公司法》，葛伟军译，法律出版社 2012 年版，第 125 页。

一、公司内部融资

英国法律没有强制公司必须将所得利润分配给股东。因此，公司可以累积利润用于公司经营，而不是用于股东分红。公司从内部融资的成本很低，通常由股东在股东会议上作出决议即可，或者在公司章程细则中即规定董事会有权作出“不分红，将利润用于生产经营”的决议。公司内部融资既可以体现为股东借款，也可以体现为股利转增资本。

二、融资租赁

这种融资方式是指金融公司或者设备租赁公司与需要融资的公司达成协议，由金融公司或者设备租赁公司（设备所有人公司）以租赁的方式向需要融资的公司提供设备，承租公司在特定期限内持有并使用该设备，分期缴纳租金（按设备的购买价款以及利息计算），在分期付款到期后，最后以象征性的价格从设备所有人公司取得该设备的所有权。

三、保理

保理是指卖方将现在或未来基于其与买方订立的合同所产生的应收账款转让给保理商，由保理商向卖方提供资金融通、账款催收等服务的金融服务方式。公司与供应商或销售商在业务往来过程中，不可避免地会产生一些债权债务。当公司对外有应收账款的时候，公司可以向保理人转让这些债权，转让价款与债权金额间的差额作为保理人的交易费用、利润和利息等。

保理分为无追索权的保理和有追索权的保理。无追索权的保理是指保理人自行承担无法实现债权的风险，保理人往往要求转让债权的公司提供比较高的折扣以弥补可能发生的风险。而有追索权的保理是指在债务人无法按期偿还债务时，由转让债权的公司向保理人偿付或者购回无法实现部分的债权。

四、贷款

贷款是指公司向银行等金融机构贷款。公司与贷款人达成协议，由贷款人提供贷款，公司在一定期限内还本付息。

五、发行股份

私人公司不能向公众发行股份，但可以通过签订协议向特定的人发行股份。公众公司能向不特定公众发行股份，但不是所有公众公司的股票交易均在证券交易所进行。根据英国《2006 年公司法》的规定，“上市公司”（Quoted Company）是指其权益股本（Equity Share Capital）符合下列情形之一的公司：（1）根据《2000 年金融服务和市场法》（Financial Services and Markets Act 2000）第 6 部分的条款，已经被包括在挂牌市场中；（2）在欧洲经济区国家正式上市（Officially Listed）；（3）被允许在纽约证券交易所或纳斯达克证券交易所交易。

换言之，公众公司不一定为上市公司，而上市公司停止在证券交易所交易后仍然为公众公司。按照不同的发行方式，公众公司可以用以下几种方式发行股份：

（一）认购或销售

认购是指投资者直接从公司购买股份，公司向投资者发出的购买股份的要约是认购要约，直接从公司购得股份的人是认购人。

销售是指投资者从商业银行或投资银行等中介机构购买股份。

（二）定向发行

定向发行是指公司以一定的价格将股份销售给商业银行、投资银行或者商业银行的财务公司等中介机构，中介机构再把股份销售给特定的人。

（三）增发或公开要约

增发是指公司按照持股比例向现有股东发行新股。

公开要约是指公司向现有股东发出的购买股份的要约。[1]

第五节　公司财务会计要求

一、会计和报告准则

英国公司财务报告的具体编制依据是英国公认会计原则（UK GAAP），立法依据主要是英国现行的《2006 年公司法》，其对公司财务报表的编制、发布和审计等方面产生了重要影响：一是要求英国注册公司在每个财务年度均需编制一套财务报表，公司董事会的责任是确保这些财务报表"真实和公允"地反映公司或集团的财务状况和经营业绩；二是允许公司根据其类型选择是依据英国公认会计原则编制财务报表，或是依据国际财务报告准则（IFRS）编制财务报表；三是规定了需要按照国际财务报告准则编制财务报表的公司必须编制的财务报表类型；四是按上市和非上市公司不同类型规定了发布财务信息的时限；五是普遍要求公司对报表进行审计，并且法律对于豁免审计的情形进行了明确规定。[2]

考虑到上市公司与非上市公司、大中型企业与小型企业，以及一般的企业与特殊行业企业的会计要求应有所不同等情况，为了减轻小型报告主体的负担，简化小型报告主体的会计处理方法，英国会计准则委员会从 20 世纪 90 年代中期起就开始研究关于"小型报告主体会计准则"（Financial Reporting Standard for Smaller Entities, FRSSE）的问题。2008 年英国会计准则委员会发布了修订后的"小型报告主体会计准则"，以反映《2006 年公司法》相关法规的变化。《2006 年公司法》针对小企业制定了相应的会计计量和报告要求，包括小企业认定门槛上浮 20%，要求分开报告政治捐献和慈善捐献，

---

〔1〕 参见葛伟军：《英国公司法要义》，法律出版社 2014 年版。

〔2〕 李朝芳：《英国会计制度演进及其对我国的启示》，载《财会通讯》2017 年第 10 期。

政治及慈善捐献报告的起始金额为2000英镑。修订后的“小型报告主体会计准则”从2008年4月6日起实施，而《2006年公司法》中针对小企业会计计量和报告体系的规定也在同一天生效。

二、公司账目和报告

《2006年公司法》对公司账目和报告作了详尽的规定，适用于公司的每个财务年度，大部分的规定适用于所有公司，在某些方面，小公司和中等规模公司适用不同的条款。

（一）小公司

如果公司在1个年度内满足2个或2个以上下列要求，则属于适用小公司体制的小公司（Small Company）：（1）营业额不超过650万英镑；（2）资产负债总额不超过326万英镑；（3）雇员人数不超过50个。[1]

根据《2006年公司法》第384条，以下公司被排除在小公司体制之外：（1）公众公司；（2）授权保险公司、银行公司、电子货币发行人、金融工具市场指令投资企业或可转让证券集合投资事业管理公司，或从事保险市场活动的公司；（3）无资格集团的成员。无资格集团指其任何成员属于以下任何一种情形的集团：①公众公司；②授权保险公司、银行公司、电子货币发行人、金融工具市场指令投资企业或可转让证券集合投资事业管理公司的小公司；③从事保险市场活动的人。

（二）中等规模公司

如果公司在一个财务年度内满足两个或两个以上下列要求，则属于中等规模公司（Medium - sized Company）：（1）营业额不超过2590万英镑；（2）资产负债总额不超过1290万英镑；（3）雇员人数不超过250个。[2]

根据《2006年公司法》第467条，以下公司不属于中等规模公司：（1）公众公司；（2）授权保险公司、银行公司、电子货币发行人、金融工具市场指令投资企业或可转让证券集合投资事业管理公司，或从事保险市场活动的公司；（3）无资格集团的成员。无资格集团指其任何成员属于以下任何一种情形的集团：①公众公司；②授权保险公司、银行公司、电子货币发行人、金融工具市场指令投资企业或可转让证券集合投资事业管理公司的小公司；③从事保险市场活动的人。

（三）小公司与中等规模公司的账目和报告规则

在公司账目和报告方面，《2006年公司法》对小公司和中等规模公司规定的差异主要在于公司的文件提交义务。

1. 小规模公司的适用规则

对于小规模公司所适用的规则如下：（1）董事必须在每个财务年度向登记机构提

---

〔1〕《英国2006年公司法》，葛伟军译，法律出版社2012年版，第236页。

〔2〕《英国2006年公司法》，葛伟军译，法律出版社2012年版，第302－303页。

交截至该财年最后一天的公司资产负债表副本。(2)董事可以选择提交公司损益表副本和董事报告副本,但同时必须提交对上述损益表和董事报告的审计报告,除非公司享有审计豁免且董事援引了这一豁免。(3)上述副本必须是公司年度账目和报告的副本。在按公司法准备法定账目时,董事可以提交符合规定的资产负债表副本,损益表副本中可省略部分指定项目,这些账目被称为"缩略账目"。(4)对于提交不是"缩略账目"的国际会计标准账目或按公司法准备的法定账目的小公司董事,无须提交公司损益表副本和董事报告副本。其提交的资产负债表副本中必须在显著位置注明公司的年度账目和报告已经根据前述适用于小公司的规定提交。(5)所提交的资产负债表和董事报告副本必须注明代表董事会签字的人员的姓名,审计报告副本必须注明审计人姓名或作为审计公司高级法定审计师的人员的姓名。若属于《2006 年公司法》第 506 条下允许省略姓名的情形,则必须注明决议通过的情况。

2. 中等规模公司的适用规则

对于中等规模公司所适用的规则如下:(1)董事必须在每个财务年度向登记机构提交公司年度账目、战略报告和董事报告副本,以及对上述账目和董事报告的审计报告,除非公司享有审计豁免且董事援引了这一豁免;(2)在按公司法准备法定账目时,董事可以提交包含符合规定的损益表,同时不包含法规授权可忽略项目的该财务年度的公司年度账目,即"缩略账目";(3)董事提交的资产负债表和董事报告副本必须注明代表董事会签字的人员的姓名,审计报告副本必须注明审计人姓名或作为审计公司高级法定审计师的人员的姓名。若属于《2006 年公司法》第 506 条下允许省略姓名的情形,则必须注明决议通过的情况。

(四)会计记录

每个公司必须置备完备的会计记录,主要包括以下内容:(1)表明和解释公司交易;(2)合理准确地披露公司任何时候的财务状况;(3)确保编制的任何账目遵守本法的要求;(4)记载公司日常收支;(5)记录公司资产和负债。

如果公司业务涉及货物交易,会计记录必须包括以下内容:(1)在公司每个财务年度结束时公司持有存货的记录;(2)存货盘点记录;(3)除以日常零售交易的方式出售货物外,所有货物出售和购买的记录,该记录应当详尽地描述货物种类以及买方或卖方名称,使这些事项能够被认定。

如果公司的子公司不适用上述要求,该公司必须采取合理措施保证子公司置备较完备的会计记录,以确保被要求编制的任何账目符合公司法的要求。如果公司未能遵守上述关于置备会计记录的规定,公司高级管理人员如未能证明其已勤勉尽责,则构成犯罪,将依法处以监禁或罚款。

公司的会计记录必须存放于其注册地或董事认为合适的场所,并且随时公开,以供公司高级管理人员查阅。如果会计记录是在英国境外存放的,那么此记录中与公司业务有关的账目和申报表须在英国境内有备份,而且这些信息须随时公开,以供公司高级管理人员查阅。

第六节　公司合并、分立、增资和减资

英国公司法关于公司合并、分立、增资和减资的法律规定较为明确，具体如下：

一、公司合并

公司合并有两种方式：一种是“吸收合并”，另一种是“新设合并”。合并公司的董事需要起草合并计划方案，该方案必须包括以下信息：(1)转让人与受让人的名称、住所地、公司的组织形式；(2)向转让人公司的股东配售受让人公司股份的数量(“股份比例”)及支付期限；(3)与受让人公司股份之配售相关的条款；(4)受让人公司股份之持有人有权参与分红的日期，以及影响该权利的特殊条件；(5)为会计之目的，如转让人公司之交易日期与受让人交易日期不一致，以转让人公司之交易日期为准；(6)根据该计划配售的受让人公司股份或其他证券上的任何权利或限制(例如质押、限售期限、限售条件)；(7)向有关专家或者合并公司的董事支付的有关费用。

除了上述方案计划，公司合并还要求具备以下四个文件：(1)董事说明报告；(2)专家报告；(3)补充会计报告；(4)关于合并公司资产重大变化的报告。

二、公司分立

公司分立是指原有公司分成两个或数个公司，同时相应分割公司的财产和业务。分立的要求大致和合并类似。分立需要制作以下文件：(1)分立计划方案；(2)每个分立公司的董事说明报告；(3)专家报告；(4)补充会计报告；(5)关于转让人公司资产重大变化的报告。

三、公司增资

公司增资大致分为两种情形：第一种是公司章程大纲所记载的股份数增加。此种增加需要公司的股东会批准并对章程大纲进行修改，这种情况并没有实质性增加公司的资本，只是形式上股份数额的增加。第二种是在章程大纲所授权的股份数范围内，由董事会作出决议发行更多的股份给现有或者新的股东，公司的资本实质增加。

四、公司减资

公司减资要遵循资本维持的制度。资本维持是为了确保公司收到并维持全部的资本，将之用于正常的营业以及应付经营风险。资本维持的主要目的是保护债权人，主要原则是除非经法院确认，否则资本不能返还给股东。

公司资本减少的原因主要有两个：其一，公司的资金超过了公司经营的需要，公司为了把精力集中到一些主要的业务上面，会出售多余的财产，出售所得的资金返还给股东，从而减少公司的资本；其二，由于经营不善或遭受市场冲击，公司的账面已经不能真实地反映公司的资金情况，公司需要减少资本，压缩规模。

公司资本减少应当区分两类情形：一类是未发行股本的减少。如果章程有授权，公司可以通过股东会的决议取消未发行的股本，这类资本的减少，严格意义上不是资本的减少，只是减少章程大纲所载的授权资本数额，不影响公司的经营和债权人的利益。另一类是已发行股本的减少。减少已发行股本要满足 3 个条件：(1)法院确认；(2)章程授权；(3)特殊决议通过。公司通过决议减少资本主要有两种情形：一是偿债能力声明所支持的特殊决议；二是法院确认的特殊决议。

第七节 公司解散和清算

英国公司的清算分为两种：自愿清算和法院强制清算。自愿清算和法院强制清算的区别在于前者涉及公司主动行动，后者并不必然涉及公司采取的行动。自愿清算又分成两种：股东的自愿清算（Members' Voluntary Liquidation）和债权人的自愿清算（Creditors' Voluntary Liquidation）。股东的自愿清算和债权人的自愿清算区别在于前者适用于公司有偿债能力时，股东任命清算人；后者适用于公司没有偿债能力时，公司债权人有权最终决定清算人。

英国在公司清算时，其清算人的产生主要有两种模式：股东会产生模式和债权人会议产生模式。

一、股东自愿清算

股东的自愿清算只发生在公司有偿债能力的场合。在股东自愿清算模式下，先由公司的董事发布公司有偿债能力的法定声明，然后股东在股东大会上通过自愿清偿决议，并指定清算人进行清算。

公司可以自愿清算的情形包括：公司章程规定的存续期间届满，或者公司章程规定的注销事由发生，公司在股东会议上通过要求自愿清算的决议。自愿清算的决议通过之时，自愿清算视为开始。自愿清算开始后，公司不得再开展经营活动，除非该行为有利于清算。为了清算公司事务以及分配资产，公司在股东会议上应当任命 1 个或数个清算人。一旦公司事务全部清理完毕，清算人应当制作清算账目，表明如何清算以及公司财产如何处置，并且应当召集公司的股东会议，提交账目并作说明。

在股东自愿清算的过程中，如果清算人发现公司资不抵债，则应召集债权人会议，经债权人和公司同意，转为债权人自愿清算程序。

二、债权人自愿清算

与股东自愿清算模式不同，在债权人自愿清算模式下，公司董事不发布公司有偿债能力的法定声明。公司董事是否发布公司有偿债能力的声明是股东自愿清算和债权人自愿清算的根本区别。

为启动债权人自愿清算程序，董事需召集两个会议：股东会议和债权人会议。股东会议通过特殊决议同意清算。在公司股东会议作出债权人自愿清算的决议之日起不超过14日，公司应当召集债权人会议。也就是说，债权人会议可以在股东会议后同一天或之后某一天召开，但最长不超过股东会议召开后的14天。债权人会议召开的7日之前以邮寄的方式向债权人发送会议通知，并在报纸上公告债权人会议通知，或者也可以以董事认为合适的其他方式发布该会议的通知。董事将公司声明提交债权人会议。公司声明应当经部分或全部董事的书面保证，并且载明：公司资产和负债的详细信息、债权人的名称/姓名和地址、债权人所有的担保类型、担保设立的时间以及其他详细信息。股东会议和债权人会议均有权任命清算人，但债权人会议的任命优先，债权人还可以成立最多由5名债权人代表组成的清算委员会来协助和监督清算人；如果债权人会议没有任命，则由股东会议任命的清算人开展工作。

三、法院强制清算

对资不抵债、需要重整债务的公司，英国法中有4个单独的机制可以运用：合同法下的解决方案、公司自愿整理（Company Voluntary Arrangement，CVA）、整理计划和管理程序。[1]除合同法下的解决方案是债权人与公司自行达成协议来重组债务外，公司自愿整理、整理计划和管理程序通常会成为法院强制清算程序中公司需要经历的清算过程。

法院强制清算主要是依据《1986年破产法》的相关规定，即公司无力偿还其债务时，由清算申请人申请法院组织完成公司清算。通过法院清算的，必须要向法院提出清算申请。根据《1986年破产法》第124条的规定，有权向法院提出清算申请的人包括：公司、公司董事、债权人、分担人、清算人、地方法院指定官员、国务大臣、金融服务局、社区利益公司监管人、官方接管人等。在实践中，大多数法院清算的申请是由债权人提出的。

债权人向法院提出强制清算申请，其债权数额应超过750英镑，且能够证明债务人到期无法偿还。[2]

清算人应为有资格的破产管理执业人，并且以公司的名义而不是以自己的名义从事破产管理事务。清算人的职权和职责，部分规定于《1986年破产法》和破产规则中，部分来源于判例。

分担人是一个比较特殊的概念，是指当公司进入清算的时候，负有向公司缴付任何数额用以偿还公司债务、支付清算费用等责任的股东。

---

〔1〕［英］Jennifer Payne：《英国“债务重整”的未来》（上），杜军译，载《人民法院报》2018年5月11日，第7版。

〔2〕UK Government, Accessed on September 10, 2019, https://www.gov.uk/wind-up-a-company-that-owes-you-money.

在审理清算申请的时候,法院可以有条件或无条件地驳回申请,或者推迟审理,或者颁布中止法令或其认为合适的其他法令。但是,法院不得因为公司财产已经全部被按揭或者被按揭的债务超过了公司财产或者公司无财产而拒绝颁布清算法令。如果公司股东作为分担人,以公司清算公正和公平为理由提出清算申请,法院认为申请人有权通过公司清算或其他方式获得救济,且缺乏其他救济而公司清算是公正和公平的,则法院应当颁布清算法令;但是如果法院同时认为申请人可以获得其他救济,并且申请人在不合理地寻求公司清算而不是去寻求其他救济的,法院可以不颁布清算法令。〔1〕

英国最近的法院强制清算案例是,2019 年 9 月 23 日,拥有 178 年历史的英国老牌旅行服务商托马斯 · 库克集团(Thomas Cook)宣布向英国高等法院递交"强制清算"申请,破产管理署接管公司的日常管理。

法院强制清算程序通常包括以下工作内容。〔2〕

(一)公司自愿整理〔3〕

有关公司自愿整理的规定详见于《1986 年破产法》中,但它不是破产程序。根据《1986 年破产法》第 1 条,公司自愿整理可以概括为:在有资格担任破产执业人或被授权担任监督人时,公司的董事可以向公司以及公司的债权人提出达成清偿公司债务的和解协议或公司事务安排方案的建议。

公司自愿整理是一个非正式程序,允许公司提出债务重组计划,其核心目的在于为公司找到有效解决财务困难的途径,从而避免清算,并获得重整的机会。根据规定,债务公司在有资格的破产执业人的监督下,可以寻求与债权人达成和解。公司自愿整理中并不需要所有的债权人都同意重整方案。一个关于公司自愿整理的建议一旦得到必要多数(75%)的债权人同意,将直接对其余少数债权人产生约束。公司自愿整理中,若有担保债权人(通常是银行)强制执行公司提供的担保时,公司转而进入接管程序。

(二)申请管理令程序〔4〕

管理令程序(Administration)创立于《1986 年破产法》,是一个任命外部的破产执业人即管理人来管理公司的程序。所谓管理令,指法院如果确信债务公司已经或将要资不抵债,则可以裁定由有资格的破产执业人对该公司进行管理。管理令程序的实质是管理人(有资格的破产执业人)应当为无担保权益的债权人和公司本身的利益经营

---

〔1〕［英］Jennifer Payne:《英国"债务重整"的未来》(上),杜军译,载《人民法院报》2018 年 5 月 11 日,第 7 版。

〔2〕《英国破产程序介绍》,载中国信保商账追收网:http://www.sinosure.com.cn/sinocredit/zyzl/ggfg/oz/133318.jsp,最后访问日期:2019 年 9 月 7 日。

〔3〕杜军:《中、英企业破产拯救制度的比较研究》,载《法律适用》2017 年第 21 期。

〔4〕杜军:《中、英企业破产拯救制度的比较研究》,载《法律适用》2017 年第 21 期。

公司，同时采取措施使公司改善经营，并按与债权人达成的协议清偿债务，以使公司恢复支付能力而得以生存。从作用上看，管理令程序允许一个陷入困境但有复苏希望的公司采取有别于清算的拯救程序，该程序与重整制度在一定程度上是相似的。

（三）接管程序

接管（Administration Receivership）是指任命接管人以执行债务人公司提供的担保。对接管人的任命可以由法院作出，也可以由债权人根据设立担保的法律文件的授权作出。接管程序中，破产接管人只关心优先债权人（通常是破产公司员工的报酬）和有担保债权人（通常是银行）的利益，而普通无担保债务人的利益很难得到保障。

（四）清算和注销

法院强制清算过程中，发现公司资不抵债，即进入破产清算和注销（Liquidation & Cancellation of Registration）程序。

就破产清算程序而言，首先，法院将指定清算人接管公司的控制权，调查并向债务人报告公司管理人员的行为。清算程序开始后，公司董事将不再具有任何影响力。清算人通过实施公司清算方案，分配公司财产。在特定情况下，可以要求董事提供有关客户、股票或资产的相关信息以协助清算。

其次，公司资产将被出售。出售所得收益以及公司银行账户中的资金将由清算人管理，以尽可能地偿还公司债务。除董事因提供个人担保对其所担保的债务承担个人责任外，公司无法偿还的所有债务将被注销。

最后，公司通过公司登记局办理公司注销，并登报公告公司注销事项。

就注销程序而言，破产清算程序启动后，法定破产企业接管人或法院指定的清算人必须向公司登记局寄送一份法院清盘令副本，并提交公司营业执照副本、公司清算人签署的注销登记申请书、公司股东会确认的清算报告、税务部门开具的完税证明文件、银行出具的账户注销证明等相关说明书和同意书的副本，同时报告债权人委员会的组成和变更等事项。自被委任之日起至清算结束止，清算人或法定接管人必须每 12 个月向公司登记局报告清算进度。

破产清算程序结束后，当公司登记局收到清算人或法定破产企业接管人的通知时，即进行公司注销登记。一般情况下，公司将会在注销登记后 3 个月内解散。

第八节　独资经营企业

一、独资经营的概念和性质

独资经营（Sole Proprietorship/Trader/Entrepreneurship），指由一人所有和经营，所有者与经营者在法律上混为一体，企业的所有者是个人，该个人以其财产对企业债务承担无限责任的经营模式。独资经营企业不具有法人资格。

独资经营企业是英国法律下最古老、最简单、最基本的组织形式，也是直接投资者独自开办企业并进行经营管理活动时常见的方式之一。独资经营者得以获得全部利润,但必须负责保留准确的销售和支出记录,并对任何商业损失、所有账单和商业账户承担责任。

英国商业、能源和工业战略部(Department for Business, Energy and Industrial Strategy, BEIS)2019 年的报告[1]中称,76% 的英国企业除业主以外未雇用任何人,即 76% 的英国企业为独资经营企业。但独资经营并不意味着企业只可以有独资经营者一人,除经营者本人外,也可以雇用其他人。

二、独资经营企业的特点

独资经营企业由经营者一人所有和管理的特殊结构使其具有经营自由度高的优点。经营者享有对企业完全的所有权、绝对的控制权和经营决策权,不需要召开股东会议或就管理事项投票,从而能够确保企业绝对遵循经营者确定的经营目标。特别是对于在英国投资的外国企业,采用独资经营的组织形式可以避免合资企业中合资股东各方在经营管理、市场目标等方面产生矛盾以及培养未来市场竞争对手的风险。

此外,针对独资经营企业的税收要求和会计要求更加宽松。独资经营企业通常不需要提交单独的营业税申报表,所有的营业收入都将在个人纳税表上申报,如同个人收入一样。税收简单可以是独资经营企业的优势,但在灵活性方面也可能是不利的,因为所有业务收入必须在其获得的年度作为固定收入进行报告,而法人企业在如何和何时支付税收方面有更大的灵活性。

独资经营的不足之处也主要源自其特殊的经营管理结构。独资经营企业经营者的个人资产和企业的资产是一体的,这意味着企业完全与所有者联系在一起:当独资企业的经营者患病或死亡时,除非有可以继续经营业务的朋友或家人,否则企业难以继续经营;客户忠诚度属于原独资经营企业者,难以转移;经营者以其个人财产对企业承担无限责任,当企业资产不足以清偿债权人时,经营者的个人财产将被扣押。上述不足使一些政府机构或企业集团认为独资经营企业的合法性和专业性不如法人企业,可能会选择避免和独资经营企业产生经济往来,且雇用独资经营企业将增加税务机关将独资经营者视为雇员而非独立承包商的风险,从而产生额外税负。

同时,独资经营的弊端也体现在融资方面,特别是融资渠道的限制,例如发行股票和获得银行贷款或信贷额度均存在限制。因此,无限责任的独资经营企业可能随着业

---

[1] UK Government, Accessed on December 18, 2019, https://assets.publishing.service.gov.uk/government/uploads/system/uploads/attachment_data/file/836550/Business_Population_Estimates_for_the_UK_and_regions_-_2019_Statistical_Release.pdf.

务的增长和扩张需求，通常会转换为有限责任公司或其他类型的公司组织形式。[1]

三、设立独资经营企业的程序和注意事项

在英国，自营者达到如下任一标准，需要发起独资经营设立程序[2]：(1)在过去的一个财政年度中的自雇收入超过1000英镑；(2)需要证明自己是自雇人士，例如申请免税托儿服务；(3)希望自愿支付2级国民保险金，以期满足获取相应福利的要求。

在英国政府看来，独资经营企业经营所得利润相当于独资经营者的个人收入，独资经营者的国民保险和所得税不会自动从其交易收入中扣除。因此，设立独资经营时，经营者必须直接向英国税务和海关总署注册，通过注册自我评估表(Self - Assessment Form)告知税务和海关总署其收到的任何收入，以缴纳税务和保险。

注册成功独资经营后，独资经营企业经营者需要承担如下责任：(1)记录业务销售和支出；(2)每年提交一次自我评估表；(3)就利润支付所得税以及支付2级和4级国民保险(如果是独资经营，通常要支付两种类型的国民保险：2级或4级国民保险；如果利润达到每年6475英镑但低于9501英镑，支付2级国民保险；如果利润达到每年9501英镑，则支付4级国民保险)。

如果外籍人士要移居英国开设独资经营企业，则需要申请国民保险号码。同时，如果营业额超过85,000英镑，则必须注册申报增值税。

如果开设的独资经营企业是以分包商或承包商的身份从事建筑行业，还需要向税务和海关总署就建筑行业计划(Construction Industry Scheme)进行注册登记。

关于独资经营企业的命名，可以使用所有者自己的名称，也可以选择其他名称，但无须就独资经营企业名称提交注册登记。独资经营企业的命名需要注意：(1)不得包括“有限”、“有限公司”、“有限责任合伙企业”、“LLP”、“公共有限公司”或“plc”字样；(2)不得使用令人反感的字词；(3)不得与现存商标相同；(4)不得包含敏感字词或表述，也不得暗示与政府或地方当局的联系，除非得到许可。例如，希望在独资经营企业的名称中使用“Accredited”(获认可的)一词，需要获得商业、能源与产业战略部的许可。

如独资经营者希望阻止他人使用其独资经营企业名称进行交易，可申请将企业名称注册为商标。在经营过程中，独资经营企业必须在正式文书(例如发票和信件)中包括所有者姓名和公司名称。

为了确保独资经营企业在经营过程中符合法律规定，经营者还需要注意下列英国

---

[1] Alexandra Twin “Sole Proprietorship”, Accessed on February 6, 2020, https://www.investopedia.com/terms/s/soleproprietorship.asp.

[2] UK Government, https://www.gov.uk/set-up-sole-trader, Accessed on February 6, 2019.

法律的规定[1]:(1)《1972 年商品说明法》(Trade Descriptions Act 1972):对提供的商品或服务作出虚假或误导性的说明,无论是口头还是书面的,则可能涉及刑事责任;(2)《1979 年商品销售法》(Sale of Goods Act Trade 1979):卖方所出售的商品质量应符合其自身所作出的保证;(3)《1982 年商品及服务供应法》(Supply of Goods and Services Act 1982):卖方应当承诺按照谨慎、专业、效率和最低成本提供服务;(4)《1987 年消费者保护法》(Consumer Protection Act 1987):如果提供的商品存在缺陷,造成了消费者损害,除非卖方能够自证对风险的不知情,否则将承担赔偿责任;(5)《1991 年价格标记规则》(Price Marking Order 1991):卖方应当以书面的形式展现所售商品的价格。

除此之外,独资经营企业还要考虑有关环境、卫生、数据保护(如收集个人数据)等法律规定。

第九节　合伙制度

一、概述

合伙制度有着悠久的历史,最初曾是家族共有下的一种经营模式,时间上甚至可以追溯到公元前 18 世纪,当时的古巴比伦制定了著名的楔形文字法典——《汉谟拉比法典》(The Code of Hammurabi),其中就规定了与合伙有关的原则。在罗马共和国时期,合伙得到了快速发展,两人以上基于一个合意契约,就可以形成一个以共同营利为追求的成果、劳务共同体。中世纪以后,随着海商贸易的兴起与发展,合伙逐渐衍生出了一种新型的模式——康曼达(Commeda)。康曼达属于一种商事契约,依照该契约,一方可以通过出资成为合伙人,并以资本额为限承担有限责任,而其他提供劳务的合伙人则仍按普通合伙的规定承担无限责任。康曼达模式的出现与当时经济社会的发展具有密切的关系,后来一些非海上贸易的事业也逐渐适用该规则。在 19 世纪,法国将其发展为两合公司。

合伙制度虽然起源于大陆法系,但真正令其流行和现代化的是英美法国家。英国在 19 世纪末 20 世纪初,相继颁布了《普通合伙法》(Partnership Act)和《有限合伙法》(Limited Partnership Act),确立了英国合伙的制度框架。早在 1890 年,英国议会就通过《普通合伙法》确立了普通合伙的制度。1907 年,英国颁布《有限合伙法》,在借鉴法国无限公司的基础上确立了有限合伙的形式。上述两部法律与普通法、衡平法下所确立的与合伙相关的原则为英国合伙制度提供了指引和发展基础。《普通合伙法》明确了合伙人之间的关系,并提出合伙事业可以"商号"(Firm)的名义、独立的名称进行营业,却并没有赋予"普通合伙"法律上的主体地位。"商号"本身没有纳税义务,合伙人以个人为单位纳税,但其需要制作合伙收益表(Partnership Return),以明确各合伙人的

---

[1] Starups, *Sole trader legal requirements*, Accessed on May 2,2020, https://startups. co. uk/sole - trader - legal - requirements/.

应税数额[1]。直到《1907 年有限合伙法》(Limited Partnership Act 1907)的出现,才在法律上确立了“有限合伙”的企业组织形式。在成立有限合伙时,为保护交易第三方利益,必须经过注册登记,否则视为普通合伙[2]。

随着合伙形式的发展壮大,新的问题随之而来。在最初成立合伙时,各合伙人之间对彼此十分熟悉,存在稳定的信任关系,对利益分配与风险分担存在良好的共识。但当合伙业务增多,合伙人想要通过扩编增员来进一步扩大经营范围或地域范围,原本稳定的共识关系增加了不确定性,甚至出现较为资深的合伙人不熟悉新晋合伙人的情形,这在大型的律师事务所与会计师事务所尤其常见。在这种情境下,原有合伙制度的运行难免会造成不公平的状况发生,例如某一合伙人为其不熟悉的合伙人承担赔偿责任的情形。为了满足大型合伙的需要,英国在 2000 年制定了《有限责任合伙法》(Limited Liability Partnerships Act),确立了有限责任的合伙形式。在新的模式下,经注册登记为该形式的企业,被《有限责任合伙法》赋予了独立的法人资格,合伙企业自身不仅具有普通合伙的特征,而且具有公司的部分性质,其可以对外以合伙企业的名义独立作出意思表示。

综上,根据英国法律,现阶段存在 3 种合伙形式:(1)《普通合伙法》下的合伙,即具有共同利益的 2 人或多人为了进行商业活动而组建的普通合伙,合伙人对合伙商号的债务承担无限连带责任。(2)《有限合伙法》下的合伙,即由普通合伙人及有限责任合伙人组成的有限合伙企业。普通合伙人对有限合伙企业的所有债务承担无限责任,而有限合伙人仅就其出资的份额承担责任。(3)《有限责任合伙法》下的合伙,即 2 人或多人为了进行商业活动而组建的有限责任合伙,其每个合伙成员承担的都是有限责任。

二、普通合伙

(一)定义及原则

根据《普通合伙法》的规定,合伙关系指的是具有共同利益的 2 人或多人为了进行商业活动而组建的商业关系,合伙人对合伙商号的债务承担无限连带责任。合伙商号产生的利润由合伙人共同分享,产生的亏损由合伙人共同承担。

合伙商号不具有法律上的主体地位,普通合伙的成立并不需要特殊的条件,也无强制注册要求,但合伙关系成立后,合伙人不能轻易退出。即使某一个或多个合伙人的行为不符合合伙的利益,也必须要经过其他全体合伙人的同意,才能令其退伙。

在普通合伙关系下,每位合伙人都是合伙商号的代表人,可以对外以商号的名义签署合同或其他具有法律效力的文件。每位合伙人以商号名义所为的法律行为,将对

---

[1] UK Government, Accessed on February 6, 2020, https://www.gov.uk/hmrc-internal-manuals/partnership-manual/pm138000.

[2] 吴会仙:《英国合伙制度的起源与发展》,载《法制与社会》2011 年第 17 期。

其他合伙人产生法定约束力。但是,该法律行为应限定与其合伙事业有关,如果一名合伙人是为了处理与商号常规业务无关的事项而对外质押商号的财产,则该质押行为会被认定为无效,除非该合伙人已得到其他合伙人特别授权。如果想要以普通合伙的方式在英国设立商号,可以通过签署内部协议来限制部分合伙人的代表权,从而尽可能地规避风险〔1〕,以免产生不可挽回的损失。

在普通合伙制度下,每位合伙人都应当与其他合伙人一起对商号的债务承担连带赔偿责任〔2〕。在英国,苏格兰对这种连带债务的清偿最为注重。例如,合伙人的遗产在需要偿还多种债务时,合伙债务与个人债务居于相同顺位清偿;而在英格兰及爱尔兰,合伙人的遗产将首先清偿个人债务,然后才清偿合伙债务。

在普通合伙经营过程中,会发生合伙人作为合伙的代表,收取第三方所交付的款项或者管理合伙财产的行为。在这个过程中,常常发生资金被合伙人滥用的事件。《1890 年普通合伙法》为了保障第三方的利益,明确要求:如果合伙的财产被合伙人滥用致使第三方利益受损害时,由所有合伙人对第三方的损失承担损害赔偿责任。该种责任承担方式再次体现了合伙经营共担风险的特点。

随着合伙事业的推进及发展,会出现新合伙人入伙或原合伙人退伙的情形,为解决此种情况可能造成的责任承担不明确,《普通合伙法》作了具体的规定〔3〕:(1)新被接纳的合伙人,无须对入伙之前的行为负责,其权利及义务自其成为合伙人之日起开始享有和履行。(2)合伙人即便因退休、离任或其他原因退伙,也应当承担在任期间内应履行的义务。(3)退伙的合伙人可以通过签订新的协议来解除个人对合伙事业应负的责任或义务。该协议在被债权人及其他合伙人认可后,退伙的合伙人解除的责任或义务视为合伙人的共同债务。

为了有效地保障合伙事业的延续和传承,《1890 年普通合伙法》第 14 条规定,若商号以合伙人的名字命名,当合伙人亡故后,商号仍可继续沿用该名称,但该合伙人的遗产继承人或管理人,不为合伙商号未来所产生的债务负责。

(二)合伙人的权利义务

合伙人的权利义务由法律或合伙协议确定,如需变更,应经过全体合伙人的一致同意。合伙财产的处置应当依照合伙协议进行。此处所指的合伙财产,应当是为合伙的目的而转入合伙商号的所有财产性利益。在普通合伙中,个人财产与合伙财产应当严格区分。合伙财产在分配后属于合伙人个人,当个别合伙人负有债务时,除非法院单独针对合伙商号下达判决,否则法院针对合伙人个人的执行命令不得直接对合伙商号签发。不过,在英格兰及威尔士,债权人可以申请执行合伙商号中属于债务人的份额,即债权人可以根据法院的执行命令,要求合伙商号将相关合伙人应当分得的财产

〔1〕 Partnership Act 1890, ss. 7,8.

〔2〕 Ibid., s. 9.

〔3〕 Ibid., s. 17.

或权益交由债权人。在法院执行后，债权人仅可享受合伙事业的利润分成，而不能参与或干涉合伙的运营管理。如果合伙最终解散，债权人有权分得相应的份额，其他合伙人也可以通过购买的方式取得债权人所享有的部分合伙财产或权益。

在英国，如果合伙人之间对合伙财产存在权利义务的具体约定，无论该约定是通过书面方式还是默示同意，都视为协议存在，应当按照要求履行。若从未进行约定，则应当按照法律规定，按如下的规则享有及履行对合伙财产的权利及义务：(1)所有合伙人平等分享合伙资产及利润并对出现的任何亏损共同负责；(2)当某个合伙人为履行合伙事业的常规事务或为保护合伙财产而导致个人损失时，应当对合伙人个人进行补偿；(3)为了达成合伙目的，单一合伙人在其应认购资本数额之外做出了实际支付或预付的，有权从支付或预付之日起按每年5%的利率收取利息；(4)未确认合伙利润前，合伙人对其认缴的资本不享有利息；(5)每位合伙人都可以参与合伙的经营管理；(6)合伙人不可因合伙的经营管理而另外获得报酬；(7)合伙人加入，必须取得全体合伙人的同意；(8)普通合伙下一般事项的决议方式为多数决，即取得多数合伙人的同意，但涉及改变合伙性质的决议，应当取得全体合伙人同意；(9)账簿应当保存在合伙商号的营业场所，若存在多个营业场所，则应存放在主要营业场所，每个合伙人都具有查阅、复印账簿的权利。

普通合伙建立的目的，是凝聚各合伙人的力量共同在某一领域合作经营，由一人行变众人行。在业务的招揽和承办过程中，合伙事业属于一个不可分割的集体。所以，各个合伙人具有报告的义务，即说明其参与的任何与合伙事业经营内容有关的交易，并报告该交易所产生的任何收益。如果某一合伙人被发现在合伙之外单独以个人名义开展相关业务，则可以按照《1890年普通合伙法》的规定处理[1]，即该合伙人应说明其在相关业务中取得的收入并全数上交合伙。实施该规定的目的在于维持合伙制度的公平性，防止合伙人借助集体的资源及力量来满足个人利益，破坏普通合伙的初衷。

(三)普通合伙解散与后果

普通合伙解散的原因有多种，主要包括：(1)合伙人在合伙协议中约定了合伙期限，当期限届满，合伙解散；(2)合伙的成立如果是为了完成某一事务或目的，当事务完成或目的达成时合伙解散；(3)如果合伙没有约定确定的合伙期限，则当1位或多位合伙人提出解散合伙的通知时（在该种情景下，如果通知的内容没有提出解散的具体日期，则合伙在通知发出之日解散）。

合伙解散事由一般为约定性的，也存在法定的解散事由，如因商号破产、合伙人死亡或遭遇诉讼导致解散的情况。根据法律的规定，如果合伙人之间没有特殊的协议约定，当合伙人死亡或破产时，该普通合伙将自动解散。若某合伙人因个人债务问题致使合伙财产遭受损失，其他合伙人也可以此为由提出解散。

约定性解散情形下，一般具有散伙的合意或达成了某些前期约定的解散条件，如

---

[1] Partnership Act 1890, s. 30.

事务完成、期限届满等，合伙人之间的关系仍处于稳定状态，解散较为平和。但是，并不是所有的解散都是自然平和的。一些合伙关系在破裂后，因对解散事宜未能达成一致，合伙人诉诸法律申请解散的情况也经常发生。在下列情形下，经过合伙人申请，法院可以裁定普通合伙解散：(1)当某合伙人精神异常，不再适合继续担任合伙人时；(2)当某合伙人永久性地不能履行其在合伙中的义务时；(3)当某合伙人的行为对合伙的经营产生不利影响时；(4)当某合伙人故意、持续地违反合伙协议或者造成其他合伙人权益减损时；(5)合伙亏损时；(6)其他法院认定不公平的事由。

普通合伙解散后，如果仍存在未完成的业务，各合伙人应当继续履行。该规定是专门为保护第三方利益所设立的条款，目的是将合伙解散所造成的影响降至最低，保护其商业伙伴的信赖利益。一般情况下，合伙的解散或者合伙人的变更都属于内部事务，外部人员无从知晓。为了避免这种信息不对称造成善意第三方损失，《1890 年普通合伙法》规定，与合伙商号存在商务往来的公司或人员，在收到合伙商号发出的变更通知之前，可以仍将原合伙人视为原合伙商号合伙人，该合伙人所为的行为，原合伙商号仍须负责。因此，合伙人的变更应及时通知与合伙商号存在商务往来的公司或人员，以免对合伙商号和其他合伙人造成不必要的损失。

普通合伙解散后，有关资产清算的规则如有协议按协议进行，无协议则按照下列规则确定偿付顺序：(1)从资本中扣除合伙商号的损失，清偿所有债务；(2)向合伙人支付其为合伙垫付的款项；(3)向合伙人支付其入伙时投入的资本；(4)如有剩余，则按照出资比例分配给各个合伙人。

值得注意的是，如果普通合伙设立在苏格兰，还应当适用苏格兰有关破产的法律规定。

三、有限合伙

(一)定义及原则

1907 年英国颁布的《有限合伙法》在法律上正式确认了有限合伙这种组织形式。与普通合伙不同，如欲成立有限合伙必须依法进行注册登记，但有限合伙并非法律上的法人。有限合伙与普通合伙的主要区别还在于人员的组成，有限合伙由普通合伙人(General Partners)及有限责任合伙人(Limited Partners)组成。其中，普通合伙人对有限合伙企业的所有债务承担无限责任，而有限合伙人仅就其出资的份额承担责任，有限合伙人既可以是自然人也可以是法人。如果合伙协议未约定，负有限责任的合伙人不必然以现金的方式出资入伙，用有价值的劳务或物品加入也是被允许的。

有限合伙在登记时应当注明有限合伙企业的性质，并向主要营业地的主管机关申请注册登记。主管机关在登记时，应当记录全体合伙人的姓名，对有限合伙人还应当注明其出资份额。值得注意的是，如果有限合伙企业设立在苏格兰，还需要提交一份初始主要控制权说明(Statement of Initial Significant Control)，该说明应当包含下列事项：(1)根据《2017 年苏格兰合伙(重要控制人登记)条例》[Scottish Partnerships (Register of People with Significant Control）Regulations 2017］的规定，注册时应当申报的相关人员或法律主体；（2）前项所提及人员的具体资料；（3）如果不存在第 1 项所指明的相关人员，应当说明理由。

有限合伙企业的名称中必须包含“有限合伙”字样，或缩写“LP”，以便与其他类型的企业作出区分。在有限合伙企业的存续期间，如果变更注册信息，企业应当于 7 日内向主管机关说明变更的内容。常规的变更可能包含下列几点：（1）企业名称；（2）主要营业地点；（3）合伙人姓名；（4）合伙人责任承担的变化。

《有限合伙法》第 9 条对有限合伙的变更进行了规定。合伙企业应当在变更后通过登报的方式将相关信息进行公告。如果企业在英格兰注册，应当在《伦敦政府公报》（*London Gazette*）刊登变更信息；如果企业在苏格兰及北爱尔兰注册，则应当在《爱丁堡政府公报》（*Edinburgh Gazette*）及《贝尔法斯特政府公报》（*Belfast Gazette*）刊登变更信息。

（二）合伙人的权利义务

在有限合伙企业中，合伙人因其有限合伙人和普通合伙人的不同身份，其权利义务也有所不同。

1. 有限合伙人和普通合伙人相同的权利义务

在有限合伙企业中，有限合伙人和普通合伙人都享有和承担以下权利义务：按照合伙协议的约定按期足额缴纳出资；对企业的经营管理提出建议；随时亲自或委托代理人查阅有限合伙企业财务账簿等财务资料，了解合伙企业的经营现状及发展规划；在有限合伙企业中的利益受到侵害时，向有责任的合伙人主张权利或者提起诉讼等。

2. 有限合伙人不同于普通合伙人的权利义务

在有限合伙企业中，有限合伙人和普通合伙人享有和承担的权利义务也有所不同：（1）责任不同：普通合伙人对合伙企业债务承担无限连带责任，有限合伙人以其认缴的出资额为限对合伙企业债务承担责任。（2）经营权不同：负有限责任的合伙人不得参与合伙企业的运营及管理，无权影响合伙企业的决定。如果有限合伙人参与合伙企业经营，《1907 年有限合伙法》规定，有限合伙人应当就其参与管理运营时所产生的全部债务及义务承担责任，从而例外地穿透了有限合伙人的责任有限性。（3）加入合伙条件不同：有限合伙人在合伙企业中所享有的权利无法比肩普通合伙人，企业更不会因为有限合伙人的死亡或破产而解散。有限合伙人如想要将其持有的合伙份额转让给第三人，需要经过普通合伙人的同意，转让后，受让人成为新的有限责任合伙人；如新合伙人加入成为普通合伙人，则无须取得有限合伙人的同意。

（三）有限合伙企业的解散与后果

除《1907 年有限合伙法》另有规定的之外，有限合伙企业的解散与后果可以按照《1890 年普通合伙法》的规定处理。《1907 年有限合伙法》关于有限合伙解散不同于普通合伙解散的规定包括：当有限合伙企业进入解散程序，有限合伙人不得作为清算管理人，该职务应当由普通合伙人担任。即便是在普通合伙人无法履行清算管理人职责的情况下，也不能由有限合伙人担任该职位，而是应当交由第三人负责。在极为特殊的情形下，有限合伙人可以委任清算管理人〔1〕。有限合伙企业不得因有限合伙人死亡或破产而解散，除非精神病人的份额无法以其他方式确定和实现，否则有限合伙人的精神失常不得作为法院解散合伙的理由。

四、有限责任合伙

（一）立法背景

采用普通合伙组成的商号、有限合伙企业均未被《1890 年普通合伙法》和《1907 年有限合伙法》赋予独立法人的地位，只有苏格兰将合伙视为法人处理。在英国，会计师、律师等专业人员在很长一段时间内都采用普通合伙的形式运行。为了匹配普通合伙所带来的无限连带责任承担，英国法律曾要求合伙人的数量不能超过 20 人，目的是各合伙人之间可以相互充分熟悉，从而产生稳定的信赖关系。然而，随着商业环境发生巨大变化，20 人的法律限制难以满足专业组织的发展需求。

为了适应社会的发展，回应民众对合伙“法人化”的呼声，英国公布了合伙企业法律咨询文件（Consultation Paper on Partnership Law），重新审视普通合伙及有限合伙的法人化问题，最终推出了有限责任合伙制度。2000 年 7 月，英国颁布了《2000 年有限责任合伙法》[Limited Liability Partnerships Act 2000]，致力于推动英国建立一个“具有竞争力、反映实际需要的商业活动法律框架”，提高英国专业人士的竞争力。在该法案颁布之前，英属泽西岛的《1996 年有限责任合伙（泽西岛）法》[Limited Liability Partnerships (Jersey) Law 1996]早在 1996 年出台，有许多英国的本土合伙企业选择到泽西岛注册，引起了英国政府的高度重视，加速了本土的立法进程。

合伙形式的改变源于社会经济基础的变化及实践的需要。在过去普通合伙的时代，侧重的是人身属性的关系，合伙成员普遍为亲友或其他具有情感联系的人。而现代的合伙，多数是“因业而成”，合伙的成立是为了凝聚专业上的合作，而且多数意在冲破原有的经营地域，进一步扩大市场。在《2000 年有限责任合伙法》推出后，以专业人士为主组成的合伙组织，更加青睐采用有限责任合伙形式。以律师事务所为例，截至 2011 年，英国已经有 215 家律所选择有限责任合伙制度〔2〕。

但当时的立法过程并非一帆风顺，曾出现不同意见的冲突。最初英国计划推动的有限责任合伙制度与公司制度类似，有限责任合伙具有独立的法人地位，且合伙人对企业并不承担连带责任，仅在税收上与普通合伙适用同样的标准。这种做法有利于专业人士组建企业的需要，却受到了学术界的强力批评。学者们认为，有限责任合伙的立法，不能仅侧重保护专业人士，更不能为了某一个行业的适用，而应该有利于不同类

---

〔1〕 Limited Liability Partnerships Act 2000, s. 6 – 3B.

〔2〕 刘燕：《职业利益笼罩下的法律制度创新——对英国〈有限责任合伙法〉的评述》，载《环球法律评论》2005 年第 2 期。

型企业的共同适用[1]。最终,英国中央议会在《有限责任合伙法》中平衡了各方的诉求:有限责任合伙的独立法律地位被明确,不过同时也增加了财务公开、审计以及资产取回与成员担保等规则。资产取回,是指的合伙企业在无能力清偿债务时,清算人可以要求取回合伙成员在2年内从合伙企业提出的款项,而成员担保制度是指合伙成员应当存有一定的清算担保资金,如果在清算时,合伙企业资产少于该数目,则各合伙成员应当按照预先确定的比例进行缴付,缴付义务虽然不发生连带责任,但为了避免某些合伙人逃避债务,该义务需在合伙企业解散5年后才能解除[2]。

最终形成的《2000年有限责任合伙法》只有19个条款及附录,其内容并不足以全面覆盖合伙企业的设立、经营、管理等事项。为了解决这一问题,英国根据该法的授权,将有限责任合伙企业中出现的一些问题通过适用公司法、破产法来解决,并将相关法规汇编成《有限责任合伙法规》(Limited Liability Partnerships Regulations)[3]。

(二)有限合伙的法律特征

有限责任合伙指根据《2000年有限责任合伙法》成立的与其成员相分离的法人实体,由2个或2个以上合伙人组成,经依法核准登记注册,以合伙财产对合伙债务承担责任,各合伙人对自己的行为引起的合伙债务承担无限责任,对其他合伙人的疏忽、不当、渎职等行为引起的合伙债务以自己的合伙中的利益为限承担有限责任。

有限责任合伙作为最“年轻”的合伙制度,在问世时就具有独立的法人地位(Body Corporate),可以以企业自身的名义对外作出意思表示,享有权利与承担义务,包括签订合同、持有财产、履行清偿义务等。在设立有限责任合伙企业时,必须由2名以上的合伙人在成立文件(Incorporation Document)上签名,该文件的内容必须保证是真实的,如果存在虚假的陈述,根据《有限责任合伙法》的规定,该合伙人有面临刑事责任的风险。[4]

成立文件应当说明有限责任合伙企业从事的事业的合法性,并体现下列内容:(1)名称;(2)位于英格兰、威尔士、苏格兰还是北爱尔兰;(3)地址;(4)合伙人资料;(5)主要控制方;(6)其他必要事项。

负责登记的办事人员会仔细审查成立文件的内容及其真实性,并在核准注册后出具有限责任合伙企业的证明,该证明会注明下列事项并加盖公章:(1)有限责任合伙企业的名称及登记号;(2)成立日期;(3)位于英格兰、威尔士、苏格兰还是北爱尔兰。

有限责任合伙企业成立时,所有在成立文件上签名的人皆为合伙人。在有限责任

---

〔1〕 刘燕:《职业利益笼罩下的法律制度创新——对英国〈有限责任合伙法〉的评述》,载《环球法律评论》2005年第2期。

〔2〕 刘燕:《职业利益笼罩下的法律制度创新——对英国〈有限责任合伙法〉的评述》,载《环球法律评论》2005年第2期。

〔3〕 刘新民:《有限责任合伙法律制度专题研究》,知识产权出版社2011年版,第38页。

〔4〕 Limited Liability Partnerships Act 2000, s. 2.

下，合伙的人合性减弱，资合性增强。合伙人的权利义务关系一般由有限责任合伙最初成立时签订的合伙协议约定，法律尊重合伙人之间形成的共识意见，没有作出特别的限制。根据法律规定，如果有新合伙人加盟，新合伙人的权利义务内容应当按照原合伙人所达成的协议确定。

在有限责任合伙企业的经营过程中，每位合伙人都是企业的代理人，可以对外做出法律行为且该行为会直接对合伙企业发生效力。如果原合伙人因死亡或其他原因退伙，企业应当在合理期限内通知各合伙人，以免发生有损合伙企业利益的风险事项。如果企业在合伙人退伙后不发出通知，若出现原合伙人代表企业向善意第三人做出法律行为的情况，企业将会直接承担该行为所带来的相关后果。但是，如果某一合伙人已经丧失代表的权利，且法律行为的相对人知道其已不再具有代表资格，则该合伙人做出的法律行为不对企业发生效力。由此可见，合伙人在退出有限责任合伙关系时，除非已对其他合伙人通知或于合伙企业登记处修改登记，否则该合伙人的单方面退出不立即对其他成员发生效力，原合伙人若在职责范围内处理事务所产生的赔偿责任，仍由合伙企业与该成员共同承担。

比较常见的合伙人身份丧失的情况有以下几种：(1)合伙人死亡；(2)合伙人破产、财产遭到扣押或清算；(3)为清偿债务将合伙权利转为信托；(4)合伙收益权利的转让。

如果设立的合伙企业规模不大，实际运营中并未有 2 名以上合伙人开展业务，在营业时间超过 6 个月后，该实际业务执行人应当对合伙企业的债务承担责任，具体责任分担将视其参与业务的程度决定[1]。在合伙收益权利转让导致合伙人身份丧失的情形发生后，利益受让人虽然可以对企业中其应得的利益进行主张，但不得干涉企业的事务管理[2]。

一般情况下，合伙企业的成立文件中会指明管理人，管理人需为合伙人。如成立文件中并未载明，则会默认所有合伙人皆对合伙企业的事务具有管理权。合伙人与管理人如若发生变更，应当在变更后的 14 天内进行登记。

（三）有限责任合伙的解散

成立有限责任合伙的合伙协议的终止条款或解散条款规定了解散有限责任合伙应遵循的程序，有限责任合伙的解散依据合伙协议的终止条款或解散条款、《2000 年有限责任合伙法》以及适用于企业注册地的相关法律，除非《2000 年有限责任合伙法》有明确指向，一般不适用《普通合伙法》和《有限合伙法》。在有关有限责任合伙破产、账目管理、成员资格的问题上，变通适用公司法和破产法的有关规定。

有限责任合伙在下列情况下解散：(1)一个或多个合伙人死亡或破产；(2)根据法院命令/强制性司法裁决；(3)合伙期限届满。

合伙的成立如果是为了完成某一事务或目的，当事务完成或目的达成时，合伙解散。

---

〔1〕 Limited Liability Partnerships Act 2000, s. 4A.

〔2〕 Limited Liability Partnerships Act 2000, s. 7.

第四章

英国合同法

第一节 概　　述

在英国投资经营,投资者不可避免地要与合作方签订合同,以此就双方的权利与义务、交易的流程与细节进行约定。合同的签订与履行应依据相应的法律规定进行。

一、合同法的法律渊源

英国合同法(English Contract Law)是英国规定合同的法律。它继承自中世纪商法,但合同法的大多数基本原则是在 18 世纪前后发展起来的。19 世纪以后,英国通过一系列新判例和立法对古典合同作了较大限制或修改,逐步形成了以普通法的基本原则为基础、以各类法定限制为补充的现代合同法制度。[1]

二、合同的种类

在英国,合同分为两类:一类是普通合同,另一类是"契约"(Deed)[2]。契约与普通合同最大的区别是,契约的成立不需要"对价"(Consideration)。换言之,只要契约一方承诺可以为另一方履行义务,不需要另一方支付对价,此契约就能产生法律效力[3]。同时,契约的诉讼时效为 12 年[4]。与其不同的是,普通合同成立的要件中要包含"对价",并且诉讼时效只有 6 年。

作为较正式的合同,契约的订立形式比普通的合同要求更高。契约必须书面订立且合同文本中必须明确标明"此文件为一份契约"。同时,契约必须履行签名、盖章和

---

〔1〕《企业境外法律风险防范国别指引》系列丛书编辑委员会编:《企业境外法律风险防范国别指引——英国》,经济科学出版社 2013 年版,第 14 页。

〔2〕 Net Lawman, *Deeds: clearing the confusion on what a deed is, when to use one and why*, Accessed on November 28, 2019, https://www.netlawman.co.uk/ia/clearing-the-confusion-on-deeds.

〔3〕 Jonathan Law, *A Dictionary of Law*, OUP, 2018, p. 192 - 193.

〔4〕 David Chappell & Joint Contracts Tribunal, *The JCT Standard Building Contract* 2011: *An Explanation and Guide for Busy Practitioners and Students*, Wiley Blackwell, 2014.

正式交付手续[1]。此类合同多用于土地转让、抵押等交易。普通合同具体包括书面、口头和默示3种形式。普通合同不可以轻易地转换成契约。

三、合同成立的条件

合同需要满足以下一定的条件,才能成为一份具有法律效力的合同[2]。

(一)达成合意

合同若要成立,首先合同双方需要达成一致意见。一般来说,合同的一方会发出要约(Offer),另一方若接受(Acceptance)这个要约,也就是承诺,他们之间就达成了合意(Agreement)。被要约者若接受要约,须在一定时间内向要约者作出承诺,且承诺需要和要约事项相符合才有效[3];若承诺与要约不符,该等承诺将构成一个反要约,不构成达成合意。

(二)建立法律关系的意愿

合同双方在达成合意的同时需有建立法律关系的意愿(Intention),即双方愿意受到合同的约束,在违反合同时受到相应的惩罚。在英国,一般推定如果商业交易中双方达成合意,则双方具有建立法律关系的意愿。

(三)双方需要付出对价

对价是英国合同成立的重要要件。对价指合同的一方当事人为换取合同其他当事人的承诺或对自己的利益而做出的一个行为、保证或不为一定行为等有价值的奉献或牺牲[4]。比如合同一方支付给另一方的货款,另一方让予的货物所有权,即构成了合同的对价。对价需要有经济价值,如果是单纯的道德义务并不能成为合同意义上的对价[5]。但是,对价的经济价值不需要和市场价值等价,比如,甲方可以以10,000英镑买下乙方市场价值1,000,000英镑的房子,只要双方同意以该等价格交易,10,000英镑构成本次交易的对价;对价也可以是无形的,比如甲方付款,乙方就同意停止做某件事。重要的是一方付出的对价必须要对另一方产生实际的利益[6]。但契约的成立

---

[1] 《1989年财产法(杂项规定)法》[the Law of Property (Miscellaneous Provisions) Act 1989]中,合同成立的要件删除了契约需要盖章这一条件。在1990年7月31日之后,契约的成立只需签字,无须盖章。

[2] Jonathan Law, *A Dictionary of Law*, OUP, 2018, p.158-159.

[3] Hein Koetz, et al., *European Contract Law*, OUP, 2017.

[4] Jonathan Law, *A Dictionary of Law*, OUP, 2018, p.148-149.

[5] Eleanor Thomas v. Benjamin Thomas [1842] 2 QB 851.

[6] Williams v. Roffey Bros & Nicholls (Contractors) Ltd. [1990] 1 QB 1 (CA).

不需要对价，因为契约具有强制执行性，最大程度上表明契约各方接受法律约束[1]。

（四）某些合同需要以特定的形式订立

一般来说，一份有效的合同没有形式上的要求，可以是书面的，也可以是口头的，甚至可以是默示的（如在没有订立合同的情况下做出了转运货物的行为）。但是一些特定合同的成立有形式上的要求，比如船舶交易必须订立契约才有效，土地买卖合同必须以书面形式订立等。所以在订立特定合同时需注意是否有形式上的要求。

四、无效合同和可撤销合同

并非满足以上条件的所有合同都是有效的，在一些情况下，合同在订立之时即为无效合同（Void Contract）。根据英国合同法的规定，无效的合同主要包括[2]：（1）非法的合同；（2）无缔约能力者订立的合同（包括精神病人、醉酒者以及未成年人订立的一部分合同）；（3）在合同订立时对事实或法律规定有错误理解（Mistake of Fact or Mistake of Law）[3]；（4）违反公共政策所订立的合同；（5）在赌博时订立的合同。

在境外投资中比较值得注意的是，公司代表超出其职权签订的合同是“越权”（Ultra Vires）且无效的。同时，违反英国竞争法规定的合同条款是无效的，但合同的其他部分依旧有效。

同时，一些合同在订立时虽然有效，但之后可被撤销；若被撤销，合同在订立时自始无效。可撤销合同（Voidable Contract）主要包括[4]：（1）因误解订立的合同（Misrepresentation）；（2）存在共同误解（Common Mistake）的合同（比如甲乙签订合同规定货物由命名为“Peerless”的船装运，但是按照期望的时间应该由“Peer”船装运）或相互误解（Mutual Mistake）的合同（比如甲乙签订合同规定货物由命名为“Peerless”的船装运，但是甲乙签订合同时不知道存在2艘以“Peerless”命名的船，事实上甲认可的是10月装运的“Peerless”船，乙认可的是12月装运的“Peerless”船）[5]；（3）一方在协商时，将部分或全部事实隐瞒（Nondisclosure），这些事实可能会影响另一方的决定，甚至影响是否订立此合同[6]；（4）在胁迫下订立的合同；（5）在不当影响（Undue Influence）下订立的合同，即合同一方处于优势地位，受过高等教育，有某方面的专业知识，或者存在

[1] Charles Calleros, “Cause, Consideration, Promissory Estoppel, and Promises under Deed: What our Students Should Know about Enforcement of Promises in a Historical and International Context”, *Chicago-Kent Journal of International and Comparative Law*, Vol. 13, No. 2, Spring 2013, p. 83-121. Accessed on November 28, 2019, https://heinonline.org/HOL/Page? collection=journals&handle=hein.journals/chkjicl13&id=91&men_tab=srchresults.

[2] Jonathan Law, *A Dictionary of Law*, OUP, 2018, p. 719.

[3] Ibid., p. 440-441.

[4] Ibid., p. 718.

[5] Raffles v. Wichelhaus & Anor [1864] EWHC Exch J19.

[6] Ibid., p. 458-459.

情感上的信任关系，强迫另一方做出可能不符合其长期最佳利益的决策；(6)未成年人订立的与其年龄不符的且涉及所有权变更的合同。

五、合同的救济

合同一旦签订，它对合同各方都会产生法律约束力，这就意味着，若一方违反了合同规定，他就应当承担相应的违约责任和后果。但在合同谈判阶段，各方商议的事项一般尚不具有这样的法律约束力，因此，投资者需要谨慎区分清楚哪些是已经成立的合同事项，哪些是谈判中的事项。

如果合同一方违约，未违约的合同方就称为受害方，受害方可以从违约方处获得损害赔偿(Damage)；若违约严重，受害方也可解除合同。

如果合同一方提出解除合同，受害方可以接受解除合同并通过法院寻求损害赔偿；也可以坚持合同存续并要求继续履行，且受害方依旧有权利寻求损害赔偿，但合同显然已无可能继续履行的情况除外。

第二节 买 卖 合 同

英国合同法下的买卖合同主要涉及土地买卖和货物买卖。土地买卖主要由《1925年财产法》(Law of Property Act 1925)和《2002年土地注册法》(Land Registration Act 2002)调整。货物买卖主要规定在《1979年货物买卖法》(Sale of Goods Act 1979)中。货物买卖合同是出卖方将货物的所有权转让给买受方，并向买受方收取一定价款的合同[1]，包括两种合同：一种是约定转让卖方现有货物的所有权(A Sale)，另一种是约定转让合同签订之后生产或取得的商品或是受到时间或某种条件限制的财产的“买卖协议”(An Agreement to Sell)。当然，后者附条件的“买卖协议”在期限届满或条件满足的情况下即成为前者所有权转让形式的买卖合同[2]。

目前国际上通用的《联合国国际货物销售合同公约》(the United Nations Convention on Contracts for the International Sale of Goods, CISG)主要参照的就是英国的《1979年货物买卖法》。因此，英国的大部分买卖合同的规定与国际通用规定是一致的。

一、买卖合同的效力

买卖合同可以采用书面或口头形式订立。合同如部分以书面形式订立，部分以口头形式订立也是有效力的。同时，某些合同的成立也可以依据当事人的行为推断，比如卖方已经向买方转移了货物所有权，或买方已经向卖方支付了货款，此时买卖合同

---

〔1〕 Sale of Goods Act 1979, s. 2.

〔2〕 Ibid., s. 2.

也是成立的,不论双方有没有订立书面的合同[1]。但是《1989 年财产法(杂项规定)法》[Law of Property (Miscellaneous Provisions) Act]要求土地买卖合同必须是书面形式,并由买卖双方签署。这一要求与土地买卖合同作为契约这一合同形式相符。

合同中规定买卖的货物既可以是特定的货物,也可以是通过描述约定的一类货物,还可以是和指定的样品相同的一批货物。但是,在特定物买卖合同中,如果合同订立时卖方并不知道货物已经灭失,则该买卖合同是无效的;如果合同订立之后,风险转移之前货物灭失,且双方对货物灭失都无过错,该合同也是无效的[2]。

二、买卖合同的默示条款

任何合同在制定时,均难以将履行时的所有细节都规定清楚。因此,合同需要有默示条款(Implied Terms)来解释和补全合同中缺少或存在歧义的条款。所谓默示条款,是指在特定买卖合同中没有约定或没有明确约定,但在产生分歧时默认合同中存在的条款。默示条款是英国合同法中重要的一部分,其是合同能够正常履行和各方当事人保持诚信(Good Faith)的保证。[3]《1979 年货物买卖法》中规定的默示条款主要有[4]:(1)在货物买卖交易中,卖方拥有销售此货物的权利。(2)卖方在合同签订前应当告知买方货物中一切已知的担保(Charge)和负担(Encumbrance),不应该让买方承担额外的债务;在货物转移之后,买方应当合法取得货物所有权。除非所有权人或者利益第三人主张,否则买方不得被阻碍取得该等货物所有权。(3)所出售的货物无瑕疵,包括其外观、价格、安全性、耐用性及是否与其生产目的相符,除非卖方在合同订立之前已经提醒买方需要特别注意。(4)交付的货物与合同中描述的相符。(5)约定依样品进行的买卖合同中,合同默示整批交易的货物将会与样品的质量相符。

如果卖方违反了以上默示条款,买方有权拒绝接收货物,但轻微程度的违反除外。

三、买卖合同中货物所有权与风险的转移

买卖双方可在买卖合同中对货物所有权的转移时间和条件进行规定,但若合同中未对此做具体规定,双方可以依据《1979 年货物买卖法》中的一般规则确定[5]:

(1)货物未经确定的买卖合同中,在货物未确定之前,所有权不转移;

(2)在货物确定的情况下,所有权按合同当事方在合同中表达的意图确定,关于合同当事方的意图,应当根据合同条款、合同当事方的行为以及案件具体情况确定。

在特定物买卖交易中,若货物已经处于可交付状态,且合同未对所有权转移设立

---

〔1〕 Sale of Goods Act 1979, s.4.

〔2〕 Sale of Goods Act 1979, s.6,7.

〔3〕 Larry A. DiMatteo, *Commercial Contract Law: Transatlantic Perspectives*, CUP, 2013.

〔4〕 Sale of Goods Act, s.12 – 15.

〔5〕 Ibid., s.16 – 18.

任何条件,则货物所有权在合同签订时转移。付款时间或交货时间在此种情况下不影响货物所有权的转移。

在特定物买卖交易中,若卖方必须履行一定的义务才能使货物处于可交付状态,则只有在这些义务完成后,并且买方知晓此义务完成后,所有权才转移。

在特定物买卖交易中,若卖方有义务对处于可交付状态的货物进行称重、计量、试验或其他行为以确定价格,则所有权在此种义务履行后,并且买方已经注意到此义务已履行时才转移。

当货物经批准或在销售等情况下交付给买方,并且买方表示同意、接受或作出其他行为表示正式接受交易,则所有权在货物交付时转移;若买方没有表示接受交易,但保留了货物,且没有在退货时间或合理时间内通知卖方其拒绝货物,所有权也在交付时转移。

在非特定物买卖交易中,当处于可交付状态的货物被无条件划拨到合同项下时,货物的所有权转移到买方。该无条件划拨行为可以是卖方根据合同向买方交付货物,也可以是出于转送给买方的目的交付给承运人、受托人或保管人(无论是否为买方指定)且不保留自己的处分权。这种划拨行为可以由卖方征得买方同意完成,也可以由买方征得卖方同意完成。

同时,英国《1979 年货物买卖法》赋予了卖方保留处分权(Reservation of Right of Disposal)。买卖双方可在合同中约定,不论货物是否已经交付给买方,或出于转送给买方的目的交给了承运方,卖方可以保留货物的所有权直至特定条件成就,在此之前货物的所有权都不发生转移[1]。此外,除非合同另有规定,货物的风险自货物所有权转移而转移,不论货物此时是否已交付。[2]

在英国的土地买卖中,产权强制登记制度值得注意。根据英格兰和威尔士的法律,自主保有产权的出售和 7 年及其以上租期的租约,必须在交易后 2 个月内到土地登记处办理登记。《2002 年土地登记法》(Land Registration Act 2002)废除了擅自占地者经过 12 年的逆权占有(Adverse Possession)[3]就自动获得登记其为所有权人的权利。根据新规定,擅自占地者在占有 10 年后有权申请其为所有权人的登记,但土地局会把此项申请通知登记所有人或产权人。如果已登记的土地所有权人在 3 个月内未提出反对意见,则擅自占地者将获得登记。需要注意的是,《2002 年土地登记法》不适用于未登记土地。在涉及土地产权的交易中,在土地登记处进行登记构成对买方、出借人或其他利害关系人的通知,不论这些人是否实际进行查询。如果未进行土地登记,则不可对抗善意买方,即买方可以免于承受影响其权利的土地上的任何负担。根据

〔1〕 Sale of Goods Act, s. 19(1).

〔2〕 Ibid., s. 20.

〔3〕 逆权占有是指,在普通法下,房地产的非业主不经原业主同意,持续占用对方土地超过一定的法定时限后,原业主的诉讼时效即终止,该占用者可以成为该土地的合法新业主,不必付出代价。

《2002 年土地登记法》的规定,任何人都可以向土地登记处提出申请,查阅某一特定土地的所有权人。[1]

四、买卖合同中货物的交付与接收

在买卖合同中,卖方有义务交付货物,买方有义务接收货物并支付货款,除非合同另有规定,双方应当同时履行其义务[2]。

(一)货物交付的形式

关于货物交付的形式,取决于双方具体的明示或者默示的合同约定。可以由买方主动取得占有货物,也可以由卖方将货物送交至买方处。在合同未约定的情况下,卖方有义务在规定的送货时间或合理的时间内将货物送至买方,且卖方需要承担货物处于可交付状态的开支和杂费。

值得注意的是,若货物被第三人占有,除非第三人向买方承认其代表卖方持有货物,否则第三人的交付并不构成卖方向买方的交付。但是若买卖双方约定卖方将货物送至买方,而卖方为达到将货物转移的目的将货物交给了承运人,一般可推定货物已经交付给了买方。

(二)货物交付的地点

关于货物交付的地点,在买卖合同未作规定的情况下,若卖方有营业地,则交付地点为卖方的营业地;若卖方无营业地,则交付地点为卖方的居住地。除此之外,若特定买卖中双方当事人在合同订立时均知晓特定物放置的地点,则交付地点为该特定物放置的地点[3]。

(三)货物的接收

当买方接收到货物并确认接受时,应当通知卖方其接收了货物[4]。

买方收到货物后,应当拥有合理的机会和时间来检验货物是否符合合同规定或样品的要求,否则不能认为买方已经接收了货物;但在合理时间之后买方仍然保留货物,且没有通知卖方其拒绝接收,则推定买方接收了货物。除此之外,买方不会仅因为其要求修理货物或转运分销等其他处分行为而被认为接收了货物。

(四)货物的拒收

当卖方交付给买方的货物少于合同约定的数量时,买方可拒收货物;但若买方选择接受该等货物,其必须要按合同约定的价格支付货款。当卖方交付给买方的货物多于合同约定数量时,买方可以接受合同约定的部分并拒收剩余部分,也可以拒收全部货

---

〔1〕《企业境外法律风险防范国别指引》系列丛书编辑委员会编:《企业境外法律风险防范国别指引——英国》,经济科学出版社 2013 年版,第 19 页。

〔2〕Sale of Goods Act, s. 27 – 28.

〔3〕Ibid., s. 29.

〔4〕Ibid., s. 34 – 35.

物;但若买方选择接收超出部分,则其必须按照合同约定的价格支付全部货物的货款。

如果卖方交付的货物中混合了多种规格的货物,那么买方可以选择接收符合合同约定的货物并拒收其他规格的货物,也可以选择拒收所有的货物;但如果误差是很轻微的,那么拒收货物是不合理的[1]。如果买方拒收了货物,其没有义务退回该货物,只需要通知卖方其拒绝接收[2]。

五、买卖合同中货物的运输

从卖方以实现货物转移至买方之目的而将货物交付给承运人、受托人(Bailee)或保管人(Custodier)开始,直到买方或买方代理人从承运人、委托人或保管人处提取货物为止,这一期间被推定为运输期间。[3]

(一)运输期间的终止

如果买方在货物到达指定地点之前接受了交付,那么在接受交付时运输期间结束;如果货物到达指定地点之后,承运人告知买方其会作为委托人继续为买方占有货物,即使买方指定了其他的货物目的地,也认为运输期间已经结束。如果承运人在没有充分理由的情况下拒绝将货物交付给买方,可推定运输期间已经结束。但若买方拒绝接受货物,而承运人继续占有货物,也不认为运输期间已经结束,即使卖方拒绝收回货物。[4]

(二)运输期间的风险

虽然在卖方将货物交给承运人时,货物的风险就从卖方转移到了买方,但卖方在与承运人签订货物运输合同时必须合理地考虑到货物的性质,除非另有买方授权,否则如果卖方未考虑货物性质且货物在运输中灭失,买方可拒绝将卖方向承运人交付的货物视为向买方交付的货物,或要求卖方赔偿。同理,若运输涉及需要购买保险的海运,卖方有义务告知买方需要购买保险,如果卖方未告知,货物在海上运输时的风险将由卖方承担[5]。

比较特殊的规定是,若卖方同意自己承担运输的风险时,买方依旧需要承担在运输途中货物常出现的变质风险,除非双方另有规定[6]。

(三)中途停运

如果买方在约定时间内未支付所有货款,卖方享有货物留置权,在已经不占有货物的情况下,卖方可以要求停止货物的运输。当货物承运人收到卖方发出的停运通知

---

[1] Sale of Goods Act, s. 30.

[2] Ibid., s. 36.

[3] Ibid., s. 45.

[4] Ibid..

[5] Ibid., s. 32.

[6] Ibid., s. 33.

后，必须按照卖方的指示将货物重新交付给卖方，重新交付的费用由卖方承担〔1〕。

六、买卖合同中的违约及救济

如果在买卖合同履行时双方产生纠纷，英国《1979 年货物买卖法》中提供了一些解决纠纷的规定和救济方法。

若货物的所有权已经转移至买方，但买方无正当理由拒绝付款，卖方可对买方提起诉讼主张支付货款；若双方约定了付款日期，买方到期无故拒绝付款，即使所有权未转移，卖方也可以提起诉讼。

若卖方无正当理由拒绝交付货物，或买方无正当理由拒绝接收货物，受害方也可提起诉讼主张损害赔偿，赔偿金额为由此引发的直接损失。在任何针对货物交付的诉讼中，法院可依照原告请求判决实际履行合同，而非支付损害赔偿〔2〕。

当卖方已经准备好了交付的货物并要求买方提货时，若买方在接到通知后的合理时间内未提取货物，则买方需要赔偿因其未提货而给卖方造成的任何损失〔3〕。如果货物易腐败变质，卖方向买方表示了另行出售货物的意图，而买方未在合理时间内支付价款，则卖方可以将货物再出售并向原买方主张违约损害赔偿〔4〕。

第三节　建设工程合同

建设工程合同也是投资者在英国可能会接触到的主要合同类型。在英国，工程的受益方称为“雇主”（Employer），而承包工程建设的一方称为“承包方”（Contractor）。雇主的义务主要是付款、提供场地、允许并指示承包商建设；承包方的义务主要是按要求建设完工、在被允许或授权的范围内进行设计、配合及汇报等。雇主还应该指定一位建筑师来监督执行和管理合同的履行，建筑师需要具有专业知识，并公平解决雇主与承包方在建设工程合同方面的一些分歧〔5〕。

一、建设工程合同的种类

依照不同的分类方法，建设工程合同主要有以下几种〔6〕。

---

〔1〕 Sale of Goods Act, s. 38 – 39, 44, 46.

〔2〕 Ibid., s. 49 – 52.

〔3〕 Ibid., s. 37.

〔4〕 Ibid., s. 48.

〔5〕 Stephen Furst, et al., *Keating on Construction Contracts*, Sweet & Maxwell, 2016.

〔6〕 *The JCT Standard Building Contract* (n 2).

(一)根据是否在合同签订时确认价格分类

1. 固定价格合同

固定价格合同(Fixed Price Contract)是指合同双方在合同签订时已经对建设工程达成了一个确定的价格,一般在完成较小的工程时会使用这种固定报价。

2. 重测合同

重测合同(Remeasurement Contract)是指合同双方在合同签订时并没有达成一个确定的报价,并且明确规定了在工程完成之后需要重新测量并给出报价。

(二)根据计价方式分类

1. 单价合同

单价合同(Unit Price Contract)是指合同各方只确定了基础单价,最终的工程价款还需在确定工程量后计算。

2. 总价合同

总价合同(Lump Sum Contract)是指合同各方对工程总价达成一致,但该总价可能会因为材料的价格波动、损失和支出等而变化。

(三)根据是否选择标准合同分类

在英国参与投资或承包建筑工程,投资者可以根据自己的要求设计建设工程合同,也可以使用已经存在的标准格式合同,还可以在标准合同的基础上进行修改。如下所述,每种形式都有利有弊,建议投资者在英国尽量选择使用已经存在标准格式的合同[1]。

1. 定制合同

定制合同(Bespoke Contract)即完全按照雇主和承包商的详细要求拟定的合同,定制合同完全为合同方定制设计。这种合同可以根据项目的实际需求拟定,满足各方的特殊需求。在实践中,这类合同也有其缺点。首先,定制合同较标准合同花费高,可能要花费数千英镑。其次,起草一份定制合同需要大量的时间来彻底地调查需求,并仔细起草所有条款,以确保所有的可能性都包含在合同内。最重要的是,承包方可能不愿意采用不熟悉的合同进行投标。即使投标,也很可能会提高价格,以应对合同中的未知因素。同时,建筑师也不习惯管理具有特殊性的合同,很可能会因此收取额外的费用。当各方开始了解一份新合同如何运作时,不可避免地会发生诸多错误理解。当各方熟悉了解并习惯了该等定制合同时,项目可能已经结束。因此,一般不推荐投资者使用定制合同。

2. 标准格式合同

相比较定制合同,使用标准格式合同费用较少,也可以省去合同各方起草条款的大量时间和精力。标准合同的另一优点是,其由特定领域具有特定专业知识的人起草,同时多年来不断地更新以适应立法变化和最新的法院判决,所以标准格式合同中

---

〔1〕 *The JCT Standard Building Contract* (n 2).

合理的部分会被保留，错误的部分会被修改或删除，遗漏的部分也会被补充。

但是，标准格式合同均是基于多数人而不是所有人的需求，其能够广泛被应用，却很少能完全合适，这是标准格式合同的主要缺点。在建筑工程行业十分复杂的背景下，想要找到一个标准化的解决方法不太现实。考虑到单一种形式并不会适应每一种情况，标准合同提供商通常会提供多种不同的标准格式合同供投资者选择，每一种都是为一个特定的类别设计的。

虽然建筑师和承包商对各标准合同都有所了解，但是他们不一定会熟悉每一细分种类的标准合同。很少有建筑师能够真正掌握到各细分种类合同的差异，大多数的建筑师或项目经理不管遇到什么情况总是使用他们所熟悉的标准格式合同，这可能会在合同运作时产生疏漏。所以选择一个合适且正确的标准格式合同极为重要。

3. 混合格式合同

为了避免起草一个定制合同花费巨额的费用，同时克服标准合同不太适合具体情况的问题，合同各方有时候会修改标准合同以符合特殊需求，形成混合格式合同（Hybrid）。这听起来似乎是一个完美的方案，但一般建议最好不要去修改标准合同。最主要的原因是很难确保这些修改能够准确地与上下文保持一致并相协调。因为现代建筑合同是非常复杂的文件，包括非常多连锁的规定，如果删除了一个条款，但没有把上下文中与它相关或有联系的条款都修改或删除，这将构成极大风险。此外，负责管理合同的人必须清楚地知道修改的细节以及修改之后的具体后果和影响，这对合同管理者的要求也是极高的。

若确需采用混合格式合同，对标准格式合同的修改一定要由专家进行，并且该专家需要清楚地解释修改之后的影响和后果。

二、通用建设工程标准格式合同

在英国，多个合同提供商为投资者和承包商们设计和提供了全套的建筑工程标准格式合同，投资者们可以与合作方协商，选择使用适合具体情况的标准格式合同。

（一）JCT 合同

JCT 合同是联合合同委员会（The Joint Contracts Tribunal，JCT）在英国提供的建筑标准合同，包括建筑合同、设计和建造合同及其附属合同和分包合同[1]。目前的最新版本为 2016 年版，比较常用的有以下几种。

1. 标准建设合同

标准建设合同（Standard Building Contract，SBC）主要用于较大型且雇主已经设计好的工程。合同主要规定了承包商建造的义务，且赋予了承包商分段进行建设以及重新设计少部分工程的权利。标准建筑合同下还细分了 3 小类，投资者可选择最适合自己的格式合同使用。

---

〔1〕 参见 JCT 官网：https://www.jctltd.co.uk。

（1）定量合同。

定量合同（SBC with Quantities，SBC/Q）用在合同订立时，建设工程的工程量已经可以确定。

（2）估量合同。

估量合同（SBC with Approximate Quantities，SBC/AQ）即在合同订立时已知预估的工程量，但还需要在合同开始进行之后重新测量。使用此种合同的情况一般是，在合同订立时没有足够的时间精确测量并计算，或是某些项目需要在项目进行之后才能知晓准确的工程量。在估量合同中，需要等到工程接近完成之后才能计算合同的交易额和工程总花销。

（3）未知工程量合同。

未知工程量合同（SBC without Quantities，SBC/XQ）多用于一些没有依据来估计工程量的工程。在这种情况下，雇主一般会提供给承包方草图、工程说明或工程推进表，而承包方会根据雇主提供的信息来准备建设工程，之后的报价将会依据实际的工程价值以及工程的完成度来确定。

2. 中型建设合同

中型建设合同（Intermediate Building Contract，IBC）一般用于总造价不超过45万英镑且雇主已经设计好的工程。虽然工程不是很复杂，但仍旧需要比较详细的条款。

3. 小型建设合同

小型建设合同（Minor Works Building Contract，MWBW）一般用于简单且不需要精细合同条款的工程，通常造价不超过20万英镑。

4. 设计建造合同

若承包商需要根据雇主的要求设计并且建造项目，则可以使用设计建造合同（Design and Build Contract，DBC）。

JCT合同还有针对建设管理、测量、维修等方面的标准格式合同，在此就不一一介绍。

（二）新工程合同

新工程合同（New Engineering Contract，NEC）是近年来在英国较受欢迎的合同，它被应用在了伦敦奥运会的工程建设中，并且在一些领域被推荐使用。它是由英国土木工程师学会（Institution of Civil Engineers，ICE）编制，适用于各种规模的工程[1]。目前最新的版本是2017年修订的NEC4合同，但在此之前的NEC3版本依旧被广泛地使用。

新工程合同最大的优点是将建设工程合同中对立的各方转向合作，通过一些机制鼓励各方合作而实现利益最大化。例如，通过引入早期警告条款（Early Warning），让承包商或工程管理人员在发现合约总价增加、完工时间推迟或需要进行修复工作时出

〔1〕 参见NEC官网：https://www.neccontract.com/。

具一个早期报告,并召开警告会议,从而增加合同各方沟通合作并解决矛盾的机会[1]。不过,新工程合同试图在用词、语法、条款顺序等方面设计得和其他标准合同不一样,其可能会更简洁易懂,但也因此受到了一些法律从业者的批评[2]。

新工程合同提供了从建设工程设计、管理到建设完成各环节需要的标准格式合同。其中最核心的是工程和施工合同(Engineering and Construction Contract, ECC),此类别下又有多种细分合同供投资者选择:(1)带分项工程表的标价合同(Priced Contract with Activity Schedule);(2)带工程量清单的标价合同(Priced Contract with Bill of Quantities);(3)带分项工程表的目标合同(Target Contract with Activity Schedule);(4)带工程量清单的目标合同(Target Contract with Bill of Quantities);(5)成本补偿合同(Cost Reimbursable Contract);(6)管理合同(Management Contract)。

每个类别下均有相应的分包合同,若承包工程无须复杂的管理,还可以使用工程和施工缩略版合同(Engineering and Construction Short Contract, ECSC)。同时,新工程合同允许合同方自由组合条款,只需最终的合同具备全部9条核心条款。

(三)FIDIC 合同

FIDIC 合同由国际咨询工程师联合会(International Federation of Consulting Engineers, FIDIC)制定。国际咨询工程师联合会是国际上最有权威的被世界银行认可的咨询工程师组织,其高质量的工程合同范本在国际上被广泛接纳,并被一些国际金融机构指定使用。FIDIC 系列标准合同主要有[3]:(1)土木工程施工合同[Conditions of Contract for Construction(for Building and Engineering Works Designed by the Employer)](红皮书),此合同用于雇主已设计并由承包商建设的土木工程项目;(2)电气与机械工程设计施工合同[Conditions of Contract for Plant and Design – Build(for Electrical and Mechanical Plant, and for Building and Engineering Works, Designed by the Contractor)](黄皮书),此合同用于承包商负责设计并建设的电气与机械工程项目;(3)设计建造与交钥匙合同(Conditions of Contract for EPC/Turnkey Projects)(银皮书),同样是用于承包商负责设计并建造的工程。

值得一提的是,FIDIC 合同允许使用者对标准合同进行个性化的修改以适应特殊需求,而所有的修改都必须通过"专用条件"(Particular Conditions)来实现。在专用条件中合同方可以补充填写某些模板条款,比如加入项目特定的细节、适用的法律、项目开始的时间等,也可以通过专用条件对"通用条件"(General Conditions)中的一些条款

---

[1] Nec, *NEC Early Warnings*, Accessed on September 25, 2019, https://www.neccontract.com/About – NEC/NEC – Dictionary/NEC – Early – Warnings.

[2] David Chappell & Joint Contracts Tribunal, *The JCT Standard Building Contract 2011: An Explanation and Guide for Busy Practitioners and Students*, Wiley Blackwell, 2014.

[3] William Godwin, *International Construction Contracts: A Handbook with Commentary on the FIDIC Design – Build Forms*, Wiley – Blackwell, 2013.

进行修改(对通用条款进行修改需要事先获得 FIDIC 的许可)。通用条款和专用条款将共同构成建设工程合同,共同规定了合同各方需要遵守的权利和义务。

除此之外,还有一些其他的标准格式合同范本也在英国通用,如 ACA 合同(The ACA Form of Building Agreement)、政府通用条款(The General Conditions of Government Contracts for Building and Civil Engineering Works)等。

第四节　担 保 合 同

英国没有成文的担保法,其担保法律散见于案例法和一些与财产有关的成文法中。根据英格兰和威尔士的法律,一项担保的成立必须具备以下 3 个条件:(1)设立(Creation),指当事人之间达成具有担保意图的协议;(2)依附(Attachment),指担保必须具体地附着在担保财产上,从而使债权人能够对抗债务人;(3)完成(Perfection),主要指产生约束第三方效力的情形,比如,法律规定必须进行登记的担保,只有在相关部门经过登记公示以后,该担保才算成立。

英国法下担保也分为人的担保和物的担保两大类。

一、人的担保

人的担保主要有保证和补偿两种。

(一)保证

保证合同(Guarantee)的实质在于保证人在合同范围内履行承诺。担保合同下三方当事人分别为保证人、主债务人和债权人。

例如,在申请学生贷款时,学生本人是主债务人,共同签署贷款协议的学生家长是保证人,当学生不能偿还贷款时,家长具有替代履行债务的义务,而提供贷款的出借方为债权人。如果学生拖欠贷款,其父母不能要求债权人对学生采取法律行动,因为父母有责任确保学生履行自己的义务。同时,债权人在和学生接洽之前,也不能试图向学生父母追讨欠款。只有在学生未能履行约定的付款义务后,债权人才能要求其父母作为保证人承担代为履行的义务。因此,保证人的义务通常是次位的(Secondary),债务人无论如何都要承担首要的(Primary)义务。

保证合同通常分为两类:单项保证(Specific Guarantee)和连续保证(Continuing Guarantee)。区别在于,单项保证下,债务已清偿或消灭时,保证合同即告终止,保证责任解除;连续保证下,担保人在约定的担保期间内就一系列特定类型或特定数额的交易的债务进行担保,在保证期内,不因某时刻债务数额为零而解除保证责任。[1]

---

[1] Upcounsel, *Essentials of Contract of Guarantee: What You Need to Know*, Accessed on November 11, 2020, https://www.upcounsel.com/essentials-of-contract-of-guarantee.

（二）补偿

在英国，补偿合同（Indemnity）也是一类担保合同，补偿是旨在对他人可能产生的损失承担赔偿责任的独立合同承诺，该等义务独立于第三方（主债务人）对产生损失的主债务人的义务。补偿合同与保证合同相比更独立，即使基础交易被搁置，补偿合同也将有效，而担保合同依赖于基础交易。

履约保证（Performance Bonds）也是补偿合同的一种。一些保险公司和金融机构，将提供保证当作一项业务，履约保证为其中一类业务形式。该等机构将履约保证作为一种金融产品出售给对交易存在一定疑虑的债权人。

二、物的担保

英国法将物的担保（Real Securities）分为3类：占有转移型的质押（Pledge）与留置（Lien）、权利转移型的按揭（Mortgage）以及既无权利转移也无占有转移的押记（Charge）。

（一）质押与留置

英国法下的质押合同（Pledge）旨在通过将债务人或第三人的财产交付给债权人（Borrower Offers an Asset as a Security to the Lender），以保障债权人的债权。当债务到期，债务人拒不履行或无法履行时，债权人有权出售该财产，出售价款用于偿还债务本息和违约金（如有）。此外，购买人应证明自己是善意购买人。

英国法下的留置（Lien）有不同类别，普通法下，占有是留置权的要件，债权人保留对债务人的财产（通常为动产）拥有的权利，直至债务清偿。后发展为一般留置权和特别留置权，前者指债权人有权保留对债务人任何财产的占有，直至清偿债务；后者债权人仅有权留置债务人特定财产，直至与该财产有关的债务清偿。衡平法下，权利人享有权利无须占有，但一般仅适用于不动产交易。

（二）按揭

传统英国法下的按揭（Mortgage），是土地或动产为了担保债务履行或其他义务的解除而进行的转移或让渡，即以物的权利让与债权人作为担保。[1]传统按揭具有从属性和权利转移两大特性。按揭权利转移的特性使债务人不能如期清偿债务时仍享有赎回担保物的权利，按揭权人只能通过司法程序取消按揭人的赎回权。

英国《1925年财产法》对不动产担保制度进行了改革和简化，转变为了传统按揭与租赁或押记的结合，前者类似大陆法下的不动产质押，后者类似大陆法下的不动产抵押。传统按揭与押记的结合现已成为英国就不动产设定担保的主流形式，与大陆法系担保制度趋同。同时，改革引进了大陆法下的登记制度，原则上按揭均以登记的日期确定优先权顺位。由登记制度作保障的不转移占有的不动产担保方式，适应和满足现

[1] 费安玲主编：《比较担保法——以德国、法国、瑞士、意大利、英国和中国担保法为研究对象》，中国政法大学出版社2004年版，第225页。

代经济生活对融资交易安全和便捷的需求。

（三）押记

押记（Charge），又称财产负担，指动产或不动产为解除债务或其他义务而划出，但不给予债权人以存在于担保物中的一般或特殊的财产权，也不使债权人对标的物进行占有。[1]其特点在于既不转移权利又不占有。传统上的押记之所以不如按揭发达，是因为押记不像现代大陆法下的抵押有登记制度的保障，押记权人仅有合同权利，不具有对抗性，同时，因不转移权利，当债务人未能履行债务时，押记权人无权自行对标的财产采取措施，而只能通过司法程序申请执行；又由于不占有转移，押记权人无法对标的财产实际控制。因此，押记的担保效力相对按揭的担保效力较弱。

〔1〕［德］曼弗雷德·沃尔夫：《物权法》，吴越、李大雪译，法律出版社2002年版，第419页。

第五章

英国信托法

第一节　概　　述

一、信托制度的起源

信托制度起源于中世纪英国的土地用益制度(Use)。当时的英国民众因信仰宗教,去世后往往把土地等财产遗赠给教会,教会不需纳税,影响了英国君主收益。13 世纪,英国国会颁布了《1279 年没收法》(也译为《死手律》,Statute of Mortmain 1279),禁止民众将土地捐赠给教会,规定土地遗赠给教会须经君主或诸侯许可,否则予以没收。英国人为摆脱该法限制,土地所有人通过"用益"设计,将土地先转让给第三人(受托人),约定由受托人替教会管理土地,将土地收益交付给教会,达到逃避税负、实现财产赠与或遗赠给法律禁止主体的目的。现代信托在英国土地用益制度的基础上,随着契约关系、商业信用和货币信用的发展而迅速发展起来,为世界各国广泛采用,成为英国对普通法以及世界法律制度的重要贡献之一。

二、信托关系

信托(Trust)是一种法律关系,指委托人(Settlor)基于对作为第三方的受托人(Trustee)的信任,为特定目的将其财产权委托给受托人,由受托人按委托人的意愿,代表一个或多个受益人(Beneficiary)持有资产,并以受托人自己的名义,为受益人的利益或特定目的管理和处分财产。

在信托关系中,需要理解下述三方的概念及相互关系。

(一)委托人

委托人指授权受托人经营管理其财产的人。在英国法下,凡是有货币资金和实物财产的自然人或法人,都可以作为信托关系中的委托人。委托人通常在信托契约(Trust Deed)或遗嘱中决定并说明财产的用途。信托一旦设立,委托人对信托财产不再具有处置的权利,除非委托人同时是受托人或受益人,或委托人创设的是保留撤回权的信托(Revocable Trust),委托人才可以按照信托协议来行使其权利,也有理论将其权利称为消极性、防御性的权利[1]。

(二)受托人

受托人指在信托关系中按委托人的委托依信托意图管理和处分信托财产的人。受托人可以是有民事能力的自然人或法人;可以为一人,也可以为数人。

(三)受益人

受益人指信托财产利益的预期所有者,是享有信托受益权的当事人。受益人享有要求受托人给付信托利益、监督受托人适当管理和终止信托的权利,如受益人为多人时,终止信托需要基于全体受益人合意(见图 5－1)。

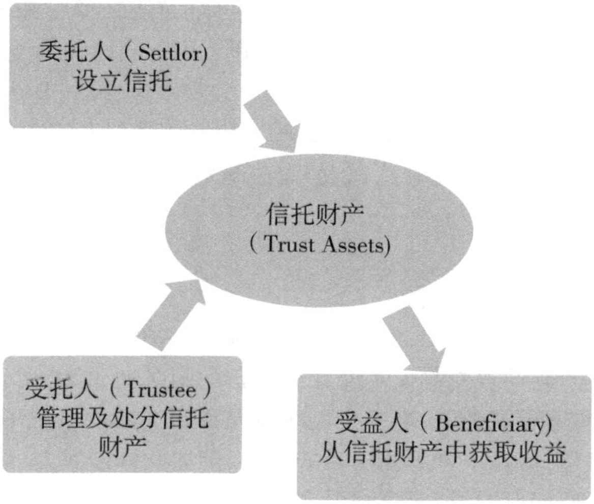

图 5－1　信托关系示意图

三、信托的特殊性

英国信托关系的特殊性和主要特点是其将普通法所有权(Legal Ownership)与受益权(Beneficial Interest)相分离。

起初,在信托关系中,受托人将收益交给第三人(受益人)享有,只是以信用为基础,故称为信托。按照普通法的规定,委托人将财产转让给受托人,受托人取得了信托财产,其可以经营管理,甚至处分信托财产,而使第三人享有利益,但这只是道德上的义务,并不受普通法的约束,第三人(受益人)亦无普通法上的请求权。后来这种信托关系为衡平法所承认和保护,信托才由一种单纯道德上的信用关系发展为衡平法上一项重要的法律制度[2]。

---

[1] 赵廉慧:《信托法解释论》,中国法制出版社 2015 年版,第 257 页。

[2] 刘瑶:《英国法中的信托制度》,载北京法院网:http://bjgy. chinacourt. gov. cn/article/detail/2016/12/id/2370042. shtml,最后访问日期:2019 年 12 月 9 日。

具体来说，委托人将财产或资产转移给受托人，受托人因此取得了对信托财产普通法上的明示权利（Legal Title），而由于受托财产的利益归于受益人，受益人则享有对信托财产衡平法上的权利（Equitable Title）。

对第三人而言，受托人是信托财产的所有人。受益人依靠受托人管理信托财产而获利，受托人对受益人负有“受信义务”（Fiduciary Duty）。这意味着受托人在信托关系中是被信任的一方，必须为受益人的最佳利益行事。因此，受托人有责任对信托财产进行日常管理，同时也有权就信托财产作出决定，但是受托人必须按照信托条款（信托契约或遗嘱中规定的条款）行事，并遵守法律规定的任何义务。

因此，成立一个信托关系，至少需两个法律主体的存在，即受托人和受益人。关于受托人和受益人之间的关系：在某些情况下，受托人可以同时作为受益人，举例如下，A为受托人，A和B为受益人；A和B为受托人，A为受益人；A和B为受托人，同时A和B为受益人。需要注意的是，在只有一个受托人和一个受益人的情况下，则两者不能为同一人，即A不能既是唯一的受托人又是唯一的受益人，换言之，在同一信托关系内，受托人不能成为唯一的受益人。

四、设立信托的原因和目的

设立信托可能基于很多原因，例如，出于控制和保护家庭财产的目的而设立信托；当由于年幼或精神问题导致受益人不能处理自己的事务时，信托可以允许其从财产或资产中受益；在某些继承规则下，当一个人在没有留下遗嘱的情况下去世时，可以就其遗产设立信托。但是，信托不可为非法目的创设，例如欺诈债权人（Creditor）。

信托通常在下列情形中设立：家庭财产协议、养老基金、慈善事业、公司财务（如债券信托）、抵押贷款（Mortgage Lending）和土地共有权（如家庭住宅）。

本质上，信托是一种保护和控制财产的简单方式。信托使委托人可以在财产转移以使受益人获益的同时，通过受托人和信托契约中的条款保留对信托财产的一定控制。

五、英国信托法律法规

英国第一部关于信托的成文法是《1893年受托人法》（The Trustee Act 1893）。1925年，英国又公布了《1925年受托人法》（The Trustee Act 1925）取代了《1893年受托人法》。《1925年受托人法》作为英国最重要的一部成文信托法，就信托关系进行了较为全面的规定，但由于其未能规定信托的设立、信托财产的属性、当事人权利义务，所以仍然不算是规定信托的成文法典式的立法。因而，衡平法的判例仍然是英国信托法的重要法律渊源。

英国除了《1925年受托人法》之外，还有多个关于信托的特别法，主要包括：（1）《1896年司法受托人法》（Judicial Trustee Act 1896）；（2）《1906年公共受托人法》（Public Trustee Act 1906）；（3）《1954年慈善信托变更法》（The Validation of Charitable

Trust Act 1954)；(4)《1957 年信托承认法》(The Recognition of Trust Act 1957)；(5)《1958年信托变更法》(The Variation of Trustee Act 1958)；(6)《1960 年慈善法》(Charitable Act 1960)；(7)《1961 年受托人投资法》(Trustee Investment Act 1961)；(8)《1968年地方政府共同投资信托法》(Local Authorities Mutual Investment Trust Act 1968)；(9)《1971 年国家信托法》(The National Trust Act 1971)。

第二节 信托的类型

信托的分类方式很多，普遍接受的方法是根据信托的创设方式分为 3 类，即明示信托(Express Trust)、默示信托(Implied Trust)和法定信托(Statutory Trust)[1]。

一、明示信托

明示信托是由委托人特别设立的，目的是为受益人在特定标的物上设立信托。在明示信托中，信托通过信托协议或信托声明的方式正式创立，且信托财产在信托创立时已明确[2]。

在遵守衡平法规则的前提下，委托人可以披露受托人和受益人的关系[3]。大多数信托为明示信托，对于土地信托和遗嘱信托，创立信托的意图必须明确以书面形式表达，为生前其他资产设立信托的意图则可以通过口头声明或行为的方式作出。

根据受益人是否享有确定的受益权份额或受益权，明示信托可以进一步区分为固定信托和任意信托。

当委托人向受托人提供关于如何管理或分配财产的明确指示时，这种信托为“固定信托”(Fixed Trust)。固定信托中受托人对信托财产不具有自由裁量权，并且必须完全按照信托契约行事。

相反，当委托人授予受托人就受益人直接分配信托财产的自由裁量权时，这种信托为“任意信托”(Discretionary Trust)。任意信托中，受托人就如何在受益人间分配财产享有更多的自由，然而，受托人没有改变受益人人选的自主裁量权，也不得减少或增加受益人。

在委托人没有明确说明受托人享有自由裁量权的情况下，信托财产应被均分。

二、默示信托

默示信托不是由委托人设立，而是财产的法定所有权属于一个人而受益所有权属于另一个人的情况下，由法院施加的信托。相比于明示信托的成立必须满足形式要

---

〔1〕 何宝玉:《英国信托法原理与判例》，法律出版社 2001 年版，第 35 页。

〔2〕 Lehman Brothers International (Europe) (In Administration) v. CRC Credit Fund Ltd. [2012] UKSC 6.

〔3〕 Trustee Act 1925, Trusts of Land and Appointment of Trustees Act 1996, Trustee Act 2000.

求，默示信托没有形式上的要求，主要包括回归信托（Resulting Trust）和推定信托（Constructive Trust）两种类型[1]。

（一）回归信托

回归信托主要存在以下几个特征：（1）不存在委托人设立信托的明确意思表示；（2）已经发生了委托人转移财产的事实；（3）是法院依法推定而成立的特殊信托，重在结果；（4）回归信托的结果是信托利益及信托财产回归财产出让人（委托人）或其继承人。

回归信托根据产生原因主要分为两类，假定的回归信托（Presumed Resulting Trust）和自动的回归信托（Automatic Resulting Trust）。

在一定情况下无偿转移财产，如果缺乏证据表明当事人的具体意图，就会产生假定的回归信托，财产受让人被认为是以回归信托的方式为了出让人的利益而持有财产。产生假定的回归信托的常见情形包括以他人的名义购买财产、将财产转移到他人名下和因当事人间特殊关系产生的赠与的假设（Presumption of Advancement）等。但需要强调的是，假定的回归信托只是一种假设，具体案件中当事人可以提出证据推翻这一假设，证明财产的转移是一项完全的转移，构成一项绝对的赠与。

相反，自动的回归信托并不依赖于任何意图或假设，当委托人将财产转移给受托人并纳入信托，但却留下一部分或全部受益权未作处理时，对未处理的受益权，就自动地纳入一项回归信托。产生自动的回归信托的常见情形包括宣布信托无效、设立明示信托失败、贷款目的失败、未能全部处理受益权、信托目的实现后处理剩余信托财产和婚姻财产受益权等[2]。

（二）推定信托

推定信托（Constructive Trust），又称拟制信托，是指在某些特殊情形下，根据衡平法，法官认为财产所有者纯粹为自己的利益而持有财产是不正当的，法官援引信托法的法理创设一种纠正不公正财产关系的救济方式，此时这一信托与委托人的意思表示没有任何关系，因此，实质意义上，这并非由委托人设定的信托，而是一种对不公正的衡平救济，此时可以将不公正占有财产的人视为是受托人，而将未能公正地分得利益的人视为是受益人，具体情形包括：（1）属于信托的可追踪财产落入受托人或其代理人手中；（2）受托人或错误地将信托财产转移给陌生人；（3）有人企图欺诈性地或不合信义地利用成文法条款，企图把成文法作为欺诈的工具而占有或处置财产；（4）财产的转让人签署了可以特定强制实施的合同，后又拒不履行。

总之，如果一个人主动像受托人那样干预信托事务、明知是信托财产而接受受托人错误转移的财产、接受财产时未支付对价、明知地协助受托人违反信托、明知地以违反受

---

〔1〕 Trustees Act 1996, Trustee Act 2000.

〔2〕 何宝玉：《英国信托法原理与判例》，法律出版社2001年版，第112－136页。

托人义务的方式处理信托财产，在衡平法下，其将作为一个推定受托人承担责任[1]。

三、法定信托

在英国，有些情况下成文法规定必须以信托方式持有财产，特别是土地，因而形成了法定信托。根据《1996 年土地信托与受托人任命法》(Trusts of Land and Appointment of Trustee Act 1996)和以下法律的规定，法定信托主要包括：

(1)根据《1925 年财产法》(Law of Property Act 1925)第 34 条的规定，将 1 处土地转让给 4 人以上的，如受让人的财产份额可被分割，构成按份共有(Tenancy in Common)，各自的财产归各自享有，不会被分给其他共有人；如各受让人享有不可分割的份额(Undivided Shares)，构成不按份共有，普通法下的土地权利将授予转让契据列名的前 4 个人，并成立一项土地信托，前 4 人作为受托人，以全体共有人为受益人，此时适用联权共有(Joint Tenancy)的规则。

(2)根据《1925 年财产法》(Law of Property Act 1925)第 36 条的规定，联权共有(Joint Tenancy)是指 2 个人(或以上)共有某项财产时，该财产会被纳入一项信托，以全体共有人为受益人，该共有不区分份额(Undivided Shares)。

(3)根据《1925 年遗产管理法》(Administration of Estates Act 1925)第 33 条的规定，一个人无遗嘱死亡的，其遗产将授予他的个人代表并纳入信托，按照成文法规定的比例，在死者的配偶、后嗣或亲属之间分配。

(4)根据《1925 年财产法》(Law of Property Act 1925)第 19 条的规定，将土地的法定所有权转让给 1 个未成年人的，土地的法定所有权将被纳入法定信托，以该未成年人为受益人，直到其成年为止。

(5)根据《1986 年破产法》(Insolvency Act 1986)的规定，破产人的财产自动转归破产受托人所有，由破产受托人为破产人的债权人的利益管理、变现破产财产，尽最大可能满足债权人的索偿请求[2]。

四、其他

除上所述，还有一些特殊的信托难以归入上述分类，下文将简单介绍其中的慈善信托和终身信托。

(一)慈善信托

慈善信托是为慈善目的而设立的公共信托，其特殊之处在于，英国总检察长和慈善委员会(代表总检察长)有权强制执行信托，类似受益人强制执行私人信托[3]。

从信托法实践上而言，一般的信托中如果没有特定的受益人，则信托会被归于无

---

[1] 何宝玉：《英国信托法原理与判例》，法律出版社 2001 年版，第 40 - 41 页。

[2] 何宝玉：《英国信托法原理与判例》，法律出版社 2001 年版，第 41 - 42 页。

[3] Charities Act 2006 and Charities Act 2011.

效。慈善信托是这个规则的例外，慈善信托没有设定特定的受益人，但由于慈善的目的在于造福公众，因此慈善信托被允许存在，但法律也相应要求慈善信托的目的必须是为了公共利益（Public Benefit）[1]。这意味着慈善信托必须使公众普遍受益，或使一部分公众受益。对慈善信托中受益人群的任何限制都必须是合理、相称、正当和合法[2]的。此外，受益人的类别不能基于个人关系（如家庭、合同或非法人协会的成员等关系），寻求预防和减轻贫困的慈善机构除外[3]。例如，在 National Anti – Vivisection Society v. Inland Revenue Commissioners 案中，法庭认为以禁止动物试验为目的而设立的信托并非有效信托，因为尽管其有明确的目的（通过信托寻求促进动物福利），但它并不满足“公共利益”的要求。

慈善目的主要规定在《2011 年慈善法》第 3（1）条，包括：预防或减轻贫困；推进教育；宗教进步；促进健康或拯救生命；促进公民身份或社区发展；促进艺术、文化、遗产或科学的发展；促进业余运动；促进人权保护；促进冲突解决或和解；促进宗教、种族的和谐、平等与多样性；推进环境保护或改善；救济因年龄、健康状况不佳、残疾、经济困难或其他不利条件而需要帮助的人；提高武装部队或应急服务效率；非上述列举目的但符合上述任何目的之精神的任何其他目的。

（二）终身信托

终身信托（Lifetime Trust）是为使某个人终身受益，然后在其去世后再使另一人或多人受益而设立的。信托的终身受益人享有占有权益，其有权立即从信托财产中获得收益，或使用和享有该财产。故可以认为，第一受益人对信托财产拥有终身权益（Life Interest）。后受益人（另一人或多人）（Subsequent Beneficiaries）在信托财产中享有既得利益（Vested Interest），在遗产继承的信托中也被称为“剩余遗产继承人”（Remainderman）。例如，A 设立遗嘱：将其房子以信托的方式留给妻子 B，并且在 B 去世后以信托的方式留给儿子 C。妻子 B 为第一受益人，儿子 C 为后受益人，即剩余遗产继承人。

第三节　受托人的职责

一、受托人的主要职责

受托人承担多种职责，包括其应尽的义务和不可为的禁止事项。

在明示信托中，由于受托人已经同意成为受托人，对其要求更高，他们将肩负更繁重的法律责任，并且应该意识到其自信托设立和财产转移时起所承担的责任。

---

〔1〕 Charities Act 2011, s.4(2), 17(1); Public Benefit: The Public Benefit Requirement (PB1) (September 2013): https://assets.publishing.service.gov.uk/government/uploads/system/uploads/attachment_data/file/588234/PB1_The_public_benefit_requirement.pdf.

〔2〕 Inland Revenue Commissioners v. Baddeley [1955] AC 572.

〔3〕 Oppenheim v. Tobacco Securities Trust [1951].

在回归信托或者推定信托的情况下,受托人的职责由法律规定,即使受托人不愿承担受托职责,也必须依照法律规定的最低标准履行其应履行的义务。

在明示信托中,受托人应当承担的主要义务如下。

(一)遵守信托协议的义务

受托人必须遵守信托协议。如果受托人未能履行应尽义务或进行了未授权的行为,将被严格追责。如果受托人在一项授权行为中表现不佳,则必须考虑其行为是否低于对一个合理受托人所期望的标准。

(二)对受益人负责的义务

受托人履行信托义务、进行信托管理应服从受益人的利益。受托人必须定期或应要求保存记录并向受益人提供信息,此类记录和信息包括账目报表和其他证明文件。

(三)注意义务

受托人必须采取一切如同谨慎的商人在处理自己的类似事务时会采取的预防措施〔1〕。对专业受托人,则适用更高的标准。受托人对信托财产直接负责,其可以雇用代理人,但不得将其作为受托人的职责下放。委托人可以在设立信托时选择排除受托人的注意义务〔2〕。

(四)忠诚义务

当存在利益冲突时,受托人不得谋取任何未授权的利润,不得采取任何未授权的行动〔3〕。受托人必须公允地采取行动,并平衡不同利益。例如,受托人必须兼顾收益和成本〔4〕。

二、对受托义务的违反

当受托人违反法定义务时,受益人、其他受托人、慈善信托的慈善事务监察委员会或检察总长可以提出索赔〔5〕。受托人对自己的违约行为承担责任,对其他受托人的行为原则上不承担责任。然而,如果其他受托人不作为,其可能会因未能采取行动防止其他受托人违约而承担责任(因为本质上其未履行相应的注意义务)。

当 2 个或 2 个以上的受托人违约时,其承担连带责任〔6〕。

在受益人同意或默许的情况下,即使受托人违反信托也不承担责任。受益人的同意或默许包括:(1)与受托人一起参与违反信托的活动;(2)明确同意受托人违反信托;(3)受托人虽未明确表示同意,但默许受托人违反信托;(4)已经免除了受托人违反信

---

〔1〕 Trustee Act 2000, s. 1.

〔2〕 Trustee Act 2000, Schedule 1 Paragraph 7.

〔3〕 Keech v. Sandford [1726] EWHC Ch J 76.

〔4〕 Trusts (Capital and Income) Act 2013, s. 1.

〔5〕 Armitage v. Nurse [1998] Ch 241; Charities Act 2011, s. 15.

〔6〕 Civil Liability (Contribution) Act 1978, s. 2(1), 6(1).

托的责任〔1〕。

如果受益人要求受托人违反信托，则法院可以下令扣押该受益人的利益，要求该受益人对违规的受托人和其他受益人提出的损害赔偿请求进行赔偿〔2〕。

三、违反受托义务的救济措施

受托人违反信托义务处置信托财产时，根据不同情况，受害的受益人可以采取不同的救济措施〔3〕。

（一）受托人违反信托义务分配信托财产

受托人违反信托义务分配信托财产，须对相关的受益人承担相应的责任。例如，把信托财产分配给并非受益人的人，或者支付给某受益人的款项超过了其应得的份额。在这种情况下，受托人对未获得分配或未足额分配的受益人负有偿付的责任，如果受托人实际上无力承担偿付责任，受益人就只能寻求其他救济，从错误地获得信托财产的人那里追回属于自己应得的份额〔4〕。

（二）受托人将信托财产错误使用或与自有财产混合使用

如受托人错误地使用信托财产，或者以其他方式错误地处理信托财产，或将信托财产与受托人自有财产混在一起，使信托财产发生变化或者改变了形式。这种情况下，受益人有权追回信托财产。例如，受托人从信托账户提取 8000 英镑为自己购买汽车，信托账户的资金已不存在，受益人可以请求受托人偿还该等资金至信托账户〔5〕，如受托人没有足够的资金偿还，受益人可以请求向受托人追回汽车，因为它代表信托财产，也可以选择向受托人追回资金〔6〕。

（三）其他情况下的救济

1. 禁止令

信托的受益人如果有理由相信受托人准备实施违反信托义务的行为，不必等到受托人违反信托义务后再请求救济。也就是说，受益人只要有合理的理由认为受托人可能违反信托义务，就可以向法院申请一项禁止令，禁止受托人实施违反信托义务的行为〔7〕。

---

〔1〕 Fletcher v. Collis [1905] 2 Ch 24, CA; Farrant v. Blanchford (1863) 46 ER 42; Holder v. Holder [1968] Ch 353.

〔2〕 Trustees Act 1925, s. 62.

〔3〕 何宝玉：《英国信托法原理与判例》，法律出版社 2001 年版，第 530－531 页。

〔4〕 Re Diplock [1948] Ch. 465.

〔5〕 Unistudy Guides, *Tracing*, Accessed November 12, 2020, http://www.unistudyguides.com/wiki/Tracing.

〔6〕 Re Hallett's Estate (1880) 13 Ch D 696.

〔7〕 Fox v. Fox (1870) LR 11 Eq 142.

2. 调整账目

调整账目的过程分为 4 个阶段:(1)要求受托人提供账户;(2)当受益人发现受托人以一种非受益人所愿的方式使用了信托财产时,受益人可以要求撤销未经授权的付款;(3)由于受托人没有按照信托的指示充分地为信托谋取利益,受益人有权向受托人收取额外费用(Surcharge);(4)受益人发现或有理由相信受托人可能违反信托义务,有权要求受托人补齐因其使用行为导致的信托财产的账面亏空。

3. 撤换受托人

法院具有强制撤换受托人的权利,只需确信受托人继续任职将有损于信托的适当履行,就可以罢免受托人。

第四节 信托的登记〔1〕

一、必须登记的信托

下列信托必须登记:(1)明示信托;(2)反洗钱规定要求登记的信托;(3)需缴纳下列税款的信托:资本利得税,所得税,遗产税,土地和建筑物交易税(苏格兰)(Land and Buildings Transaction Tax in Scotland),印花税、土地税(Stamp Duty, Land Tax),印花税储备税或印花税(Stamp Duty Reserve Tax or Stamp Duty);(4)如果受托人不是英国居民,且信托需就其来源于英国或英国财产的收入交税,则信托必须登记。

二、无须登记的信托

如存在下列情况之一,则信托无须登记:(1)信托需要缴纳的所得税少于 100 英镑,且仅来自利息;(2)该信托为消极信托〔2〕;(3)只有信托的委托人或受益人才需要纳税的信托;(4)该信托为慈善信托,受托人无须就其收入或资产纳税;(5)该信托为回归信托;(6)该信托为法定信托;(7)该信托为法律规定的推定信托。

三、登记日期及处罚

登记必须在信托开始取得应纳税收入或资本利得后的纳税年度的 10 月 5 日之前进行。对未登记的处罚包括罚款和对受托人 2 年以下的监禁刑罚。

---

〔1〕 UK Government, Accessed on December 9, 2019, https://www.gov.uk/guidance/register - your - clients - trust.

〔2〕 消极信托指受托人在信托执行中不负有任何积极作为义务的信托。在此类信托中,受托人实质上对信托财产不具有任何物权,“普通法上的明示的权利”和“衡平法上的权利”实际上已合二为一并归于信托受益人,受益人已经从财产利益享用人转变为法律上的所有人,因此法院有权在消极信托依信托条款终止前对其加以解除。

四、登记信息

如果信托需要登记，则首席受托人必须提供委托人、其他受托人、受益人和对信托行使有效控制的所有其他人的详细信息，具体包括：姓名、出生日期、国民身份识别编号[1]（如果没有这一编号，则提供居住地址），以及如系非英国居民，则需提供护照或身份证号码、签发国和有效期。

此外，还应提供有关信托本身的信息，包括：信托的名称、成立日期、资产结算日的资产及其市场价值说明、管理地点以及联系地址等。

第五节　信托的商业运用

一、商业信托的优势

在英国，信托制度的运用十分广泛，由于其有诸多优点，在商业领域成为实用和普及的工具。其具有的商业优势如下。

（一）信托财产的独立性

信托财产是独立的，自信托设立后，不与委托人财产混同，同时，不构成受托人或受益人财产的一部分，这意味着委托人、受托人、受益人的债权人均无权就信托财产主张债权。

（二）受益人不以受益人名义持有财产

如上所述，受益人不以自己的名义对财产享有合法权利，使得受益人无须直接管理财产即可享受收益，在很多特殊情况下，例如，为符合法律要求、商业或个人安排、财政或其他原因，特定人员无法直接持有财产，信托则可以发挥作用。

（三）信托的高度灵活性

一般来说，信托协议的条款可以由委托人决定，且信托受到相对较少的监管（养老基金信托除外）。与其他商业工具（如设立公司）相比，信托更容易建立和运作。

（四）信托设立和运作的保密性

信托以受托人的名义对外管理、运用信托财产，具有适度的保密性，有效地解决了委托人为了商业保密和其他因素不愿公开信托财产委托人、受益人身份的难题。

二、信托的主要商业用途

信托的具体商业用途主要体现在以下方面：(1)用于员工激励方案，包括各种类型的员工福利信托，如养老金（详见本节第三部分）；(2)用于各种集体投资结构，例如单位信托和财产投资信托（详见本节第三部分）；(3)用于持有客户资金，例如在保险协议中或破产情况下（详见本节第四部分）；(4)用于争议或潜在争议，例如，正在采取保全

[1] National Identifier Number，国民身份识别编号，用于识别公民的身份。

措施或者正在进行重大侵权诉讼，经争议各方协商，侵权方可设立专门的信托以防止单方出售资产，并确保各受偿方能够得到赔偿（详见本节第五部分）；(5)在一些情况下，信托被强制适用，例如，当公司进入清算程序时，由法院指定破产管理人（Trustee in Bankruptcy）管理剩余财产（详见本节第六部分）。

下文将重点介绍几类常见的商业信托。

三、养老金信托与单位信托

（一）养老金信托

在英国，所有的工作场所都必须提供职业养老金计划。设立信托的目的是为其成员提供退休收入。该笔资产以信托形式持有，以便与雇主的业务和一般费用分开。私营部门内，雇主、雇员和政府一起将资金存入一个信托基金可以保护雇员免受雇主破产的风险，以及来自雇主债权人的追索。

由于养老金对退休职工意义重大，对养老金信托的监管与一般信托有较大的不同，除了适用信托法，英国中央议会也制定专门适用于养老金信托的特殊规则。例如，在受托人的注意义务方面，《1995年养老金法》（Pensions Act 1995）第33条规定信托契约不能规定排除受托人的投资义务，这与信托法的一般立场不同。此外，雇主应该告知雇员如何充分行使其养老金权利[1]；在养老金待遇方面，员工应该受到公平对待，不得因其性别或其他因素受到歧视[2]。

此外，《1986年破产法》还规定了一些特殊条款，以保护养老金计划免受雇主破产或不诚实之害，这在1992年罗伯特·麦克斯韦盗用养老基金数亿英镑的丑闻[3]以后显得尤为重要。

（二）单位信托

单位信托可以作为一种投资工具。单位信托汇集了大量投资者的资金，用于购买各种投资组合。单位持有人（Unit holder）并不直接参与投资组合并买入任何证券。他们的所有权只是以单位（Unit）来计算。当然，他们也不算是有关公司的股东。在单位信托里的每一单位均与合伙投资的资本成比例。一般而言，单位持有人可以随时出售其单位，单位价值反映基金资产的基本价值。

通常，信托协议会规定，单位持有人只享有信托财产收益的权利，对资产本身不享有所有权。另外，单位持有人通常也有出售其收益的权利（见图5-2）。

---

〔1〕 Scally v. Southern Health and Social Services Board [1992] 1 AC 294.

〔2〕 Bilka - Kaufhaus GmbH v. Weber von Hartz(1986)C - 170/84, [1986] IRLR 317.

〔3〕 "THE MAXWELL SCANDAL - The Washington Post", Accessed on December 9, 2019, https://www.washingtonpost.com/archive/opinions/1991/12/09/the-maxwell-scandal/fa08ac8d-5be3-44f4-b373-bf3d8aa2de93/.

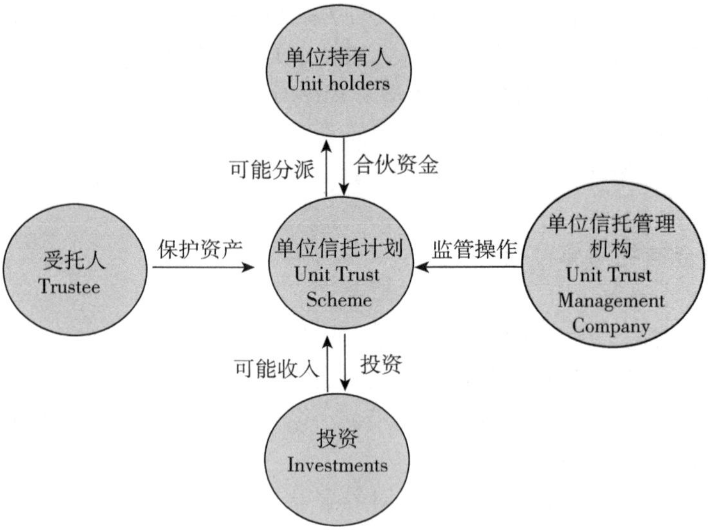

图 5－2　单位信托示意图

在养老金机制和单位信托中，虽然受托人可以聘请具有专业能力的基金经理来进行运作，但实际上多数的信托还是由受托人负责管理。受托人有权对基金进行投资，并有义务负责任地进行投资。他们还必须平衡所有类别受益人的利益，即那些目前要求和将来会要求从该计划中获得收入的受益人。

四、保险信托

根据《2000 年金融服务与市场法》[1]，保险公司对客户或客户资金可以依法默示设立信托。例如，存在一些特定的信托，确保在资金转移给保险公司之前，客户向保险经纪人支付的保险费受到保护，以免受到保险经纪人破产的影响。

另一个常见的例子是在公司面临破产风险时建立的信托。如果从客户那里收取的新资金以信托方式持有，那么公司可以继续进行交易，以便在公司无法履行其义务并无法清偿时将资金退还给客户。

五、担保与争议解决

（一）担保

信托也可以作为在合同项下寻求担保的一种方式，通常是通过债券信托（Debenture Trust），即多方通过信托向公司提供借款，贷款人从受托人处获得有价证券，受托人拥有强制借款人偿还贷款的权利，并以信托形式持有借款人提供的任何财产作为担保。在这一交易结构下，不同的贷款人能够提供不同金额的贷款，并确保受托人公平

---

〔1〕 Financial Services and Markets Act 2000, s. 137B.

处理多个贷款。同时,对于借款人而言债务是集中的,其只需与受托人打交道。最后,通过使用债券信托,借款人的财务状况仍然是保密的,只掌握在受托人手中。

现代社会里,开矿和开采天然气、修建海底隧道或收费公路、建设基础设施等,均需要采取多渠道融资。上述债券信托在前述需要采取多渠道融资的重大工程项目中很常见,因重大工程项目的资金需求量大、建设周期长、回报较为稳定,但是容易受到相关国家和国际政治、经济、社会形势的影响,投资风险比较大,一家金融机构可能都没有足够的资金实力,或者不愿意单独承担潜在的风险,因此,企业通常采取贷款等方式,多渠道进行融资。但是,多渠道融资不仅会产生如何保证各融资机构及时得到偿还的问题,还要面临如何在不同时间提供款项、如何在来自不同国家的融资机构之间保持平衡和公正的问题。设立一项信托,由受托人负责按照信托文件偿还各融资机构,即可有效解决上述问题。

以兴建收费公路为例,通过多渠道融资筹集建设资金,以公路特许经营权作为偿还借款的担保,但因担心自己可能处于不利地位,或无法得到及时清偿,每一个融资机构都不同意由其他融资机构持有担保及执行担保的权利。为解决此类矛盾,可以设立一项信托,由受托人持有担保财产权益,各融资机构都不能直接执行担保权利,各自都处于平等地位,如果受托人违反信托,每个融资机构都有权起诉受托人,以保证能够按照信托文件偿还融资机构的借款[1]。

(二)争议解决

在一些纠纷案件中,当财产的所有权存在争议时,该资产在纠纷处理期间可能会被置于信托中。这种信托结构将阻止一方以单方的名义出售资产,并能够在争议解决后确定在争议期间资产孳息收益的归属。

在涉及工业产品、药品、食品和环境污染导致的群体性侵权事件中,由于存在受害人数量多、侵权行为损害后果严重、侵权人一时无力赔偿、因果关系存在争议等特点,侵权方通常会选择专门投入资金设立群体侵权赔偿信托以解决赔偿的问题。在相关事件发生后,经过初步测算和协商,由侵权企业拿出一笔赔偿金,加上受害人可能获得的其他赔偿款、保险费和政府资助,一并纳入信托,交由指定的专业机构管理和运作,专门用于将来赔偿受害人。在信托设立后,由受托人根据每一位受害人及其家庭受到损害的情况,确定具体的赔偿方式和数额,可以给予一次性补偿,也可以先给予一次性补偿,随后再根据需要予以补偿。

设立专门的争议解决信托能够比较迅速、有效地解决群体侵权事件,对双方都较为有利。对于受害人来说,通过此类信托能够比较及时地得到赔偿或治疗,同时也有比较充分的时间仔细考虑并协商解决赔偿问题,且受害人的律师费可以直接由信托支付,从而减轻了受害人的经济负担。对于侵权企业来说,将赔偿金一次性纳入信托可以享受税收抵扣的优惠(通常只能在将赔偿金支付给受害人时才能抵扣),而且信托成

---

〔1〕 何宝玉:《英国信托法原理与判例》,法律出版社 2001 年版,第 566 - 567 页。

立后企业不再参与纠纷解决过程，既减少了企业的负担，也避免了不必要的矛盾。

六、保护破产公司债权人的信托

在英国，公司清算或者被宣告破产的，由法院指定破产管理人（Trustee in Bankruptcy）管理剩余财产。根据《1986年破产法》[1]的规定，破产管理人接管破产人的事务，有责任以尽可能好的价格变现资产，并按优先顺序偿付债权人。在这种情况下，受益人是破产个人或破产企业的债权人。

七、Quistclose信托

奎斯特克鲁斯（Quistclose）信托是保护债权人的另一种方式，由英国法院发展的特定目的贷款信托。相比于普通贷款的使用由借款人自主决定，当借款人迫切需要借款且借贷双方都明确贷款只用于特定目的时，为保障贷款银行的权益，可设立特定目的的贷款信托。由于这种信托是1970年英国巴克莱银行诉奎斯特克鲁斯投资公司案（Barclays Bank Ltd. v. Quistclose Investments Ltd.）[2]确立的，故又称为Quistclose信托。

上述案件涉及的巴克莱银行（Barclays Bank）是Rolls Razor公司的贷款银行，Rolls Razor公司欠巴克莱银行488,000英镑贷款未偿付，但其因向股东支付股息迫切需要再次贷款，奎斯特克鲁斯公司同意向Rolls Razor公司贷款209,719英镑，双方商定所借资金用于支付Rolls Razor公司股东股息这一特定目的。该笔资金存入Rolls Razor公司在巴克莱银行开设的一个独立于其他所有资金的股息账户内，然而，公司收到贷款后尚未支付股息就进入了清算程序。巴克莱银行主张其有权用股息账户中的资金来冲抵Rolls Razor公司在巴克莱银行中的透支。Quistclose公司主张股息账户中的资金是以Rolls Razor公司以信托方式持有，银行无权以该笔资金来冲抵Rolls Razor公司从银行其他账户中的透支。上诉法院和上议院都认为，独立地存入股息账户的资金应被视为贷款人的利益而以信托方式持有，既然贷款只能用于支付股息的特定目的，在该目的落空后，贷款应纳入回归信托，受益人不再是原定接受股息的股东，而是回归信托财产出让人（委托人）奎斯特克鲁斯公司，从而形成一种新的特定目的贷款信托。

根据这一判例，只要有关当事人清楚地指定款项用于特定目的，并且款项存入单独账户或者是可以确认的，就可能成立一项特定目的信托[3]。

---

[1] Insolvency Act 1986, s.45.

[2] https://en.wikipedia.org/wiki/Barclays_Bank_Ltd_v_Quistclose_Investments_Ltd, Accessed December 9, 2019.

[3] 何宝玉：《英国信托法原理与判例》，法律出版社2001年版，第571页。

八、投票信托

投票信托(Voting Trust)是指,在信托期限(Trust Period)内,将股东的表决权转移给受托人,在投票信托中,投票信托通常由公司董事运作,股东成为信托的受益人。在信托期限结束时,股份通常会重新转移给受益人(股东)。在实际中,信托期限结束后,受益人(股东)通常会将这些表决权重新转到具有相同权利义务条款的投票信托中,直到股东选择终止投票信托为止。设立投票信托主要有以下几个原因:

(1)解决利益冲突:如果存在冲突,股东可以将其股份存入信托基金,然后由受托人代表股东独立投票。

(2)增加股东表决权:通过设立投票信托合并少数股东表决权,中小股东能够提高表决权比例,这可能使他们能够履行通常由达到一定表决权比例的大股东才能履行的特定职能。

(3)阻止敌意收购:当股东担心敌意收购时,他们可能希望在一段时间内"锁定"公司的股份,因而设立投票信托。这种做法可以起到阻碍公司被收购的作用,因为收购方无法轻易获得公司的股份。

(4)维护对公司的控制:发起人将其股份转让给一个投票信托机构,建立一个强大的投票集团(Unified Voting Blocks),以超过任何个人股东的表决权,从而能够保留自己的决策权,并阻止强大的股东接管公司的控制权。

(5)当个人希望将有表决权的股份转让给子女,或股份通过遗嘱留给他人,但不希望受让人拥有表决权时,可设立投票信托。

九、商业信托税收

在英国,信托关系可能涉及缴纳的税收为缴纳所得税、资本利得税和遗产税。对商业信托的征税取决于许多因素,主要包括[1]:(1)委托人、受益人和受托人的住所;(2)信托财产受益人权益的性质;(3)信托活动的地点;(4)信托财产的位置。

(一)所得税

如果信托是消极信托,征税相对简单,因为它将被视为信托财产完全同受益人一样地征税,消极信托由受益人支付所得税(Income Tax)。

对于任意信托,受托人负责按表5-1所示税率支付所得税。

---

〔1〕 Lexis® PSL, "Commercial uses of trusts—overview", Accessed on December 10, 2019, https://www.lexisnexis.com/uk/lexispsl/tax/document/393819/5GJ7-9K81-F18D-H0YX-00000-00/Commercial_uses_of_trusts_overview.

表 5－1　任意信托所得税

任意信托所得	任意信托所得税税率	
收益范围	≤1000 英镑部分	>1000 英镑部分
股息型收益	7.5%	38.1%
所有其他收益	20%	45%

对于终身信托，受托人也负责按表 5－2 所示税率支付所得税。

表 5－2　终身信托所得税

终身信托收益所得	终身信托收益所得税税率
股息型收益	7.5%
所有其他收益	20%

（二）资本利得税

资本利得税（Capital Gains Tax）是针对增值资产从信托中提取或存入信托时的利润（或收益）而征收的税。当资产被转移到信托后，转让资产给信托的人或将资产转移至信托的委托人应该缴纳资本利得税。当资产从信托中被提取时，如果受托人代表受益人出售或转让资产，则通常受托人应缴纳资本利得税。

如果消极信托的资产被转移给受益人，则无须缴纳任何税款。

为了确定是否必须缴纳资本利得税，受托人必须查看应税受益总额（Total Taxable Gain），即计算从信托中出售、转让或以其他方式处置的每个项目的损益，扣除所有允许的成本和减免。

允许扣除的成本包括：出售或转让财产或土地为增加其价值进行改良的成本，以及购买、转让或出售物品所涉及的成本（例如，对财产进行估价的成本或聘请律师的成本）。

资本利得税收减免包括私人住所减免（Private Residence Relief）、企业家减免（Entrepreneurs’ Relief）和调节性减免（Hold－Over Relief）[1]。

（三）遗产税

遗产税（Inheritance Tax）一般是在某人去世时支付，但如果其将遗产转移到信托中，则遗产税也可以在其在世时支付。英国目前的遗产税免征额度为 325,000 英镑，超过免征额度，则需支付遗产税，标准的遗产税率为 40%。

应缴纳遗产税的主要情况是：（1）资产转移到信托时；（2）信托成立满 10 年；（3）当资产从信托中转出或信托终止时；（4）当某人去世并且信托涉及处理其财产时。

［1］ UK Government, Accessed on December 10, 2019, https://www. gov uk/capital－gains－tax－businesses/relief.

某些信托对于遗产税有不同的适用规则。例如，如果遗产转移至消极信托，只要进行转让的人在转让之后在世 7 年就可以免除该遗产税。

（四）非居民信托税收

非居民信托（Non – Resident Trusts）是指没有受托人出于税收目的在英国居住，或者只有一些受托人居住在英国，但该信托的委托人[1]：(1) 不是英国居民；(2) 也不是常住居民；(3) 在设立信托或增加信托资金时于英国定居。

非居民信托仅需对其来自英国的收入纳税。另外，尽管有适用于所有非居民信托的一般税收规则，但非居民信托税率还取决于该信托是任意信托还是终身信托，以及委托人或受益人的居住状态。

---

〔1〕 UK Government, Accessed on December 10, 2019, https://www. gov uk/guidance/non – resident – trusts.

第六章

英 国 税 法

第一节 概 述

税收作为一个国家财政收入的主要来源,能起到调节社会财富分配、缓解社会贫富差距的作用。英国没有独立的税法典,税法渊源主要包括成文法、欧盟法律、判例法和税务机关的声明。历经数个世纪的发展,英国税收制度更多地通过税制结构改革来调整社会财富分配,正是这种趋向现代化的特点,使英国税收制度更趋公平。英国现行税制结构以所得税为主体,辅之以间接税及其他税收。

一、税制体系特点

(一)直接税为主、间接税为辅

英国的税收由直接税和间接税构成,直接税包括但不限于个人所得税、企业所得税、资本利得税、遗产税、国民保险税、燃油税等,间接税包括但不限于增值税、关税、消费税、印花税等。在英国税制中,直接税中的所得税占主导地位,约为全部税收收入的60%以上,间接税处于辅助地位,在全部税收收入中所占比重为30%左右。

(二)税收体制高度集中

英国税收收入高度集中于中央政府。在政府收入分配上,英国税收分为国税和地税。国税由中央政府掌握,几乎课征所有的税种,包括个人所得税、企业所得税、国民保险税、增值税以及燃油税,占全国税收收入的90%左右,是中央政府财政收入最主要的来源。地税由地方政府负责,主要指市政税,占全国税收收入的10%左右,是地方财政的重要来源,此外,地方财政的来源还包括中央政府对地方的财政补助。

与税收收入分配相适应,英国的税收权力也高度集中于中央。全国的税收立法权由中央议会掌握,地方只对属于本级政府的地方税才享有征收权及适当的税率调整权和减免权等。但这些地方税权也受到中央的限制,如《地方税收额封顶法》就是典型限制做法。

二、税法体系

英国没有独立的税收法典,但英国税制的法定结构必须经由成文法所制定。当涉及某一领域的税收法规数量太多时,则汇编为一部法案。英国主要成文法如下:

(1)《1891年印花税法》(Stamp Act 1891);(2)《1970 年税收管理法》(Taxes Management Act 1970, TMA);(3)《1975 年石油税法》(Oil Taxation Act 1975);(4)《1983 年增值税法》(Value - added Tax 1983);(5)《1984 年遗产税法》(Heritage Act 1984);(6)《1988年所得税和公司税法》(Income and Corporation Taxes Act 1988);(7)《1990年资本折扣条例》(Rate of Discount on Capital Finace Regulations 1990);(8)《2001 年资本折扣条例》(Rate of Discount on Capital Finace Regulations 2001);(9)《2003 年所得税法》(Income Tax Act 2003);(10)《2003 年所得税条例》(Income Tax Regulations 2003);(11)《2005 年所得税法》(Income Tax Act 2005);(12)《2007 年所得税法》(Income Tax Act 2007);(13)《2009 年企业所得税法》(Corporation Tax Act 2009);(14)《2010年企业所得税法》(Corporation Tax Act 2010)。

英国脱欧后,英国政府对税法将拥有更多的自主权,这主要体现在增值税方面。不同于此前受限于欧盟法律,特别是《欧盟条约》(The Maastricht Treaty)和《1967 年欧盟增值税指令》(First Council Directive 67/227/EEC and Second Council Directive 67/228/EEC)。

除上述法律外,法庭判决(案例)也有补充效力,但案例只是解释性而不是立法性的,而且法庭判决是以更高级法庭以往的判例作为依据。对税法规定不够清楚或存在疑问的地方,在实践中形成的特别解释或说明也可以提供司法指导,虽然它没有法律效力,但一般能得到采用[1]。

三、税务管理机构

英国税务和海关总署是英国政府的非内阁部门之一,由英国国内税务局(Inland Revenue)、英国海关和消费税局(HM Customs and Excise)于 2005 年 4 月 18 日正式合并而成,其通过财政部长向中央议会报告,受财政部监督管理。

英国税务和海关总署下设估价办公室(HMRC 执行机构, Valuation Office Agency, VOA)和审裁办公室(HMRC 投诉等处理机构, Adjudicator's Office, AO)两大主要机构,在全国设有 170 个办事处[2],主要负责税收政策的执行和落实,与英国财政部构成"政策合作伙伴关系",后者主要负责战略性税收政策和相关政策的制定。财政部、英国税务和海关总署通过政策设计及执行来提供有效的税收政策。

英国税务和海关总署的具体职责包括税收的征收与管理、起草法律规章、税收事项的决策及评估等,以及负责国家贸易统计、国民保险税、税收抵免、儿童津贴、国家最低工资标准执行、助学贷款还款的追征等工作。

---

〔1〕 商务部:《英国的税收体制》,载 http://www.mofcom.gov.cn/article/i/201203/20120308045171.shtml,最后访问日期:2020 年 4 月 1 日。

〔2〕 国家税务总局:《中国居民赴英国投资税收指南》,载 http://www.chinatax.gov.cn/chinatax/n810219/n810744/n1671176/n1671206/index_5.html,最后访问日期:2020 年 5 月 6 日。

四、税收征收措施

（一）税收执法权

英国税务和海关总署负责税收的征收与管理，如发现违规行为有权处以罚款或其他措施。此外，如有证据表明纳税人参与欺诈行为，其可考虑是否进行刑事调查。

（二）税收强制执行措施

纳税人如无法及时缴纳税款，需及时与英国税务和海关总署联系，否则会面临罚款[1]。如纳税人不缴纳税款且未与英国税务和海关总署联系，后者将会采取强制执行措施来收取税款[2]，上述措施包括：(1)通过收入或养老金来收缴欠款；(2)要求收债公司来收缴欠款；(3)将纳税人拥有的物品拿走出售（如果纳税人居住在英格兰、威尔士和北爱尔兰）；(4)直接从纳税人的银行账户或建房协会收缴欠款（如果纳税人居住在英格兰、威尔士和北爱尔兰）；(5)诉讼至法院；(6)强制纳税人破产或关闭企业。

（三）税务争议处理机制

英国税务和海关总署与纳税人发生税务争议，其处理机制主要包括诉讼、庭外和解以及刑事调查。

(1)诉讼。首先，如纳税人对英国税务和海关总署的决定有异议，则可以向基层（税收）法庭[First – tier Tribunal (tax)]上诉[3]。该法庭独立于政府，在作出裁决前会听取双方的意见。纳税人对英国税务和海关总署的决定上诉后，可以申请替代性争议解决方案。其次，英国税务和海关总署启动诉讼程序，通常是由于纳税人单独欠款至少2000英镑，或者纳税人已欠款一年以内。此外，纳税人将要支付所欠税款，并承担法院的费用以及英国税务和海关总署的成本。

(2)庭外和解。如果上诉至法院但是无须通过法院判决解决，英国税务和海关总署可与纳税人达成庭外和解。

(3)刑事调查。有证据表明纳税人参与欺诈行为，英国税务和海关总署可考虑是否进行刑事调查。

（四）法律责任

违反税收政策的法律责任，主要表现为英国税务和海关总署对纳税人进行的民事处罚和刑事处罚两种类型。其中民事处罚为主要法律责任形式，包括加收罚款、加收利息或滞纳金以及强制征收等。如果有证据表明纳税人参与欺诈行为，英国税务和海关总署则会选择刑事调查，纳税人将面临的常见的刑事处罚措施主要是由刑事法庭作出没收的命令以及判处有期徒刑等。

---

〔1〕 UK Government, Accessed on April 10, 2020, https://www.gov.uk/difficulties – paying – hmrc.

〔2〕 UK Government, Accessed on April 10, 2020, https://www.gov.uk/if – you – dont – pay – your – tax – bill.

〔3〕 UK Government, Accessed on April 10, 2020, https://www.gov.uk/tax – tribunal.

五、投资税收政策

近年来,英国一直保持着低税制的商务环境,以利于商业发展和吸引外国投资。英国目前的企业所得税标准税率为19%,增值税税率为20%,在欧洲属较低水平。

另外,英国没有对投资者分得的红利征收普遍性的预提税,同时因外商股权投资的融资性贷款产生的利息还可以在税前抵扣。英国对商业利润不征收地方税,高级管理人员享受优惠的个人所得税和国民保险税。英国具有世界上广泛的避免双重征税协议网络。相比其他欧盟国家,英国的前述税收优惠政策使其成为更具吸引力的投资目标国。

六、中英税收协定

1945年,英国与美国签订全面避免双重征税协定,这是英国第一次签订类似的国际条约。之后,英国又陆续与其他国家签订避免双重征税协定。截至2020年,英国已与149个国家和地区签订避免双重征税协定[1]。

中英两国于2011年6月27日在伦敦签署《中华人民共和国政府和大不列颠及北爱尔兰联合王国政府对所得和财产收益避免双重征税和防止偷漏税的协定》(Agreement between the government of the people's Republic of China and the government of the United Kingdom of Great Britain and Northern Ireland for the avoidance of double taxation and the prevention of fiscal evasion with respect to taxes on income and on capital gains),于2013年2月27日在北京签署《关于修订〈中华人民共和国政府和大不列颠及北爱尔兰联合王国政府对所得和财产收益避免双重征税和防止偷漏税的协定〉的议定书》[2](Protocol Amending the agreement between the government of the people's Republic of China and the government of the United Kingdom of Great Britain and Northern Ireland for the avoidance of double taxation and the prevention of fiscal evasion with respect to taxes on income and on capital gains)。中英双方分别于2013年4月12日和2013年12月13日相互通知已完成协定和议定书生效所必需的国内法律程序。根据协定第28条的规定,该协定和议定书自2013年12月13日生效,并适用于:(1)在中国,2014年1月1日或以后开始的纳税年度产生的利润、所得和财产收益;(2)在英国,2014年4月6日或以后开始的申报年度的所得税和财产收益税,以及2014年4月1日或以后开始的财政年度的公司税。协定和议定书(以下合称本协定)主要内容如下。

(一)适用范围

关于人的范围,本协定适用于缔约国一方或同时为缔约国双方居民的人(包括个

---

[1] UK Government, Accessed on April 26, 2020, https://www.gov.uk/government/collections/tax-treaties#countries-a-to-c.

[2] 国家税务总局:《中英税收协定及议定书》,载 http://www.chinatax.gov.cn/chinatax/n810341/n810770/c1152934/content.html,最后访问日期:2020年5月6日。

人、公司和其他团体）。

关于税种范围，在中国，本协定适用于个人所得税和企业所得税，在英国，本协定适用于所得税、公司税和财产收益税。此外，本协定也适用于本协定签订之日后征收的增加或者代替现行税种的相同或者实质相似的税收。

（二）不动产所得

缔约国一方居民（指按照该缔约国法律，由于住所、居所、成立地、管理机构所在地，或者其他类似的标准，在该缔约国负有纳税义务的人）从位于缔约国另一方的不动产取得的所得，可以在该缔约国另一方征税。

（三）营业利润

缔约国一方企业的利润应仅在该缔约国征税，但该企业通过设在缔约国另一方的常设机构（指企业进行全部或部分营业的固定营业场所）在缔约国另一方进行营业的除外。如果该企业通过设在缔约国另一方的常设机构在缔约国另一方进行营业，则其利润可以在缔约国另一方征税，但应仅以归属于该常设机构的利润为限。

（四）海运和空运

缔约国一方企业以船舶或飞机经营国际运输业务所取得的利润，应仅在该国征税。以船舶或飞机经营国际运输业务取得的利润包括：(1)以光租形式出租船舶或飞机取得的利润；(2)使用、保存或出租用于运输货物或商品的集装箱（包括拖车和运输集装箱相关的设备）取得的利润；(3)前述出租、使用、保存，应为以船舶或飞机经营的国际运输业务的附属活动。

（五）股息

缔约国一方居民公司支付给缔约国另一方居民的股息，可以在该缔约国另一方征税。

然而，这些股息也可以在支付股息的公司是其居民的缔约国一方，按照该国的法律征税。但是，如果股息受益所有人是缔约国另一方居民，则所征税款：(1)在受益所有人是公司，并直接拥有支付股息的公司至少25%资本的情况下，不应超过股息总额的5%；(2)如果据以支付股息的所得或收益由投资工具直接或间接从投资于规定的不动产所取得，在该投资工具按年度分配大部分上述所得或收益，且其来自上述不动产的所得或收益免税的情况下，不应超过股息总额的15%；(3)在其他情况下，不应超过股息总额的10%。

（六）关于利息

发生于缔约国一方而支付给缔约国另一方居民的利息，可以在该缔约国另一方征税。

然而，这些利息也可以在其发生的缔约国一方，按照该国的法律征税。但是，如果利息受益所有人是缔约国另一方居民，则所征税款不应超过利息总额的10%。

（七）关于特许权使用费

发生于缔约国一方而支付给缔约国另一方居民的特许权使用费，可以在缔约国另一方征税。

然而,上述特许权使用费也可以在其发生的缔约国一方,按照该国的法律征税。但是,如果特许权使用费受益所有人是缔约国另一方居民,则所征税款不应超过:(1)使用版权、专利、商标、设计或模型、图纸、秘密配方或秘密程序、专有技术而支付的特许权使用费总额的10%;(2)使用工业、商业、科学设备而支付的特许权使用费的调整数额(指特许权使用费总额的60%)的10%。

(八)关于财产收益

缔约国一方居民转让位于缔约国另一方的不动产、缔约国一方企业转让缔约国另一方的常设机构营业财产部分的动产取得的收益,可以在该缔约国另一方征税。

缔约国一方企业转让其从事国际运输的船舶、飞机或者国际运输中使用的集装箱,或者转让与上述船舶、飞机或集装箱的运营或使用相关的动产取得的收益,应仅在该缔约国一方征税。

转让一个公司的股份取得的收益,如果该股份价值的50%以上直接或间接来自位于缔约国一方的不动产,可以在该缔约国一方征税。

缔约国一方居民转让其在缔约国另一方居民公司的股份取得的收益,如果首先提及的缔约国一方居民在转让行为前的12个月内,曾经直接或间接拥有该公司至少25%的股份,可以在该缔约国另一方征税。

转让上述财产以外的其他财产取得的收益,应仅在转让者为其居民的缔约国一方征税。

(九)关于受雇所得

除本协定规定的董事费、退休金以及政府服务三种情况外,缔约国一方居民因受雇取得的薪金、工资和其他类似报酬,除在缔约国另一方从事受雇的活动以外,应仅在该缔约国一方征税。在缔约国另一方从事受雇活动取得的报酬,可以在该缔约国另一方征税。但以下情形除外:

(1)缔约国一方居民因在缔约国另一方从事受雇活动取得的报酬,同时具有以下3个条件的,应仅在该缔约国一方征税:①收款人在有关纳税年度开始或结束的任何12个月中在缔约国另一方停留连续或累计不超过183天;②该项报酬由并非缔约国另一方居民的雇主支付或代表该雇主支付;③该项报酬不是由雇主设在缔约国另一方的常设机构负担。

(2)在缔约国一方企业经营国际运输的船舶或飞机上从事受雇活动取得的报酬,可以在该缔约国一方征税。

(十)消除双重征税方法

中国居民从英国取得的利润、所得或财产收益,按照本协定规定在英国缴纳的税收,应允许从对该居民征收的中国税收中抵免。但是,抵免额不应超过对该项利润、所得或财产收益按照中国税收法律法规计算的中国税收数额。

英国居民来源于中国的利润、所得或应征财产收益,根据中国法律并依照本协定在中国缴纳的税收，无论是直接缴纳还是扣缴（不包括所得为股息的情况下，就据以支付股息的利润缴纳的税收），应允许从根据据以计算中国税收的利润、所得或应征财产收益计算的英国税收数额中抵免。

英国居民公司从中国居民公司取得的股息，如果符合英国法律规定的免税条件，应在英国免税。

英国居民公司从中国居民公司取得的股息，如果因未满足英国法律规定的免税条件不能依据上条规定免税，在英国公司直接或间接控制支付股息的公司至少10%投票权的情况下，相关抵免应当考虑支付股息公司就其据以支付股息的利润缴纳的中国税收。

（十一）国内法反避税规定与本协定的关系

在与本协定不冲突的情况下，国内法律关于防止逃税和避税的规定可以适用[1]。

第二节　个人所得税

个人所得税（Income Tax）是国家对个人所得征收的一种税。英国是最早征收个人所得税的国家。1799年，因与法国战争的需要，英国首次开征个人所得税，要求纳税人在其税务申报表中分门别类申报各类所得。该税后因战争结束而被废止，又因其他战争而重新开始征收。

长期以来，个人所得税一直作为英国的临时税征收，并没有成为固定税种，直至1874年（阿斯奎斯时期）才从临时税真正成为英国的一种固定税种，其税率因战争等需要不断调整，并没有实行累进税制。1909年，财政大臣乔治在人民预算中首次使用累进所得税，即根据个人所得收入越多、所纳税率越高（直至达到某个数值为止）的所得税制度。这种收入越高税率越高的税制相对合理，因此累进税制一直沿用至今。《1988年所得税和公司税法》、《2003年所得税法》、《2005年所得税法》以及《2007年所得税法》是征税的主要法律依据。

一、纳税人范围

英国个人所得税的扣缴义务人分为居民纳税人和非居民纳税人。对居民纳税人就其来源于国内外的一切所得征税；对非居民纳税人仅就其来源于英国的所得征税。个人所得税的纳税年度为每年的4月6日至次年4月5日。

（一）居民纳税人

一般而言，满足以下任一条件则为居民纳税人[2]：（1）该个人唯一或全部住宅都

---

〔1〕 国家税务总局：《中英税收协定及议定书》，载 http://www.chinatax.gov.cn/chinatax/n810341/n810770/c1152934/content.html，最后访问日期：2020年5月6日。

〔2〕 UK Government，Accessed on May 6，2020，https://www.gov.uk/tax-foreign-income/residence.

在英国,此状态至少持续 91 天且在上述 91 天中至少有 30 天属于同一纳税年度[1];(2)该个人在一个纳税年度内,至少在英国停留 183 天。

(二)非居民纳税人

若该个人在一个纳税年度内在英国停留时间少于 16 天,或者在之前 3 个纳税年度均未被认定为英国居民且在一个纳税年度内停留时间少于 46 天,或者该个人全职在海外工作(工作平均时间至少为 35 小时/周)且在一个纳税年度内在英国停留时间少于 91 天,其中工作时间不超过 30 天,则该个人为非居民纳税人。

二、征税范围

(一)居民纳税人征税范围

居民需要缴纳税款的项目,包括[2]:(1)受雇所得的收入;(2)个体经营者所取得的利润,即通过网站或应用程序提供的服务所得;(3)特定的国家福利;(4)大部分养老金(包括国家养老金、公司和个人养老金以及退休年金);(5)租金收入;(6)工作福利;(7)信托所得;(8)储蓄和养老债券利息。

居民无须缴纳税款的项目,包括:(1)个体经营者所获得的第一笔 1000 英镑的收入,称为贸易免税额(Trading Allowance);(2)除租房计划(Rent a Room Scheme)外,第一笔 1000 英镑的租金收入;(3)从免税账户获得的收入,如个人储蓄账户(Individual Savings Account, ISA)和国民储蓄证书(National Savings Certificates);(4)从公司股票中获得的股息;(5)特定的国家福利;(6)政府有奖债券或者国家彩票奖金;(7)出租自住房屋一部分并取得低于房租上限的租金(上限为 7500 英镑/年)[3]。

个人所得税在每个纳税年度需缴纳的税款金额,取决于纳税义务人上述需缴纳税款的收入扣除个人免税额的部分。

(二)非居民纳税人征税范围

非居民纳税人就来源于英国的所得缴纳个人所得税,如养老金、租金收入、储蓄利息以及工资[4]。

同时,如非居民纳税人符合个人免税的规定,则可以申请仅就超过个人免税额的部分纳税,否则按照全部收入纳税。如果非居民纳税人所在国家对其在英国的所得征税,则可依据该国与英国的双重征税协议申请减免。

---

[1] 英国最新的纳税年度是从 2021 年 4 月 6 日至 2022 年 4 月 5 日。

[2] UK Government, Accessed on May 6, 2020, https://www.gov.uk/income-tax.

[3] UK Government, Accessed on May 6, 2020, https://www.gov.uk/rent-room-in-your-home/the-rent-a-room-scheme.

[4] UK Government, Accessed on May 6, 2020, https://www.gov.uk/tax-uk-income-live-abroad.

三、免税额及税率

（一）居民纳税人免税额及税率

英国对居民纳税人个人所得税的免税额进行动态调整。在 2018—2019 年度，居民纳税人个人所得税的免税额为 11,850 英镑。在 2019—2020 年度及 2020—2021 年度，居民纳税人个人所得税的免税额为 12,500 英镑，即 12,500 英镑为居民不用缴纳个人所得税的部分。在此基础上，居民纳税人 2020—2021 年度个人所得税的税率，如表 6－1 所示。

表 6－1　2020—2021 年度英国个人所得税的税率[1]

等级	应纳税收入（英镑）	税率
个人免税额	≤12,500	0%
基础税率	12,501—50,000 部分	20%
较高税率	50,001—150,000 部分	40%
加成税率	超过 150,000 部分	45%

（二）非居民纳税人免税额及税率

非居民纳税人税率与居民纳税人相同，但其可能无法获得英国的免税额，这是因为他们的国籍以及适用的双重征税协定的规定。非居民纳税人在纳税年度有来源于英国的收入，应向英国税务和海关总署申请个人免税额[2]。

值得注意的是，非居民企业如满足下列任一条件，则依据基础税率来缴纳个人所得税：(1) 在英国未通过常设机构进行交易，但是在英国产生收入；(2) 在英国通过常设机构进行交易，但是在英国产生收入与常设机构无关。

非居民企业如通过常设机构来从事交易并产生收入，则应缴纳企业所得税而非个人所得税[3]。

四、税收优惠

（一）居民纳税人税收优惠

英国居民纳税人个人所得税的税收优惠体现在以下几个方面。

1. 国家福利

在英国，居民享受的国家福利有些需要缴纳个人所得税，有些无须缴纳个人所得税。

[1] UK Government, Accessed on May 6, 2020, https://www.gov.uk/income-tax-rates.

[2] UK Government, Accessed on May 6, 2020, https://www.gov.uk/tax-uk-income-live-abroad/personal-allowance.

[3] UK Government, Accessed on March 10, 2020, https://www.gov.uk/corporation-tax.

常见的应纳税国家福利包括：国家养老金（the State Pension）；求职者津贴（Jobseeker's Allowance，JSA）；护理员津贴（Carer's Allowance）；基于贡献的就业及支助津贴（Contribution - based Employment and Support Allowance）；无工作能力者的福利（Incapacity Benefit）（从收到福利第29周开始）等。

常见的免税国家福利包括：住房福利（Housing Benefit）；与收入有关的就业及支助津贴（Income - related Employment and Support Allowance）；收入补助（Income Support）；工作税收抵免（Working Tax Credit）；儿童税收抵免（Child Tax Credit）；伤残生活津贴（Disability Living Allowance）；儿童福利（Child Benefit）；个人独立支付（Personal Independence Payment）；监护人津贴（Guardian's Allowance）；护理津贴（Attendance Allowance）；养老金抵免（Pension Credit）；生育津贴（Maternity Allowance）；工伤福利（Industrial Injuries Benefit）等。

2. 个人储蓄账户

在2020—2021纳税年度，个人储蓄账户最大免税额度为20,000英镑[1]。

个人储蓄账户有4种类型，分别是现金个人储蓄账户、股票与证券个人储蓄账户、创新金融个人储蓄账户以及终身个人储蓄账户。在每个纳税年度，居民可将存款存入任一种个人储蓄账户。对于现金个人储蓄账户的现金利息以及个人储蓄账户投资所得收入或资本收益，居民无须缴税。

3. 税收减免

税收减免适用于个体经营者的特定花费、婚姻免税额以及慈善捐款等情况，如下述：（1）如果是个体经营者，在工作、商业支出等的具体花费可以申请税收减免。（2）如果居民的收入低于标准的个人免税额，则可以申请婚姻免税额（Marriage Allowance），以减少配偶的税款。（3）居民在用自己的钱购买仅用于工作所需的物品时可以申请税收减免。（4）居民个人捐赠给慈善机构的捐款可以适用税收减免。

（二）非居民纳税人税收优惠

非居民纳税人税收优惠同居民纳税人。

五、境外所得的税款扣除

（一）居民纳税人境外所得

居民纳税人需要为境外所得缴纳个人所得税的范围，包括在国外工作的工资、国外投资及储蓄利息、国外房产的租金收入以及国外养老金收入等[2]。如果居民纳税人的长期住所在国外，可能不需要为境外收入缴纳个人所得税，此种情况需要满足的条件为在纳税年度居民境外收入低于2000英镑以及居民未将境外收入带至英国。

居民纳税人通常在自我评估纳税申报单中报告境外收入情况。但如果居民的境

---

[1] UK Government, Accessed on May 6, 2020, https://www.gov.uk/individual-savings-accounts.

[2] UK Government, Accessed on May 6, 2020, https://www.gov.uk/tax-foreign-income.

外唯一收入是总额低于300英镑的股息且没有其他需要申报的境外收入，则无须填写自我评估纳税申报单。

居民纳税人的收入如在多个国家纳税，则可以申请税收减免。居民纳税人填写自我评估纳税申报单中境外部分，居民填写的境外已纳税的收入将获得境外收入抵免。

（二）非居民纳税人境外所得

非居民纳税人无须为境外收入支付个人所得税[1]。

六、税基计算

居民纳税人与非居民纳税人的个人所得税的应纳税所得额计算步骤相同，具体如下：(1)将所有的应纳税收入合计，包括应税国家福利；(2)计算出个人的免税额；(3)从应纳税收入中扣除免税额；(4)扣除后的剩余收入，即为个人所得税的应纳税所得额。

七、税务申报

（一）居民纳税人税务申报

英国居民个人所得税的缴纳方式主要有以下两种：

(1)英国居民缴纳个人所得税大多数通过“发薪时扣除制”(Pay As You Earn, PAYE)系统来缴纳。一般来说，雇主以及养老金提供者在支付个人工资或养老金之前，通过“发薪时扣除制”系统向国家扣缴个人所得税。通过居民个人的纳税编码，能够查询其扣除的税款。

(2)如果居民的财务状况较为复杂，如居民是个体经营者或高收入人群，则可以通过自我评估来缴纳个人所得税。该等居民需要每年填写一份纳税申报单。

税款通常从工资、养老金和储蓄中自动扣除。如果需要填写纳税申报单，居民可以在适用的纳税年度（每个自然年的4月5日为纳税年度分界）结束后填写，并在截止日期前邮寄。纳税申报单可采用网上申报或邮寄纸质申报单的方式。基于居民申报的情况，英国税务和海关总署会计算个人所需缴纳的税款。但是，如果居民唯一的收入来自工资或养老金，通常无须提交纳税申报单。

如果个人收入多于下述任何一项，亦须填写纳税申报单：个体经营者所获得1000英镑收入；其他免税收入所获得2500英镑，比如小费或出租房产。如果出租房产的收入在1000英镑到2500英镑之间，可以拨打英国税务和海关总署所得税热线询问。

（二）非居民纳税人税务申报

对于非居民纳税人来说，其需要通过提交自我纳税申报单来申报，不能通过线上方式，仅能通过邮寄、商务软件以及专业人士方式提交纳税申报单。

---

[1] UK Government, Accessed on May 6, 2020, https://www.gov.uk/tax-foreign-income/residence.

第三节 企业所得税

企业所得税(Corporation Tax)是对法人实体的利润所得征收的一种税,也称为“公司税”或“法人税”。《1988年所得税和公司税法》、《2009年企业所得税法》以及《2010年企业所得税法》是征税的主要法律依据。

一、纳税人范围

企业所得税的纳税义务人分为居民企业和非居民企业。

居民企业是指在英国境内成立,或其管理、控制机构在英国境内的企业,居民企业就其来源于全球的利润缴纳企业所得税。

不满足居民企业条件的为非居民企业,即不在英国境内成立,且其管理、控制机构也不在英国境内的企业[1]。非居民企业在英国境内设有常设机构时才需在英国缴纳企业所得税,且仅需就其来源于英国常设机构取得的利润缴纳企业所得税;当其取得的收入来源不属于英国常设机构时,非居民企业相应缴纳个人所得税而非企业所得税。

从企业类型的角度,企业所得税适用于有限责任公司、任何在英国设有分公司或办事处的外国公司以及俱乐部、合作社或其他非法人团体,如社区团体或体育俱乐部[2]。

二、征税范围

企业所得税的应纳税利润包括:营业利润、投资利润以及以高于成本的价格出售资产的利润(应税所得)等。

(一)居民企业征税范围

如果企业的总部设在英国,其需要缴纳的企业所得税为其在英国以及海外所获得的所有利润。

(二)非居民企业征税范围

如果企业的总部不在英国但是在英国设有办事处或者分支机构,则需要为在英国产生的营业利润缴纳企业所得税。此外,从2020年4月6日起,非居民企业通过英国的房产所获得的利润应缴纳企业所得税而不是个人所得税[3]。

---

[1] 国家税务总局:《中国居民赴英国投资税收指南》,载 http://www.chinatax.gov.cn/chinatax/n810219/n810744/n1671176/n1671206/index.html,最后访问日期:2019年5月6日。

[2] UK Government, Accessed on May 6, 2020, https://www.gov.uk/corporation-tax.

[3] UK Government, Accessed on May 6, 2020, https://www.gov.uk/guidance/paying-corporation-tax-if-youre-a-non-resident-company-landlord.

三、税率

英国企业所得税税率每年会略有调整。截至2020年3月9日，除部分特殊利润外（企业开采英国境内及英国大陆架内的原油所取得的利润，以及因拥有开采权而取得的利润外），企业所得税的基准税率为19%[1]。非居民企业所适用的企业所得税税率与居民企业相同。

四、税收优惠

企业所得税的税收优惠主要体现在以下几个方面：

（1）购买用于经营的资产，包括设备、机械以及汽车、货车以及卡车等商务车辆，企业可以申请资金补贴。

（2）从事科技创新项目的企业，可以申请减免研发项目的企业所得税。

（3）专利盒制度（Patent Box），即对2013年4月1日以后，向从其专利发明中获利的企业提供较低的企业所得税税率的税收优惠制度。

（4）企业在纳税年度的利润在30万英镑至150万英镑之间，且自2015年4月1日起从英国或英国大陆从事石油开采权的，可以申请减免企业所得税。

五、税基计算

企业所得税的应纳税所得额是将企业在每一会计期的应税利润总额（包括按不同类目计算的该期所得）加上资本收益，再扣除允许减除的捐赠和允许弥补的亏损后，计算得出的余额。得出的应纳税所得额，按照税率计征单一的企业所得税。

企业在提交纳税申报单时，应计算出企业所得税的利润和损失（此与年度账单显示的利润与损失不同）以及企业所得税账单。

（一）居民企业税基计算

针对居民企业，来源于英国外的所得不论是否汇回英国，均应包括在总利润中，但国外子公司的所得需待利润实际分配以后，才能归属英国母公司。

（二）非居民企业税基计算

如前所述，非居民企业仅需就其取得来源于英国常设机构的利润缴纳企业所得税。

六、税务申报

（一）居民企业税务申报

居民企业需提交纳税申报单来申报企业所得税情况，申报的步骤如下[2]：

（1）企业开始从事商业活动或重新开始潜在的商业活动，需要注册申报企业所得

---

〔1〕 UK Government, Accessed on May 6, 2020, https://www.gov.uk/corporation-tax-rates.

〔2〕 UK Government, Accessed on May 6, 2020, https://www.gov.uk/corporation-tax.

税。非法人团体需要通过信函通知英国税务和海关总署。

(2)做好会计记录并准备一份企业所得税纳税申报单,计算出应缴的企业所得税数额。

(3)在截止日期之前支付企业所得税,或者申报免除支付,上述日期通常是在会计期间结束后的9个月零1天。

(4)在截止日期前提交企业所得税的纳税申报单,通常是在会计期间结束后的12个月之内。

通常来说,会计期间与财务年度所涵盖的时间是一致的,但如果在注册企业所得税之后,英国税务和海关总署会先分配会计期间。此处的企业会计期间,可以通过登录英国税务和海关总署的网上服务窗口来查询。

(二)非居民企业税务申报

非居民企业在注册企业所得税之后,其可以注册英国税务和海关总署线上服务来提交企业所得税申报单以及支付应付税款[1]。

第四节　资本利得税

资本利得税(Capital Gains Tax)是对在出售或处置某种增值的资产时所获得的利润(收益)征收的税种[2]。《1992年资本利得税法》是征税的主要法律依据。

一、纳税人范围

与个人所得税、企业所得税相同,资本利得税的纳税义务人可分为居民纳税人和非居民纳税人。居民纳税人就处置英国境内外的资产缴纳资本利得税,非居民纳税人就处置英国房产或土地缴纳资本利得税。

二、征税范围

(一)居民纳税人征税范围

资本利得税的纳税基础是利润,而非总金额。此外,如果居民纳税人在适用的纳税年度所获得的利润在免税额度内,则不需要缴纳资本利得税。资产处置的方式包括出售、转让或赠送给他人、置换为其他资产,以及因资产丢失或损坏得到的保险赔偿等。

常见的需要缴纳资本利得税的资产包括[3]:(1)除汽车以外的价值超过6000英

---

[1] UK Government, Accessed on May 6, 2020, https://www.gov.uk/guidance/register-a-non-resident-company-for-corporation-tax.

[2] UK Government, Accessed on May 6, 2020, https://www.gov.uk/capital-gains-tax.

[3] UK Government, Accessed on May 6, 2020, https://www.gov.uk/capital-gains-tax/what-you-pay-it-on.

镑的个人财产；(2)不是居民主要的房产；(3)居民将其居住的主要房产出租用于商业用途，或出租的房产建筑面积比较大；(4)不在个人储蓄账户（Individual Savings Account, ISA）或个人股本计划（The Personal Equity Plan, PEP）的股份；(5)经营性资产。

（二）非居民纳税人征税范围[1]

自2019年4月6日起，非居民纳税人的资本利得税包括直接或间接处置英国房产或土地。

(1)直接处置。非居民纳税人出售或处理英国的房产或土地，这些包括商业房产（Commercial Property）、农业用地、林地以及未用作住宅的任何其他房产或土地；

(2)间接处置。当非居民纳税人出售一家公司的股份而该公司的总资产价值的75%或以上都来自英国的土地，并且进行出售的人对这个拥有英国土地的公司的投资至少达到25%时，则视为间接处置。

同时，自2019年4月6日起，所有非居民企业从英国房产或土地取得的收益将被征收企业所得税而不是资本利得税。其他非居民纳税人直接或间接处置英国财产或土地，且符合下列条件之一，即应当缴纳资本利得税：(1)非居民的个人；(2)已去世的非居民的个人代表；(3)合伙制的非居民；(4)非居民房东；(5)非居民受托人；(6)英国的居民，但符合分年条件（Split Year Conditions），且此处置仅是对在纳税年度的海外部分。

非居民纳税人应在处置完成后的30天内向英国税务和海关总署申报，否则将可能面临迟延申报的处罚。

三、免税额及税率

（一）居民纳税人免税额及税率

根据资产的不同，居民纳税人可以通过申请减免税款。资本利得税的免税额度为12,300英镑（信托交易为6150英镑）[2]。

资本利得税对住宅房产与其他资产基于个人所得税税率适用不同的税率：

(1)如果居民纳税人的个人所得税适用较高税率或者加成税率，则从住宅房产所获得利润的资本利得税税率为28%，从其他应纳税资产所获得利润的资本利得税税率为20%[3]。

(2)如果居民纳税人的个人所得税为适用基础税率，则从住宅房产所获得利润的资本利得税税率为18%，从其他应纳税资产所获得利润的资本利得税税率为10%。

---

[1] UK Government, Accessed on May 6, 2020, https://www.gov.uk/guidance/capital-gains-tax-for-non-residents-uk-residential-property.

[2] UK Government, Accessed on May 6, 2020, https://www.gov.uk/capital-gains-tax/allowances.

[3] UK Government, Accessed on May 6, 2020, https://www.gov.uk/capital-gains-tax/rates.

（二）非居民纳税人免税额及税率

自2019年4月6日起，实现收益的非居民纳税人将按以下方式征税[1]：

（1）非居民企业将按19%的税率缴纳企业所得税；

（2）非居民个人处置非住宅房产所产生的收益将根据其边际税率（Marginal Rate）缴纳10%或20%的资本利得税，处置住宅房产所产生的收益将按其边际税率缴纳18%或28%的资本利得税；

（3）非居民受托人处置非住宅房产所产生的收益将缴纳20%的资本利得税，处置住宅房产所产生的收益将缴纳28%的资本利得税。

四、税收优惠

资本利得税的税收优惠主要体现在以下几个方面：

（1）根据资产的不同，居民纳税人可以通过申请减免来减少所缴纳的资本所得税。

（2）赠送或者出售给配偶以及慈善机构的资产，通常不用缴纳资本利得税。

（3）如果居民纳税人出售或处置其全部或部分业务，将支付较少的资本利得税，即为企业家减免制度（Entrepreneurs' Relief）[2]，这意味着居民纳税人对出售或处置符合条件的业务所获得利润只需缴纳10%的资本利得税。符合条件的业务需满足两个条件：一是个体经营者（Sole Trader）或为商业伙伴（Business Partner）中的一员；二是在出售之前至少对该业务拥有2年以上。

（4）企业投资计划（Enterprise Investment Scheme, EIS），如果出售企业投资计划公司股份并达到特定要求则可享受资本利得税减免，以及投资满足特定要求的公司发行的股份所获得的收益可以延迟缴纳资本利得税[3]。

（5）种子企业投资计划（Seed Enterprise Investment Scheme），如果以资本利得再投资小规模创始阶段种子企业，则对不超过50,000英镑的资本利得进行资本利得税减免[4]。

（6）如果居民纳税人出售其业务及全部资产以换取公司股份，则可以推迟缴纳资

---

[1] KPMG, *Non – Resident Capital Gains Tax – overview and application to CIVs*, Accessed on March 12, 2020, https://home.kpmg/uk/en/home/insights/2019/02/non – resident – capital – gains – tax – overview – and-application – to – civs. html.

[2] UK Government, Accessed on May 6, 2020, https://www.gov.uk/entrepreneurs – relief.

[3] UK Government, Accessed on May 6, 2020, https://www.gov.uk/government/publications/enterprise – investment – scheme – and – capital – gains – tax – hs297 – self – assessment – helpsheet/hs297 – enterprise – investment – scheme – and – capital – gains – tax – 2019.

[4] UK Government, Accessed on May 6, 2020, https://www.gov.uk/government/publications/seed – enterprise-investment – scheme – income – tax – and – capital – gains – tax – reliefs – hs393 – self – assessment – helpsheet/hs393 – seed – enterprise – investment – scheme – income – tax – and – capital – gains – tax – reliefs – 2017.

本利得税，即为合并减免制度（Incorporation Relief）[1]，意味着居民纳税人在出售或处置股份之前，不需要缴纳任何税款。该制度无须申请，英国居民只要符合两个条件：一是申请者必须是个体经营者或商业伙伴（Business Partnership）中的一员，二是转让业务及所有资产（现金除外）以用来换取公司的股份。

（7）如果居民纳税人赠送业务资产或以低于资产价值的价格出售该资产来帮助购买者，则可以申请礼物延期减免制度（Gift Hold – Over Relief）[2]。该制度意味着当居民赠送该资产时无须支付资本利得税，如果受赠与者出售或处置该资产，则需要缴纳资本利得税。居民纳税人申请享受该制度需满足两个条件：一是申请者必须是个体经营者或商业伙伴（Business Partner）中的一员，或在企业至少拥有 5% 的投票权；二是在企业或个人公司里使用该资产。

（8）某些资产处置无须缴纳资本利得税，包括从以下资产中获得的利润：个人储蓄账户、个人股本计划、英国国债或政府有奖债券等。

五、税基计算

居民纳税人为个人的，则资本利得税的计算方式及适用税率如下[3]：

（1）计算居民纳税人个人所得税的应纳税收入，即等于收入总额减去个人免税额以及其他收入减免项。

（2）计算居民纳税人资本利得税的总应纳税利得（居民在纳税年度处置的每个资产的所得合计减去可列损失），并减去资本利得税的免税额；然后将此金额与应纳税收入相加。

（3）如果上述总金额在个人所得税基础税率档，则住宅房产应纳税所得按 18% 缴纳资本利得税、其他资产应纳税所得按 10% 缴纳资本利得税；如果上述总金额超过基础税率档（个人所得税适用较高税率或加成税率），则住宅房产应纳税所得按 28% 缴纳资本利得税、其他资产应纳税所得按 20% 缴纳资本利得税。

（4）如果是居民受托人或私人代表，则住宅房产应纳税所得按 28% 缴纳资本利得税、其他资产应纳税所得按 20% 缴纳资本利得税。

对于居民企业，如果是有限责任公司出售其资产而产生的利润，应当缴纳企业所得税[4]。如是个体经营者或合伙企业，则需要缴纳资本利得税，如果这两者符合上述企业家减免制度，则按照 10% 缴纳资本利得税[5]。对于非居民企业，则如前所述，按 19% 的税率缴纳企业所得税。

---

[1] UK Government, Accessed on May 6, 2020, https://www.gov.uk/incorporation-relief.

[2] UK Government, Accessed on May 6, 2020, https://www.gov.uk/gift-holdover-relief.

[3] UK Government, Accessed on May 6, 2020, https://www.gov.uk/capital-gains-tax/rates.

[4] UK Government, Accessed on May 6, 2020, https://www.gov.uk/capital-gains-tax-businesses.

[5] UK Government, Accessed on May 6, 2020, https://www.gov.uk/capital-gains-tax/rates.

六、税务申报

居民纳税人的资本利得税报告制度有以下两种方式：

(1)实时资本利得税服务。如果是居民纳税人，则可以使用实时的资本利得税服务。在使用该服务之前，居民纳税人需要在政府网站设置 ID 以及密码。居民纳税人只要计算出所获得的利润以及应纳税额就可以使用该服务，且必须在纳税年度的 12 月 31 日之前申报。申报之后，英国税务和海关总署会发送一封信函或邮件，告知居民纳税人付款的参考号码以及如何进行支付。

(2)自我评估纳税申报单。居民纳税人在处置资产之后可以通过自我评估纳税申报单的方式来申报所获得的利润。居民纳税人应在纳税年度 1 月 31 日之前在线提交申报单，纸质版申报单需要在 10 月 31 日寄回。如果采用实时资本利得税服务，但由于其他原因还需要提交纳税申报单，应通过自我评估再次申报。

非居民纳税人应当在 30 天的截止日期之前使用非居民资本利得税申报单[1]进行在线申报。如果非居民纳税人通过填写自我评估纳税申报单申报，也必须填写纳税申报单中的资本利得税部分，除非由于私人住宅的情况免税。非居民纳税人还可以聘用税务代理或顾问直接与英国税务和海关总署沟通。

第五节　增　值　税

增值税(Value - added Tax)是针对在英国提供产品和服务，以及为开展和推动业务从欧盟外进口部分产品和服务所需要缴纳的一种间接税。增值税始于 1973 年，是英国政府三大收入来源之一，位列所得税和国民保险税之后。《1994 年增值税法》是征税的主要法律依据。

一、纳税人范围

增值税集中在商业交易、进口以及并购交易上，纳税义务人为在英国提供应税商品和劳务，通过营业过程获得收入的个人、合伙企业、团队或公司、从事进口业务者[2]。

二、征税范围

增值税征收范围包括：(1)商业销售，如销售商品和服务；(2)租用或借出商品给某人；(3)销售业务资产；(4)佣金；(5)销售给员工的物品，如食堂的饭菜；(6)因个人原因使用的商品；(7)“非卖品”，比如物物交换、部分抵价交易以及礼物。

---

[1] UK Government, Accessed on May 6, 2020, https://online.hmrc.gov.uk/shortforms/form/NRCGT_Return.

[2] 国家税务总局：《中国居民赴英国投资税收指南》，载 http://www.chinatax.gov.cn/chinatax/n810219/n810744/n1671176/n1671206/index.html，最后访问日期：2020 年 5 月 6 日。

注册增值税的企业，必须为其商品或服务缴纳增值税，但是可以申报退税。

三、税率

增值税税率分为3种[1]：

（1）标准税率为20%。适用于大多数商品和服务。2011年1月4日，增值税标准税率从17.5%提高到20%。

（2）减让税率为5%。适用于儿童汽车座椅、国内燃料或电力，如为60岁以上的老人在家安装的助行器等设备。

（3）零税率。适用于书籍和报纸、儿童服装和鞋、摩托车头盔、大多数出口至非欧盟国家的商品以及提供给增值税注册的欧洲企业（可以查看其增值税号码是否有效）。该税率意味着商品仍需按增值税纳税但是向客户收取的增值税税率为零，企业仍需要在增值税账户上记录，并在增值税申报表上申报。

四、税收优惠

增值税税收优惠主要体现在以下4个方面：（1）某些商品以及服务不征收增值税，包括保险、邮票以及医生提供的健康服务等。（2）某些商品以及服务不在增值税税收系统中，该等商品不会被征税或予以退税，包括在欧盟以外购买和使用的商品或服务等。（3）企业通常可以申请其为企业用于业务活动而购买或支出所支付的增值税退税。（4）企业坏账，如果企业已经支付给英国税务和海关总署但没有从客户那边收到的增值税，可就该部分免除缴纳增值税。

五、税基计算

增值税按照所销售商品或服务的全部价值来计算。

增值税应税商品或服务的销售额可按情况分为以下4项：销售价格；进口商品支付的报酬或海关确定的价格；同期市场价格（非货币形式的报酬）；成本价（自给自用、馈赠）。

增值税应纳税额＝当期销项税额－当期进项税额（多退少补），即纳税人在一个纳税期间可抵扣的进项税额超过了销项税额，可申请退税。

六、税务申报

一般来说，增值税注册企业每年向英国税务和海关总署提交4次增值税申报表和付款信息，即申报所承担以及所支付的增值税的数额。上述工作主要通过企业每3个月提交一次增值税申报表来体现。如果企业符合申请参加年度会计计划的条件，则基于申报表预交增值税，并且每年提交1份增值税申报表。

---

〔1〕 UK Government, Accessed on May 6, 2020, https://www.gov.uk/vat-rates.

通常,企业须通过电子方式来缴纳增值税,大多数情况不允许用支票付款,并且应使用1个增值税号码和1个增值税网上账户,登录增值税数字化软件提交增值税申报表。从2019年4月1日起,大多数企业将需要保留增值税缴纳记录,并使用软件提交增值税申报表。

七、未在英设立的应纳税义务人

未在英设立的应纳税义务人(Non - Established Taxable Person, NETP)[1]的定义是:不是英国居民的人、在英国没有设立营业机构(Establishment),或未在英国注册成立公司。英国官方对"英国营业机构"的定义为:(1)英国是作出重要管理决策和执行企业管理的地方;(2)企业在英国有一个永久的物理场所、人力和技术资源,以在英国生产或接收应纳税的供货。通常在英国注册的企业会被视为在英国拥有营业机构。

如果属于应纳税义务人,那么应当直接申报增值税,或利用增值税一站式服务(VAT Mini One Stop Shop,VAT MOSS)来申报增值税。如果应纳税义务人属于为消费者提供数字服务(Digital Services)的,则一般会要求其通过增值税一站式服务来申报增值税。数字服务一般包括广播、电视服务、电信或互联网服务、电子信息服务。对不同的数字服务应纳税义务人而言,申报增值税的门槛金额也会不同,如远程的数字服务,一般申报门槛是每年70,000英镑[2]。

如果企业打算在未来30天内在英国从事应当纳税的供货业务,可以自愿申报增值税。申报增值税可以聘请税务代表。

第六节 其他税种

一、国民保险税

(一)税种

国民保险税(National Insurance Contributions, NICs),即社会保险税,也称个人所得税的小跟班,是基于个人特定收入的固定比例缴纳的税收。《2002年社会保险税》《2014年国民保险税法》《2015年国民保险税法》是征税的主要法律依据。

根据2020年最新规定,国民保险税的纳税义务人是超过16周岁以及周薪超过183英镑的员工或年薪超过6475英镑利润的个体经营者[3]。纳税义务人所缴纳的国民保险税级别取决于雇用状况、收入以及是否存在国民保险记录的空白,具体可见

---

〔1〕 UK Government, Accessed on May 6, 2020, https://www. gov. uk/hmrc - internal - manuals/vat - registration - manual/vatreg37150.

〔2〕 UK Government, Accessed on March 16, 2020, https://www. gov. uk/government/publications/vat - notice - 7001 - should - i - be - registered - for - vat/vat - notice - 7001 - supplement - - 2.

〔3〕 UK Government, Accessed on May 6, 2020, https://www. gov. uk/national - insurance.

表6－2[1]：

表6－2 国民保险税的纳税级别

国民保险税的纳税级别	支付主体
第一级别	收入超过183英镑/周，且低于法定退休年龄的员工，雇主自动扣除。
第1A或1B级别	雇主直接从雇员的开支或福利中支付这些费用。
第二级别	个体经营者所得利润一年超过6475英镑；如果所得利润一年少于6475英镑，则无须缴纳（但可以选择自愿性缴纳）；如个体经营者达到国家法定退休年龄，则停止支付国民保险税。
第三级别	纳税义务人自愿交纳，用于填补或避免国民保险记录中的空白。
第四级别	个体经营者所得利润一年超过9501英镑；如个体经营者达到国家法定退休年龄，则停止支付从当年4月6日开始（纳税年度开始）的国民保险税。

（二）税率

第一级别的员工在2020—2021年所支付的国民保险税率如表6－3所示[2]：

表6－3 第一级别员工的国民保险税率（2020—2021年）

工资收入	应纳税所得额	税率
周薪超过183英镑，不超过962英镑（月薪超过792英镑，不超过4167英镑）	周薪在183—962英镑部分；月薪在792—4167英镑部分。	12%
周薪超过962英镑（月薪超过4167英镑）	周薪超过962英镑以上部分；月薪超过4167英镑以上部分。	2%

例如周薪1000英镑的员工应缴纳国民保险税的计算方式为：（1）周薪962英镑与183.01英镑的差额乘以12%（93.48英镑）；（2）周薪高于962英镑的部分乘以2%（0.76英镑）；（3）上述两个数据相加得出每周应缴纳的国民保险税合计为94.24英镑。

个体经营者依据其获得利润支付第二级别或第四级别的国民保险税，大多数经营

[1] UK Government, Accessed on May 6, 2020, https://www.gov.uk/national－insurance/national－insurance-classes.

[2] UK Government, Accessed on May 6, 2020, https://www.gov.uk/national－insurance/how－much－you－pay.

者通过纳税申报单来缴纳上述税费[1]（见表6－4）。

表6－4 个体经营者的国民保险税率(2020—2021年)

级别	应纳税所得额	税率
第二级别	年利润在6475—9501英镑部分	一周3.05英镑
第四级别	年利润超过9501英镑以上部分	年利润在9501—50,000英镑部分,税率为9%； 年利润超过50,000英镑以上部分,税率为2%。

例如,年利润60,000英镑的个体经营者应缴纳国民保险税的计算方式为:(1)利润超过6475英镑按照每周3.05英镑缴纳国民保险税;(2)利润在9501—50,000英镑部分按照9%缴纳;(3)利润超过50,000英镑以上部分按照2%缴纳;(4)前述三个数据相加得出应缴纳的国民保险税合计数。

(三)税收优惠

国民保险税税收优惠主要体现在以下几个方面:

(1)对于已婚妇女来说,可以选择支付较低的国民保险费率。如果已婚妇女有工作且收入在183.01英镑/周到962英镑/周之间,国民保险费的税率将降至5.28%(标准税率为12%)。

(2)如果居民向前配偶支付赡养费,符合规定情况可获得减免。

(四)税基计算

居民缴纳国民保险税后,才能具有享受某些福利和国家养老金的资格。如前所述,被雇用的员工按照收入来征收国民保险税,而个体经营者则是按照所获得利润来征收国民保险税。国民保险税的应缴数额由个人收入水平和雇主是否参与二类养老保险决定,通常情况下由员工和雇主共同缴纳。

二、市政税

在英国购置房产、出租房产或者出售物业可能会涉及多个税种,如市政税、营业房屋税、印花税、个人所得税、资本利得税、遗产税等。上述税种中的市政税属于地方税,其他均为中央税。本部分重点分析市政税在英国的缴纳情况。

(一)税种

市政税(Council Tax),也称市政物业税,是政府在居民房屋保有环节所征收的一种税。市政税是地方税,是多数地方政府收入的主要来源,用来支付地方政府公共服

---

[1] UK Government, Accessed on May 6, 2020, https://www.gov.uk/self-employed-national-insurance-rates.

务设施的费用。该税的纳税义务人为年满 18 周岁拥有或租住房屋的房屋使用者[1]。

(二)税率

市政税是 1993 年 4 月开始实施的,按照居民房屋的市场价值评估进行征收。各地地方政府根据每年收支情况进行税额设定。

房屋的市政税税收比例部分取决于被分配的市政税级别。市政税按照房屋的市场价值分为 8 个级别,分别是 A 至 H。以 D 级别房屋的市政税为课税标准,乘以一定比例乘数来决定。以英格兰为例,市政税的级别如表 6-5 所示[2]:

表 6-5 市政税的级别(英格兰)

级别	房屋价值区间(英镑)	税收比例(以 D 级别房屋)
A	0—40,000	6/9
B	40,001—52,000	7/9
C	52,001—68,000	8/9
D	68,001—88,000	9/9
E	88,001—120,000	11/9
F	120,001—160,000	13/9
G	160,001—320,000	15/9
H	超过 320,000	18/9

D 级别房屋的市政税是指 2 个成年人居住的房屋作为主要住宅应缴纳的市政税,在享受由于折扣、减免或税收优惠之前。2019—2020 年,英格兰设定的 D 级别房屋平均的市政税为 1750 英镑,相比 2018—2019 年度增加了 4.7%。如英格兰居民房屋价值区间在 68,001—88,000 英镑之间,则在无税收优惠的情况下需要缴纳的市政税为 1750 英镑;如英格兰居民房屋价格区间在 120,001—160,000 英镑之间,则在无税收优惠的情况下需要缴纳的市政税为 2527.78(1750 × 13/9)英镑。

市政税按年计算,通常分 10 个月支付,如付款有困难,可联系地方政府将付款期限延长至 12 个月。居民在拥有房屋或使用房屋后,有责任主动联系地方政府咨询所需缴纳的市政税的额度和缴纳方式。

---

[1] UK Government, Accessed on May 6, 2020, https://www.gov.uk/council-tax/who-has-to-pay.

[2] UK Government, Accessed on March 11, 2020, https://www.gov.uk/government/statistics/council-tax-levels-set-by-local-authorities-in-england-2019-to-2020.

（三）税收优惠

市政税的税收优惠主要体现在以下几个方面[1]：

（1）如果居民收入较低，可以获得市政税减免。

（2）只有 1 个成年人居住的房屋可以申请减免 25% 市政税。

（3）如果房屋无成年人居住可以申请减免 50% 市政税。

（4）如果房屋的使用者为全日制学生可以免缴市政税。

（5）如居民有 2 处以上房屋的，可以对第 2 套房屋或度假用房申请减免 50% 市政税，对空置房屋可以向地方政府申请减免市政税。

（四）税基计算

市政税以纳税人居住的房屋价值以及居住的成年人数量为税基计算依据。英格兰和苏格兰按 1991 年 4 月的房屋评估价值征收，威尔士则是按 2003 年 4 月的房屋评估价值征收。对于在上述时间之后建成的房屋，其价值会被换算成 1991 年的名义价值（威尔士则为 2003 年），作为计税基础。

计算市政税之前，纳税义务人需要知道[2]：

（1）房屋在英格兰、威尔士以及苏格兰的价值区间；

（2）该价值区间内地方政府所收取的费用；

（3）是否可以获得折扣或豁免。居民可以联系估价办公室（VOA）了解房屋市政税的级别等。

第七节　在英投资的税收风险和脱欧对税收的影响

一、在英投资的税收风险

在英国具有纳税义务的企业或组织，如果不履行相关的纳税义务，或相关纳税行为不符合英国税务和海关总署的要求，将面临如下税收风险[3]：

（1）信息报告风险。纳税人应按照英国税务和海关总署的要求报送相关信息，如果没有按要求报送相关信息，则可能无法享受相关税收优惠，甚至面临一定处罚，即最高为 100 万英镑外加每日可累积罚息的处罚。

（2）纳税申报风险。纳税人应向英国税务和海关总署进行正确的纳税申报，如果没有按期申报或者申报出现错误且没有正当理由的，则会根据不同的事由进行处罚。

（3）在英国设立子公司、分公司或代表处的纳税申报风险。纳税人应按照英国税

---

[1] UK Government, Accessed on March 11, 2020, https://www.gov.uk/council-tax/who-has-to-pay.

[2] UK Government, Accessed on May 6, 2020, https://www.gov.uk/council-tax.

[3] 国家税务总局：《中国居民赴英国投资税收指南》，载 http://www.chinatax.gov.cn/chinatax/n810219/n810744/n1671176/n1671206/index_5.html，最后访问日期：2020 年 5 月 6 日。

务和海关总署的要求申报，如果未按期如实进行申报，则将要面临处罚。处罚主要区分为两种：一是未申报或申报错误导致少缴税款的，视企业主观错误程度，处以缺缴税款30%至100%的罚款；二是未按期申报的，即使未导致缺缴税款，也会面临相应的罚则。

二、英国脱欧对税收的影响

2020年1月31日，英国正式脱欧，进入过渡期。脱欧之后，英国政府在税收政策方面拥有更多的灵活性和自主权。但是，考虑到税制的改变会引起行政和贸易成本的提升，英国政府在短时期内不会从根本上改变税制体系。对此，脱欧之后对英国税收的影响主要表现在：

英国的直接税是由英国法律征收，脱欧后，英国大部分直接税将保持不变。在脱欧之前，英国的直接税法必须遵守欧盟法律，例如欧盟法律规定欧盟成员国之间禁止采取任何形式的税收歧视以及欧盟协调成员国之间的税收政策，以确保商品、服务、人员和资本的自由流通。英国脱欧后，英国的税法不再需要遵守某些欧盟法律，并且某些欧盟指令也不再适用于英国公司。

脱欧后，英国的间接税会受到不同程度的影响，体现在〔1〕：

（1）增值税。英国法律源于欧洲法律。目前，欧盟原则确保不对英国向另一欧盟成员国提供的跨境商品或企业对企业服务收取英国增值税。脱欧后，英国不必执行增值税指令（VAT Directive），因此英国企业将不再需要对国内商品和服务的供应支付增值税。但是，增值税为英国政府带来了大量收入，因此英国政府不太可能废除增值税，或者如果废除增值税，则可能会用另一种间接税代替。

（2）关税。欧盟成员资格意味着关税不适用于欧盟内部贸易，并且欧盟已与多个非欧盟国家/地区商定了从欧盟以外进口的商品的税率。由于关税主要受欧盟法律管辖，因此脱欧后的英国与欧盟成员国以及非欧盟成员国进行的交易将需要新的立法。

（3）消费税。适用于大部分进口至英国或在英国境内生产的烃油产品、酒精饮料以及烟草产品〔2〕。英国目前受制于参照欧盟指令（Council Directive 2008/118/EC）设定的特定门槛来设定消费税税率的能力。脱欧后，英国应改变消费税税率，从而不受欧盟法律的限制。

针对脱欧之后对英国税收的影响，中国企业应重点关注几个方面问题〔3〕：一是脱

---

〔1〕 KPMG, Accessed on March 2, 2020, https://home.kpmg/uk/en/home/insights/2016/09/impact - of - brexit - on - tax.html.

〔2〕 国家税务总局：《中国居民赴英国投资税收指南》，载 http://www.chinatax.gov.cn/chinatax/n810219/n810744/n1671176/n1671206/index.html，最后访问日期：2020年5月6日。

〔3〕 袁帅：《浅析英国脱欧的潜在税收政策变化及其影响》，载《国际税收》2019年第12期。

欧之后,英国在增值税制定上拥有完整的独立性,中国企业应积极关注英国增值税政策的变化所带来的成本影响;二是英国未来可能会建立独立的关税体系,重新与其他国家签署独立的自由贸易协定。中国企业应考虑国际贸易中可能受到英国和欧盟之间关税政策变化的各个环节,就可能产生的成本变化考虑应对措施。

第七章

英国投资法

第一节 概 述

对于全球的投资者来说，英国普遍被认为是投资欧洲的关键切入点。首先，英国具有高度的开放性，作为世界贸易中重要的经济体，对外国公司的特殊限制较少，并且不遗余力地促使英国公司向外发展；其次，英国的税收及监管体系较为透明，民众对外国公司的接受程度普遍较高。这些原因都促使英国成为吸引各国投资的重要地点[1]。根据德勤的分析报告显示，截至 2018 年，世界 500 强公司在欧洲设立总部时，英国通常为首选的地点，目前世界 500 强公司在欧洲超过半数落地英国，远超第二名的德国[2]。然而，因为受英国脱欧的影响，对英投资也正面临着极大的不稳定性。众多公司为了向欧洲进军故而把目光投向英国，但随着英国离开欧盟，这种优势可能会随之减弱，因为公司不能再像以前立足英国就可以向整个欧盟展开自由的贸易。

当前，越来越多的中国企业具有走出去的需求，而英国经济基础稳固，积极的招商引资和优良的营商环境，符合外国企业对外投资的期待与要求。本章将从投资相关的法律法规出发，按照投资者所普遍关注的角度切入，阐述投资方式、投资监管及优惠政策等方面的内容。

第二节 投 资 方 式

外国公司在英国进行投资[3]，主要采用新设企业（在当地注册）、收购并购当地企业和参与政府融资项目（BOT/PPP）等 3 种途径。

---

〔1〕 Deloitte, *Power Up: UK inward investment*, Accessed on September 22, 2019, https://www2.deloitte.com/cn/zh/pages/international-business-support/articles/power-up-uk-inward-investment.html.

〔2〕 Ibid..

〔3〕 合伙及不具有法人资格的组织形式无法在英国注册公司。如欲咨询企业是否符合注册资格，可与国际贸易部联系，在以下网站可以填报信息并与之取得联系：https://www.great.gov.uk/contact/triage/location/。

一、新设企业

(一)设立形式

在英国可以设立不同形式的企业,前往投资的公司可以根据自身的需要选择适当的组织形式,常见的包括:个体经营、营业机构、有限责任公司、合伙以及合资企业等。

关于英国企业的主要组织形式,已在本书第三章公司法予以详细说明。至于如何选择合适的企业形式,应从拟在英国开展的业务类型及可能存在的业务规模出发进行选择。

如投资者在英国的业务并不稳定,且多为沟通及商谈,没有固定的办公地点,则注册公司的需求不大;如公司在英国的业务稳定且自成体系,则可以通过设立公司、合资企业来从事商业活动。如采用有限公司的形式,则具有法人地位,可以独立作出意思表示,承担债务。其中,部分投资者偏向采取私人有限公司的形式,该形式没有最低股本的限制,在注册流程上也相对简单,收费较低,对股东、董事的最低数量也没有严格的要求,股东和董事如系自然人则可以是任何国籍的人,公司法人也可以作为股东。

值得注意的是,如果设立合伙的形式,尤其是普通合伙及有限合伙,则需特别留意其制度规则及责任承担后果,有关合伙的内容,请参阅本书第三章第九节“合伙制度”的内容。以下简要介绍几种新设企业的形式。

1. 个体经营

个体经营是指以个人身份独自经营,亏盈自负。这种形式普遍适用于小规模的创业者,优势在于:投资成本低、限制较少、个体所有人拥有绝对的决策权、注册简单。外国人如若计划开展个体经营,应当首先具有英国的保险号码(National Insurance Number)[1]。值得注意的是,个体经营人需要对其业务承担无限责任,当业务出现亏损时,个人财产将被用于承担债务。

2. 营业机构

营业机构(UK Establishment)是指的海外公司在英国设立的营业场所(Place of Business)或分支机构(Branch)。选择建立营业机构的公司,必须遵守《2009 年海外公司条例》(Overseas Companies Regulations 2009)的规定。如果海外公司在英国境内有实体机构,应当在一个月的时间内到公司登记局登记;如果只是有公司的人员来英国短期出差办公,则并不需要。营业机构的名称可以取自海外公司的名称或其他替代名称,但应当符合英国公司法对名称的限制[2]。在《2009 年海外公司条例》生效之前,营业机构/经营机构与分支机构为两个不同的概念,《2009 年海外公司条例》结束了在此之前对营业机构和分支机构的不同登记和披露制度,将两者统一为营业机构。

---

〔1〕 UK Government, Accessed on March 24, 2020, https://www.gov.uk/set-up-sole-trader.

〔2〕 Everymanlegal, *Overseas Companies: Setting up a 'UK Establishment'*, Accessed on March 19, 2020, https://www.everymanadvisory.co.uk/wpcms/wp-content/uploads/2016/11/Fact-Sheet-Overseas-Companies-Setting-up-a-UK-Establishment.pdf.

3. 有限及无限公司

有限公司及无限公司的区别在于股东对责任的承担有无额度的限制。有限公司股东的责任以其未按股权比例交付公司资本的数额为限。英国的有限责任公司区分为公众有限公司（Public Limited Company）和私人有限公司（Private Company）。英国公司每年维护的成本较低，资料公开。在税收上，如果公司不在英国本地开展业务，则不必交税，但值得注意的是，如若在英国注册公司时开立了英国对公账户，则需要定期报税，即便公司从未在英国开展业务[1]。

4. 合伙

合伙的形式包含普通合伙（General Partnership，GP）、有限合伙（Limited Partnership，LP）及有限责任合伙（Limited Liability Partnership，LLP）。普通合伙的形式不具有独立法人资格，它通常被解释为“不同个人之间以利益为纽带、共同经营的一种合作关系”。有限合伙的形式也不具有独立法人资格，但有限合伙中至少要有一个指定的合伙人对有限合伙的全部债务负责，其他非指定合伙人被称为有限责任合伙人，对债务的责任以其对有限合伙的投资总额为上限。有限责任合伙的形式具有独立的法人资格，它既有合伙制的灵活性，又有私人有限公司的特征。普通合伙形式适用于绝大多数中小型企业，不限具体的行业。有限责任合伙最初是为了满足律师、会计师等专业合伙企业类型而设立的，如今其他企业，既包括提供金融服务的公司，也可以采用该类型的形式。详情可以参阅本书第三章第九节“合伙制度”的有关内容。

5. 合资公司

合作方可选择合资公司的实体形式。合资公司可以是公众公司或者私人公司，也可以是合伙企业或者欧洲经济利益集团（European Economic Interest Grouping，EEIG），但最为常见的形式是私人有限公司，即公司的股东以章程的形式规定各自的权利和义务。

（二）设立企业的程序

如本书第三章公司法所述，英国公司登记局负责受理公司注册事宜，在卡迪夫、爱丁堡、贝尔法斯特和伦敦设有办事机构。注册不同类型的企业所需材料略有区别：

个体经营的成立较为简单，申请者可以通过网络进行在线注册[2]，填写申请表及进行自我评估纳税。如业务的年营业额会超过85,000英镑，则需要注册增值税（VAT）。个体经营既可以使用个人的名义注册，也可以使用其他的名称。

海外公司在英国开设营业机构的1个月内，应当向英国公司登记局提交申请表——OS IN01以及20英镑的注册费用。如果是在英国开设第一家营业机构，则应提

---

〔1〕 UK Government, Accessed on March 30, 2020, https://www.gov.uk/dormant-company/dormant-for-corporation-tax.

〔2〕 线上注册链接：https://www.gov.uk/log-in-file-self-assessment-tax-return/register-if-youreself-employed。

交母公司的章程文件(Company Constitutional Documents)并附上经核证的英文翻译件。一些海外公司所在国法律(Parent Law)要求其公司在海外注册应当提供整套最新账目(非英文版应附英文翻译件)[1]。注册一般在24小时内完成。符合所有法律要求后,公司登记局将为该公司进行登记,并出具注册证书。注册费用为20英镑,如在当天下午3点前将有关材料寄至公司登记局,可花费100英镑申请当天完成注册。在英格兰或威尔士注册营业机构的企业适用于以上规定,若在苏格兰或北爱尔兰,则必须在当地进行注册[2]。

公司及合伙的设立请参考本书第三章公司法的有关内容。

企业名称的使用受到相关条例的限制。因此,向公司登记局递交注册材料之前,应就注册地点、机构名称向律师事务所等专业机构咨询意见。

二、并购当地企业

(一)收购非上市公司

收购非上市公司的方式比较灵活,各相关方可就交易流程和文件条款进行谈判和约定。收购流程大致如下[3]:

(1)明确收购目标。在收购程序初期,买方需明确收购的目的是公司的业务还是股份。如果收购公司股份,获取的是作为独立法人的公司所有权,包括其资产和负债;如果收购公司业务,买方则是收购个别类型的资产和负债。

(2)事前准备。买卖双方一般可签订无法律约束力的意向性协议或时间进度表,但有时也可签署有法律约束力的排他性谈判协议和保密协议。

(3)尽职调查。买方通常会对运营管理、业务、财务和法律等方面展开尽职调查,以全面掌握目标公司的商业运行情况,了解客户信息、供应商信息、雇员信息、资产文件、融资信息等,以防范收购风险及税务问题等。一般情况下,一旦确定收购意愿,应当尽早开展尽职调查。

(4)谈判与磋商。买卖双方通过谈判签署的业务收购协议或股份收购协议中,应包括卖方向买方出具的信息披露保证函,以尽量减少买方的收购风险。鉴于买卖双方的谈判地位不同,合同条款最终所体现的各方受保护程度也会不同。中方投资者应当

---

[1] Companies House, *Overseas companies registered in the UK*, Accessed on March 22, 2020, https://assets.publishing.service.gov.uk/government/uploads/system/uploads/attachment_data/file/834539/GP01_Overseas_companies.pdf.

[2] Everymanlegal, *Overseas Companies: Setting up a "UK Establishment"*, Accessed on March 19, 2020, https://www.everymanadvisory.co.uk/wpcms/wp-content/uploads/2016/11/Fact-Sheet-Overseas-Companies-Setting-up-a-UK-Establishment.pdf.

[3] 商务部国际贸易经济合作研究院、中国驻英国大使馆经济商务参赞处、商务部对外投资和经济合作司:《对外投资合作国别(地区)指南——英国(2019年版)》,载 http://www.mofcom.gov.cn/dl/gbdqzn/upload/yingguo.pdf,最后访问日期:2020年4月2日。

提前做好规划，以应对任何不确定因素，防止受到不利影响。另外，为了进一步了解以及促使未来经营稳定，双方往往还需与员工进行磋商和沟通。

（5）签约与交割。双方达成协议，签署并交换协议，最终完成交割。但有时，若买方需要时间融资或交易需经过有关监管机构的批准，达成协议与完成交割间可能会产生一定的时间差。

不同的收购可能需要不同的专业机构协助进行，但多数会有以下的专业机构参与：律师事务所、会计师事务所、投资银行（如收购上市公司，投资银行一般是执行收购的牵头人角色）和公关公司等。

（二）收购上市公司

收购与兼并英国上市公司一般需要遵守《伦敦城市收购与兼并守则》（The City Code on Takeovers and Mergers）等收购守则，接受英国收购与兼并委员会（The Panel on Takeovers and Mergers）等监管机构的监管，履行相应的收购程序，并要求上市公司向市场披露信息。

1. 收购守则

就收购与兼并，英国上市公司要遵守《伦敦城市收购与兼并守则》（The City Code on Takeovers and Mergers）、《2006 年公司法》、《上市规则》（Listing Rules）和《披露指导和透明规则》（Disclosure Guidance and Transparency Rules）等相关要求。

（1）《伦敦城市收购与兼并守则》。

《伦敦城市收购与兼并守则》由英国收购与兼并委员会发布和管理，包含 6 项原则和 38 项细则。其中 6 项原则性规定分别为：目标公司的所有股东（Holders）应当被平等对待，若一股东获得控制权，则其他股东的权利应当被保护；目标公司的股东应当具有充足的时间和信息来作出决定，目标公司的董事会应当就收购与兼并的行为作出必要的说明；目标公司董事会的一切行为应当以公司的整体利益为重，不得剥夺股东的标价权（Merits of The Bid）；不得操纵价格涨跌造成虚假市场；买方应提前证明其具有支付的能力；收购及兼并应当在合理的时间范围内完成。

此外，《伦敦城市收购与兼并守则》对收购行为明确提出了披露和提供相关信息的要求，同时设置了严格的时间表和规则。

（2）《2006 年公司法》。

《2006 年公司法》第 28 部分对收购上市公司作出了规定，明确了英国收购与兼并委员会的职责，对收购及兼并上市公司过程中可能存在的情况进行了规制，例如，收购前有可能出现的障碍事项、收购要约、要约人收购小股东的权利等。

（3）《上市规则》。

如收购方之一是上市公司或正寻求在伦敦证券交易所的主要市场上市，则将适用《上市规则》的规定。如果出价人（Bidder）为上市公司，而收购的金额较大，则要求该投标公司需要获得自身股东的同意。此外，如果出价人是以自己上市的股票作为对价，该规则还存在对公司招股说明书及其他同等文件的内容要求[1]。

2. 监管机构

英国收购与兼并委员会是英国对上市公司开展收购活动的主要监管机构，其对管理收购的规则主要规定在《伦敦城市收购与兼并守则》中。

3. 收购上市公司一般程序

在英国收购上市公司的方式主要包括：

（1）要约收购（Tender Offer）。指竞标方（出价方）与目标公司股东通过谈判的方式提出收购要约，通常要求竞标者至少要约收购目标公司超过50%的投票权，即取得控制权。

（2）协议收购（Negotiated Acquisition）。目标公司向股东发出通知，就股权出售事宜进行表决，决议一旦获得占75%投票权的股东同意，法庭将发出执行令，对有关各方都具有约束力。

《伦敦城市收购与兼并守则》就在英国要约收购上市公司制定了严格的时间表（如表7－1表示）。

表7－1　《伦敦城市收购与兼并守则》要约收购上市公司时间表

A(P－28)[2]	要约人公布竞标意向日
P(A＋28)[3]	正式递交要约文件截止日
P＋14(A＋42)	递交目标公司就要约的书面回复截止日[4]
P＋21(A＋49)	可能的要约有效期到期的开始日[5]
P＋39(A＋67)	目标公司公布重要实质性资料的截止日[6]
P＋42(A＋70)	如目标公司股东不是无条件接受邀约，可撤回接受[7]

---

[1] Slaughter and May, *A Guide to Takeovers in the United Kingdom*, Accessed on March 19, 2020, https://www.slaughterandmay.com/media/39320/a-guide-to-takeovers-in-the-united-kingdom.pdf.

[2] A为公布日，P为递交日。

[3] 要约文件必须在宣布要约意向后28天内递交股东（《伦敦城市收购与兼并守则》30.1）。

[4] 目标公司董事会应在宣布要约文件后的14天内，以通知的形式告知股东其对要约的意见（《伦敦城市收购与兼并守则》30.2）。

[5] 该要约最初有效期必须为21天（《伦敦城市收购与兼并守则》31.1）。如果条件在21天之后仍未得到满足，则无须延长要约期限（《伦敦城市收购与兼并守则》31.1）。如果要约延长，必须说明下一个截止日期（《伦敦城市收购与兼并守则》31.2）。

[6] 包括交易业绩、利润或股息预测、资产估值、派发股息、重大收购或处置的提议（《伦敦城市收购与兼并守则》31.9）。

[7] 《伦敦城市收购与兼并守则》34。

续表

P+46(A+74)	要约人修改要约截止日[1]
P+60(A+88)	要约被无条件接受截止日[2]
P+81(A+109)	公告要约完全无条件截止日[3]
P+95(A+123)	向于第81天接受要约的目标股东支付要约对价的截止日[4]

2020年11月，英国收购与兼并委员会发布了一份咨询文件，提出了对现行《伦敦城市收购与兼并守则》的修订意见，内容包括简化上述要约时间表等。[5]

三、参与政府融资项目

（一）PPP模式概况与分类

PPP是Public Private Partnership的缩写，在中国，PPP通常译为“政府和社会资本合作”[6]。其作为一种融资模式，不仅能够使更多的民营资本参与项目建设，而且在一定程度上能够保证民营资本的投资回报，减轻政府初期建设投资负担和风险，形成政府与企业“共赢”的合作形式。英国是较早采用PPP模式开展基础设施建设的国家，也是全球PPP投资活跃的市场之一。

目前，广义层面的PPP模式主要有两大类，分别是BOT模式和PFI/PF2模式。

1. BOT模式

BOT(Build-Operate-Transfer，即建设—经营—转让)模式是一种公共建设的运作模式，是政府将其所规划的工程交由民间投资者兴建，在经营一段时间后，再转移交由政府经营。英国自20世纪七八十年代开始将国有企业和公共设施私营化，BOT方式自此得到推广，并作为政府建设和投资基础设施与工业项目的一种选项。政府选择BOT模式旨在最终拥有公共设施的所有权。

迄今为止，在英国最有影响力的BOT项目是英吉利海峡海底隧道工程。该项目的

[1] 如果要约经修订，则要约必须在修订要约文件递交后至少14天内保持有效(《伦敦城市收购与兼并守则》32.1)。

[2] 如果在此阶段不满足接受条件，要约即告失效(《伦敦城市收购与兼并守则》31.6)。

[3] 必须在要约被宣布为无条件接受要约之日(即第60天或更早)之日起21天内满足或放弃所有条件(《伦敦城市收购与兼并守则》31.4)。

[4] 《伦敦城市收购与兼并守则》31.8。

[5] JONESDAY, *UK Takeover Panel's Code Committee Proposes Changes to Treatment of Offer Conditions and Offer Timetable*, Accessed on November 12, 2020, https://www.jonesday.com/en/insights/2020/11/uk-takeover-panels-code-committee-proposes-changes-to-treatment-of-offer-conditions-and-offer-timetable.

[6] 莫莉：《英国PPP/PFI项目融资法律的演进及其对中国的借鉴意义》，载《国际商务研究》2016年第5期。转引自国家发改委《关于开展政府和社会资本合作的指导意见》(发改投资〔2014〕2724号)。

发起人为欧洲隧道公司，该公司由英国海峡隧道工程集团（由英国银行和承包商组成的财团）与法国法兰西—曼彻公司（由法国银行和承包商组成的财团）联合组成。1987年英法两国政府签订特许权协议，特许期为55年（其中包括计划为期7年的施工期），是目前世界上特许期最长的BOT项目之一。此外，在伦敦东部和英格兰其他地区、苏格兰及威尔士，政府均有采用BOT方式建设的桥梁项目。

2. PFI/PF2模式

BOT模式与PFI/PF2模式的最大区别在于前者政府将最终拥有公共设施的所有权，而后者政府不获得最终的设施所有权。PFI是私人融资计划（Private Finance Initiative），PF2是新型私人融资（Private Finance 2）。

在英国，PFI是最常见、最典型的PPP模式[1]。PFI的引入是为了增加私人在提供公共设施/服务方面的参与度。政府采用PFI目的在于获得有效的服务，而并非旨在获取最终的设施所有权。在PFI模式下，公共部门在合同期限内因使用承包商提供的设施而向其付款。在合同结束时，有关资产的所有权是留给私人投融资者还是移交给公共部门，取决于合同条款规定。政府选择PFI模式的目的则在于促使私人提供公共服务。

虽然PFI在英国取得了不错的成绩，但也饱受争议，问题主要集中在项目花费太高、进度较慢、财务不透明、投资人牟取暴利和风险分担不合理等方面。美国金融危机和欧债危机之后，2011年12月英国财政部宣布对实行了20年之久的PFI进行改革，并于2012年由英国财政部进一步推出了PF2模式。

PFI与PF2最大的区别是PF2模式中政府以特殊目的实体（Special Purpose Vehicle, SPV）参股投入部分资本金以吸引长期投资者。政府资本的参与使PF2模式下包括发起人权益、政府权益、第三方权益在内的风险资本在项目资本中所占比例上升到20%至25%，既化解了在资金紧缺时的融资局限性，又有助于发挥私人资本的专业能动性。PF2的融资结构更有利于获得长期债务融资，特别是从资本市场获得融资。同时，在PF2合同中，公共部门将承担更多的管理风险，如因法律、场址污染以及保险等不可预见的变化引发的费用增加的风险。

根据英国政府官网2018年1月29日发布的《2018年预算报告》（Budget 2018），英国政府宣布不再使用PF2的方式用于新的基础设施和公共服务采购的政府项目，但现有的PF2合同不会终止[2]。

（二）PPP法律法规和监管机构

英国适用于PPP项目的法律主要包括3个层次：第一，欧盟的政府采购指引，这是

---

[1] 莫莉：《英国PPP/PFI项目融资法律的演进及其对中国的借鉴意义》，载《国际商务研究》2016年第5期。

[2] UK Government, Accessed on March 26, 2020, https://www.gov.uk/government/publications/private-finance-2-pf2.

英国政府采购法律的来源，在2020年12月31日脱欧过渡期结束前，英国将继续适用欧盟的采购指引[1]；第二，英国的《2015年公共合同条例》（The Public Contracts Regulations 2015），这是约束政府采购的基本法律，也适用于PPP项目；第三，英国财政部制定的实施细则和2012年推行的PPP标准合同范本[2]。此外，财政部还通过对大量的PFI案例经验的总结，及时公布并更新指南。

英国的PFI标准合同具有强制力，一些“核心内容”是不可以通过双方约定进行修改的。如果一个项目希望对体现合同原则的“核心内容”作出减损约定，则必须向财政部提交修改请求，并得到批准。此外，对于各个部门结合不同领域、不同行业自身情况制定的具体合同范本，财政部也提出了特殊合同统一化的过程，并制定了严格的时间表。可见，PFI标准合同的强制力保证了PFI项目操作流程的规范化和统一化。

2010年前，英国负责PPP运行的机构有两个：财政部的PFI工作组和英国合作伙伴关系工作组（Partnership UK，PUK）。2011年，财政部设立基础设施局（Infrastructure UK，IUK），负责统一管理、实施PF2项目。

（三）PPP开展情况

根据英国财政部基础设施局的统计数据，截至2019年2月8日，PFI存量项目数量为717个，其中在运营的项目超过700个，总投资额超过600亿英镑。根据财政部基础设施局的项目计划，未来10年将投资超过6000亿英镑用于基础设施的建设，同时大约一半的计划投资必须来自私营部门[3]。

2015年10月21日，中国国家主席习近平访英期间，中国国家发改委主任与英国财政大臣共同签署了《关于基础设施和公用事业及其投融资包括通过特许经营方式领域合作的谅解备忘录》，旨在为中英基础设施企业在英国、中国和第三国开展合作提供便利，推动建立健全基础设施和公用事业特许经营等PPP相关法律制度和市场体系，促进公共服务质量效率提高和经济稳定增长。目前，尚无中资企业以PPP方式在英国开展项目建设。

（四）英国PPP模式特点

1. 较少采用特许经营

特许经营的项目，需要使用者付费，而英国的公共基础设施项目基本不收费，PFI

---

〔1〕 Chris Murray, Stuart Cairns & Claire Gamage, *Brexit: the end of public procurement rules or business as usual?*, Accessed on March 26, 2020, https://www.twobirds.com/en/news/articles/2016/uk/brexit-end-of-public-procurement-rules.

〔2〕 2012年12月版本《PF2标准合同稿》（Standardisation of PF2 Contracts Draft）（December 2012），载英国财政部网站：https://assets.publishing.service.gov.uk/government/uploads/system/uploads/attachment_data/file/207383/infrastructure_standardisation_of_contracts_051212.PDF，最后访问日期：2020年3月12日。

〔3〕 Lexology, *Funding the UK's infrastructure ambitions in a "post-PFI" world*, Accessed on January 8, 2020, https://www.lexology.com/library/detail.aspx?g=d1168b90-563a-4eaf-b82d-0e119a2961a6.

项目则是政府付费的，所以较少采用特许经营的模式。由于英国的教育和医疗是全民免费，所以大多采用 PFI 模式（2012 年后进一步改进为 PF2）。即便是交通项目（如高速公路、铁路等）也绝大多数是采用 PFI 模式，整个英国目前只有一条使用者付费的公路，该公路项目里程为 22 公里，因其收费性质，导致使用者较少，目前政府打算将其收回国有。

2. 整体运营期限较长

根据财政部基础设施局统计，PPP 项目运营期限在 20 年至 30 年之间的合计占比为 81.5%，但也有少量运营期限在 5 年以内的项目（占 0.6%），主要为 IT 类项目；部分超过 40 年的项目（占 0.3%），主要为交通类项目（例如高速公路维护）和医疗项目。目前，尚没有中资企业以 BOT 和 PFI/PF2 方式在英国进行项目建设[1]。

第三节　投资监管

一、原欧盟监管体系

在原欧盟体系下，投资监管法律为《欧盟并购条例》（The EU Merger Regulation，EU Regulation 139/2004）。虽然英国已经脱欧，《欧盟并购条例》在过渡期内将继续在英国适用，但过渡期后则不再适用，由此，原先欧盟并购审查的“一站式原则”（One－Stop Shop）将也不再适用于英国。英国的执法机关可以对交易另行审查。对企业来说，这势必将增加并购申报的工作量。由此，本部分仅简单介绍对欧盟相关规定，下一部分将具体介绍英国的监管政策。

在《欧盟并购条例》下，跨境交易可能需要由欧盟委员会或者一个及以上欧盟成员国的反垄断主管机构进行审批，也可能需要欧盟以外的主管机构审批。如果相关方在全球和欧盟的收入达到规定的水平，投资方则必须向欧盟申报。在主管机构批准交易之前，不能完成交易，也不能开始整合。需要通知而未通知有关主管部门或者在获得相关主管机构批准前开始交易，可能会受到罚款并导致交易无效。主管委员会审查交易通常需要 2 至 3 个月的时间，复杂交易则最少需要 6 个月的时间。在大多数情况下，如相关方已向欧盟主管机构进行申报，则不必再向欧盟成员国的反垄断主管机构进行申报[2]。

如果交易未达到欧盟的收购限制，成员国家的收购法律仍然可能要求相关方在一个或多个欧盟成员国提出申请。与欧盟一样，几乎所有欧洲的国家司法管辖区都有强制性的申报制度，在获得批准前不能完成交易。

---

[1] 中国国际贸易促进委员会：《知己知彼——国外 PPP 发展现状及对中国的借鉴》，载 http://www.ccpit.org/Contents/Channel_3421/2015/0310/450070/content_450070.htm.，最后访问日期：2020 年 11 月 25 日。

[2] 侯蕴洲、贾非：《跨境投资：英国收紧并购审查应对措施研究》，载研报社 2018 年 12 月 13 日，http://www.agugou.com/1/1621.html，最后访问日期：2020 年 1 月 8 日。

二、英国监管体系

（一）促进竞争

目前，英国对一般并购进行监管的主体主要为竞争和市场局（Competition and Markets Authority，CMA）。竞争和市场局属于非内阁部门，其职责为促进竞争，从而维护消费者的利益。目前，竞争和市场局在伦敦、爱丁堡及贝尔法斯特都有办公室。

英国现行的并购监管法规为《2002 年企业法》（Enterprise Act 2002）及其二级立法、修正案和《伦敦城市收购与兼并守则》（The City Code on Takeovers and Mergers）。政府针对并购交易立法改革遵循以下 5 大原则〔1〕：（1）保证英国对外来投资的吸引力；（2）尽可能提供确定性和透明度；（3）反映国家安全相关的担忧；（4）尽可能定义一个有针对性的范围；（5）确保适度地赋予权力。

从《2002 年企业法》开始，英国政府的并购审查政策经历了数次调整。《2002 年企业法》规定，收购并购交易必须满足“不可大幅度减少市场竞争”和“不可损害特定的公共利益”两个要件。2008 年，在《2002 年企业法》的二级立法中，劳动关系局（Labour Relations Agency）将金融稳定加入公共利益清单，更新后的公共利益清单包括：国家安全、金融稳定、媒体质量、媒体多元化及媒体标准。

2010 年，美国卡夫食品公司以 115 亿英镑收购了英国吉百利食品公司（Cadbury Schweppes），目的在于通过合并来形成优势互补，加强市场渗透。针对此次交易，英国政府未基于竞争或公共利益的理由进行干预。尽管在收购之前保证不会关闭吉百利在英国的工厂，卡夫食品在交易达成之后了解了更多资料，决定关停吉百利的英国工厂。该行为在英国引起了广泛关注，公众普遍认为英国政府在此交易中干预不足，没有起到保护公众利益的作用。英国政府也进行了反思。这一事件直接推动了英国对《伦敦城市收购与兼并守则》的修订，要求收购方不可匿名，且必须披露其在收购后对目标公司的意图及计划。

《2013 年企业和监管改革法》（Enterprise and Regulatory Reform Act 2013）将公平交易办公室和竞争委员会合并为竞争和市场局，确保英国竞争制度的“最终独立性”，该机构于 2014 年投入运作〔2〕。

（二）国家安全

在英国，商业、能源和工业战略部的国务大臣能够以国家安全及金融稳定为由干预并购交易。近年来，英国逐步加强对涉及国家安全的并购管控。自 2017 年 10 月起，英国政府对外资并购审查再次调整，先后发布了《国家安全与基础设施投资审查》（National Security and Infrastructure Investment Review）、《2002 年企业法修正案》（2018 年 6 月）和《国家安全与投资白皮书》（White Paper on National Security and Investment）

---

〔1〕 侯蕴洲、贾非：《跨境投资：英国收紧并购审查应对措施研究》，载研报社 2018 年 12 月 13 日，http://www.agugou.com/1/1621.html，最后访问日期：2020 年 1 月 8 日。

〔2〕 同上。

（2018 年 7 月）。

《国家安全与基础设施投资审查》由商业、能源和工业战略部国务大臣发布，旨在面向公众收集改革收购并购相关法规的建议[1]。《2002 年企业法修正案》将涉及“国家安全的企业”定义为“涉及军用或军民两用的限制出口商品、计算机处理单元、量子技术 3 个领域的企业”。2018 年 6 月 11 日该修正案生效后，涉及国家安全的企业并购适用新的审查门槛——目标公司营业额超过 100 万英镑或目标公司占市场份额超过 25% 则需审查。若不涉及国家安全的企业并购则适用于原有的审查门槛——目标公司营业额超过 7000 万英镑或收购方和目标公司占市场份额超过 25%。[2]

《国家安全与投资白皮书》列出了政府的改革方案。该方案结合了《国家安全与基础设施投资审查》发布后所得到的公众建议，提议改变英国审查涉及国家安全并购的方式，明确将其与竞争审查区分开来。《国家安全与投资白皮书》提出，希望扩大其他高级部长如首相、财政大臣等干预的权力，但最常使用干预权的仍应是商业、能源和工业战略部国务大臣。同时，白皮书提出了扩大并购审查的范围以及对“影响国家安全的风险”进行细化等[3]。

2020 年 11 月 11 日，《国家安全和投资法案》（National Security and Investment Bill）在英国中央议会进行了第一次审阅。该法案将扩大政府基于国家安全理由审查交易的权力范围，进一步加强对投资的监管。该法案覆盖的行业范围为：民用核能、通讯、数据基础架构、防御、能源、运输、人工智能、自主机器人、计算硬件、密码认证、先进材料、量子技术、工程生物学、政府的关键供应商、紧急服务的关键供应商、军事或两用技术、卫星和空间技术。但根据法案，2020 年 11 月 12 日以前完成的交易将不会追溯审查。[4]

2018 年，中国无线电制造商海能达通信股份有限公司计划以 7400 万英镑收购英国通讯公司塞普乐（Sepura），英国政府以国家安全为由进行了干预，原因是塞普乐与政

---

〔1〕 Department for Business, Energy & Industrial Strategy, *National Security & Infrastructure Investment Review*, Accessed on March 30, 2020, https://assets. publishing. service. gov. uk/government/uploads/system/uploads/attachment_data/file/690623/Government_Response_final. pdf.

〔2〕 Competetion & Markets Authority, *Guidance on changes to the jurisdictional thresholds for UK merger control*, Accessed on November 13, 2020, https://assets. publishing. service. gov. uk/government/uploads/system/uploads/attachment_data/file/903147/guidance_on_changes_to_the_jurisdictional_thresholds_for_UK_MC. pdf.

〔3〕 Simmons - simmons, *BEIS White Paper on National Security and Investment*, Accessed on March 30, 2020, https://simmons - simmons. com/en/publications/ck0bbiwpzo2280b36gzzxnmgp/020818 - beis - white - paper - on - national - security - and - investment.

〔4〕 Burges Salmon, *UK Government introduces new foreign direct investment regime*, Accessed on November 18, 2020, https://www. burges - salmon. com/news - and - insight/legal - updates/competition/uk - government - introduces - new - foreign - direct - investment - regime/.

府存在商业合作,本次收购被认为可能会对公共安全存在影响。中国全国社会保障基金还拥有海能达通信股份有限公司 1.79% 的股份(2020 年 3 月 30 日持股达到 3.81%),也被认为是受到英国政府干预的原因之一。最终,英国政府还是在附条件的基础上(继续为英国紧急服务所使用的系统提供维修服务),通过了此次交易[1]。

(三)现行审查流程

英国现行的并购交易审查包括一般性审查与基于公共利益审查两大类。

1. 并购交易一般性审查[2]

通常情况下,收购并购交易采取自愿申报,竞争和市场局为审查的主管机关,主要审查经营者集中是否会对竞争产生限制,从而影响消费者利益。审查可区分为两个阶段,竞争和市场局在第一阶段的审查期限为 40 个工作日内。竞争和市场局会审查交易将影响的相关市场,判断交易将是否可能会对相关市场的竞争产生严重的影响,以及交易能否提高效率,如会导致产品或服务的价格降低、为消费者提供更多样的选择或是否会产生显著的产品或服务创新。在判断后,竞争和市场局将作出批准、有条件地批准或者继续提交第二阶段调查。

第二阶段审查期为 24 周(竞争和市场局有权延长 8 周)。其后,竞争和市场局有权用 12 周来接受集中方有条件批准的申请方案(可以有 6 周的延展期)。第二阶段的决定由一个调查小组作出,该小组由至少 3 名且不超过 5 名竞争和市场局专家组成员组成。竞争和市场局将会依据交易是否确实会对相关市场的竞争产生严重的影响、交易能否提高效率,以及集中方提交的有条件批准的申请方案是否能够解决或降低交易将会给相关市场造成的影响,作出无条件批准、有条件批准或禁止交易的决定。

关于并购的英国竞争法下监管与执法(经营者集中),详见第十五章英国竞争法的有关内容。

2. 基于公共利益的并购交易审查[3]

涉及公共利益的并购交易,英国可在并购自愿申报后进行审查。与国家安全、媒体文化自由及金融稳定有关的国务大臣也可以发布公共利益干预通知,然后由竞争和市场局介入进行第一阶段审查。竞争和市场局将在 40 个工作日内审查完毕并出具正式建议给相关大臣。一旦交易被干预,则决定权将转移至相关大臣手中[4]。常见被干预的交易是被认为涉及国家安全、媒体文化自由及金融稳定的交易。该决定与一般性审查的决定类型一致,一是无条件批准交易,二是有条件(补充承诺)交易,三是进入

---

〔1〕 侯蕴洲、贾非:《跨境投资:英国收紧并购审查应对措施研究》,载研报社 2018 年 12 月 13 日,http://www.agugou.com/1/1621.html,最后访问日期:2020 年 1 月 8 日。

〔2〕 同上。

〔3〕 同上。

〔4〕 Timothy McIver and Anne - Mette Heemsoth, *Merger control in the UK* (*England and Wales*): *overview*, Accessed on March 31, 2020, https://uk.practicallaw.thomsonreuters.com/0-500-7317? transitionType=Default&contextData=(sc.Default)&firstPage=true&bhcp=1.

第二阶段审查。

三、外商投资的部分限制

一般来说,外国公司在英国享受与本国公司同等的待遇。除非英国政府所有或受其控制的行业,否则外国公司均可获得投资准入的资格。

(一)外国公司对英国金融业的投资

外国公司在英国开展银行或保险业务之前,应当取得英国金融行为监管局(Financial Conduct Authority, FCA)及相关部门的许可。在取得许可后,公司的名称及信息会出现在金融服务注册簿(Financial Services Register)中,民众可以通过查询来确认相关公司的金融许可是不是准确的,以此避免遭到诈骗。根据要求,公司的管理者应为英国公民,但在实务操作中,外国公司如需任命该国人员为管理者,可以通过办理外籍人员工作许可证的方式[1]。英国没有特别限制公司所有股份中外资的占有比例,总体来说较为开放。

英国相关部门负责人拥有对涉及公共利益的公司并购案进行干预审查的权力,例如英国商业、能源和工业战略部大臣有权对涉及国防和金融业的并购进行审查,文化、媒体和体育部大臣有权对媒体公司的合并进行审查。然而,各部长都非常谨慎使用该权力,究其原因,在于英国政府希望创造一个自由开放的经商环境,不希望进行过度干预,造成外国公司的恐慌。

(二)外国公司对英国文化、通信产业的投资

外国公司在英国文化产业的投资不受特殊的限制。但是,英国对文化产业的规定较多,外国公司仅满足相关法规的要求就已经需要花费较高的成本。根据中国商务部发布的对外投资指南显示[2],“英国在文化产业相关的法规有《1988 年版权、外观设计和专利法》(Copyright, Designs and Patents Act 1988)、《2002 年企业法》、《2003 年通讯法》(Communications Act 2003)、《2010 年数字经济法》(The Digital Economy Act 2010)和《2012 年现场音乐法》(Live Music Act 2012)等”。

一般情况下,文化领域的投资还可能会牵涉其他领域的监管,尤其是通信媒体业。英国的通信业务一般分为两类:第一类为电信、互联网和广播网络服务;第二类为电视和无线电服务。不同业务之间的监管标准并不相同,如果公司仅提供电子通讯网络服务而非电视或无线电服务,只需要取得行政机关的一般授权即可,不需特别持有运营执照。英国对从事电视及无线电服务的公司尤为谨慎,该类公司的股份变更或控制权

---

[1] 商务部国际贸易经济合作研究院、中国驻英国大使馆经济商务参赞处、商务部对外投资和经济合作司:《对外投资合作国别(地区)指南——英国(2018 年版)》,载 http://fec.mofcom.gov.cn/article/gbdqzn/#,最后访问日期:2019 年 9 月 24 日。

[2] 同上。

转移都必须及时向监管机关登记备案[1]。同时，英国对媒体的监管非常严格。根据有关统计[2]，英国的媒体，如要报道有关政府的行政事务，需要遵守的法规有 251 项之多。除此之外，还有其他限制媒体的法规 50 余部。因此，前往英国投资文化媒体产业的公司，应当重点关注前期法律的调研及合规工作。

（三）外国公司在英投资的环境影响评估要求

英国的首都伦敦过去曾有“雾都”的别名，可如今的英国已经是一个极其重视环境保护的国家，环境保护法律规定严格，同时没有对英国公司和外国公司进行区别对待。环境影响评估程序的复杂程度与相关项目对环境的影响大小有关。英国在作为欧盟成员国期间，通过国内法落实了欧盟制定的有关环境影响的指令，如《环境影响评估指令》（Environmental Impact Assessment, EIA）以及《战略环境评价指令》（SEA Directive, SEA）。英国据此制定了《2017 年城乡规划（环境影响评估）条例》[Town and Country Planning (Environmental Impact Assessment) Regulations 2017]以及《2017 年基础设施规划（环境影响评估）条例》[Infrastructure Planning (Environmental Impact Assessment) Regulations 2017]。总体来说，英国脱欧之后，与环境相关的法规并不会产生颠覆性的改变。英国政府曾公开表示，将继续维持环境保护的最高标准，并通过签订多边协议的方式来履行环境保护的国际义务[3]。新的法规《环境评估和其他规划（修订）（欧盟退出）条例》[Environmental Assessments and Miscellaneous Planning (Amendment) (EU Exit) Regulations]如未遭议会阻止，将在英国脱欧后开始适用，该条例主要涉及环境影响评估及战略环境影响评价。经过该条例修订后，《环境影响评估指令》与《战略环境评价指令》将继续在英国发挥作用[4]。

关于具体环保评估步骤，详见本书第十章“英国环境保护法”的有关内容。

（四）外国公司对英国工业能源行业的投资

根据英国《1975 年工业法》（Industry Act 1975）第 2 部分的规定，如果重要制造业公司的控制权发生了变化，如转让给非英国的国民，则政府可以审查该控制权的转移是否会影响英国国家的利益，如有，则可以发布禁令来阻止转让行为的生效。

在英国，有关石油、天然气等能源的开发、生产及销售由英国石油和天然气管理局（Oil and Gas Authority, OGA）监管。外国公司向英国进行相关投资时，在并购过程中并不会有太多限制。但是，如果并购的行为造成目标公司的管理层结构发生变化，如

---

[1] 《企业境外法律风险防范国别指引》系列丛书编委会编：《企业境外法律风险防范国别指引——英国》，经济科学出版社 2013 年版，第 37 页。

[2] 史亭玉：《试析英国媒体的法律监管框架》，载《广东省社会主义学院学报》2012 年第 1 期。

[3] Bidwells, *Eia Post – Bbexit Business as Usual*, Accessed on March 31, 2020, https://www.bidwells.co.uk/services/planning/planning – alerts/alerts/eia – post – brexit – business – as – usual/.

[4] *The Environmental Assessments and Miscellaneous Planning (Amendment) (EU Exit) Regulations* 2018, Accessed on March 31, 2020, https://assets.publishing.service.gov.uk/media/5bd07150ed915d78ad8d4ea0/181011_ – – – _FINAL_ – – – _Combined_EIA_SEA___Misc_Planning_Exit_Regs.pdf.

公司管理机构不再设于英国,则存在主管机关撤销该并购行为的风险[1]。此外,英国在电力及燃气的供应运营上也有特殊的要求,如果投资者涉足该领域,应当首先取得由天然气电力市场办公室颁发的执照。

第四节　外商投资优惠政策

一、外商在英投资的优惠政策

英国从国家到地区的政府部门均有对外国投资的优惠鼓励政策。据世界银行评估,英国相比其他欧洲主要经济体国家具有更便捷的营商环境,因而越来越多的海外公司选择英国作为其欧洲总部。英国的国际贸易部(Department for International Trade, DIT)可以为海外投资者提供许多的帮助。这些帮助包括:拓展企业的全球影响力;利用其在当地的知识及经验为企业提供建议;与投资者展开密切合作,确保其信誉信用,致力于促进长期发展;投资及法律合规建议。

(一)税收政策减免

英国具有在欧洲范围内有竞争力的税率,税收减免高达扣除额的230%,被评为欧洲经济体对商业最友好的国家。英国为企业和投资者提供了一系列的税收减免计划,其个人税率也是欧洲范围内最低的国家之一。

英国对所有居民公司(Resident Companies)实行19%的单一和透明的企业所得税税率,该税率自2017年4月1日起生效,也适用于在英国设有分支机构的海外公司。该税率为G20成员中最低。同时,英国政府为了吸引更多的海外企业,还建立了一些税收优惠政策,包括:专利盒制度(Patent Box)、资金补贴、科技创新减免等,具体参见第六章“英国税法”的有关内容。

相比法国和德国最高达45%的资本利得税率来说,英国的资本利得税率最高为20%,在欧洲主要的经济体中属于非常低的水平。为支持创业活动,英国还颁布了一些低税率的优惠政策。在满足一定条件下,公司可以引入股权豁免(Substantial Shareholdings Exemption, SSE),从而免除在股权处置中发生的资本利得税。这些措施都是为了促使英国成为更有吸引力的控股公司所在地。除此之外,英国制定了一系列风险投资计划,为投资者提供大量的税收减免。该风险计划共有4个,分别为:企业投资计划(EIS)、种子企业投资计划(SEIS)、社会投资税务减免(SITR)、风险投资信托(VCT)。

如果企业前往英国投资时具有研发工作,可以申报研究与发展(Research and Development,R&D)项目,从而获得高额的税收减免。研发项目应当符合一定的条件才能进行申报,例如,其应当是能够促进科学或技术进步的个案项目,研究应当更侧重于提

[1]《企业境外法律风险防范国别指引》系列丛书编委会编:《企业境外法律风险防范国别指引——英国》,经济科学出版社2013年版,第37页。

高行业的发展，而不是促进学术理论的进步。企业应当有能力说明其研发项目的目的是寻求科技的进步，将克服或计划克服某种不稳定性且不易由该领域的专业人员做出。如果企业为中小型企业（人数在500人以下，营业额在1亿欧元以下或资产负债表中资产总额在8600万欧元以下的企业），除了可以将研发费用在年度利润额中100%抵扣，还可以再抵扣130%，即在年利润中扣除研发费用的230%〔1〕。

（二）投资咨询

前往英国投资的企业，可以在英国国际贸易部网站搜索专家来解答对于具体投资的疑问，并且第一个小时免费〔2〕。例如，投资者可以寻找在不同地区有经验的专家，就税收、签证及劳动法政策等方面的问题进行咨询。不仅如此，国际贸易部还在网站上提供了英国不同区域的投资机会，详情可通过登录相关网站〔3〕来做详细的查询。

二、特殊经济区〔4〕

英国投资基础设施配套相对完善，英国政府设立了企业园区（Enterprise Zones）、自由区（Free Zones）及科技园（Science Parks）等3类特殊经济区，吸引国内外公司投资并给予优惠政策，前往英国投资的外国公司可根据自身行业情况选择入驻合适的企业园区。

（一）企业园区

英国在英格兰、威尔士和苏格兰划定了特定的地理区域并命名为企业园区。在企业园区内，入驻企业将享有“一揽子”关于税收减免、审批手续简化等其他类型的优惠支持，是新创企业开展业务的优选之地。例如，瑞典公司Haldex在企业园区进行了投资，建立欧洲的技术中心，该投资促进了当地经济发展及提供了就业机会〔5〕。

英格兰共有48个企业园区，主管机关为社区与地方政府部（Communities and Local Government）。主要优惠政策有：商业利率折扣、简化审批流程、高速的网络带宽、减免税收、低租金的孵化帮助、专业人士的软着陆优惠等。企业园区的主管机关为其所

---

〔1〕 UK Government, Accessed on April 3, 2020, https://www.gov.uk/guidance/corporation – tax – research – and – development – rd – relief.

〔2〕 Department for International Trade, *Find a UK specialist*, Accessed on April 3, 2020, https://www.great.gov.uk/international/investment – support – directory/.

〔3〕 Department for International Trade, *Capital investment*, Accessed on April 3, 2020, https://www.great.gov.uk/international/content/capital – invest/.

〔4〕 商务部国际贸易经济合作研究院、中国驻英国大使馆经济商务参赞处、商务部对外投资和经济合作司：《对外投资合作国别（地区）指南——英国（2019年版）》，载 http://www.mofcom.gov.cn/dl/gbdqzn/upload/yingguo.pdf，最后访问日期：2020年4月2日。

〔5〕 HM Government, *Looking for a place to grow your business?*, Accessed on April 3, 2020, https://enterprise-zones.communities.gov.uk/enterprise – zones – attracting – overseas – investment – haldex – moves – mira/.

在的社区及当地政府。在不同的企业园区里，分布着不同类型的重点行业企业。例如，Alconbury Enterprise Campus 企业园区的重点行业为信息技术、生物科技、制药、先进制造业、低碳工业；Birmingham City Centre 企业园区的重点行业为商业服务、金融服务、信息技术、创意产业和数字技术。

威尔士共有 8 个企业园区，提供的优惠政策与英格兰相似，包括商业利率折扣、简化审批及提高带宽速度。与英格兰不同的是，威尔士的每个企业园区划定了特定行业，使相关行业的企业落户于同一片区域，促进合作与竞争。例如，在 Anglesey 企业园区入驻的企业大多从事可再生能源行业，在 Cardiff Airport and St Athan 企业园区入驻的企业大多从事航空业。

苏格兰共有 14 个企业园区，与威尔士相同，苏格兰也为企业园区划定了特定行业，以生命科学、可再生能源、制造业及增长行业为 4 个重点行业。其优惠政策同样为商业利率折扣、简化审批流程及提供高速带宽。整个苏格兰地区的企业园区以生命科学及可再生能源行业为主。

（二）自由区

英国目前共有 5 个自由区，分别分布在南安普敦（Southampton）、施尔尼斯（Sheerness）、蒂尔布利（Tilbury）、利物浦码头（Liverpool Docks）和普雷斯特维克机场（Prestwick Airport），每个自由区所覆盖的区域及入境点由英国或欧盟成员国确定。根据英国政府官网 2020 年 1 月 21 日更新的《联合海关法典海关特程序（3001 号通知）》[Customs special procedures for the Union Customs Code（Notice 3001）]可知，自由区原则上仍受《联合海关法典》（Union Customs Code，UCC）的规制，但因其设立的目的及特征，部分法规不再进行适用，如第 211 条、第 158 条及第 219 条等[1]。

海关必须对自由区的边界及出入境地点进行监管。在自由区内建造任何建筑物应当事先取得海关部门的批准。虽然英国没有对自由区内可从事的商业活动进行限制，但企业在从事商业活动前应当通知海关部门，海关部门可以根据安全或者监管的需要，禁止或限制营业者的商业活动[2]。在自由区内，货物被获准在欧盟自由流通或再出口到欧盟以外地区之前，可进行各种交易而不交纳关税，但货物在区内使用的除外。公司在经过英国关税与消费税局（HM Customs & Excise）的批准后，也可以设立自己的自由区。在符合安全及注册的要求后，该等公司可以进口、储存货物并在工厂内加工[3]。

---

〔1〕 UK Government, Accessed on April 3, 2020, https://www.gov.uk/government/publications/notice-3001-special-procedures-for-the-union-customs-code/annex-b.

〔2〕 Ibid..

〔3〕 商务部国际贸易经济合作研究院、中国驻英国大使馆经济商务参赞处、商务部对外投资和经济合作司：《对外投资合作国别（地区）指南——英国（2019 年版）》，载 http://www.mofcom.gov.cn/dl/gbdqzn/upload/yingguo.pdf，最后访问日期：2020 年 4 月 2 日。

（三）科技园

英国各地政府、大学及企业在英国联合开发了 30 余个科技园，其目的在于鼓励科技研发活动。部分科技园推出了一些吸引外商企业的优惠政策，例如，免费或低价使用办公室及其附属设施，协助制定商业计划书等。英国目前主要的科技园有：剑桥科技园、曼彻斯特科技园、斯旺西科技孵化园及伦敦东区科技园等。在科技园设立的企业可以享有先进的设备、分享跨领域的知识、促进创新及政府、大学、私企业的交流与合作。

总体来说，科技园区正吸引来自世界各地的企业及人才，朝向知识型经济的方向发展。值得一提的是，剑桥启迪科技园于 2018 年 7 月 24 日在英国开幕，该科技园由中国的高科技公司启迪控股股份有限公司资助，与剑桥科技园、剑桥大学三一学院共同展开生命科学、数字技术、能源存储和环境保护领域的合作[1]。

---

[1] IASP, *TusPark opens overseas science park in Cambridge*, Accessed on April 3, 2020, https://www.iasp.ws/activities/news/tuspark - opens - overseas - science - park - in - cambridge.

第八章

英国劳动法

第一节 概　　述

一、劳动法的法律渊源与劳动概况

英国商业环境的一大优势是英国高技能、高度灵活和充满活力的劳动力市场。英国的劳动监管条例少于大多数其他欧洲国家，劳动者平均每周工作时间是43.1小时，而欧盟平均只有41.9小时。英国劳动法的法律渊源主要为成文法[1]，已形成较为规范的调整劳资关系的成文法法律体系。除英国国内成文法外，普通法、欧盟法也是劳动法的重要法律渊源。欧盟层面的劳动者相关权益基本通过立法被纳入了英国劳动法体系，其他权利则体现在具体的雇佣合同中。

英国既有丰富完备的劳动法律体系保障劳工权利、规范雇主义务，又有成熟的劳资纠纷诉讼体制来保障法律的施行，其劳工制度整体来看呈现出总体全面、相对均衡、责任严格的特点。从立法层面看，自20世纪以来，英国将有关劳动就业的法律加以修改和补充，出台了多部涉及劳动基本权利的法律，至今已经形成较为完善的劳动用工法律体系。具体而言，这一体系覆盖了6个方面的内容，包括雇佣合同、信息保护制度、工资制度、工时制度、解雇保护制度、反就业歧视制度；主要法律包括《1996年就业权利法》(Employment Rights Act 1996)、《1998年国家最低工资法》(National Minimum Wage Act 1998)、《1998年工作时间条例》(Working Time Regulations 1998)以及《2008年养老金法》(Pensions Act 2008)等。从司法层面看，英国的劳动争议审判制度则因劳动纠纷的特殊性而被赋予了相对独立的特点。劳动争议的纠纷解决具体见本章第四节。

就业及养老金事务部(Department for Work and Pensions, DWP)是英国劳动雇佣

---

[1] 包括Employment Rights Acts 2006、Equality Act 2010、Employment Tribunals (Constitutional And Rules Of Procedure) Regulation 2013、The Transfer Of Undertaking (Protection Of Employment) Regulations 2006、Trade Union And Labour Relations (Consolidation) Act 1992、Agency Worker Regulations 2010、Working Time Regulations 1998、Public Interest Disclosure Act 1998、National Minimum Wage Act 1998、Equal Pay Act 1970、Maternity And Parental Leave Etc Regulations 2006、Children And Families Act 2014和Data Protection Action 1998。

主管部门，主管英国就业、社会福利、退休、子女抚养等政策的制定及执行。此外，它还受理有关国家退休金工作年龄、残疾和疾病保险方面的投诉。就业及养老金事务部是英国的内阁部门，下属15个机构和公共组织。[1]

英国脱欧过渡期间以及过渡期后，劳动法方面的规定不会有所变化，在英工作的外籍人员受英国脱欧的影响见本章第三节。

英国劳动力市场基本不受脱欧影响，依然显示出蓬勃的生机。根据英国国家数据显示，2019年10—12月，英国的就业率估计达到了创纪录的76.5%，比去年同期高0.6个百分点，比上一季度高0.4个百分点。此期间失业率约为3.8%，比去年同期低0.2个百分点，比上一季度低0.1个百分点；失业人数大约为129万，比去年减少了73,000人，比5年前减少了580,000人。[2]

二、劳动者身份

英国劳动法下的雇佣状态（Employment Status）对应3类劳动者身份，分别为“员工”（Employee）、“工人”（Worker）和“自营者”（Self – employed）。三者分别享有不同的法律权利。“员工”享有最广泛的劳动者权利；“工人”提供服务但不经营业务，不受不公平解雇的保护，亦不享有法定遣散费；“自营者”通常只享有非常有限的保护。

（一）“员工”劳动者的认定与权利

如果基本满足下列情况，那么为企业工作的劳动者则可能被认定为“员工”身份[3]：（1）除假期、病假或产假期间，被要求定期工作；（2）工作小时数有最低要求标准，并且按工作时间计算薪资；（3）由经理或主管负责决定其工作量，工作何时完成以及如何完成；（4）工作不得转包给他人；（5）公司从其工资中扣除个人所得税和国民保险税；（6）享受带薪休假；（7）可以加入公司的养老金计划；（8）适用公司的投诉及维持纪律程序；（9）在公司的办公地点或指定地点工作；（10）雇佣合同约定了解雇程序；（11）公司提供工作所需的材料、工具或器械；（12）仅为一家公司工作，如其确有其他工作，工作内容需完全不同；（13）其雇佣合同或录用信件（可以被视为“雇佣合同”）使用了“雇主”和“员工”类似术语。

“员工”身份的劳动者，享有以下权利[4]：（1）法定带薪病假（Statutory Sick Pay，SSP）；（2）产假、陪产假、领养假等法定带薪假期（工人仅有工资而无休假）；（3）不公平

---

〔1〕 UK Government, Accessed on February 20, 2020, https://www.gov.uk/government/organisations/department – for – work – pensions.

〔2〕 Office for National Statistics, *Labour market overview*, *UK*, Accessed on February 20, 2020, https://www.ons.gov.uk/employmentandlabourmarket/peopleinwork/employmentandemployeetypes/bulletins/uklabourmarket/february2020.

〔3〕 UK Government, Accessed on February 20, 2020, https://www.gov.uk/employment – status/employee.

〔4〕 Ibid..

解雇保护；(4)申请灵活工作的权利；(5)紧急情况下可请假；(6)享有法定遣散费。

享受上述部分权利要求员工至少有一段连续受雇的时间，其雇佣合同可以载明所需的任职期限。

员工中有一类"持股员工"享有特定的权利。持股员工是指在雇佣合同下工作，并且拥有雇主公司或母公司至少价值2000英镑股份的员工。持股员工除享有大部分员工的权利之外，还享有集体裁员协商和企业业务转让下保持工作条款不变的权利。

但持股员工不享有下列权利：(1)不享有不公平解雇保护，但基于歧视或与健康安全有关的理由解雇的除外；(2)不享有法定遣散费；(3)不享有要求灵活工作时间的权利，但在抚养假期结束后返工的2周内可享有；(4)不享有要求请假参加培训的某些法定权利。

如果持股员工希望提前休完产假、陪产假或领养假，必须提前16周通知雇主。在提前通知的情况下，雇主可以给予持股员工优于法定权利的待遇。

持股员工在2016年12月1日之前取得的第一笔价值2000镑的股份可以享受减税，买卖股份时则必须缴税。[1]

(二)"工人"劳动者的认定与权利

《1998年工作时间条例》第2条第1款将"工人"定义为：根据雇佣合同或任何其他合同(无论明示或暗示)，个人承诺为合同另一方从事或亲自从事任何工作或服务，前提是合同另一方不是该个人专业或业务的客户或顾客。[2] 因此，工人也在雇佣合同下工作。从上述定义的角度，"工人"的范围大于"员工"，"工人"包含了"员工"，所有"员工"均是"工人"，但是员工在其雇佣合同中享有某些工人没有的权利。

1. 劳动者被认定为"工人"身份的条件

劳动者被认定为"工人"身份需要满足如下条件：(1)个人通过协议或其他安排为取得报酬而工作或提供服务(协议不必为书面形式)；(2)报酬可以是金钱或某种福利；(3)仅可有限度地将工作转包他人完成；(4)雇佣合同存续期间雇主必须为其安排工作。

临时或不定期劳动者如符合下列条件，也属于工人身份[3]：(1)偶尔会为某个特定的公司工作；(2)公司不一定要为劳动者提供工作，劳动者也不一定要接受工作——劳动者只在有意愿的时候才会工作；(3)劳动者与公司的雇佣合同中使用了一些术语，比如，临时(Casual)、自由职业(Freelance)、零时工(Zero Hours)、依要求(As Required)

---

[1] UK Government, Accessed on February 20,2020, https://www.gov.uk/employment-status/employee-shareholders.

[2] Labour & European Law Review, *an employee or a worker?*, Accessed on February 27,2020, https://www.thompsonstradeunion.law/news/lelr/weekly-issue-103-september-2005/an-employee-or-a-worker.

[3] UK Government, Accessed on February 20, 2020, https://www.gov.uk/employment-status/worker.

或类似词语;(4)必须口头或书面同意公司的条款和条件才能获得工作;(5)在经理或主管的监督或控制下工作;(6)不得将工作转包;(7)公司从劳动者工资中扣除税费和国民保险税;(8)公司提供工作所需的材料、工具或器械。

2. 工人身份的劳动者权利

工人身份的劳动者享有以下权利:(1)适用全境实行的最低工资标准(National Minimum Wage, NMW);(2)雇主不得非法扣除工资;(3)适用带薪休假法定最低标准;(4)适用工休的法定最低标准;(5)每周平均工作时间不超过 48 小时,个人自愿除外;(6)不受到非法歧视;(7)不受干预地揭发工作场所内的不当行为;(8)兼职工作的工人受到平等对待。

工人通常不享有以下权利:(1)当其雇佣关系结束时,例如雇主解雇工人时,其不享有最低的通知时限;(2)不享有不公平解雇保护;(3)不享有申请灵活工作时间的权利;(4)不享有紧急情况下请假的权利;(5)不享有法定遣散费。

“派遣工人”(Agency Workers)是指与派遣机构签订合同,但为雇主临时工作的工人。派遣机构包括招聘代理机构和娱乐模特经纪公司等。派遣工人自工作之日开始享有如下特定权利[1]:(1)派遣机构必须在为派遣工人寻找工作之前向其提供书面雇佣条款,明确签署的是服务合同还是雇佣合同、离职通知期限、薪资和休假权。(2)一旦派遣机构向派遣工人提供工作,必须向其告知工作起始日期,可能持续时长,工作种类,可能需要派遣工人支付的费用,工作地点,工作小时数,任何健康或安全风险和是否需要任何经验、培训或资质。(3)派遣机构不得在未告知派遣工人的情况下修改雇佣条款。如派遣工人同意修改,派遣机构需提供包含所有修订的细节和修改日期的新的书面条款。(4)派遣机构不得在未经派遣工人允许的情况下,将其信息提供给任何第三方(包括当前的雇主)。

派遣工人开始工作后,雇主的相关义务见本章第二节派遣工人合同部分。

(三)“自营者”劳动者的认定与权利

如果一个人为自己经营企业并为企业的成功或失败承担责任,那么其就被认定为英国劳动法下的“自营者”。自营者的工资不通过发薪时扣除制形式支付,他们没有员工的就业权利和责任。但一个劳动者可以同时拥有“员工”身份和“自营者”身份,例如其白天是为公司工作的员工,晚上经营自己的业务。

在大多数情况下,英国劳动法并不包含自营者的权利义务,因为他们是自己的雇主。但是,自营者仍然享有健康和安全保障,在某些情况下还享有不受歧视的保护。其权利责任通常由其与客户签订的合同条款规定。

虽然英国劳动法下劳动者身份权利各不相同,但是所有的劳动者均享有如下权利:在工作场所不受歧视、薪资不得低于英国实行的最低工资标准、带薪休假和每周工

---

[1] UK Government, Accessed on February 20, 2020, https://www.gov.uk/agency-workers-your-rights/basic-information-you-should-receive.

作不得超过48小时(个人自愿除外)。该等权利不应因工作时间长短不同而不同,即同样适用于所有的兼职员工、固定期限员工和长期员工。一旦员工提供了2年以上的服务,则有权享有主张雇主不公平解雇的权利。

值得注意的是,由于上述3类劳动者身份的权利之间存在较多的交叉,所以对劳动者的认定往往可能存在混淆。根据3个主要类别来确定劳动者身份变得越来越困难,因此,通常还需根据具体情况来考虑就业状况。[1]

三、雇佣合同

英国法律对雇佣合同的形式无强制性规定,除了工作薪酬、工作时长和离职通知期限等合同条款须符合法律强制性要求外,对合同内容没有其他特殊规定。在实践中,雇佣合同一般采取书面形式,包括以下内容:(1)雇主和员工口头或书面达成的明示条款;(2)法律规定雇佣合同应当包括的默示条款,例如所有员工有忠诚义务,雇主和员工均有相互信任和保密的义务;(3)雇佣合同规定的法定条款(例如,离职最低通知期限);(4)从第三方协议并入的条款(如工会与雇主订立的集体劳动协议)。

雇主可与劳动者代表(来自工会或员工组织)就其中的薪酬和工作时间等条款协商后形成统一的集体劳动协议(Collective Agreement)。根据公开数据显示,2018年,在私营部门,大约14.7%的英国劳动者签订了集体劳动协议;在公共部门,签订集体劳动协议的劳动者达58.9%。[2]

四、法律强制性要求

英国劳动法律的强制性要求是雇佣合同约定不能违反的最低标准,其中最主要的内容包括两部分。

(一)员工离职通知期限

工作满1年的员工应至少提前1周发出离职通知,工作满2年至少提前2周,以此类推,但至多不超过12周。

(二)最低工资、工作时长与休假

英国的最低工资标准每年4月调整1次。2020年4月起,年龄达25周岁的劳动者,英国实行的最低工资标准是每小时8.72英镑,未达25周岁的劳动者适用较低的最低工资标准。大部分劳动者适用每周最长平均工作48小时的规定。劳动者可以自行选择是否适用每周最长工作时长。同时,劳动者有权每年享受至少5.6周(28天,即按每周工作5天计算得出5.6×5天的假期)的带薪休假。

---

〔1〕 Emily Rodgers, *Worker or employee? What is Employment Status?* Accessed on February 20, 2020, https://www.perkbox.com/uk/resources/blog/worker - or - employee - what - is - employment - status.

〔2〕 Statista, *Collective agreement coverage*, Accessed on February 20, 2020, https://www.statista.com/statistics/287297/collective - agreement - coverage - unions - united - kingdom - uk - y - on - y - by - sector/.

第二节 雇主责任和雇佣合同

一、不同劳动者身份对应的雇主责任

如第一节所述，英国劳动法下的劳动者身份分为“员工”、“工人”和“自营者”3 种。劳动法中对劳动者身份的规定直接关系到劳动者的权利和雇主的责任。不同的雇佣身份适用不同的税法规则，如果劳动者身份认定不正确，劳动者与其雇主可能需要支付未付的税费和罚款，或失去享受福利的权利。因此，雇主需要厘清劳动者在劳动法与税法下的身份。劳动法庭（Employment Tribunal）有权对劳动者身份下最终结论[1]。

二、不得歧视

雇主应当注意在雇佣员工时和雇佣员工后的反歧视注意事项。应聘、在职与离职工人及员工均享有不因年龄、残疾、变性、婚姻和伴侣关系、怀孕和生育、种族、宗教或信仰、性别和性取向等原因受到歧视的法定权利。

在英国劳动法下，歧视主要分为直接歧视和间接歧视。直接歧视，包括因为上述某种原因而选择不雇佣应聘人员或选择特定员工裁员，以及无正当理由支付低于其他员工薪资等。间接歧视，例如规定着装要求不允许穿戴帽子或围巾，此种做法则属对锡克教男性或戴有包头巾或面纱的穆斯林妇女的间接歧视。[2]

英国《2010 年平等法》（Equality Act 2010）要求雇佣合同均加入“公平条款”，在以下任何一种情况下，即当员工从事的工作相同或大致类似，或在工作评估计划中被认为是同等的工作，或工作的价值与在其他同样雇佣关系中另一性别的劳动者的工作价值相同时，若女性员工的雇佣合同条款较男性员工不利，则应当被修改至男女同工同酬的效果，除非雇主能证明其待遇或其他条件的差别是因性别之外的实质性因素导致。

兼职和固定期限工人的权利同样受《2010 年平等法》的保护，如无正当理由，其待遇不得低于全职工人和长期工人。同样，固定期限工人的待遇不得低于从事类似工作的长期工人，除非差别待遇有正当原因。此外，针对固定期限工人，如其雇佣合同超过 4 年后进行续期，新签订的合同自动构成长期雇佣合同，除非另有客观公正原因或者在集体劳动协议下另有规定。

---

[1] UK Government, Accessed on February 20, 2020. https://www. gov. uk/employment - status/legal - decisions - on - employment - status.

[2] Konstantin von Busekist, *International Compliance Legal Requirements of Business Organization in over* 30 *Countries*, Hart Publishing, 2016.

三、雇佣合同

（一）书面声明

如本章第一节所述，英国劳动法并未强制要求雇佣合同采用书面形式，但若是被雇佣超过1个月，员工则有权要求公司在2个月内提供一份书面声明（Statement），其中必须包含以下内容：（1）雇主与劳动者的姓名（名称）；（2）雇佣起始日期与劳动者开始持续工作的时间；（3）薪酬（或计算方法）与支付薪酬时间；（4）工作时长；（5）离职通知与终止雇佣合同时间期限；（6）休假权利与休假薪资安排；（7）工作职位或对工作内容的简要描述；（8）工作地点；（9）任何直接影响雇佣条款的集体劳动协议；（10）劳动者投诉渠道及维持纪律程序的信息。

如上述内容发生任何变化，雇主应当尽快书面通知劳动者，时间最长不超过1个月。同时，如果雇主未能提供上述书面声明，或提供的书面声明不准确或不完整，或未就声明相关变化通知员工，劳动者可以向劳动法庭提起诉讼。劳动者可在其雇佣持续期间起诉，如果雇佣终止，可在雇佣终止日起3个月内起诉。如劳动者提出要求赔偿的诉讼，可获得2—4周（取决于法定上限）的薪资赔偿。

作为雇主，对员工的税费支出和雇佣责任由与劳动者签订的雇佣合同种类和劳动者身份共同决定。最常见的雇佣合同种类是全日制终身雇佣合同，但越来越多的劳动者开始采取灵活的工作安排。雇佣合同可以分为全职和兼职合同、固定期限合同、派遣员工合同以及与自由职业者、顾问、承包人签订的雇佣合同和临时工雇佣合同。同时，针对雇佣家庭成员、低龄人群和志愿者也有特殊规定。

（二）全职与兼职合同[1]

全职和兼职合同应当包含以下内容：（1）书面雇佣声明或协议；（2）法定最低带薪休假；（3）显示所有扣除额的工资单，例如国民保险税；（4）法定最低工休时长；（5）法定带薪病假；（6）生育、抚养和收养带薪休假。

雇主应当确保员工的工作时间不超过允许的最长时间，至少向员工支付最低工资，购买雇主责任保险，提供安全可靠的工作环境，为处理工资税务与国家保险证书问题向英国税务和海关总署注册，考虑员工的灵活工作时间的申请，在办公场所避免歧视，以及如果员工中有残疾人士需要对办公场所做出合理调整。

（三）固定期限合同[2]

固定期限合同的期限为一段特定的时间，并且已提前预设好在工作任务结束时或约定事件发生时协议终止。通常情况下，固定期限合同到期自动终止，雇主无须发出通知。如合同不续期，将被视为解雇。如果雇佣工作超过2年，则雇主需要提供不续签的合理理由，例如雇主不打算继续开展固定协议中工作所涉的业务。工人有权在工

---

〔1〕 UK Government, Accessed on February 20, 2020, https://www.gov.uk/contract-types-and-employer-responsibilities/fulltime-and-parttime-contracts.

〔2〕 UK Government, Accessed on February 20, 2020, https://www.gov.uk/fixed-term-contracts.

作2年后不被不公平解雇，对于在2012年4月6日之前工作的员工，则只需1年工作期。同时，工人有权在工作1年后要求雇主对不续签原因进行书面说明。[1]

如雇主希望提前终止合同，则取决于具体的合同约定。如合同未有任何关于提前终止的条款，则雇主可能违约。如果合同约定可以提前终止，且雇主发出了适当通知，则合同可以提前终止。最低的通知期限根据工作时间长短有不同的规定：如果连续工作1个月，则通知期限至少为1周；如果连续工作2年或以上，则每多工作1年通知期限增加1周，但至多不超过12周。上述期限为最低标准，合同中可具体约定更长的通知期限。如雇主在解约时未能发出适当的通知，员工可以主张雇主违约。

如果员工在合同期满后仍继续工作，但没有正式续签合同，即认定雇主默认合同终止日期已经变更。任何签有4年或4年以上固定期限合同的劳动者将自动成为永久劳动者，除非雇主有充分的商业理由进行反证。但是，雇主和工会（或职工协会）可以达成集体协议，取消劳动者在这种情况下自动成为永久劳动者的权利。

如果雇主希望以低于此前的合同条件续签，雇主可以与员工协商达成协议。如果合同到期而双方未达成协议，员工可以起诉主张雇主不公平解雇。

除非雇主有合理理由，签署固定期限合同的员工应当与从事相同工作的全职固定员工享有同样待遇。如果一位员工的固定期限合同为期3个月，公司从事同样工作的长期员工会配备公司用车，雇主基于成本理由，可以不提供公司配车给短期固定期限员工。但雇主应当保证固定期限员工的薪资、福利待遇和全职固定员工一致，且应当告知其长期职位的空缺情况，并防止其遭受裁员或解雇。不过，固定期限员工享有与为同一雇主工作的全职固定员工相同权利的前提条件必须是同一雇主，如果固定期限员工是为与该雇主有关的组织工作，则无法享有与该雇主雇用的全职固定员工相同的权利。[2] 任何在同一雇主处连续工作2年或以上的劳动者，都享有与全职固定员工相同的裁员相关权利。

（四）派遣工人合同[3]

如第一节所述，雇主可以通过派遣机构雇用临时工人，这意味着：（1）雇主向派遣机构支付包括工人国民保险税和法定病假工资的薪资；（2）由派遣机构确保工人在工作时间法规下的权利；（3）在相同岗位上连续工作12周后，派遣工人就薪资、工作时间、工休时间、夜间工作、年假等与永久员工享受同等待遇；（4）必须允许派遣员工使用公共设施，例如员工餐厅和育儿设施；（5）在其工作第1天起向其提供职位空缺的信

---

[1] UK Government, Accessed on February 20, 2020, https://www.gov.uk/fixed – term – contracts/renewing-or – ending – a – fixedterm – contract.

[2] UK Government, Accessed on February 20, 2020, https://www.gov.uk/fixed – term – contracts/employees – rights.

[3] UK Government, Accessed on February 20, 2020, https://www.gov.uk/contract – types – and – employer-responsibilities/agency – staff.

息;(6)对派遣员工的健康和安全负责。

(五)自由职业者、顾问、承包人合同[1]

雇主与自由职业者、顾问、承包人签订雇佣合同时应当注意:(1)核实劳动者“自营者”的身份,劳动者是不是其他公司的员工或工人;(2)劳动者通常会自己缴纳税费和国民保险税;(3)劳动者可能无法享有与工人同样的权利,例如最低工资;(4)雇主仍然要对劳动者的健康和安全负责。

(六)临时工合同[2]

如第一节所述,临时工属于“工人”身份的劳动者。临时工合同通常适用于计件工作或随叫随到类型的工作,例如翻译。这意味着临时工在需要的时候是随时待命的,临时工的工作量、工作内容和时间均不固定。临时工工人同样享有和正常工人身份的劳动者相同的法定年假和最低工资标准。同样地,雇主仍然要对其健康和安全负责。

雇主不得阻止临时工寻找其他工作,法律规定合同中的下列条款无效:(1)不允许找其他工作;(2)不允许接受其他雇主的工作。

(七)家庭成员合同[3]

如果雇用家庭成员,应当注意:(1)避免在薪资、晋升与工作条款方面的特殊待遇;(2)确保税费和国民保险税正常缴纳;(3)遵守年轻家庭成员的工作时间法规;(4)购买涵盖所有年轻家庭成员的雇主责任保险;(5)确认是否需要为其提供职业养老金计划。

(八)志愿者或义务劳动者合同[4]

雇用志愿者或志愿劳动者,雇主应当对其健康和安全负责,且应当办理就职,并对其将从事的工作事项进行培训。

(九)低龄劳动者合同[5]

雇主可以雇用13岁以上18岁以下的低龄人员,但是应当遵循工作时长和工作类别的特殊规定。一旦劳动者超过18岁,则成为成年劳动者,适用不同的规则。低龄劳动者和学徒与成年劳动者的最低工资标准不同。另外,在雇用低龄劳动者之前,应当进行风险评估。

低龄劳动者可从事兼职和全职工作。可以兼职的最低年龄为13岁。涉及电视、

---

〔1〕 UK Government, Accessed on February 20, 2020, https://www.gov.uk/contract - types - and - employer-responsibilities/freelancers - consultants - and - contractors.

〔2〕 UK Government, Accessed on February 20, 2020, https://www.gov.uk/contract - types - and - employer-responsibilities/zero - hour - contracts.

〔3〕 UK Government, Accessed on February 20, 2020, https://www.gov.uk/contract - types - and - employer-responsibilities/employing - family - young - people - and - volunteers.

〔4〕 Ibid..

〔5〕 Ibid..

喜剧和模特行业的儿童可以不受此最低年龄的限制，但是在该等行业工作的儿童需要获得表演许可。全职工作必须在达到最低离校年龄（通常为16岁）（School Leaving Age）[1]，且每周工作时间不得超过40小时。且一旦超过16岁的劳动者，雇主需要通过发薪时预扣所得税形式支付其薪酬。

低龄劳动者同样享有某些雇佣权利，例如带薪休假学习、培训和遣散费。

四、薪资

（一）最低工资标准概述

薪资待遇方面，英国全境实行的最低工资标准适用所有达到最低离校年龄的劳动者。最低工资标准根据劳动者年龄与是否在培训（即学徒期）而有所不同。“薪资”的构成包括奖金，但是不包括小费、预付工资或借款等。最低工资标准每年4月调整一次，2019—2020年英国适用的每小时最低工资标准如表8－1所示：

表8－1　2019—2020年英国每小时最低工资标准统计表

时间	25周岁及以上	21—24周岁	18—20周岁	18周岁以下
2019年4月起	8.21镑	7.70镑	6.15镑	4.35镑
2020年4月起	8.72镑	8.20镑	6.45镑	4.55镑

学徒有单独的最低工资标准，但具体适用由两个指标确定：年龄和学徒期。学徒如为19周岁以下或在其学徒期的第1年内，适用学徒的最低工资标准（2019年4月起为3.90镑，2020年4月起为4.15镑）。例如，22周岁的学徒，在其学徒期的第1年，最低工资标准应当为4.15镑。而学徒年龄为19周岁以上且已经完成其学徒期的第1年后，则不再适用学徒的最低工资标准体系，而适用表8－1的最低工资标准体系。例如，22周岁已完成学徒期的第1年的学徒，适用8.20镑的最低工资标准（2020年4月后）。

不适用最低工资标准的劳动者包括[2]：（1）自营者；（2）公司董事；（3）志愿者或义工；（4）政府就业计划中的工人（例如“工作计划”Work Programme）；（5）武装部队人员；（6）雇主家庭成员或虽非家庭成员但居住在雇主家且不收取食宿费用被视为家庭成员的人；（7）低于最低离校年龄（通常为16岁）的工人；（8）高等教育及继续教育学

---

〔1〕在英国，最低离校年龄取决于所在地区。在英格兰，如果在暑假前年满16周岁，则可在当年6月的最后一个周五离校。在苏格兰，如果在3月1日至9月30日之间年满16周岁，则可以在当年5月31日之后离校；如果在10月1日到次年2月底之间满16岁，则可以在该学年的圣诞节假期开始时离校。威尔士的义务教育年龄规定同英格兰。在北爱尔兰，如果在本学年（9月1日至次年7月1日）年满16岁，可以在6月30日之后离校。如果在7月2日到8月31日之间年满16周岁，要到第二年6月30日才能离校。详见https://www.gov.uk/know－when－you－can－leave－school。

〔2〕UK Government, Accessed on February 20, 2020, https://www.gov.uk/national－minimum－wage/who-gets－the－minimum－wage.

生,其工作经验不超过1年;(9)从事监事工作的人员;(10)在如下欧盟计划下的人员:Leonardo da Vinci, Erasmus +, Comenius;(11)在Jobcentre Plus试用工作达6周的人;(12)囚犯;(13)在宗教社区居住和工作的劳动者。

(二)最低工资标准计算方式

最低工资标准通常是按小时计算,适用于所有符合条件的劳动者,即使其没有按小时计酬。这意味着无论劳动者拿多少工资,仍然需要计算出时薪,以判断是否获得了每小时的最低工资。目前计酬方式有按小时、按年、按件和其他计酬方式。

(1)对于按小时计酬的劳动者,平均小时工资必须至少达到最低工资标准,计算则以工资发放周期为基础。对按周领薪的劳动者,工资发放周期是1周;对按月领薪的劳动者,工资发放周期是1个月。

(2)对于按年计酬的劳动者,雇佣合同不一定明确了每年的基本工作小时数,但是应当能计算出此种数据,以便能通过数据确保其薪酬是否符合最低工资标准。

(3)按完成数量或件数计酬,则要求其工作的小时薪酬达到最低工资标准,或者根据其所做的每项任务或工作计算"合理费率"。按件计酬通常只在很有限的情况下适用,例如在家工作的员工,雇主难以知晓其具体工作时间。"合理费率"指的是1名普通工人在普通效率下工作1小时所应获得的最低薪酬。雇主应当遵循如下步骤计算"合理费率":

第一,计算出每小时平均工作效率。计算每小时平均工作效率需要进行公平测试:对某些或全部劳动者进行测试,作为测试对象的劳动者应当是典型的,且能代表整个劳动者工作水平,而不应该是效率最高或者最快速的一部分。计算其在正常工作小时内可以完成多少件工作,将工作件数除以测试的工作人数。如果计件工作发生明显变化,应当重新计算平均工作效率,如果仅是工作环境变化,例如从工厂变化到在家完成,则不需要另行测试。

第二,将计算出来的每小时平均工作效率除以1.2。这是为了保证如果新员工的速度还不及其他员工,其不会处于劣势。

第三,将其适用的最低工资标准除以这个数字(即每小时平均工作效率除以1.2的计算结果),计算出每完成1项工作或1件至少应支付多少薪酬。

上述3种计酬方式无法计算的工作则适用其他计酬方式,此种工作包括就特定工作支付一定数额的报酬,而不问工作时间长短。计算该等工作的最低工资标准,主要有以下两种方式:

(1)记录工作小时,然后通过按小时计酬的方式计算是否达到最低工资标准。

(2)达成"每日平均工时协议"。"每日平均工时协议"指雇主和劳动者就劳动者预计每日平均工作小时达成的协议。如果每日平均工作小时无变化,1个协议可以涵盖多个支付周期。"每日平均工时协议"必须采用书面形式,必须在工作周期开始前达成,且在协议中说明每日工作将需要多少小时(平均小时数);雇主应当要证明平均工作小时数符合实际等。

五、工作时间

（一）48 小时/周工作时间

英国关于工作时间的相关规定主要体现在《1998 年工作时间条例》[1]中。劳动者每周最长平均工作 48 小时。雇主可要求劳动者书面同意放弃 48 小时的工作时限要求，但是，劳动者有权在 3 个月通知期后随时取消其放弃。如是 18 岁以下员工，每次工作时间不得超过 8 小时或每周不得超过 40 小时。

以下工作可不适用 48 小时工作时限：24 小时服务行业；武装部队、紧急救援服务或警察；安保或监视；家庭私人佣人；海员、海上渔民或内陆水道船只上的工人；对工作享有控制权但工作时间不确定。

每周工作 48 小时的计算是基于一定的“参考”期限，通常情况下是 17 周。也就是说，一周工作超过 48 小时是被允许的，只要在 17 周的时间内平均下来每周工作不超过 48 小时即可。17 周的“参考”期限对于一些职业来说也存在例外，例如实习医生的“参考”期限为 26 周，近海石油与天然气行业为 52 周。

能够计算工作时间的情形主要包括以下几种：（1）与工作有关的培训；（2）差旅时间（如差旅为工作的一部分，例如销售代表）；（3）工作午餐，例如商务午餐；（4）海外工作；（5）付薪加班；（6）被要求的无薪加班；（7）工作场所的电话时间；（8）在雇佣合同下被视为“工作时间”的任何时间；（9）工作日开始与结束往返工作地与家的路途时间（如果工作地点不固定）。

如果劳动者有不止一份工作，合计的工作时间也不应超过每周平均 48 小时，如果超过 48 小时，可签署“自愿放弃”，或选择减少工作时间至 48 小时。

（二）自愿放弃[2]

如劳动者年满 18 岁，可以自愿选择每周平均工作时间超过 48 小时，这被称为“自愿放弃”（Opt－out）。雇主可以要求劳动者“自愿放弃”，但劳动者不能因拒绝“自愿放弃”而被解雇或被不公平对待。

“自愿放弃”可以是在一段时间内或无限期，但必须是自愿且为书面形式。

“自愿放弃说明”示例：“本人【员工姓名】同意可以每周工作时间超过 48 小时。如改变主意，本人将提前【至多 3 个月时间】书面通知雇主结束本协议。”

以下劳动者不得“自愿放弃”，即以下劳动者不得选择每周工作时间超过 48 小时：（1）航空公司员工；（2）在船艇工作的员工；（3）公路运输行业的工人，例如运输司机（适用《GB 国内司机工作时间规则》“GB Domestic Drivers’ Hours Rules”，驾驶核载吨位小于 3.5 吨车辆的司机除外）；（4）其他适用《欧盟司机工作时间规则》（EU Rules on Drivers’ Hours）的车辆运输或操作工作人员，例如，公交车售票员；（5）高价值货物运

---

〔1〕 后于 2003 年修订。

〔2〕 UK Government, Accessed on February 20, 2020, https://www.gov.uk/maximum－weekly－working－hours/weekly－maximum－working－hours－and－opting－out.

输车辆上的安保人员。

劳动者可以随时取消"自愿放弃",即使"自愿放弃"是雇佣合同的一部分。但是劳动者应至少提前7天通知雇主。雇主不得强迫劳动者取消"自愿放弃"。

(三)工休

《1998年工作时间条例》同时赋予了18岁以上工人工休的权利,主要分为以下3种:

(1)工作中途休息:工人有权在工作日工作6小时以上时,连续休息20分钟,可以是茶点或午餐休息。该等工休无须支付工资,可由合同自由约定。

(2)每日工休:工作日之间的休息时间应至少达到11个小时。例如,如果晚8点结束工作,第2天应在早7点之后开始工作。

(3)每周工休:工人可在每周内休息1天或在2周内休息2天。

雇佣合同可规定工人享有其他的工休权利。同时,夜间工作的工人每日平均工作时间限制在8小时以下。

《1998年工作时间条例》同时规定了所有工人,包括派遣人员、不定期工作人员与临时工,每年至少5.6周的带薪休假,包括法定假日(英格兰、威尔士和苏格兰为每年8天)。雇主可以将银行假期(Bank holidays)作为年度休假的一部分。[1]

大部分工人的5.6周带薪休假对应28天的假期,但是对兼职工人而言可能少于28天,因为其可能每周工作天数少于5天。每周工作超过5天的工人,每年带薪休假也不得超过28天的上限。

劳动者有权带薪休假;在产假、陪产假和领养假期间累计计算假期时间;请病假的同时可以申请年度休假等。[2]

六、家庭照顾权利

法律同样规定了许多帮助员工兼顾工作与家庭照顾生活的法定权利,主要的家庭照顾权利有产假、陪产假、领养假和家长假等方面的权利。

(一)生育

生育福利主要规定在《1992年社会保障缴费与福利法》(Social Security Contributions and Benefits Act 1992)中。生育员工主要有以下4项福利:带薪产前保健休假、产假、法定产假金(Statutory Maternity Pay, SMP)或生育津贴(Maternity Allowance, MA)、不受不公平待遇、歧视或解雇的保护。

雇主不得在未经同意的情况下修改怀孕劳动者的雇佣合同条款,否则即构成违约行为。

同时,雇主必须为怀孕劳动者提供产前保健的休假时间,并在此期间支付正常工

---

〔1〕 UK Government, Accessed on February 20, 2020, https://www.gov.uk/holiday-entitlement-rights.

〔2〕 Ibid..

资。父亲或孕妇的伴侣有权申请无薪休假参加 2 次产前预约保健。

怀孕劳动者享有 26 周的普通产假和 26 周的额外产假，共计 52 周。最早可以开始休假的时间是分娩前 11 周，除非婴儿早产。劳动者必须在婴儿出生后至少休息 2 周（如果是工厂工人，则至少休息 4 周）。

除产假外，生育劳动者可享受法定产假金或生育津贴。法定产假金由雇主支付，生育津贴由就业及养老金事务部的 Jobcentre Plus 负责。但这两者不可兼得，生育津贴是在生育劳动者无法满足取得法定产假金的条件时才能获得的，而法定产假金是基于劳动者工作时间和收入按周支付的产假金。享受法定产假金需要满足 2 个条件：

第一，怀孕劳动者在预产期前的 15 周时必须连续受雇 26 周，如图 8－1 所示：

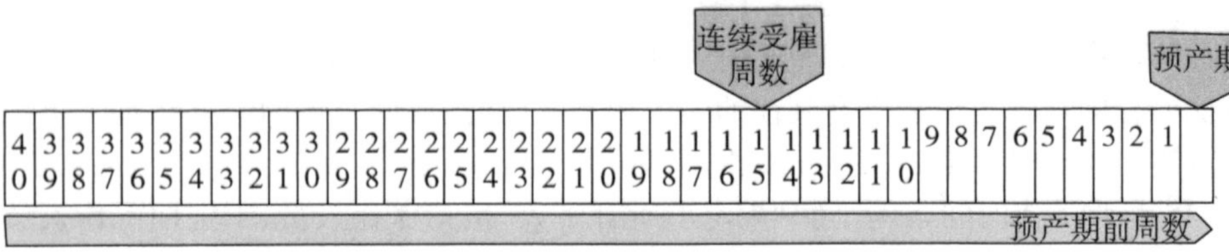

图 8－1　英国怀孕员工连续受雇示意图

符合条件的员工的法定产假金最长可支付 39 周，通常前 6 周为税前平均周收入（AWE）的 90%，剩余 33 周为 148.68 镑或 90% 的税前平均周收入中的较低者。

第二，收入条件，怀孕劳动者平均每周总收入必须至少等于国民保险的最低收入限额。

满足连续雇佣时间和收入条件的情况下，雇主必须支付法定产假金，即使雇佣合同在预产期前的第 15 周开始后的任意时间终止。怀孕劳动者应当告知雇主预产期和休产假开始日期。

（二）收养

劳动者选择收养的与生育者享有类似权利。共计 52 周带薪休假，但仅限于父母中的一方，另一方可获得陪产假。[1]

（三）抚养

生育或收养子女的员工享有 2 周带薪抚养假（按法定抚养金标准执行），且必须在子女出生或确定收养之日起至少 56 天之内休假[2]。自 2011 年 4 月 3 日起，根据重返工作的情况，母亲可以加休不超过 6 个月的抚养假。

（四）家长假

工作 1 年以上，有抚养子女义务的员工有权享有多周的无薪家长假。

---

〔1〕 UK Government, Accessed on February 20, 2020, https://www.gov.uk/adoption-pay-leave/leave.

〔2〕 Employment Act 2002, CHAPTER 22.

(五)灵活工作

工人身份的劳动者不具有申请灵活工作的权利,仅具有员工身份的劳动者可以行使这项权利。员工不仅可为照顾子女申请灵活工作,也可因为其他任何原因申请调整劳动条件,前提是员工必须为同一雇主连续工作至少 26 周。灵活工作的方式主要有和他人分享工作(Job Sharing)、远程工作(Working from Home)、兼职工作(Part Time)、压缩工作时间(Compressed Hours)、弹性上下班时间(Flexi Time)、年度计算工作小时(Annualised Hours)、错开工作时间(Staggered Hours)、阶段性退休(Phased Retirement)等。[1]

(六)扶养人照顾假

扶养人有紧急情况的,员工可以要求享受合理的无薪扶养人照顾假。

七、其他福利

(一)养老金

符合标准的劳动者可以享受基本国家养老金。除基本国家养老金以外,员工还可以享受个人或雇主办理的私人养老金。许多雇主还提供长期健康保险、在职死亡补助、私人医疗保险、资金和股权计划。目前"弹性福利"计划越来越多,雇主提供多样福利供员工自己选择。

(二)保险

在英国经营业务的雇主,必须购买雇主责任保险,保险范围是劳动者在英国因工作所致或在工作期间产生的身体伤害或疾病。有些雇主可能为其劳动者提供人寿保险、永久健康保险、私人医疗保险和公务用车等福利。

八、雇佣合同的终止

关于雇佣合同的终止,通常涉及的法律问题为不正当解雇和解雇程序方面的纠纷。雇主违约终止雇佣合同(如雇主未按合同约定提前通知劳动者),员工可以提起诉讼,就雇主的不正当解雇行为追究雇主的违约责任。赔偿金大致为员工在通知期间工作本可以取得的工资金额(扣除员工在此期间已经获得或者应当已经获得的款项)。

(一)不公平解雇

在英国,员工享有不被不公平解雇的法定权利,但工人不享有该等权利。一般情况下,连续工作一段时间的员工才享有此项权利[2]。具体而言,在 2012 年 4 月 6 日之前工作的,员工需连续工作 1 年才有权享有免于被不公平解雇的权利;在 2012 年 4

---

[1] UK Government, Accessed on February 20, 2020, https://www.gov.uk/flexible-working/types-of-flexible-working.

[2] UK Government, Accessed on February 10, 2020, https://www.gov.uk/dismiss-staff/eligibility-to-claim-unfair-dismissal.

月6日之后工作的，则需连续工作2年方可主张此项权利。然而，如员工遭遇了“当然不公平解雇原因”（Automatically Unfair Reason），则无须以上述连续工作时间为前提条件，也可以主张权利。“当然不公平解雇原因”特指以下情形[1]：（1）基于独立工会会员的资格和独立工会的活动而遭到解雇，或因为拒绝加入工会或特定的工会组织而被解雇，不论该工会是否独立；（2）在罢工开始的8周内参加罢工，或在雇主没有采取有效措施解决争议情况下在更长的时间参加罢工而被解雇；（3）和企业转让有关的解雇，除非有经济的、技术的或组织上的理由使劳动关系的变动成为必要；（4）因为怀孕或其他与怀孕和哺乳有关的原因，或是利用产假法的漏洞，解雇女性劳动者；（5）基于工作中的健康和安全原因解雇；（6）依据法定权利对雇主提起诉讼而遭到解雇；（7）其他情形，如拒绝在周日工作的解雇，因为行使保护公共利益的披露行为而被解雇等。

如员工主张不公平解雇，雇主可以就解雇行为存在“潜在的公平原因”（Potentially Fair Reason）予以抗辩。例如，英国《1996年就业权利法》（Employment Rights Act 1996）规定了“潜在的公平原因”包括：（1）与劳动者所从事的工作所要求的能力和资格有关的解雇，如玩忽职守、生病等；（2）与劳动者自己行为有关的解雇，如劳动者违反根本条款的行为、盗窃或故意破坏雇主财产等行为；（3）因人员过剩而造成的裁员或遣散；（4）因继续雇用将违背成文法义务而进行的解雇；（5）其他原因导致的解雇。

英国的司法实践中还总结出了10项“公正”的解雇理由，包括：（1）不胜任工作；（2）不尽力；（3）长期病假；（4）持续旷工；（5）缺乏任职资格；（6）工作中的行为；（7）工作外的行为；（8）因人员过剩导致的裁员；（9）法定的情形；（10）其他理由。

值得注意的是，英国法未将“不胜任工作”作为一项专门的法定解雇理由，而法律规定的“潜在公平”或“公平”的解雇原因中均涉及“不胜任工作”的解雇理由。在英国的立法及司法实践中，对于“不胜任工作”的认定标准有：（1）不具备劳动者所从事的工作所要求的能力和资格；（2）无能；（3）不尽力。此外，在司法实践中，雇主如果以“不胜任”为由解雇劳动者，需要出示证据证明其解雇原因是“公平”或“潜在公平”的，并且雇主只能依据解雇时存在并知悉的事实来证明其解雇理由是合理的，解雇后知悉的事实不能作为确认解雇合理的依据。

因此，若解雇的原因是公平的或潜在公平的，即为法律所允许；反之，则构成不公平解雇，为法律所禁止。如员工向劳动法庭申请主张权利，被劳动法庭认定雇主不正当解雇，可以判令雇主做出赔偿（目前的赔偿金一般不超过8.04万英镑）。

（二）雇佣合同的解除通知期限

同时，雇佣合同应当约定双方提出终止雇佣关系通知的期限。依据《1996年就业权利法》[2]，工作超过1个月的员工，根据工作时间长度不同，有权享有下列最短通知

---

〔1〕 范丽丽：《英国劳动法限制解雇制度》，载北京铁路运输法院网：http://bjtlfy.chinacourt.gov.cn/public/detail.php? id=2195.，最后访问日期：2020年2月10日。

〔2〕 Employment Rights Act, s.86.

期限:(1)工作超过1个月不满2年的,最低通知期限为1周;(2)在此之上,工作超过2年,每多工作1年,通知期限增加1周,12周为上限,工作12年及以上通知期限均为12周。

如雇佣合同未能规定最短通知期限的相关内容,法庭将会根据法定下限酌情设定最短通知期限。

九、工会

英国各行业工会数目较多,共约70个,统一由英国联合工会(Trade Union Congress)组织协调。1979年保守党执政后,大力推行非国有化,将私有化作为其经济政策的核心,认为工会力量过于强大是企业提高经济效益的障碍,放弃了过去政府对工会采取的协商、谈判和妥协的方针,采取强硬政策,取消了工会享有的普遍法律豁免权,意图削弱工会力量。上述措施导致工会会员锐减。其后,工党执政后虽然取消了一些限制工会的法律条款,但工会的境遇并未得到大的改观。

法律上,工会代表劳动者与雇主进行谈判的前提是工会履行法定程序取得雇主对工会的承认(Recognition)。[1] 一旦工会获得雇主的承认,员工就享有某些集体谈判权,对各种事项享有知情权和磋商权。雇主必须将某些事项通知工会代表或其他员工代表并与之进行磋商,特别是企业业务转让、雇主计划进行超过一定规模的集体裁员等,否则可能面临较重的经济处罚。此外,员工罢工通常是违反雇佣合同的行为,但如果员工参加的是官方的工会罢工,法律则会保护这些员工在一段时期内不被解雇。

十、企业业务转让

在英国,企业业务被转让或者服务被外包的,从事该业务或服务的员工也应当转移,成为业务购买人或服务提供人的员工,原雇佣条款和条件不变,员工继续提供劳动服务。原雇佣合同和相关集体劳动协议规定的权利义务以及某些情况下的工会认可将被转让至新雇主。法律保护员工不因转让行为被解雇,保护与业务转移相关的劳动条款和条件不被变更。

第三节 外籍人员在英工作

为保证英国国内居民充分就业,英国政府在脱欧之前制定劳务政策的基本原则是:欧盟成员国内部人员流动相对自由(英国脱欧完成之前);而欧盟以外的国家对英国进行劳务输入则受到一定限制。2020年2月,英国已经正式退出欧盟,过渡期于2020年12月31日结束。在过渡期内,英国是欧盟贸易协定的一部分,因此上述原则

---

〔1〕 UK Government, Accessed on February 20, 2020, https://www.gov.uk/trade-union-recognition-employers.

在过渡期结束前将不会受到影响，过渡期后将取决于英国政府与其他国家或地区单独缔结的条约的内容。

除了欧盟人员自由流动原则之外，为增强英国综合竞争力水平，英国政府鼓励受过良好教育、有特殊技能的高水平人士的流入，并对可以弥补国内短缺职位的外国劳务提供工作方便。

一、签证制度

2008 年以前，英国对于希望到英国工作、学习或参加培训的外籍人士的申请实行工作许可体系（Work Permits System），自 2008 年起由计点积分体系（Points Based System, PBS）的签证制度替代[1]。签证申请者需达到所在类别的最低分数。分数根据申请者年龄、受教育程度、受教育国家及院校、英语水平、此前是否有在英工作经验、以往收入水平、申请在英职位收入水平等因素计算得出。内政部签证移民局（Home Office - UK Visas and Immigration）为政府主管部门。

目前，可以在英国就业的签证主要有 Tier 1、Tier 2、Tier 3、Tier 5 签证。其中，Tier1 签证替代了过去的 HSMP（Highly Skilled Migrant Program，高技术移民方案），主要针对高技术移民、企业家及投资者；Tier 2 签证主要针对外籍技术人员；Tier 3 签证主要针对英国临时劳务紧缺的低技能劳动者；Tier 5 签证主要针对临时工作者和少数国家（不包括中国）的年轻劳动者。因此，在英国就业的外国劳动者以申请 Tier 2 签证为主。

（一）Tier 2 签证

Tier 2 针对的人群主要有 4 类：一般技术人员（General）、跨国公司内部员工调动（Intra - company transfers）、体育界精英和宗教人士。Tier 2 一般技术人员签证审批程序较为严格。非欧洲经济区或瑞士的申请人必须拥有英国雇主发出工作邀请，且该英国雇主必须拥有保证人许可（Sponsorship License），同时，英国雇主还需证明其在欧洲经济区内发布招聘信息至少 4 周未能招到该等工作岗位的合适人选。对于预计年薪总额超过 15.53 万英镑或短缺职位清单（Shortage Occupation List）上的职位，可以免除发布招聘信息的要求。同样，有关 Tier 2 一般技术人员签证审批的法律要求在脱欧过渡期内仍然适用，过渡期之后取决于单独的缔约情况。

许可申请由英国雇主代表提供雇佣机会的人申请，而非劳动者自己申请。雇主必须确保他们所招聘的人拥有足够的技能，并且提供合适的工资和津贴。[2]

Tier 2 签证初始期限最长可达到 5 年 14 天或者保证人证明（Certificate of Sponsorship）上记载的时间加上 1 个月的两者中较短的时间，但可以获准延长至 6 年。获得

---

[1] UK Government, Accessed on November 13, 2020, https://www.gov.uk/government/publications/guidance - for - employers - on - the - work - permits - system - before - 2008.

[2] UK Government, Accessed on February 20, 2020, https://assets.publishing.service.gov.uk/government/uploads/system/uploads/attachment_data/file/836921/2019.06.05_ - _MAAP_guidance_FINAL1.pdf.

Tier 2 签证且合法居留 5 年后，即可在英定居。从 2016 年 4 月 6 日至 2018 年 4 月 6 日，Tier 2 普通工作签证人士在英居住满 5 年后申请永久居留权时，需至少达到 3.5 万英镑的税前年薪（这一要求对短缺技术工种移民和有博士学位级别的科学家和研究人员例外）。

（二）雇主责任

根据《2017 年移民技能费法规》（The Immigration Skills Charge Regulations 2017），雇主如果采用 Tier 2 工作签证渠道雇用海外员工，自 2017 年 4 月开始，需要额外向英国政府支付每人每年 1000 英镑的移民技能费（ Immigration Skills Charge ），中小企业和慈善机构则需每人每年缴纳 364 英镑。

此外，在英国雇用非法劳工可能导致雇主被处以 1 万英镑以下的罚款，甚至监禁。即使普通家庭在不知情的情况下雇用了没有合法身份的保姆也可能被罚款2000 英镑，如果知情雇用，则可能被判入狱。因此，在英国开展劳务合作的公司和个人都应当了解英国的劳动许可制度，确保在获得工作许可的情况下开展劳务合作，避免法律纠纷。[1]

二、劳动用工法律风险及防范

（一）遵守区域劳工保护制度、工作许可制度和工作签证制度

英国在欧洲经济区内和瑞士实行区域劳动保护制度，即非欧洲经济区和瑞士的劳动者有前往欧洲提供劳务的意愿，雇主为上述劳动者申请工作许可时须证明该等职位在欧洲经济区和瑞士难以找到合适的人选。中国公民前往英国工作，必须申请工作签证，遵守英国的区域劳工保护制度和工作签证制度，如违反相关规定，产生的劳动纠纷不仅将导致处罚，甚至会引发劳动仲裁或诉讼。

由于近年来东欧国家陆续加入欧洲经济区，东欧低技能劳工大量输入英国，中国公民受限于区域劳工保护制度，不能自由进入英国进行劳务合作，变相阻碍了中国劳务自由输入英国，也使中国在英工程承包项目丧失了劳动力承包的竞争优势。

（二）保护劳动者权利

根据英国法律，合法在英工作的外籍雇员和本地雇员一样，受到劳动法的保护，享有同等薪资和其他员工福利。英国劳动法律已经赋予雇员诸多权利和福利，如休假制度、企业转让中的雇员保护、养老金计划等。即使双方在雇佣合同中约定适用非英国法律，英国法定的劳动权利依旧适用。所以中国企业应当避免侵犯雇员的法定权利，引发法律纠纷。中国雇员也应当了解自己享有的权利和义务，充分利用法律途径保护自身权益。

另外，英国较为重视雇佣合同，中国企业应当重视雇佣合同中约定的权利义务。

---

〔1〕《企业境外法律风险防范国别指引》系列丛书编委会编：《企业境外法律风险防范国别指引——英国》，经济科学出版社 2013 年版，第 169 页。

雇佣合同除规定双方权利义务之外，还可以对解除合同后的行为进行规定。因此，中国企业和个人在英国签订雇佣合同时，应当仔细审查合同条款，了解双方权利义务，避免因违约引起劳动争议。

外商投资活动，主要涉及的是企业业务转让等就业保护问题。英国《2006 年业务转让（就业保护）条例》[Transfer of Undertakings（Protection of Employment）Regulations 2006]保护受到业务或资产转让影响的雇员的利益。需要注意的是，《2006 年业务转让（就业保护）条例》仅适用于企业业务或者资产转让，并不适用于收购英国公司股份的情况。

通常而言，从劳动法的角度，如果一项在英国的收购不存在集体裁员的情形，则该并购交易无须向英国劳动主管机关申报。

值得注意的是，根据《2006 年业务转让（就业保护）条例》，在英格兰和威尔士，在企业发生业务或资产转让的情况下，相关劳动者的雇佣合同将自动转让给受让方，雇佣合同项下的所有权利和义务一并转让并持续有效。该等情况下，如果企业实质变更雇佣合同，且变更的唯一原因或主要原因是业务转让，则该等变更无效。可实质变更雇佣合同的 3 种例外情况为：（1）存在经济、技术或组织层面的原因且涉及用工规模变更，并且变更经劳动者同意；（2）涉及雇主资不抵债；（3）雇佣合同条款允许变更。员工可以拒绝雇佣关系转让（在此情况下，视为雇佣关系终止）。如果企业解雇劳动者，且解雇的唯一原因或主要原因是业务转让，劳动者有权以不公平解雇起诉，请求补偿。

在发生业务转让的情况下，雇主需提前向劳动者代表告知拟议交易情况，包括交易的时间、原因以及对劳动者产生的影响等。尽管法律未规定具体的时间安排，但实践中雇主一般提前 2 周以上告知劳动者。除了告知义务，雇主还需同劳动者协商，就可能影响劳动者的拟议“措施”征求劳动者意见。若转让方或受让方未能履行上述义务，劳动者有权起诉并请求赔偿金，但这并不会阻止业务转让交易完成。[1]

第四节　劳动争议处理

一、劳动争议处理方式与机构

英国处理劳动争议的方式主要有咨询、调解、仲裁和诉讼 4 种方式。劳动争议处理机构有 3 个：

（1）劳动咨询调解仲裁委员会（The Advisory, Conciliation and Arbitration Service, ACAS）。1974 年在劳动部的主持下成立的独立专门机构，作为劳动争议中立的调解人。劳动咨询调解仲裁委员会负责解决个人和集体的劳动争议，为劳动争议提供咨询、早期调解和仲裁服务等。委员会的成员均为专职调解人，具有公务员的地位，通常

〔1〕 中国国际贸易促进委员会主营代表处：《赴英投资的若干法律关注问题》，载 http://www.ccpit.org/Contents/Channel_4108/2018/0329/982849/content_982849.htm，最后访问日期：2020 年 2 月 20 日。

从劳动部选任。值得注意的是,劳动咨询调解仲裁委员会是政府出资的独立公共机构而非司法机构。

(2)中央仲裁委员会(Central Arbitration Commission,CAC)。负责处理工会的合法性确认、公开信息以便于进行集体谈判、处理与劳动安排有关的信息和申诉、为集体劳动争议提供自愿仲裁,其结果不得上诉。[1]

(3)劳动法庭。主要负责处理劳动咨询调解仲裁委员会调解不成提起诉讼的劳资争议案件,由 1 名有资质的劳动法法官和 2 名行业代表(通常具有相关人力资源或工会成员的经验)组成。目前很多诉讼,包括不公平解雇,都是由法官单独审理的。

二、集体劳动争议解决

英国的劳动争议处理一大特色在于在集体劳动争议主要是通过劳资双方集体谈判来解决。工会在其中发挥重要的作用,其集体谈判代表权在《1906 年劳资纠纷法》(The Trades Disputes Act 1906)中获得确认。英国规定基层工会若要得到资方的认可和集体谈判权,需有该企业 80% 以上的员工加入工会。这种高比例可以确保集体谈判达成的结果对大多数员工具有约束力。此外,发生争议后,集体谈判的方式能够更快地达成和解。相较之下,政府和司法机关对劳动争议的处理则较为自由和放任,对劳资争议处理的过程和内容一般不干涉,只有当集体谈判遭遇难以调和的矛盾时,才会采取补充手段进行干预。[2]

一般发生集体劳动争议时会先在企业内部协商解决,由工会或雇主一方向对方提出协商解决的要求,双方就此事回应并协商。如达成协议则写入集体劳动协议中,无法达成协议的则可以进入集体调解或仲裁。劳动咨询调解仲裁委员会为此提供调解或仲裁服务,调解申请可以由争议当事人分别或共同提出,也可以由劳动咨询调解仲裁委员会主动向争议双方提出。调解完全出于自愿,且免费,但一般范围限于:年薪审核、特定薪酬问题、合同条款、工作变化、纪律处分与解雇、裁员咨询以及工会承认等。另外,劳动咨询调解仲裁委员会的仲裁也是自愿且免费的。一般由劳动咨询调解仲裁委员会指定单独的仲裁员来主持听证,听证结束后 3 周内送达仲裁裁决,这类裁决决定不能在之后的法庭争议中要求更改。[3]

三、个人劳动争议解决

个人劳动争议如需向劳动法庭提起诉讼,时效通常为 3 个月内(3 个月减去 1 天)。例如,如果劳动者想要就不公平解雇提起诉讼,应从其雇佣终止之日起的 3 个月内提

---

〔1〕 UK Government, Accessed on February 20, 2020, https://www.gov.uk/government/organisations/central-arbitration－committee/about.

〔2〕 侯海军:《最早建立劳动争议处理制度的国家:英国》,载《人民法院报》2019 年 4 月 26 日,第 8 版。

〔3〕 ACAS's arbitration, Accessed on February 20, 2020, https://www.acas.org.uk/arbitration.

起诉讼。如果是关于裁员或同工同酬有关的诉讼索赔，则应当在6个月内提出。

个人劳动争议处理程序通常先由劳动咨询调解仲裁委员会进行调解，一方当事人向劳动法庭提起诉讼之前必须告知劳动咨询调解仲裁委员会，时效同样为3个月，裁员或同工同酬有关的索赔则为6个月。劳动咨询调解仲裁委员会的早期调解并不是法庭诉讼的一部分，也不会与法庭讨论任何事项。由劳动咨询调解仲裁委员会提供的早期调解是免费、保密的，较劳动法庭的审理速度更快、程序更简单。如果一方当事人拒绝参与早期调解，劳动咨询调解仲裁委员会向其发出编号证书，其可以使用该等编号证书向劳动法庭提起诉讼（一般需在收到证书后1个月内提起诉讼，但特别情况下也可以超过1个月），而且在诉讼流程中争议双方也可以继续通过劳动咨询调解仲裁委员会进行调解和商谈，这些不会影响诉讼结果。如果申请早期调解的当事人和被申请人一旦达成协议，劳动咨询调解仲裁委员会将会以载有彼此同意事项的名称为COT3的和解表格作为调解协议结束调解，调解协议具有法律效力和约束力，双方必须履行。如果已经达成调解的，即使已经提起诉讼也不会再继续诉讼流程。

案件调解不成的，由劳动法庭进行庭审程序，且劳动者一方无须向法庭支付费用即可提起诉讼。从提起诉讼到法庭审理，一般大约需要6个月的时间，判决一般是一审终审，判决后即发生法律效力。当事人一方或双方只有在认为判决在适用法律上错误时才有权向劳动上诉法庭（Employment Appeal Tribunal）提出上诉。上诉法庭通常是独任法官审理，上诉通常需要9—12个月，上诉不收取费用。

除了上述向劳动法庭提起诉讼之外，一方当事人也可以选择劳动咨询调解仲裁委员会的仲裁，但只适用于涉嫌不公平解雇的索赔。劳动咨询调解仲裁委员会的这类仲裁自愿、免费、保密且具有法律约束力。仲裁裁决将在听证会2周内送达，这类裁决不能在之后的法庭争议中要求更改。

第九章
英国金融法

第一节　概　　述

一、英国金融业概况

英国金融服务业涉及银行、保险、投资管理、股票市场、外汇市场及期货市场等业务领域。英国是现代银行体制的发源地,在世界金融银行业发展史上占有极其重要的地位,具有丰富的内容和悠久的历史传统,截至2019年年底英国银行业总规模达9万亿英镑,接近英国经济总量的4倍,其中在英外资银行超过250家,本土银行以传统的五大行(汇丰控股、巴克莱银行、渣打银行、苏格兰皇家银行、劳埃德银行)为主。英国保险业位居欧洲之最、全球第三,共有800多家经批准的保险公司,其中420家属于英国保险协会,净保费收入达1500多亿英镑。

凭借深厚的贸易渊源、一流的专业人员、高质量的配套服务以及语言、时区、法规等方面的优势,伦敦位居世界三大金融中心之列,在证券和外汇交易、海事和航空保险、债券保险和交易、银行间拆借等国际金融市场上均占有重要一席。伦敦不仅拥有大量银行,并且是全球最大的保险市场和全球最大的再保险市场之一,还是世界领先的航空与航海保险市场。伦敦是世界主要外汇交易市场,日交易量达5000多亿美元,占全球交易量的30%。伦敦是全球最大的场外金融衍生品交易市场,继芝加哥之后成为全球第二大期货与期权交易市场,也是全球最大的基金管理中心。除伦敦外,爱丁堡、曼彻斯特、卡迪夫、利物浦、利兹和格拉斯哥也是英国金融交易中心。

二、英国金融监管体系沿革

英国是世界上第一个实行统一金融监管的国家。1997年之前实行分业监管,英格兰银行、财政部、证券与投资管理局等9家金融监管机构分别对银行业、保险业、证券投资业、房屋协会等机构实行监管。为克服分业监管存在的弊端,英国启动金融监管体制改革,1997年10月在原来证券与投资管理局的基础上,设立金融服务监管局(Financial Service Authority),对所有在其境内注册的金融服务机构进行统一监管。该机构拥有制定规则、调查和执行权,以提高效率、规范金融市场秩序和保持公平竞争。《1998年英格兰银行法》施行后,英格兰银行开始拥有独立行使货币政策的权力,并将对金融机构的监管职能剥离,转由金融服务监管局接管。

2000 年 6 月《2000 年金融服务和市场法》获得批准，并于 2001 年 12 月 1 日正式生效，标志着历时 4 年的英国统一监管的金融体制改革基本完成。该法是英国迄今为止最重要的金融立法，吸收合并了以前颁布的《1979 年信用社法》（Credit Unions Act 1979）、《1986 年金融服务法》（Financial Services Act 1986）、《1986 年建筑社法》（Building Societies Act 1986）、《1977 年保险经纪（注册）法》[The Insurance Brokers（Registration）Act 1977]、《保单持有人保护法》（Policyholders Protection Act）等 9 部法律。根据《2000 年金融服务和市场法》的授权，金融服务监管局还制定了《市场行为守则》（Code of Market Conduct）、《公开发行证券规则》（Listing Rules）等规定。

为应对金融危机对金融市场和经济稳定的影响，适应金融发展的新形式，英国于 2010 年对《金融服务和市场法》进行了重新修订，并于 2012 年对金融服务监管局进行了改组。2013 年 4 月，英国实行双峰金融监管体制，即以英格兰银行为核心，统一负责全面的金融稳定，并同时设立审慎监管局和金融行为监管局。其中英格兰银行隶属财政部，是英国的中央银行，主要负责执行国家金融货币政策，内设金融政策委员会，负责制定宏观审慎政策，识别、监控并采取措施防范应对系统性风险，以实现宏观审慎监管目标；审慎监管局是英格兰银行的附属机构，负责对各类金融机构进行审慎监管，以实现微观审慎监管目标；金融行为监管局为新设独立监管机构，独立于英格兰银行之外，取代原金融服务监管局，监管金融机构的业务行为，促进市场竞争，保护消费者，直接对英国中央议会和财政部负责。之后，英国又通过了多项法案对前述双峰监管模式进行了补充完善，形成了由财政部和英格兰银行统领的“一行一会两局”的宏观、微观审慎监管新格局。[1]

三、英国脱欧对金融领域的影响

历史上，英国在影响和发展欧盟金融立法方面发挥了重要作用，包括目前关于银行恢复和解决方案以及市场滥用的制度。2020 年 1 月 31 日，历经 3 年多的时间，英国正式宣布脱欧。2020 年 12 月 31 日，英国脱欧过渡期结束，英国正式退出欧盟。2021 年 3 月 26 日，英国财政部宣布，英国和欧盟就脱欧后的金融服务规范达成一项谅解备忘录。这份待签署的谅解备忘录将“为自愿监管合作创造架构”，并建立一个监管论坛，以“作为促进（双方）金融服务议题对话的平台”。但截至 2021 年 11 月，双方在金融领域仍未达成全面的金融服务协议。从短期来看，金融业将因此遭受一定的消极影响。欧盟是英国金融业最大的出口市场，2018 年金融及保险服务出口高达 326 亿英镑，但自英国脱欧以来，众多金融机构已经选择出走，落户法兰克福、巴黎等城市，以谋求稳定的欧洲金融服务业务和保持自身的欧洲金融牌照资格。所以，在后期的谈判中，英国

---

〔1〕 参见陈星宇：《英国金融监管体制研究及对我国金融监管的借鉴意义——以金融消费者保护为视角》，云南大学 2017 年硕士学位论文。

会尽可能地谋求在获得欧盟准入的基础上，尽可能少地采纳欧盟监管标准[1]。

第二节　英国银行法

一、英国银行法体系概况

英国银行监管的法律体系，主要由英国《2000 年金融服务和市场法》（包括对该法作出的修订，下同）及其配套的立法规定构成。另外，英国银行法也要遵循欧洲经济区关于银行监管的最低限制性规定。英国已于 2020 年 10 月 22 日向议会提交了《金融服务法草案》（Financial Services Bill），该草案规定，为加强英国的审慎标准、促进金融稳定，将实施新的金融审慎监管机制，并赋予金融行为管理局必要的权力，以监督银行间同业拆借利率基准（LIBOR benchmark）的有序过渡。[2]

二、英国银行业的监管机关

英国银行业的监管机关目前主要有：英格兰银行、审慎监管局和金融行为监管局。

（一）发展历程

2010 年 7 月，为应对当时的金融危机，英国政府发布了一份咨询文件，概述了对英国金融监管体系进行全面改革的建议，以支持更专业、更专注的监管机构。该文件明确了当时制度的若干问题：

（1）金融服务监管局的职权范围过于广泛，且没有足够的能力来尽早发现和解决问题；

（2）英格兰银行没有工具或杠杆来履行其确保金融稳定的责任；

（3）英国财政部负责维持体制框架，但没有明确的责任来应对危及公共资产安全的危机；

（4）没有监管机关有职权监督整个金融系统，识别金融稳定的风险，并采取果断行动解决问题。

此后，根据新修订的《2000 年金融服务和市场法》，审慎监管局和金融行为监管局于 2013 年共同取代了金融服务监管局。

（二）监管目标和职能

1. 英格兰银行

英格兰银行的主要监管目标和职能为确保英国货币和金融市场的稳定，具体包括以下 4 个方面：

（1）提供安全的付款方式，例如确保货币的安全性、监督支付服务、银行记账安全；

---

〔1〕 丁纯、强皓凡、纪昊楠：《英国正式脱欧经济影响几何》，载《中国金融》2020 年第 4 期。

〔2〕 UK Government, Accessed on November 13, 2020, https://www.gov.uk/government/collections/financial-services-bill-consultations.

(2)保持价格稳定，维持通货膨胀率在2%左右；

(3)确保银行金融机构稳定运行，下设审慎监管局，对英国的银行及其他金融机构进行监督；

(4)确保英国金融体系稳定，关注任何与金融有关的风险，例如在必要的时候向某些金融机构提供贷款，以确保其能够正常运作。

在机构设置上，为制定金融政策，例如寻找金融体系的未来风险和弱点，英格兰银行下设了金融政策委员会(Financial Policy Committee)；为制定货币政策，例如设定银行基准利率、决定量化宽松政策，英格兰银行设立了货币政策委员会；为确保银行和其他金融机构的安全性和稳健性，英格兰银行设立了审慎监管局。

英格兰银行在其官网写道：“我们的使命是通过保持货币和金融稳定来促进联合王国人民的福祉。这其中包括，民众可以安全地支付，保持稳定的生活成本，确保民众可以信赖银行及支付服务。”

2. 审慎监管局

审慎监管局隶属于英格兰银行。根据新修订的《2000年金融服务和市场法》的规定，审慎监管局的主要目标是维持英国金融体系的稳定性，避免金融体系受到不利影响，从而促进审慎监管局所授权从事金融业务机构的安全性和稳健性，次要目标则是促进该等被授权机构在服务市场的有效竞争。

职能上，审慎监管局负责对约1500家银行、信用合作社、保险公司和主要投资公司等进行审慎监管。根据法规的要求，金融机构应当保持足够的资本，做好风险控制。审慎监管局对金融机构进行密切监督，确保全面了解其活动，从而在金融风险发生时可以及时介入。

3. 金融行为监管局

金融行为监管局由英国中央议会于2013年批准创建，是英国金融服务行为的监管机关。议会赋予金融行为监管局的战略目标为“确保相关市场稳定”，3个要实现的具体目标分别为保护消费者、保护和增强英国金融体系的完整性、为保障消费者利益促进有效的竞争[1]。

金融行为监管局的职责同样受新修订的《2000年金融服务和市场法》规制，包括对英国金融机构的业务行为进行监管，在监管范围上较审慎监管局更广，例如其对小型金融服务机构也有监管权限；此外，金融行为监管局在2015年后还负责监督支付服务行为[2]。

根据《2000年金融服务和市场法》，审慎监管局和金融行为监管局在以下方面共同

---

〔1〕 BANK OF ENGLAND, *Prudential regulation / Authorisations*, Accessed on March 2, 2020, https://www.bankofengland.co.uk/prudential-regulation/authorisations.

〔2〕 陈宇、叶睿：《英国监管体制改革路径：双峰监管模式与金融行为监管局运行机制》，载《中国银行业》2015年第7期。

承担责任(包括监督、执法、制定规则和监管政策):授权、审慎事宜、开展业务。

适用于银行的主要监管规则可在《资本要求条例》以及审慎监管局和金融行为监管局的指南中找到。除了《资本要求条例》、《金融服务和市场法》和上述执法机关的指南中的详细规则外,银行(和其他授权人员)还必须遵守审慎监管局和金融行为监管局的要求。如果银行违反了上述要求,监管机构可能会采取处罚措施。

(三)联系方式

英格兰银行

Bank of England

网站:http://www.bankofengland.co.uk/Pages/home.aspx

审慎监管局

Prudential Regulation Authority

网站:http://www.bankofengland.co.uk/pra/Pages/default.aspx

金融行为监管局

Financial Conduct Authority

网站:https://www.fca.org.uk/

三、英国银行规定的重点内容

(一)牌照业务的监管

在英国,开展特定的业务需要特定的银行牌照(许可),不同的银行牌照涵盖了不同的服务内容。根据《2000 年金融服务和市场法》,如果没有经过授权或者取得特别豁免,任何人不得在英国开展以下牌照业务:(1)银行存款业务。如果银行将其通过存款业务收到的钱借贷给他人,或者使用通过存款业务收到的资金或利息来融资的,则接受存款的业务属于受监管的活动,某些例外情况除外;(2)发行电子货币(有权接受存款的银行通常也会被许可提供支付服务和发行电子货币);(3)与投资有关的活动,包括作为交易的委托人或代理人进行交易安排、保护和管理交易,以及就某些投资提供咨询;(4)消费贷及相关活动;(5)以住宅和房屋作为融资担保的贷款;(6)保险调解;(7)某些相关活动以及管理或提供与指定基准相关的信息,主要包括:伦敦同业拆借利率(LIBOR)、ICE 互换利率(ICE Swap Rate)、英镑隔夜平均指数(Sterling Overnight Index Average)、回购隔夜平均指数(Repurchase Overnight Index Average)、伦敦下午 4 点收盘即期汇率(WM/Reuters London 4pm Closing Spot Rate)、伦敦金价(LBMA Gold Price)、伦敦金银市场协会白银基准价(LBMA Silver Price)和 ICE 布伦特原油指数(ICE Brent Index)。

除了消费信贷业务和房屋贷款融资均受法律监管外,其他的贷款不受此类监管。其他金融工具(如证券、基金或衍生工具)的贷款形式,通常受《金融工具市场指令》(Markets in Financial Instruments Directive II)的监管。许多银行在该指令下也拥有各种投资许可,使其能够提供其他金融服务,如证券经纪和提供投资建议。

根据《资本要求指令》(Capital Requirements Directive)，某些银行业务活动需要得到欧洲经济区成员国的相互承认。欧洲经济区授权的银行有权在其本国获得授权后进入英国开展业务，反之亦然。

（二）不同银行职能的监管

《2000年金融服务和市场法》对银行的监管是基于银行的职能进行的，而不是以银行的分类或者形式作为监管基准。因此，如果银行仅从事存款和贷款业务，那么银行牌照的许可范围将限定在存贷业务上，但如果是一个功能齐全的全能型银行，就需要一套能够涵盖一系列金融工具和各种客户类型的经营许可权限。银行业务模型复杂性的增加，将匹配更多的规则，需要配套更先进的系统、风控和监控体系，并将面临越来越多的监管审查。

1. 国有银行

国家储蓄和投资银行是英国的储蓄组织，是财政大臣的执行机构。国家储蓄和投资银行为零售客户提供储蓄和投资产品，作为向财政部提供资金的一种手段，不受监管，但财政部通常希望它在适当的情况下自愿遵守规则。除国家储蓄和投资银行之外，英国没有典型意义下的国有银行。

2. 全能银行、商业银行和零售银行

许多在英国运营的银行都在追求全能银行业务模式。根据《2013年金融服务（银行业改革）法》[Financial Services (Banking Reform) Act 2013]及其二级立法，英国拥有250亿英镑或以上所谓核心存款的银行，将被要求将其散客业务和中小企业存款业务纳入合法、实际和经济上独立的围栏策略实体的部分中。所谓“围栏（Ring-Fencing）”是通过把零售银行和投资银行业务隔离开的结构性改革来有效隔离风险或在地域上进行限制，以维护储户等债权人利益。根据《2000年金融服务和市场法》的定义，围栏策略实体是指根据该法第4A部分的许可，从事第142条B所规定的一项或多项核心活动（例如接受存款）的英国机构。围栏策略实体被禁止从事某些活动，如处理复杂衍生品、商品交易活动以及在欧洲经济区以外开设经营分支机构和子公司。但围栏策略实体也会被允许参与其他活动，例如：

（1）从高净值的个人客户、大型组织、相关金融机构和非欧洲经济区的个人处获得存款；

（2）销售简单的衍生品以便进行客户风险管理；

（3）作为围栏策略实体客户的代理机构，从其他供应商处获取产品。

英国脱欧后，部分欧盟法规虽然不再适用，但金融机构仍要按照《2013年银行业改革法》的规定行事。为避免产生金融机构风险，英国对围栏策略实体仍没有交易活动及地域上的限制，也不会令其间接参与清算和结算以及银行间支付系统。但上述限制的各种豁免情形，也能使围栏策略实体能够管理其流动性和资产负债表风险。

3. 投资银行

投资银行业务的核心通常涉及的是非个人客户的大规模业务。该等业务类型一般避免了个人客户业务类型的银行义务，但是大规模业务需要一系列的受监管业务和金融工具的牌照许可。金融行为监管局越来越重视大规模的业务行为，对之加强监管并施加了更多的干预措施。

4. 私有银行

私有银行的业务通常侧重于个人客户，因此需要获得与个人银行业务相关的许可。如果私有银行向客户提供投资服务，则适用《金融工具市场指令》规定的商业义务。

（三）重要金融机构的监管

自2016年开始，具有全球系统重要性的金融机构（Global Systemically Important Institutions, G－SIIs）和其他系统重要性的金融机构（Other Systemically Important Institutions, O－SIIs）被要求在合并的基础上，维持《资本要求指令》下的一级普通股（SII缓冲区）的缓冲。

审慎监管局负责指定以及每年设定和公布适用的缓冲率。2017年11月，审慎监管局将4家总部位于英国的银行集团确定为G－SIIs：汇丰控股有限公司（HSBC Holdings Plc.）；巴克莱银行（Barclays Plc.）；苏格兰皇家银行集团有限公司（The Royal Bank of Scotland Group Plc.）；渣打银行（Standard Chartered Plc.）。

此外，共有16家英国公司被指定为O－SIIs（包括上述4家G－SIIs）。预计G－SIIs将维持杠杆比率缓冲，该缓冲将设定为G－SIIs的公司特定水平，并将适用于所有《资本要求条例》下公司的最低量化杠杆比率要求。从2019年起，符合G－SIIs资格的英国银行将受到英国实施金融稳定委员会总损失吸收能力标准的约束。金融行为监管局根据其法定目标的风险将公司分类为C1—C4。O－SIIs和其他高影响力公司可能会被定为C1和C2，该等公司将受到更密切的监管。

（四）银行内部治理和组织架构的监管

1. 公司治理要求

英国银行的组织形式为公司或者合伙企业。总部设在英国的银行一般采取公司的形式。作为公司，登记注册的银行董事须根据英国公司法承担一般责任。在英国或国外上市的英国授权银行的董事也必须遵守英国公司治理规则中所要求的良好治理原则。

银行必须遵守基本原则和规则，这些原则和规则一般会在审慎监管局指南中进行规定，大多数的银行治理要求是以高级别和非规定的方式构建的。银行通常必须有健全的治理安排，包括：明确的组织结构，明确、透明和一致的责任范围；识别、管理、监控和报告风险的有效流程以及内部控制机制。

银行高级管理人员必须具有足够好的声誉和丰富的经验，以确保银行能够得到健全和审慎的管理。银行应当确保至少有两个高级管理人员，并且至少有两个独立的人来制定和实施银行的政策。

2016年，高级管理人员和认证制度对银行施加了新的治理要求，该制度为英国银行引入了关键责任分配和相关个人责任的强化标准。

2. 组织结构要求

与银行公司治理一样，对银行的组织结构要求和规则通常是高级别的。组织系统应与银行业务的性质、规模和复杂性成比例。在此基础上，银行必须做到以下几点：(1)有决策程序和组织结构，明确规定和记录报告关系并分配职能和责任；(2)有充分的内部控制机制，以确保遵守银行各级的决策和程序；(3)存在有效的内部报告和各级信息的沟通；(4)具有适当和有效的举报安排。

银行还应贯彻职能分离的原则，以减少金融犯罪或违反监管要求和标准的风险。例如应隔离前台和后台职责，以防止单个人发起、处理和控制交易；应规定对利益冲突、薪酬结构、防止市场滥用的合规义务，以对责任进行隔离。

3. 审计师和其他专家任命要求

银行必须指定 1 名独立审计师对银行账户进行年度外部审计，并向金融行为监管局报告银行的客户资产。

银行应当依法组建审计委员会和独立的内部审计职能部门，以监督银行的内部系统和控制、政策以及程序，发布建议并验证对这些建议的遵守情况。

金融行为监管局要求银行的管理层，特别是任何董事会级别的风险委员会，应确保其获得必要的专家建议和支持，以切实履行风控职责。

4. 高级管理人员任职审批要求

全面负责一项或多项高级管理职能的英国银行高级管理人员，必须事先获得审慎监管局和/或金融行为监管局的批准才能担任高级管理职能。银行高级管理人员主要包括执行董事，风控负责人，内部审计、合规和运营/技术以及部分业务部门负责人。

非执行董事只有在履行特定高级管理职责时，才需要获得监管机构的批准，例如提名薪酬委员会负责人。

在申请批准之前，银行应对潜在的高级管理人员进行初步尽职调查（包括就业参考和犯罪记录检查）。监管机构只有在确信有关人员在品格、声誉、能力和财务稳健性方面符合履职要求时，才会予以批准。

二级内部认证制度也适用于非高级管理人员，如果该等人员的角色或活动可能对银行或其客户造成“重大损害”风险。这些人员必须经过银行认证才能履行相关职责，为此应考虑设定与高级管理人员相似的审查指标。

5. 薪酬规则限制要求

银行受审慎监管局和金融行为监管局薪酬规则的约束，这些规则用以共同实施《资本要求指令》的薪酬要求。审慎监管局和金融行为监管局的规则适用于集团、母公司和子公司层面。

该薪酬规则适用于所有员工，其中包括高级经理、其他重大风险承担者以及与高级管理人员处于同一范围内和/或超过每年 500,000 欧元的个人。通常包括业务单位负责人和其他可能对银行风险状况产生重大影响或可能使银行面临重大损害的个人。

根据薪酬规则，各种原则适用于员工的各种“报酬”，包括所有形式的工资和福利金以及实物福利。薪酬规则包括奖金上限规则，其将可变薪酬限制在固定薪酬的100%（或在股东批准的情况下为200%）。

（五）银行的风险控制管理

银行应当能够通过适当的风险管理政策和程序以及风险评估，来识别、管理、监控和报告实际或潜在风险。银行必须监控的具体风险包括：（1）信用风险：银行交易对手违反其财务义务的风险；（2）市场风险：资产价格变动引起的潜在损失风险；（3）流动性风险：出售时不存在资产需求的风险；（4）杠杆风险：由于资本结构中的债务过剩，损失风险被放大；（5）操作风险：内部流程、人员和系统或外部事件导致的损失风险；（6）集中风险：由于过度集中于特定资产类别或交易对手而导致损失风险放大；（7）剩余风险：信用风险缓解技术无效的风险；（8）证券化风险：使用证券化结构产生的风险；（9）利率风险：影响银行财务状况的利率不利变动风险；（10）养老金义务风险：无法履行养老金义务的风险；（11）集团风险：受母公司、子公司和关联公司影响产生的风险；（12）声誉风险：对银行声誉造成不利影响的风险。

银行应建立并维持独立的风险管理职能，实施其政策和程序，并据此向高级管理人员报告或向其提供建议。

银行应根据银行的规模、性质和业务复杂性，考虑设立首席风险官和董事会级别的风险委员会。首席风险官应对董事会负责，完全独立于业务部门，具有足够的地位和权力来履行职责，并且不受限制地访问存在风险状况的任何业务部分。首席风险官将向首席执行官、首席财务官或其他执行董事汇报工作。风险委员会应由非执行董事领导，主要由非执行董事组成。风险委员会负责监督银行的风险控制和管理，并就风险策略和监督事宜向董事会提出建议。

根据《资本要求指令》，银行必须披露：（1）资本结构；（2）资本充足率；（3）非交易账户中的信用风险和股票；（4）降低信用风险；（5）证券化；（6）市场风险；（7）非交易账户中的操作风险和利率风险；（8）杠杆风险；（9）资本缓冲；（10）使用外部信用评估机构；（11）治理安排；（12）风险管理。

1. 流动性要求

所有英国注册的银行都要遵守高水平、定性和定量的流动性要求。所有银行都受审慎监管局基本规则的约束，该规则要求银行保持高水平的资本充足率[1]。

英国银行的定性要求侧重于治理层和高级管理层对流动性风险的监督、流动性风险的计量和管理、压力测试和应急资金计划。

《资本要求条例》第8条指出，在特定的情形下，对于银行的流动性而言，银行可以依赖全集团成员的流动性来解决问题，但这将导致集团内的成员放弃全部或者部分流

---

〔1〕 BANK OF ENGLAND, *Prudential regulation*, Accessed on March 2, 2020, https://www.bankofengland.co.uk/prudential-regulation.

动性。

2. 杠杆率要求

英国在引入《资本要求条例》定量要求前，在 2016 年 1 月 1 日引入了 3% 的杠杆率要求。目前英国允许银行对该比率的计算进行某些调整。该要求在审慎监管局规则以及英国银行的具体监管报告和公开披露要求中有明确列举。英国还通过金融政策委员会提供了各种杠杆率缓冲的应用，包括反周期杠杆缓冲以及针对围栏策略实体和 G – SIIs 特定杠杆缓冲。

3. 资本充足率要求

银行必须始终保持等于或大于其风险加权资产的资金，作为银行在财务压力期间可用于吸收损失的现金、准备金、股权和次级负债的缓冲。

与《巴塞尔协议Ⅲ》一致，《资本要求指令》还要求成员国引入强制执行资本保护和反周期资本缓冲的制度，并授权银行设定反周期缓冲区的政策框架和费率。

（六）银行的综合监管

由于英国综合监管的源头是巴塞尔银行监管委员会（Basel Committee on Banking Supervision，BCBS）的监管原则和标准，因此在英国，综合监管的目标与其他成员国家和地区一样，要确保对银行尤其是大型银行金融集团的审慎和充分监管。其中，《资本要求条例》定义了银行集团的标准，并且规定了审慎监管适用的要求。

（七）英国银行收购的监管

1. 通知审慎监管局的特别规定

根据英国银行相关的法律规定，决定收购或增加对英国银行控制权的人，必须在进行收购前以书面形式通知审慎监管局，由审慎监管局来批准是否可以完成收购。

“控制”包括通过持股和/或持有投票权形成控制，或通过持股后，对管理层和董事会的任命和约束形成控制的情况。如果通过减少股权或投票权的方式减少或停止控制，也需要书面通知审慎监管局。未能遵守与控制权变更有关的法定通知要求，属于刑事犯罪。

审慎监管局对拟议的收购审查主要考虑以下几个方面：（1）拟议的收购或控制权的增加将对经营该银行业务的人的声誉的影响；（2）收购方的财务稳健性；（3）银行能否遵守审慎要求，以及在收购后能否继续进行有效的监督和监管合作；（4）是否有任何合理理由怀疑收购可能与洗钱或恐怖主义融资活动有关或因此增加该等风险。

2. 外资收购银行的特别规定

除要求银行继续遵守与银行收购相关的标准和程序之外，如果收购方在英国或欧盟，则对此类外资收购没有特殊限制。但在英国脱欧过渡期结束并完成谈判后，此规定是否延续执行有待观察。

位于非“金融行动特别工作组”（Financial Action Task Force）成员国家的司法管辖区的其他潜在银行投资者，则很可能难以获得审慎监管局的批准，因为防范洗钱和恐怖主义融资的风险是英国银行控制权变更下的强制性评估标准之一。

值得一提的是,2007 年 6 月 28 日,在法国召开的工作组全体会议以协商一致方式同意中国成为“金融行动特别工作组”正式成员。

(八)银行破产清算的法律体系

根据适用于英国公司的破产法以及《2009 年银行法》(Bank Act 2009),英国注册的银行可以进行破产清算。根据《2009 年银行法》第 94 条的规定,银行破产程序只能通过法院的命令启动,而且只有英格兰银行、审慎监管局或财政大臣才能申请此类命令。

上述机构可以基于银行无法或可能无力偿还债务或银行清算符合公共利益的理由,申请启动银行破产程序。英格兰银行或审慎监管局受理的申请理由,主要是银行经营不善需要破产并且英格兰银行认为这种情况不太可能会有明显改善。财政大臣可以在银行清算申请符合公共利益时,申请启动银行破产程序。

银行破产程序优先于其他破产程序。银行破产程序虽然也有正常的公司清算程序的特征,但作为一项优先程序,清算人应确保将有担保的存款转移到另一家银行,或者根据金融服务补偿计划(Financial Services Compensation Scheme)支付给受影响的其他有担保的存款人。此外,持有客户资金或资产的银行也会优先考虑客户资金和资产的回报,这与投资银行破产制度是一致的。

(九)银行经营困难的恢复与解决制度

英国的银行决议制度(The Bank of England's Approach to Resolution)是根据《2009 年银行法》制定的,该制度降低了银行破产可能给储户、金融系统和公共财政带来的风险。在银行决议制度中,囊括了公众利益测试(The Public Interest Test)、决策工具(Resolution Tools)、债权人保护措施(Safeguards for Creditors)、公共资金的使用(Use of Public Funds)、破产规则(Role of Insolvency)等[1]。根据此规定,《2011 年投资银行特别管理条例》制定了适用于投资银行的进一步的二级立法。

《2009 年银行法》以及审慎监管局和金融行为监管局关于恢复和解决的规则已经过大幅修改,以便于实施《银行恢复与解决指令》(Bank Recovery and Resolution Directive)。《2000 年金融服务和市场法》也修订了相关内容,强化了审慎监管局和金融行为监管局对金融机构(包括对母公司、银行和投资公司集团)的权力,以结合英国破产立法,实施《银行恢复与解决指令》中规定的债权人等级制度。

审慎监管局规则要求银行制定和保持恢复计划,以尽量减少银行经营困难时的风险,确保经营失败的银行或银行集团的业务(包括关键职能)可以在法律规定的框架下得以解决。这些要求旨在使银行和审慎监管局能够有效地规划潜在的恢复和解决方案,并确保监管机关能够随时访问银行及其集团业务的相关信息。

---

〔1〕 Bank of England, *The Bank of England's approach to resolution*, Accessed on March 3, 2020, https://www.bankofengland.co.uk/-/media/boe/files/news/2017/october/the-bank-of-england-approach-to-resolution.pdf?la=en&hash=FC806900972DDE7246AD8CD1DF8B8C324BE7652F.

《2009年银行法》还规定了适用于银行（在某些情况下适用于其集团成员）的特别决议制度（Special Resolution Regime），其中包括破产前稳定方案、银行破产程序和银行管理程序。特别决议制度适用于在银行发生经营问题，但监管机关可用的权力不足以避免此类问题的情形。

四、英国主要中资银行联系方式

英国主要中资银行的英文名称和联系方式如下：

（1）中国银行（英国）有限公司。

Bank of China (UK) Limited

地址：1 Lothbury, London EC2R 7DB, U.K.

网址：www.bankofchina.com

（2）中国银行（英国）有限公司伦敦中国城分行。

Bank of China(UK)Limited London China Town Branch

地址：107 Shaftesbury AVE., London W1D 5DA, U.K.

网址：www.bankofchina.com

（3）中国银行（英国）有限公司曼彻斯特分行。

Bank of China (UK) Limited Manchester Branch

地址：67－69 Mosley Street, Manchester M2 3JB, U.K.

网址：www.bankofchina.com

（4）中国银行（英国）有限公司格拉斯哥分行。

Bank of China (UK) Limited Glasgow Branch

地址：450 Sauchiehall Street, Glasgow G2 3JD, U.K.

网址：www.bankofchina.com

（5）中国银行（英国）有限公司伯明翰分行。

Bank of China (UK) Limited Birmingham Branch

地址：33 Horse Fair, Birmingham B1 1DD, U.K.

网址：www.bankofchina.com

（6）中国工商银行（伦敦）有限公司。

Industrial and Commercial Bank of China (LONDON) Limited

地址：36 King Street London EC2V 8BB, U.K.

网址：www.icbclondon.com

（7）中国建设银行（伦敦）有限公司。

China Construction Bank (LONDON) Limited

地址：111 Old Broad Street, London EC2N 1AP, U.K.

网址：http://www.uk.ccb.com/london/en/index.html

（8）中国农业银行伦敦分行。

Agricultural Bank of China Limited London Branch
地址:7/F, 1 Bartholomew Lane, London EC2N 2AX
网址: www. uk. abchina. com
(9)中国交通银行(英国)有限公司。
Bank of Communications (UK) Limited
地址:4th Floor, 1 Bartholomew Lane, EC2N 2AX
网址:www. uk. bankcomm. com
(10)中国国家开发银行驻英国工作组。
China Development Bank Corporation, UK
地址:4 Lombard Street, London, EC3V 9HD, UK
网址:www. cdb. com. cn/English/gykh_512/zzjg/fzjg/gj/lddbc/
(11)招商银行伦敦分行。
China Commercial Bank London Branch
地址:18th Floor, 20 Fenchurch Street, London, EC3M3BY
网址:london. cmbchina. com
(12)中国民生银行伦敦代表处。
China Minsheng Banking Corp., Ltd. UK Representative Office
地址:3rd Floor 33 Eastcheap, London, Bridge, EC3M 1DT
网址:www. cmbc. com. cn
(13)上海浦东发展银行伦敦分行。
Shanghai Pudong Development Bank London
地址: 1 Lothbury, London EC2R 7HJ
网址:https://spdb. e – ciie. com/
(14)中信银行伦敦分行。
China CITIC Bank Corporation (London)
地址:5th Floor 99 Gresham Street, London, EC2V 7NG
网址:https://www. cncbinternational. com/home/en/index. jsp

第三节　英国证券法

一、英国证券市场与监管体系

(一)英国证券市场

1. 伦敦证券交易所

伦敦证券交易所在世界四大证券交易所(纽约证券交易所、纳斯达克交易所、东京证券交易所、伦敦证券交易所)中是历史最悠久的,已有200多年的历史。伦敦证券交易所具有国际化水平高和上市证券种类多等特点。伦敦不仅是欧洲债券及外汇交易领域的全球领先者，还受理了超过2/3的国际股票承销业务。

2. 伦敦股权资本市场

伦敦股权资本市场有3层结构，按照市值和流动性计算的顺序如下：

（1）正式挂牌市场。经批准可以在伦敦证券交易所挂牌交易的主板市场，由英国上市管理署（UK Listing Authority）负责监管。

（2）创业板投资市场（即AIM板）。为小型、成长性公司提供的创业板国际市场，由伦敦证券交易所运营。

（3）普拉斯（PLUS）报价市场。一个独立的英国股票市场，由普拉斯市场股份有限公司运营，致力于满足小型公司的需要，被称为“普拉斯报价”板块。普拉斯市场股份有限公司近期还推出了新的、面向更大型公司的普拉斯挂牌市场。

目前，英国首次公开募股最活跃的领域是工业和服务业，其次是投资公司，然后是技术领域融资。

（二）英国证券监管体系

英国的证券监管模式，经历了由完全自律性监管转向自律监管和立法监管相结合，再逐渐转向由政府监管和自律监管相结合的过程。1773年自伦敦证券交易所成立到1986年“金融大爆炸”（bigbang，伦敦金融业政策变革）之前，证券市场主要依靠伦敦证券交易所自身严格的规章制度和高水准的专业证券商进行自我监管，形成了完备的证券市场“自律管理”体系。1986年，英国实行金融改革，议会通过了《1986年金融服务法》，该法改变了英国传统的自律管理模式，建立了自律管理与立法监管相结合，即在法律框架下的自律管理模式。后来，随着《2000年金融服务和市场法》的制定及修订，建立了新的监管金融市场的法定架构，英国证券市场走上了政府监管和自律监管相结合的道路。

二、英国证券法律体系

英国证券法规主要包括：（1）《1985年公司法》和《1989年公司法》；（2）《1985年公司证券（内幕交易）法》；（3）《1985年公司合并法》；（4）《1986年董事除却资格法》；（5）《1986年破产法》；（6）《1986年金融服务法》；（7）《2000年金融服务和市场法》。

自律监管机构制定的自律性规定包括：（1）《伦敦城市收购与兼并守则》；（2）行业协会制定的文件；（3）欧盟指令，如《投资服务指令》《公开说明书指令》《透明化指令》《收购指令》等。

三、公司证券申请上市规定

公司可在伦敦证券交易所的主板市场（作为首要上市或第二上市）直接上市发股。公司在伦敦上市有3种途径：股票、存托凭证、债券。如公司的股票尚未在其本土市场上市，该公司可申请在伦敦直接上市，如公司的股票已在其本土市场上市，该公司也可申请在伦敦上市，让公司的股票在伦敦及本土市场一同上市。

无论公司申请哪一类上市,英国上市管理署都有一系列在批准上市和伦敦证券交易所接受股票交易之前必须达到的基本要求。以伦敦证券交易所为例,公司申请上市的基本要求包括[1]:(1)公司的市值应超过70万英镑,并且已有25%的股份由公众持有;(2)公司需要提交最近3年的审计财务报表(Audited Financial Statements),如果没有3年的经营记录,例如某些科技公司、承建重大基建项目的公司等,在满足伦敦证交所《上市细则》中的有关标准也可申请上市;(3)公司获批上市后至少12个月内有足够的营运资金;(4)按照法律及伦敦证交所的要求,编制招股说明书。

(一)上市程序

"首次公开募股"指的是一家公司(常被称为"发行方")通过发行或出售股票或其他证券筹集新资本的过程,不管是出售股票还是其他证券,都是与建立股票交易或其他证券交易的安排同时进行的。在英国,这一过程也被称为"挂牌"(Listing)、"上市"(Flotation)或者"报价"(Quotation)。

1. 首次公开募股方法

新证券可以通过几种方式获得在英国的投资交易所的交易许可。这些方式并不是相互排斥的,公司股票获得在交易所交易的许可会涉及几种方式。实现"首次公开募股"的主要方式有以下几种:

(1)认购要约与出售要约。认购或出售要约涉及由公司本身或由一家投资银行或股票经纪人向公众提出公司发行新股票或现有股票的要约。最典型的做法是在这种情况下,由投资银行或股票经纪人承销上市发行的股票。认购或出售要约往往是大型公司首次公开募股的做法,是面向广大公众提出的要约。

(2)配售。配售是由经纪人将所发行的新股票或现有公司股票推销给金融机构或经纪人的其他客户;这不是向公众提出要约的一部分,而是一种集中向金融机构配售股票的方式。这是在首次公开募股中最常用的股票分配方式。

(3)中介要约。中介要约是由发行公司或代表发行公司向中介(持照交易商)发出要约,推销新发或现有股票,让中介向他们自己的客户分配股票。

(4)推介。使用推介方法时,公司只能由推荐人、指定顾问(也称保荐人)或公司顾问介绍到正式挂牌市场、创业板市场或者普拉斯报价市场,获准入市。当公司不希望筹集新的资金(往往已经拥有了广大的股东群),而只是希望获得股票交易好处时,这种方式较合适。

2. 首次公开募股流程

首次公开募股的流程从开始到结束可能会持续4—6个月,虽然每笔上市业务各有不同,但每个流程都有值得注意的共同特征。

(1)指定顾问团队。发行人应指定顾问团队,包括1名保荐人或顾问(对于创业板

[1] London Stock Exchange, *A guide to listing on the London Stock Exchange*, Accessed on March 2, 2020, https://www.londonstockexchange.com/home/guide-to-listing.pdf, p.34-35.

投资市场来说相当于保荐人）、1 名经纪人、律师、报告会计师、公关代理人、股票注册机构和印刷公司。

（2）时间安排表和文件清单。保荐人或指定顾问的第一步工作就是制定 1 份草拟的时间表以及文件和责任清单。

（3）尽职调查。赞助人将要求公司律师对公司进行法律尽职调查。财务尽职调查将由会计师负责，会计师将准备一份详细尽职调查报告，同时会准备一份简明的财务报告，并包含在招股书或准入文件中。会计师也将根据公司在接下来12—18 个月内的财务推算准备公司的营运资本。

（4）招股书/准入文件和验证。要求公司准备的有关推广首次公开募股的主要文件是招股书（若是创业板投资市场，对等文件一般称为准入文件）。该文件必须包含关于公司的信息、公司资产、责任和前景以便投资者充分了解情况，作出是否购买公司股票的决定。如果招股书或准入文件中带有不正确的或误导性质的声明，公司的董事就有可能以个人身份被投资者起诉。在某些情况下，公司董事甚至会由于该等误导声明而面临刑事责任。招股书或准入文件的草案由保荐人/指定顾问准备并由律师和会计师审阅。为确保招股书/准入文件没有误导声明，公司律师将与公司董事一起通过验证流程。在流程中，公司的董事会被要求确认招股书/准入文件的每项声明都是真实的，并且证明每项声明都是事实。董事们必须核实文件声明的准确性以避免产生民事或刑事责任。

（5）市场营销和探路人。市场营销推介会在机构和其他潜在投资者召开的会议上进行。在机构配售中，投资者常常会收到一份招股书或准入文件草本的定稿。这份文件被称为“探路者”，在美国叫“红鲱鱼”。此后，投资者会应要求签署配售信，确认他们愿意购买的股份数量。

（二）招股说明书

招股书包括“前端”和“后端”。“前端”是指公司在拟定招股书时发挥主要作用的部分，包括公司的基本情况和战略愿景等，需要以事实的方式表述，并附上有关未来的合适陈述。无论公司的顾问团队多么出色，招股书毕竟是有关公司的业务和未来的法律文件，因此公司应当在草拟“前端”时积极提供内容。招股书的法律基石即所谓的“后端”，它全面提供关于公司和业务的具体内容和信息，包括公司章程、重要合同、股东持有股份和薪酬、会产生影响的诉讼、股票期权计划等。

1. 简明报告

招股书的财务核心是“会计报告”，或称为简明报告，来源于公司经审计的财务报表。公司、会计师、保荐人和证券交易所（如相关）可能会对简明报告进行详细的讨论，以确保其提供“真实和公允的表述”。

2. 营运资本声明

董事必须确认公司拥有充足的营运资本以满足其经营需要。申报会计师通常需要编制一份保密报告，提供给董事和保荐人以协助其作出此项声明。

3.财务报告程序

证券交易所的新申请人必须确认已经建立了程序,为董事就财务状况和发行人前景作出恰当判断提供合理的基础。申报会计师要能够执行程序以协助董事作出这种评估。

4.资本额和负债额声明

董事负责编制资本额和负债额声明,并确保所有贷款、所有其他借款或性质为借款的负债、所有间接负债和应急负债都已经包括在内。申报会计师将为董事出具保密报告,确认其未注意到任何表示需要对资本额和负债额声明作出调整的事项。

5.重大变化

招股书需要描述自从上次财务审计以来,在公司财务或经营状况中发生的重大变化。

四、上市公司的持续性义务

证券上市和交易后,发行人必须在持续性基础上履行一系列义务,包括在指定期限内提供规定的财务报表、及时向市场公布任何价格敏感信息等。另外,在英国高级板(Premium Listing)正式挂牌上市的公司均必须在其年度报告和财务报表中报告其是如何应用公司治理综合准则的[1]。综合准则规定了有关董事会组成、薪酬和董事会问责、审计委员会组成及其与股东关系等问题的最佳做法标准。此项要求并不适用于在创业板投资市场(创业板)或普拉斯报价市场上市的公司。但对该等公司而言,在实际可操作的情况下遵循公司治理综合准则,也是他们应当遵循的最佳做法(见表9-1)。

表9-1 在英国主板市场上市的公司持续义务

保荐人	所有主板上市和某些特定上市业务都需要保荐人
内部信息	必须尽快向市场披露
重大交易	规模较大的交易(属于逆向收购或一级并购/出售的交易)需要印发传阅文件并须事先获得股东同意
关联方交易	与关联方的交易需要制作一份传阅文件并须事先获得股东批准
年度业绩和股息初报	必须在会计年度结束后120天内批准并公布
年度报告和账目	必须在会计年度结束后6个月内批准和公布
半年度报告	必须在相关时期结束后90天内批准并公布
季度报告	目前没有此要求
交易限制	针对某些掌握内幕消息的人作出的交易限制
公司治理综合准则	全面符合综合准则

[1] PWC, *Listing in London A guide to premium and standard listings of equity and flotation on AIM*, Accessed on March 8, 2020, https://www.pwc.com/mn/en/capital-markets/assets/mn_successful_listing_in_london_eng.pdf.

五、中国公司在英国上市

自中国证监会与英国上市管理署于1996年10月签署谅解备忘录后,来自中国境内的企业可以直接在英国上市。截至2017年1月,有4家中国公司在伦敦主板市场交易其证券相关的产品,包括:北京大唐发电、浙江高速公路、中国石化总公司和中国国际航空公司。

(一)审批要求

英国要求在伦敦上市的中国公司需要确保在中国国内获得必要的政府批准。中国企业需要多个中国政府部门的批准才可寻求海外上市,任何希望在伦敦挂牌上市的中国公司应就其所需的批准在中国寻求律师意见。

(二)二级上市条件

一家公司在其本国市场上市之后又在另一个主要金融中心上市的情形,并非少见。伦敦证券交易所为各种类型的证券提供了一个二级市场,包括英国和国际公司的股票、创业板证券、存托票据和债券(见表9-2)。

表9-2　中国公司二级上市条件

保荐人	无须保荐人
注册文件	招股书
财务信息	最近3年的审计报告(或自成立以来更短的期限)
上一年度经审计的财务资料日期[1]	上一年度经审计的财务资料日期应为登记文件发出之日前18个月内或15个月内; 18个月:如发行人在登记文件中列入经审计的中期财务报表; 15个月:如发行人在登记文件中列入未经审计的中期财务报表
中期财务信息	如文件日期超出最近1个会计年度审计报告日9个月,则有此要求; 可以是未审计信息
上市	至少25%的证券必须为公众持有
内部信息	必须尽快向市场披露
公司治理	披露公司是否遵守成立公司所在国的公司治理制度, 如果未遵守,则需要提供声明并作出解释
年度报告和账目	必须在会计年度结束后6个月内批准和公布
半年度报告	必须在相关时期结束后4个月内批准并公布

[1] Financial Conduct Authority, *FCA Handbook - PR APP* 3.1, Accessed on March 8, 2020, https://www.handbook.fca.org.uk/handbook/PR/App/3/1.html, ANNEX I - 15.5 and 20.4.1.

第四节 英国保险法

英国是现代保险业的发源地之一,海上保险等诸多保险品种都首先在英国出现。英国在保险监管制度方面有自己的特色,由于传统原因,尽管近年来英国政府认识到保险业的特殊性,对保险业的监管有了明显的加强,但英国的保险监管在各国中仍是比较宽松的。另外,英国保险市场自律性强,注重行业自我管理,这也是英国政府对保险行为监管比较宽松的重要原因之一。

一、监管框架与监管机构

(一)监管框架

经修订的《2000 年金融服务和市场法》为保险和再保险活动的监管提供了框架。

金融行为监管局的手册和审慎监管局的规则详细规定了有关保险公司管理、资产情况和业务开展的要求。

(二)监管机构及主要职能

英国保险公司和再保险公司的监管由审慎监管局和金融行为监管局负责。

新保险公司成立小组(The New Insurer Start - up Unit)是审慎监督局与金融行为监管局共同发起设立的单位,该单位为那些计划在英国成立新保险公司的主体提供信息和支持。新保险公司成立小组目前承担监管机关的一部分工作,主要通过向申请主体提供信息、介绍流程的方式来提高英国对新保险公司的授权程序效率。如申请者对从业授权有任何的意见或建议,也可以与新保险公司成立小组联系并进行反映。

在英国,任何公司想要启动保险方面的业务(如订立保单或履行保险合同)必须得到审慎监管局的授权并且经过金融行为监管局的同意。想要在英国开展保险业务,除了要执行法规的要求,例如《2000 年金融服务和市场法》对保险、再保险业务的各项规定,金融行为监管局所制定的手册(Handbook)以及审慎监管局的规则手册(Rulebook)也提供了详细的规定和指导。

在职能划分上,审慎监管局负责授权许可公司可以开展相关业务,金融行为监管局则是负责持续监管相关公司的行为。监督的严格程度主要受公司的规模、业务类型及给消费者和金融系统带来的风险不同而有所区别。

除了审慎监管局和金融行为监管局以外,英国财政部及英格兰和苏格兰法律委员会(English and Scottish Law Commissions)也在制定保险和再保险行业的政策上具有影响[1]。

---

〔1〕 James C. Scoville, Clare Swirksi & Benjamin Lyon, *Insurance and reinsurance in the UK* (*England and Wales*): *overview*, Accessed on March 8, 2020, https://uk.practicallaw.thomsonreuters.com/0-501-2031? transitionType=Default&contextData=(sc.Default)&firstPage=true&bhcp=1.

二、新保险法改革内容及对当事人权益影响

2015 年 2 月 12 日，英国议会通过了《2015 年保险法》（The Insurance Act 2015），新保险法将适用于 2016 年 8 月 12 日之后订立的（再）保险合同。

英国《1906 年海上保险法》（Marine Insurance Act 1906）以保护保险业发展为目的，设置一系列机制以防止被保险人滥用权利并保护保险人，但其对被保险人过于严苛，已不能适应现代保险业的发展。英国法律委员会（Law Commissions of England and Wales and of Scotland）已于 2012 年修改了消费者保险，制定了《消费者保险（披露和陈述）法》[Consumer Insurance（Disclosure and Representations）Act]，将消费者在订立保险合同时主动提供信息更改成了诚实和合理地回答保险人询问。随后，英国于 2015 年通过新保险法，对投保人和被保险人的告知义务、保证、欺诈性索赔的救济等 3 个方面进行了改革。其中第一项改革针对商业保险合同和其他非消费者保险合同[消费者合同已由《消费者保险（披露和陈述）法》规范]，后两项改革同时适用于消费者保险和非消费者保险，对于消费者保险，将成为强行性规范，对于非消费者保险，仅为宣示法律默示地位的非强行性规范。下文将针对这 3 个方面，解读新法的改革内容以及对保险公司的影响。

（一）合理告知义务

《1906 年海上保险法》要求被保险人必须在合同成立前告知所有重要情况并如实陈述。新法在告知的范围、告知义务的履行及违反告知义务的救济等方面进行了改革。

在告知范围上，新法将《1906 年海上保险法》所要求的“所有”重要事实，修改为被保险人“知道或应当知道”的所有重要事实；或者，被保险人应向保险人提供足够的信息以便后者能够进一步询问。

在履行方式上，新法一方面要求保险人应当主动、清楚地向被保险人询问所需信息，另一方面规定了被保险人应当“合理查询”可能的重要情况，合理、清楚并且正确地向保险人提供信息。

在救济方式上，相较《1906 年海上保险法》规定的被保险人违反告知义务合同自始无效的单一救济方式，新法考虑被保险人违反告知义务时的主观状态和对保险合同的具体影响程度给予不同救济：只有当被保险人出于故意或轻率违反告知义务，保险人才能自始解除合同并不退还保费；其他情况则需根据对保险合同的具体影响程度而确定救济方式。

（二）保证及其他条款

根据《1906 年海上保险法》，被保险人一旦违反保证条款，则保险人的保险责任自动解除。新法规定被保险人违反保证条款期间，保险人赔付责任暂时“中止”，直到该违反被予以改正。同时，新法新增“与实际损失无关”条款，即如果被保险人能证明违反保证不可能导致特定风险增加，则保险人不得以违反保证为由拒赔。此外，新法还禁止了英国保险业将被保险人在投保时的陈述作为“合同基础”条款并变为保证的做法。

（三）欺诈性索赔

新法明确保险人对欺诈性索赔不承担责任，且有权追回已支付的对欺诈性索赔的赔款。新法还规定：（1）保险人有权通知被保险人合同自欺诈行为发生时解除；如解除合同，保险人可拒赔欺诈发生后的与欺诈行为有关的索赔，且无须退还已收取的保费；但是，保险人不得拒赔欺诈发生前的索赔；（2）保险人可拒赔"团体保险"成员的欺诈性索赔，但是不得拒赔没有参与欺诈的被保险人或受益人。

（四）通过合同条款排除新法的适用

与2012年不同，适用于非消费者保险的新法内容并非强制性的法律（关于"合同基础"条款的禁止性规定除外），其允许在保险合同中约定排除适用新法，但必须满足：当排除条款使被保险人的处境较之新法规定变得更为"不利"，那么排除条款必须是"透明"的。"透明"是指保险人必须采取有效措施以使被保险人注意到"不利"条款，且条款规定必须清楚而无歧义。

三、消费者保护规定

（一）法律规定

一般法假定消费者在保险单下是受到保护的。但是，没有独立可适用于消费者保险合同的特别法律和规章。因此，适用于与消费者保险合同的一般性法规主要包括：（1）《2000年金融服务和市场法》；（2）金融行为监管局《商业行为守则》中规定的保险行为；（3）《2012年消费者保险（披露和陈述）法》；（4）《2015年消费者权益法》；（5）《2015年保险法》。

（二）保险单

根据一般法规则，保单条款在下列几个方面加强了对消费者的保护：（1）"最大诚信原则"[1]：最大诚信原则已经转移至保险人在客户申请保险时不作虚假陈述的义务；（2）信息：保险人必须以消费者清楚的方式提供信息，而不是依靠被保险人来披露重要的事实；（3）补救措施：限制了保险人终止保密（不包括欺诈）的权利；（4）外包：任何一类消费者保险合同对保险人来说都是非常重要的，根据《2015年保险法》所形成的案例，保险人在违反保证或出现欺诈的行为后进行的补救措施都是无效的；（5）不利的合同条款：合同的条款不能够违反公平原则，同时要使用明确的语言，并足以引起消费者的注意。

（三）保险人破产时对投保人的保护

英国制定了《1975年保单持有人保护法》（Policyholders Protection Act 1975），为保单持有人在保险公司破产时提供保障。随着《2000年金融服务和市场法》的颁布，英国根据法规的要求开始实施金融服务补偿计划，并成立了独立的运营机构。金融服务补

---

〔1〕 Kenneth Kim, *Global Corporate Finance: A Focused Approach*, World Scientific Publishing Company, 2015, p. 69.

偿计划具体的运营规则由金融行为监管局制定。在保险公司破产时,金融服务补偿计划可以按保单支付赔偿[1]。自 2001 年成立以来,金融服务补偿计划已经帮助了 450 万人,支出超过 260 亿英镑。

有关法规包括:(1)《2004 年保险公司(重组及清算)法规》[Insurers (Reorganisation and Winding Up) Regulations];(2)《1986 年破产法》;(3)《2000 年金融服务和市场法》第 24 部分;(4)《2001 年保险公司(清算)规则》。

第五节　英国基金法

一、英国基金业概况

英国是全球最大的基金管理中心之一,其规模远远超过欧洲其他国家。根据英国投资管理协会(Investment Association)发布的最新数据(2018—2019 年),其协会成员管理的基金资产价值达到 7.7 万亿英镑,整体行业的基金价值已达到 9.1 万亿英镑,受海外投资者委托所管理的基金价值约 3.1 万亿英镑。[2]

基金管理公司在英国(以及通过英国在欧洲和世界范围内)可以为各种不同的客户设计和管理诸多不同类型的基金。

“集合投资计划”(Collective Investment Scheme, CIS)本身是一个源于欧盟和英国法律制度的专业术语,实际是指按照利益共享、风险共担的原则,将分散在投资者手中的资金集中起来委托专业投资机构进行管理和运用的投资工具,即通常意义上的“基金”或“投资基金”。

英国法律将“集合投资计划”定义为“关于任何属性的财产(包括货币)的安排,其目的或效果是使参与人员参加或获得,来自获取、持有、管理或处置该财产的利润或收入,或者前述利润或收入的部分款项”,“参与人员的出资额和他们将获得的利润或收入将聚集起来,前述财产须作为一个整体由计划的运营者管理”。

这些集合投资计划可分为封闭型和开放型;上市交易型和非上市交易型;公募型和私募型等。在不同国家和法域,行业术语又会有所不同,例如在美国,面向公众销售的以股票、债券等证券产品为主的开放式集合投资计划即称为“共同基金”(Mutual Funds)。

从监管的角度,英国的投资基金有以下两种类型:

(1)经授权的集合投资计划(Authorised CIS)——受金融行为监管局监管,并且须遵守《2000 年金融服务和市场法》、《2001 年开放式公司型投资基金条例》(Open - en-

---

〔1〕 FSCS, *Compensation limits Insurance*, Accessed on March 4, 2020, https://www.fscs.org.uk/what-we-cover/insurance/.

〔2〕 Investment Association, *Fund Statistics*, Accessed on March 8, 2020, https://www.theia.org/sites/default/files/2019-09/IMS%20full%20report%202019.pdf.

ded Investment Company Regulations 2001)以及金融行为监管局的相关规定。经授权的集合投资计划必须是开放式的。

(2)未经授权的集合投资计划(Unauthorised CIS)——不受金融行为监管局批准/授权,但其管理人须受欧盟《另类投资基金经理指令》(Alternative Investment Fund Managers Directive)的监管。该欧盟指令通过《2013 年另类投资基金法规》(The Alternative Investment Fund Managers Regulations 2013)以及金融行为监管局《基金汇编》(FCA FUND Sourcebook)转化为英国国内法实施。未经授权的集合投资计划的法律形式以及可投资的资产种类并无监管要求,但该等计划主要限于向专业投资者出售。

1. 经授权的集合投资计划

经授权的集合投资计划是经金融行为监管局批准/授权的投资基金。出于对投资者(尤其是公众投资者)的保护需要,面向公众推介和销售的集合投资计划必须接受金融行为监管局的监管,遵守金融行为监管局《集合投资计划法规汇编》(Collective Investment Schemes Sourcebook)的有关规定,包括满足基金运营的各项义务和责任、投资和借贷权限以及投资者关系等要求。

经授权的集合投资计划只能采取以下 4 种法律组织形式。

(1)公司型开放式投资基金。

公司型开放式投资基金,被称为拥有可变资本的公司型投资基金(Investment Companies with Variable Capital),或者更常见的称呼是获授权认可的开放式公司型投资基金(Authorised Open – ended Investment Company)。

公司型开放式投资基金具有公司结构,并与公司类似。依据《2001 年开放式公司型投资基金条例》,此类公司有独立的法律人格,需要至少具备 1 名董事;如果该公司只有 1 名董事,该董事必须为经金融行为监管局批准的公司董事,被称为经批准的公司董事(Authorised Corporate Director of OEIC)。在实践中,公司型开放式投资基金一般只有 1 名经批准的公司董事。经批准的公司董事负责公司型开放式投资基金的运营,为公司型开放式投资基金的基金管理人。公司型开放式投资基金必须任命 1 名托管人(Depositary)对基金资产进行保管,并对该基金的运营进行监督。公司型开放式投资基金的股东通过其在该公司型开放式投资基金的持股享有间接受益权。

公司型开放式投资基金在结构上可以是单一基金,也可以是下设若干子基金的伞型基金。这些子基金分开管理、计费,并为纳税目的分别入账及评估。公司型开放式投资基金也可以提供多种股份类别(Multiple Share Classes),以满足不同类型投资者的需求。

(2)信托型基金。

获授权认可的单位信托基金(Authorised Unit Trust),基金的资产系由受托人以信托形式代投资者管理,受托人对于整个基金的资产拥有合法所有权。单位信托基金不具备法人资格因而与公司型基金(OEIC/ICVC)不同。

投资者对于信托基金资产享有直接的经济受益权，并且是基金份额的合法所有者。受托人对基金管理人的各种活动具有监督的义务。基金管理人负责基金的运营。从信托基金获得的任何经济收益（如股息等），均由受托人接收并分配给投资者。

单位信托基金依据基金管理人与受托人签署的信托契约而组织设立，基金管理人与受托人必须相互独立。基金管理人和受托人都必须经金融行为监管局批准。并且，专门针对单位信托基金的监管条例也会直接适用于基金管理人及受托人，并由金融行为监管局监管执行。

（3）契约型基金。

获授权认可的契约型基金（Authorised Contractual Scheme），是英国2013年7月推出的一个重大举措，2014年6月英国第一个契约型基金设立。契约型基金给投资者带来了集合化投资和节税的双重利益，对于基金经理人、寿险公司和投资者来说，将是一个卓越的投资载体。

与信托型基金及公司型基金不同，契约型基金不具备法律人格，且不能作为独立的实体。契约型基金仅为代表一定数量的投资者持有并管理的资产集合，投资者作为该资产的共同所有者。颇为重要的是，契约型基金被视为税务透明型基金载体（Tax Transparent Fund Vehicle）。

契约型基金可采用合伙制或契约制。在共有的情形下，投资者通过认购基金份额自动地享有权利、承担义务，共同共有基金中的财产。在契约型基金采取有限合伙形式的情形下，基金管理人应为普通合伙人，投资者应为有限责任合伙人。

监管规定限制了每个投资者的债务承担责任，使其不超过其在独立基金中（或伞形基金之相关子基金中）所持投资单位的不定期衡量的总价值。监管规定要求契约型基金的直接投资者必须投资至少100万英镑或具备专业机构投资者身份，其他投资者只能通过联结基金结构（Feeder Fund Structures）加入基金。

基金管理人负责按照合同约定运营契约型基金。基金管理人还必须任命1名托管人来持有并监督契约型基金参与者的资产。契约型基金，虽然财产是由投资计划的托管人持有，但实质上是投资者作为共同拥有人拥有投资计划之财产。获授权认可的契约型基金既能以独立的形式成立，也能以伞形基金（其下设有多个子基金）形式成立，每个子基金都有其自己的投资目标与策略。

（4）境外基金。

除上述直接由金融行为监管局批准许可的基金外，境外基金在满足一定的条件后，同样可以面向英国的零售投资者销售。在其他国家的经注册国相应监管部门批准许可的基金被称作受认可的基金。除通过跨境互通（Passporting）机制经英国认可的境外基金外，其余境外基金须经金融行为监管局认可，认可其能够提供与《2000年金融服务和市场法》提供给投资者同等程度的保护，基金的宪章性组织文件和管理的安排以及管理人和托管人的职权与责任能够满足与金融行为监管局有关规定同等的条件。

2. 未经授权的集合投资计划

未经授权的集合投资计划是指不需经金融行为监管局批准/授权的基金。因此,并无具体的规则对资产的多样性进行要求。但是,基金管理人须遵守另类投资基金经理指令移植到英国的规则,包括运营、审慎监管要求、评估、风险管理和流动性管理规则。这些基金须具备托管人,托管人对其现金监测、监管和资产隔离负责。

这类基金还必须遵守《2000 年金融服务和市场法》第 21 条关于在英国进行金融产品推广的各项规则。简言之,此类基金不能轻易向广大零售客户进行推介。根据剑桥替代金融中心(Cambridge Center for Alternative Finance)收集的数据,2017 年英国替代金融市场的总价值达到了 62 亿英镑。[1]

(1)对冲基金。

4% 的世界各地对冲基金(Hedge Funds)机构资本来自伦敦的投资者。伦敦是仅次于纽约的全球第二大对冲基金管理公司所在地,是欧洲最大的对冲基金管理中心,欧洲超过 4/5 的对冲基金投资在英国管理。

根据 PREQIN 2020 年的报告显示[2],2019 年英国对冲基金经理所管理的资产总额约为 4630 亿英镑,远远领先其他欧洲各国(整个欧洲总计 6730 亿英镑)。英国知名的大型对冲基金公司英仕曼集团(Man Group),在 2017 年的资产管理规模约为 456 亿英镑,位居英国第一[3]。

(2)私募股权基金和风险投资基金。

英国的私募股权基金(Private Equity)目前所管理的资产规模约为 1470 亿英镑,包括约 480 亿英镑的可投资金,其中约有 200 亿英镑将投入英国的企业。根据毕马威(KPMG)对英国私募股权投资者交易的最新研究显示[4],2019 年英国共完成了 978 笔交易,总价值 865 亿英镑。2019 年的交易数量是自 2014 年以来最少的一年,较 2018 年下降了 19%,2018 年共有 1207 笔交易,总价值 1066 亿英镑。

关于风险投资基金(Venture Capital),白星基金(White Star Capital)在 2019 年发布的报告称,尽管近年来风险投资基金存在发展上的阻碍,2018 年投资数额约为 54 亿美

---

〔1〕 JD Alois, *UK Alternative Finance Market Grows 35% Aided by Institutional Participation, Some Segments Slow &Brexit Concerns are Significant*, Accessed on March 2, 2020, https://www.crowdfundinsider.com/2018/11/141622 - uk - alternative - finance - market - grows - 35 - aided - by - institutional - participation-some - segments - slow - brexit - concerns - are - significant/.

〔2〕 Preqin, 2020 *Preqin Global Hedge Fund Report*, Accessed on March 2, 2020, https://docs.preqin.com/samples/2020 - Preqin - Global - Alternatives - Reports - Sample - Pages.pdf.

〔3〕 Preqin, *The Hedge Fund Industryin The uk*, Accessed on March 2, 2020, https://docs.preqin.com/reports/Preqin - Hedge - Funds - in - the - UK - June - 2017.pdf.

〔4〕 Scottish Financial News, *UK private equity market stutters as* 2019 *deal volumes drop*, Accessed on March 24, 2020, https://www.scottishfinancialnews.com/article/uk - private - equity - market - stutters - as - 2019-deal - volumes - drop.

元，较 2017 年 58 亿美元有所降低，但英国的风险投资形势仍然向好〔1〕。科技类公司融资额度在 2019 年达到了 101 亿英镑，同比增长了 44%，达历史新高〔2〕。在欧洲范围内，英国继续领先欧洲其他国家，其风险资本总额占到了欧洲总额的 63%。

二、基金法律监管体系

直接或者间接适用于基金的法律和监管条例分为 4 个层次：欧盟法、英国法、英国金融行为监管局监管规则和指南以及基金自身的宪章性组织文件。它们构成了一个多层级的法律和规则框架，每深入一层就有更多的细节呈现。

（一）欧盟法

在欧盟法这一层，《2009 年可转让证券集合投资计划指令》（Undertakings for Collective Investment in Transferable Securities Directive 2009）负责监管某些类别的基金。该指令对基金管理人和托管人进行了区分，并规定了他们各自的责任。英国法又提出了进一步的要求，例如，英国关于托管人和基金管理人的相互独立有更严格的规定，托管人和基金管理人必须属于不同的团体，进一步增强了对投资者的保护。

欧盟《另类投资基金经理指令》为可转让证券集合投资计划指令未覆盖的基金管理人提供了严格的监督管理框架。《另类投资基金经理指令》与《2009 年可转让证券集合投资计划指令》的不同在于，《另类投资基金经理指令》并不直接监管基金。《另类投资基金经理指令》规定基金的基金管理人须经批准，托管人须获得任命，并为基金管理人及托管人各自规定了相应的职责。《另类投资基金经理指令》对托管人的工作也作了详细规定，包括安全保管资产及责任预提准备。《另类投资基金经理指令》同时也对系统性风险作出了规定，涉及风险管理、评估和流动性管理等方面。

（二）英国法

在英国国内立法这一层级，主要的立法是《2000 年金融服务和市场法》以及《2012 年金融服务法》（Financial Services Act 2012），规定了金融行为监管局的责任、基金管理人申请基金认可审批事项以及基金托管人的适格性要求等。欧盟《另类投资基金经理指令》通过《2013 年另类投资基金经理指令法规》转化为英国国内法实施。

针对不同组织形式的基金而言，公司型基金须遵从英国《2006 年公司法》和《2001 年开放式公司型投资基金条例》；契约型基金须遵从英国的合同法及《2013 年可转让证券集合投资（契约型基金）法规》[The Collective Investment in Transferable Securities

---

〔1〕 Alara Basul, *New report shows UK set for a record year of VC funding*, Accessed on March 8, 2020, https://www.uktech.news/news/new-report-shows-uk-set-for-a-record-year-of-vc-funding-20190731.

〔2〕 Emily Nicolle, *British tech startups beat £ 10bn funding to top global growth*, Accessed on March 8, 2020, https://www.cityam.com/british-tech-startups-top-global-growth-for-venture-capital-investment/.

(Contractual Scheme) Regulations 2013];信托型基金则须遵从英国的信托法。

(三)英国金融行为监管局监管规则和指南

经授权认可的基金应当遵循金融行为监管局直接针对基金运营的各项规则(Rules)和指南(Guidance)。该等规则和指引将欧盟《可转让证券集合投资计划指令》及《另类投资基金经理指令》在英国国内监管层面进行了有效移植,并对公司型基金的公司治理准则进行了必要的补充。金融行为监管局还有进一步的规则来规范基金管理人和托管人,这些规则包含在金融行为监管局的法规汇编(Sourcebooks)和手册(Manuals)中,比如《集合投资计划法规汇编》、《投资基金规范法规汇编》(the Investment Funds Sourcebook)、《经营行为规范法规汇编》(Conduct of Business Sourcebook)以及《高层管理安排、制度及控制》(Senior Management Arrangements, Systems and Controls)。前述法规为金融行为监管局根据需要作出的进一步规定。

金融行为监管局也将《另类投资基金经理指令》纳入金融行为监管局《基金汇编》中。《基金汇编》包含关于非可转让集合投资基金的管理人的各项要求。

(四)基金自身的宪章性组织文件

每一只经授权认可的基金都有自己的基金组织性文件,单位信托基金的组织性文件是信托契约,公司型基金的组织性文件是公司章程(Instrument of Incorporation),契约型基金的组织性文件是共有(Co - ownership)或合伙契约(Partnership Deed)。这些文件详细说明了每只基金的特点、权限并大体介绍了基金的规则(基本上都包含相关监管条例的内容)。

每支基金的招募说明书中均包含该基金的日常操作规则,包括详细的投资目标、为实现投资目标制定的投资策略、每一种股份/份额类别的详细信息(例如不同的收费标准)等。

招募说明书和基金组织性文件中的许多具体条款是由基金管理人在一定的参数范围内制定,或者是根据金融行为监管局监管规则和指南列出的选择范围为基础制定的。基金的组织性文件和招募说明书均设定了对该基金在细节层面的各项要求。

三、基金治理

英国经授权认可的基金的治理结构以基金管理人和托管人的职责分离为基础。金融行为监管局负责批准许可(或认可)基金管理人和托管人,并通过授权的方式批准认可基金本身。

基金管理人和托管人均受金融行为监管局的监管,并须遵守金融行为监管局相关规则,包括集合投资计划法规汇编、经营行为规范法规汇编、金融行为监管局《基金汇编》和从业资格准入的"获批准人士制度"(Approved Persons Regime)。此外,虽然两者都被允许将某些经营活动授权委托给第三方去完成,但从监管要求角度出发,其仍要为基金的运营负全责。

当可转让集合投资基金的管理人是欧洲经济区的可转让集合投资基金管理公司

时，或者当非可转让集合投资基金零售计划（Non – UCITS Retail Schemes）或合格投资者计划（Qualified Investor Scheme）的管理人是欧洲经济区的另类投资基金经理时，监管责任则由金融行为监管局以及欧洲经济区的可转让集合投资基金管理公司/另类投资基金经理的所在国监管机构分别承担。

（一）基金管理人的核心职责

基金管理人要为基金的日常管理负责，并且为基金作出投资决定。基金管理人必须遵守一整套的规则，该套规则是为了保证基金运营的公平，以及基金管理人负责任地行事。

基金管理人和托管人对投资者负有受信义务。这是贯穿信托法、《集合投资计划条例》和金融行为监管局监管原则的理念。监管条例力图将这种受信义务规定至条文中，并对这种义务的履行进行衡量，但其核心原则是基金管理人和托管人必须以投资者的最佳利益来行事。该原则居于基金、运营者和投资者之间关系的中心，决定了这三者间关系的性质。

基金管理人的职责同时适用于经授权和未经授权的集合投资计划的管理人。具体规定请见《2000 年金融服务和市场法》、《2001 年开放式公司型投资基金条例》、《集合投资计划法规汇编》以及《2013 年另类投资基金法规》。基金管理人的职责主要有：投资管理、评估、流动性管理、风险管理。

（二）基金托管人的核心职责

英国基金的托管人通常为根据资本充足指令批准的信贷机构，或者《欧盟金融工具市场指令》项下的投资公司。

经授权和未经授权的集合投资计划的托管人的主要职责体现在如下 3 个方面：(1)监督。托管人必须在多方面监督基金管理人的行为，包括遵守投资和借贷限制、资产组合评估、份额定价、交易和会计。(2)资产保管。托管人有责任保管基金里的资产，须保证其托管的基金未被重复使用。(3)现金监测。托管人须保证认购基金份额的现金已收到，所有的现金都已在现金账户中被记录。

托管人有责任保护新进入、即将退出以及继续投资的投资者的利益。虽然托管人不对基金管理人的投资活动承担直接责任，托管人必须采取合理的步骤确保基金管理人恰当地履行责任。托管人有义务监督管理人，并在管理人违背投资授权时予以报告。

托管人必须独立，且完全为基金及其投资人的利益履行职责。托管人应避免利益冲突，遵守严格的独立性要求。

除基金管理人和托管人外，独立审计师（Auditors）和独立评估师（Valuers）也是经授权认可的基金运营活动的重要参与方。经由《另类投资基金经理指令》的要求，未经授权认可的基金往往也会需要独立审计师和评估师的介入和参与。

（三）英国基金治理的特色和投资者保护机制

在英国，如有不利证据显示基金管理人及/或托管人有过错，基金管理人及/或托管人须对基金进行赔偿。金融行为监管局也有权对公司及/或相关个人进行罚款,限制相关公司中相关个人权能的行使。此外,经授权认可的基金的管理活动也受到英国金融监察专员服务(Financial Ombudsman Service)及英国金融服务补偿计划的规制。金融监察专员服务负责处理投资者投诉,根据现有法律裁判该等投诉是否合理公平;假如调查结果证明基金管理人有过错,金融监察专员服务有权要求其进行赔偿。当基金管理人资不抵债时,投资人可以向金融服务补偿计划递交索赔申请,金融服务补偿计划将在民事责任原则下处理投资者赔偿有关事宜。

第十章

英国环境保护法

第一节　概　　述

世界各国尤其是发达国家,在经济发展过程中,不可避免地会遇到环境污染问题。而英国作为最早开始工业化的国家,也面临工业化带来的重度环境污染问题。19 世纪 40 年代英国就已经产生了地方的环境保护立法,如《1847 年都市改善法》(Town Improvement Clauses Act 1847)和《1848 年公共卫生法》(Public Health Act 1848)。其中《1848 年公共卫生法》是英国为改善公共卫生而迈出的第一步,此后英国就大气污染、水污染、噪声污染等进行相应立法,直至出台《1974 年污染控制法》(Control of Pollution Act 1974),英国基本构建了对环境保护的全方位立法体系。

一、环境保护法的法律渊源

英国环境保护法主要来自以下 3 个层次[1]。

(一)国际环境法

考虑到许多环境问题的国际影响,相关国际公约是解决这些具有国际影响的环境问题的首要方式。英国许多环境法律都来源于国际公约,该等公约首先需要由签署国批准才能生效。英国批准签署的 2 个重要环境国际公约是《奥尔胡斯公约》[2](Aarhus Convention)和《京都议定书》(Kyoto Protocol),前者主要规定环境信息公开制度,《京都议定书》则主要关注气候变化。

(二)欧盟法律

鉴于英国脱欧前欧盟法律在英国法律体系中的地位以及其直接影响,欧盟法律对英国环境立法的发展至关重要。自 1972 年加入欧洲共同体以来,英国环境立法的发展迅速。欧盟针对从温室气体(Greenhouse Gas)排放交易到如何处理废弃物等广泛主

---

〔1〕 LexisNexis, *UK environmental law—overview*, Accessed on March 16, 2020, https://www.lexisnexis.com/uk/lexispsl/environment/document/393763/5M00 - NN11 - F18C - 1020 - 00000 - 00/UK_environmental_law_overview.

〔2〕 英文全称:Convention on Access to Information, Public Participation in Decision - making and Access to Justice in Environmental Matters。

题,发布了大量高度详细的技术指令和条例。欧盟指令也通过英国二级立法在英国国内进行转化适用。例如,《2004 年环境责任指令》(Environmental Liability Directive 2004)建立了整个欧盟针对环境损害的共同责任框架,英格兰和威尔士分别通过《2015年环境损害(预防和补救)(英格兰)法规》[The Environmental Damage (Prevention and Remediation) (England) Regulations 2015]和《2009 年环境损害(预防和补救)(威尔士)法规》[The Environmental Damage (Prevention and Remediation) (Wales) Regulations 2009]进行国内法转化适用。

英国脱欧后,已经转化为英国法适用的法律仍然会继续适用。在脱欧过渡期内(持续至2020 年12 月31 日),英国环境保护的法律框架不会发生变化。但脱欧过渡期后,欧盟法律将不会直接作为英国环境保护法律的渊源。具体将在下文脱欧的影响予以说明。

(三)国内法

环境问题的日趋严重催生了许多重要的国内立法,包括详细的二级立法以及政策和指南。

尽管大多数环境法是成文法,但从地方法院到最高法院,各级法院已经审理了各个级别的环境案件,并且日益增多。大多数先例案件往往涉及对环境立法的法定解释。

值得注意的是,环境保护属于英国的权力下放(Devolution)事项,这意味着英国各地区在环境立法和执法方面可能存在不同。下文将分地区进行分别描述。

二、英国环境保护立法和监管体系

(一)立法原则

英国环境保护立法领域的具体原则包括[1]:(1)污染者承担原则(The Polluter Pays Principle)。任何造成污染的人应负责赔偿由于该污染而对环境造成的损害。(2)预警原则(The Precautionary Principle)。该原则宗旨为"事后追悔不如事前稳妥"(Safe Rather Than Sorry),凡有活动或政策对公众或环境有不可恢复的损害威胁时,不得以缺乏充分的科学证据为由,推迟符合成本效益的预防措施。(3)预防原则(The Preventative Principle)。该原则通常与预警原则联系在一起,促进对环境损害的预防,而非已经造成损害后进行补救。(4)可持续发展原则(Sustainable Development Principle)。该原则最广为人知的定义可以追溯到 1987 年联合国环境与发展委员会制作的一份题为《我们共同的未来》(Our Common Future)的报告,通常被称为"布伦特兰报告"(The Brundtland Report)。在该报告中,可持续发展被定义为"在不损害子孙后代

---

〔1〕 LexisNexis, *UK environmental law—overview*, Accessed on March 16, 2020, https://www.lexisnexis.com/uk/lexispsl/environment/document/393763/5M00 - NN11 - F18C - 1020 - 00000 - 00/UK_environmental_law_overview.

满足其自身需求能力的前提下，满足当前需求的发展”。该原则重点是在不使用超出自然环境维持能力的自然资源的情况下，提高人类生活质量。

（二）立法体系

英国现行的与环境相关法律体系主要由综合性立法和分别针对污染防控、野生动植物保护、自然环境保护和应对气候变化的法案组成，具体见表 10 - 1。

表 10 - 1　英国环境保护主要立法

综合性立法	《1990 年环境保护法》（Environmental Protection Act 1990） 《1995 年环境法》（Environment Act 1995）
污染防治立法	《1974 年污染控制法》（Control of Pollution Act 1974） 《1999 年污染防控法》（Pollution Prevention and Control Act 1999）
野生动植物保护立法	《1981 年野生动植物和农村法》（Wildlife and Countryside Act 1981） 《1959 年杂草法》（Weeds Act 1959） 《1991 年獾法》（Badgers Act 1991） 《1992 年保护獾法》（Protection of Badgers Act 1992） 《2004 年狩猎法》（Hunting Act 2004）
气候变化立法	《2008 年气候变化法》（Climate Change Act 2008）

《1995 年环境法》是环境保护立法的基本法，其中对环境保护方面的规定是框架性的，比如设立环境保护监管机构、规定相关政府部门需对控制污染、保护环境等方面出台具体法案等。《1995 年环境法》还在《1990 年环境保护法》中加入了第 2A 部分（Part 2A），以规定识别和强制补救污染土地的要求。

从概念上看，环境法是寻求环境保护的法律体系，其涵盖许多不同的领域，包括污染防治、野生动植物保护、气候变化、能源环保等广泛问题。

（三）监管体系

英国中央政府层面，目前主管环境保护的机构为内阁部门——环境、食品和农村事务部（Department for Environment, Food and Rural Affairs, DEFRA），其负责制定主要的环境政策和起草环境立法。

英国各地区层面，目前主要监管机构分别为英格兰的环境署（Environment Agency）、威尔士自然资源署（Natural Resources Wales）、苏格兰自然保护署（Scottish Environment Protection Agency）、北爱尔兰环境署（Northern Ireland Environment Agency）。在某些情况下，环境执法监管机构为各地方政府（Local Authority）。各环境保护领域的具体监管机构详见各节的具体内容。

三、环境许可制度

(一)发展概况

英国的环境许可制度(Environmental Permits Regime, EPR)是指涵盖大型工业和废弃物管理的单一环境许可制度,最初建立于2008年4月6日。英国原先实行的是污染防控许可证(Pollution Prevention And Control Permit)和废弃物管理许可证(Waste Management Permit)分别许可,在建立整体的环境许可制度后,上述两证自动统一转换为环境许可证(Environmental Permits, EP)。从2010年4月6日起,水排放作业、地下水作业和放射性物质的登记和授权也受到环境许可制度的规制。值得注意的是,环境许可制度主要是对许可程序的整合,而不是基于许可内容的合并(如水排放许可的颁发依据仍是水环境质量标准)。

2013年,英国依据欧盟第2010/75/EU号《工业排放指令(综合污染预防和控制)》[Directive 2010/75/EC on Industrial Emissions (Integrated Pollution Prevention and Control)]对其环境许可制度进行了修订。历经多次修订以后,英国环境许可法规进行了合并,形成了一套新的环境许可制度,自2017年1月1日起生效。

(二)适用范围

目前,英国环境许可制度的适用范围包括:欧盟《综合污染预防和控制》(Integrated Pollution Prevention And Control)附表1所列活动或指定装置[1](涵盖广泛的工业和发电活动,包括国际防区综合污染预防和控制制度所涵盖的设施);中型燃烧装置;废弃物处理;移动工厂(用于进行《综合污染预防和控制》附表1所列活动或废弃物操作之一);采矿废弃物作业;排水作业;放射性物质作业;地下水作业;小型垃圾焚烧厂;溶剂排放活动;洪水风险作业。

英国环境许可制度涵盖的每个欧盟指令或政策领域都有特定的时间表,其中规定了合规性要求。根据这些计划,可以施加其他重要要求,例如工业排放指令要求某些装置必须按照最佳可用技术操作,以平衡排放企业操作和环境效益的成本。

(三)许可证和监管机构

受英国环境许可制度约束的装置、移动工厂和其他活动的排放企业操作必须持有相关监管机构颁发的环境许可证。

环境许可证一般由各地区监管机构管理(见表10-2),一些污染较少的活动由地方当局管理。

---

〔1〕 *Directive* 2008/1/*EC of the European Parliament and of the Council of* 15 *January* 2008 *concerning integrated pollution prevention and control*, Accessed on March 23, 2020, https://eur-lex.europa.eu/legal-content/EN/ALL/?uri=CELEX:32008L0001.

表 10－2 英国各地区许可证监管机构

英格兰	环境署
威尔士	威尔士自然资源署[1]
苏格兰	苏格兰自然保护署[2]
北爱尔兰	北爱尔兰环境署[3]

（四）许可证的有效期

在英国的四个地区，许可证都没有时间限制，但监管机构必须定期审查运营者是否满足许可证的发放条件。如果运营存在严重污染风险，监管机构可以暂停许可证的使用。此外，监管机构可以“酌情”吊销许可证，但允许企业上诉。

（五）对许可证转让的限制

在英格兰和威尔士，环境许可证可以被完全或部分转让。经营者和拟受让人通过联合向监管机构申请转让并得到批准之后，可进行独立排水、地下水或洪水风险作业。如果监管机构认为受让人不是作业的经营者或不符合许可条件，则必须拒绝转让申请。转让许可证时的主要考虑因素是拟受让人经营受管制的设施的能力，除此之外，监管机构还会考虑拟受让人的合规记录。

在苏格兰，如果持有许可的公司被出售或出现类似情况，则可由现有许可持有人和拟受让人共同向监管机构提出转让许可的申请。作为转让过程的一部分，监管机构可能需要在批准转让之前确认拟受让人是否满足取得许可证的条件[4]。

在北爱尔兰，对许可证的转让规定与英格兰、威尔士相同，均要求经营者和拟受让人一起向监管机构申请，并且在申请转让时，受让人必须满足与原经营者相同的作业条件，从而满足取得许可证的资格。监管机构是否批准转让申请，主要考虑的也是拟受让人作为有关装置或流动工厂的经营者是否达到取得许可证的条件[5]。

---

〔1〕 Practical Law, *Environmental law and practice in the UK (England and Wales): overview*, Accessed on March 24, 2020, https://uk.practicallaw.thomsonreuters.com/6－503－1654? transitionType = Default & contextData = (sc.Default) & firstPage = true & bhcp = 1#co_anchor_a828389.

〔2〕 SEPA, Accessed on November 17, 2020, https://www.sepa.org.uk/regulations/authorisations－and－permits/.

〔3〕 UK Government, *Integrated Pollution Prevention and Control (IPPC)－guidance and application forms*, Accessed on March 24, 2020, https://www.daera－ni.gov.uk/articles/ippc－guidance－and－application－forms.

〔4〕 UK Government, Accessed on March 24, 2020, https://www.sepa.org.uk/regulations/authorisations－and－permits/how－to－apply－for－vary－or－transfer－an－authorisation/.

〔5〕 The Pollution Prevention and Control (Industrial Emissions) Regulations (Northern Ireland) 2013 Section 20 Transfer of permits.

四、违法处罚措施

(一)英格兰和威尔士

根据《2015 年环境损害(预防和补救)(英格兰)法规》或《2009 年环境损害(预防和补救)(威尔士)法规》,如果损害已经造成,并且有合理理由相信是或可能是环境损害时,监管机构必须先确定是否为环境损害。如果确定为环境损害,监管机构将先给经营者即损害造成者发出通知,告知其行为造成了环境损害,经营者收到通知后应当在监管机构要求的时间内提交建议书,表明会按照建议书所述措施进行补救。此外,在英格兰和威尔士,未经许可、不遵守许可证条件、不遵守执行管制通知书或暂停执行通知书的要求,均属刑事犯罪,将受如下处罚:(1)简易程序定罪(Summary Conviction):无上限罚款和/或最高 6 个月监禁,其中针对 2015 年 3 月 12 日之前违法行为的处罚,为不超过 50,000 英镑和/或最高 6 个月监禁。(2)起诉(Indictment):无限制罚款和/或监禁不超过 5 年,其中针对影响洪水风险的活动监禁上限为 2 年。

如果违法行为导致污染,监管机构可以采取污染补救措施,并从经营者处收回成本。[1]

(二)苏格兰

在苏格兰,执法措施[2]包括:(1)固定金额罚款:通常适用于违法行为不涉及直接伤害,对社区没有持久影响,而且所得经济利益很少的情况;(2)整改承诺:要求违法者提交整改承诺,以防止或恢复因违反环境政策而产生的伤害;(3)不固定金额处罚:目前还未确定计算方法,计划于 2021 年实行。

(三)北爱尔兰

在北爱尔兰,未经许可、不遵守许可证条件、不遵守强制执行或暂停通知的要求,均属犯罪,将受如下处罚[3]:(1)简易程序定罪:不超过 50,000 英镑和/或最高 6 个月监禁。(2)起诉:无限制罚款和/或监禁不超过 5 年。

(四)英格兰、威尔士与苏格兰

对于噪声污染,《1974 年污染控制法》对向国务卿和地方法院提起上诉、地方执法机关制定最小化噪声的守则和罚款作出了具体的规定。

对于空气污染,《1993 年清洁空气法》原则上禁止任何黑烟从建筑物的烟囱(包括固定锅炉的烟囱和工厂锅炉的烟囱)、工厂和贸易场所排出,如有违反,则建筑物的占用者(包括固定锅炉的所有者和工厂所有者)、工厂和贸易场所的占用者及任何造成或

---

〔1〕 Practical Law, *Environmental law and practice in the UK(England and Wales):overview*, Accessed on March 16, 2020, https://uk.practicallaw.thomsonreuters.com/6-503-1654?transitionType=Default&contextData=(sc.Default)&firstPage=true&bhcp=1#co_anchor_a828389.

〔2〕 UK Govrnment, Accessed on March 24, 2020, https://www.sepa.org.uk/regulations/enforcement/.

〔3〕 The Pollution Prevention and Control (Industrial Emissions) Regulations (Northern Ireland) 2013 Section 36 Offences.

准许排放黑烟的人即属违法。同时，《1993 年清洁空气法》也明确了在黑烟是由于某些机器故障而排放且已经采取了一切合理行动阻止该黑烟继续排放的情况下，被指控人可以基于该等理由进行抗辩，否则可能承担不超过 20,000 英镑的罚款。

五、脱欧对英国环境法的影响

欧盟近 40 年来针对工农业污染、废弃物、水质和空气质量等方面出台了相应政策和法律。英国在脱欧之前作为欧盟的成员国，当然地受欧盟政策和法律规制，且英国自身出台的环境法也一定程度的受到欧盟政策和法律影响。英国环境法协会（UK Environmental Law Association，UKELA）认为，欧盟的环境政策和立法总体来说对英国产生了重大和非常积极的影响，尤其促进了相关环保经济和产业的发展。

总体上看，脱欧对英国的环境法律没有颠覆性的影响，考虑到保持法律的稳定性和一致性，英国政府也将会在脱欧后尽量适用与之前一致的法律和政策。长远来看，英国政府可能还是会制定新的“本土”环境法律和政策，但不会完全颠覆之前的法律与政策，因为目前有效的许多环境法律不仅有利于有关机构执法，而且有助于执行其他国际条约和协定。

第二节　污染管控

英国出台的《1974 年污染控制法》，在废弃物管理、水污染管理、噪音污染管理、大气污染管理等方面作了框架性的规定。在上述领域，《1974 年污染控制法》以外的其他针对具体问题的法律法规，将在下文对应处进行描述。

一、废弃物管控

除《1974 年污染控制法》之外，英国各地区关于废弃物管控的法律与监管机构见表 10－3。

表 10－3　英国各地区废弃物管控法规与监管机构

适用地区	废弃物管控法规	废弃物管控监管机构
英格兰	《2016 年环境许可（英格兰与威尔士）法规》Environmental Permitting（England and Wales）Regulations 2016	环境署
威尔士	《2016 年环境许可（英格兰与威尔士）法规》Environmental Permitting（England and Wales）Regulations 2016	威尔士自然资源署

续表

适用地区	废弃物管控法规	废弃物管控监管机构
苏格兰	《2003 年垃圾填埋(苏格兰)法规》The Landfill (Scotland) Regulations 2003 《1999 年污染公约和控制法》Pollution Convention and Control Act 1999	苏格兰环境保护署
北爱尔兰	无单独关于废弃物管控立法	北爱尔兰环境署

（一）废弃物处理与回收

《1974 年污染控制法》对于陆地上的废弃物处理，认为英国废弃物处置当局（waste disposal authority）应负责废弃物合理的处理安排，包括调查、制定和修订废弃物处理计划和方案，同时对于受管控的废弃物，需要设立专门的管控废弃物收集机构来处理。一般情况下，管控废弃物收集机构收集受管控的生活垃圾不会收取费用，但是对于受管控的废弃物，任何人都须在取得“受管制废弃物处置许可证”的情况下进行处置。如果受管控的废弃物达到了难以处理或者危险的程度（以下简称特殊废弃物），则需要先由处置机构发出处理指示，最后由处置机构安排妥善处置。在这个过程中，如果国务大臣认为该特殊废弃物涉及或可能涉及对人或动植物造成损害，则只能由国务大臣负责处理。

《1974 年污染控制法》还对废弃物回收作出了规定，处置机构可以回收其应该处置的废弃物或者要求有权处理废弃物的人回收并再次利用。处置当局可以将回收的废弃物用于生产热力和电力。

《2016 年环境许可（英格兰与威尔士）法规》虽然强制要求先办理许可证，但同样规定了豁免情形。比如在废弃物处理作业已登记，处理机构或承建机构已合法注册拟处理的废弃物类型和数量以及处置或回收方法符合实现《废弃物框架指令》（Waste Framework Directive）第 13 条所述目标的需要时，可豁免办理环境许可证的要求[1]。

（二）废弃物生产者责任制度

废弃物生产者责任制度（Waste Producer Responsibility Regimes）最早主要体现在欧盟的各项指令中，主要规定了处理废弃物包装、报废车辆、废弃电器和电子设备以及废弃电池和蓄电池的具体制度。这些指令已被内化到英国国内法律中，并规定了包括回收和回收处理相关产品的各种义务。

（三）垃圾填埋税

垃圾填埋税（Landfill Tax）旨在鼓励企业采用除填埋外的其他废弃物管理形式，减少废弃物污染。企业和地方当局在垃圾填埋场处理垃圾时，除了填埋费外，还须支付

---

〔1〕 Environmental Permitting (England and Wales) Regulations 2016 SCHEDULE 2 Exempt facilities: General Exempt Waste Operations.

该笔税费。自 2020 年 4 月 1 日起，垃圾填埋税实行 2 种不同的税率：标准费率为 94.15 英镑/吨；最低费率为 3.00 英镑/吨。标准费率每年根据零售价格指数（Retail Price Index，RPI）相应提高。挖泥作业（Dredging Activities）、采石和采矿作业（Quarrying and Mining）、宠物墓地（Pet Cemeteries）、用于填充采石场的非活性废物（Inactive Waste Used for Filling Quarries）不需要缴纳垃圾填埋税。

如企业对受污染土地进行补救，可享受税收减免。在某些情况下，需要缴纳企业所得税（Corporation Tax）的企业可按受污染土地合格清理成本的 150% 为基数申请减税[1]，并可以将损失作为土地补救税收抵免（最高为这些损失的 16%）。在节能产品和节水技术方面，相关企业也可以申请提高税务申报第一年度的免税额[2]。

二、土壤污染管控

作为工业革命发源地，英国在社会经济快速发展的同时，也造成了严重的土壤及地下水污染问题。《1990 年环境保护法》第 2A 部分——“受污染的土地制度”（Contaminated Land Regime）是英国土壤污染管理的核心法规，旨在确保识别受污染的土壤，并为土壤污染鉴定及恢复整治提供依据，将风险评估的理念纳入土壤污染防治。其他重要的土壤污染法规包括《规划政策声明 23》（Planning Policy Statement 23）、《1990 年城乡规划法》（Town and Country Planning Act 1990）和《1991 年水资源法》（Water Resources Act 1991）等。英格兰和威尔士分别制定了《2006 年土壤污染条例（英格兰）法规》[The Contaminated Land (England) Regulations 2006]和《2006 年土壤污染条例（威尔士）法规》[The Contaminated Land (Wales) Regulations 2006]，该等条例的规定与《1990 年环境保护法》存在一定重合。此外，环境、食品和农村事务部 2012 年发布了《土壤污染防治技术指南》（Contaminated Land Statutory Guidance）。

土壤污染管控主要的执法机关为各地方政府，但某些类型的场所或违法行为受到英格兰环境署/威尔士自然资源署的管制。此外，英格兰自然局（环境、食品和农村事务部赞助的执行性非内阁公共机构）也具有对英格兰土壤污染的执法权。

（一）污染土壤的识别

根据《1990 年环境保护法》的规定，英国各地区议会有义务制定策略以识别本地区所有的污染土壤。如果土壤上存在的污染物正在引起或可能造成严重的水污染，则土壤被视为受污染。损害应当参考土壤的当前用途进行评估。

---

[1] Practical Law, *Environmental law and practice in the UK (England and Wales): overview*, Accessed on March 16,2020, https://uk.practicallaw.thomsonreuters.com/6-503-1654?transitionType=Default&contextData=(sc.Default)&firstPage=true&bhcp=1#co_anchor_a828389.

[2] UK Government, Accessed on November 16,2020, https://www.gov.uk/capital-allowances/first-year-allowances.

(二)污染土壤的修复

各地政府必须检查并识别其区域内的任何受污染的土壤。受污染土壤一旦被识别,各地政府或英格兰环境署/威尔士自然资源署[1]/苏格兰环境保护署[2]/北爱尔兰环境署[3]必须向相关方发出修复通知,要求其修复该等污染。

在场地修复初始阶段,受污染土壤以重型工程方案为主,但其费用高昂,对环境和社会的影响也比较大。某些情况下,影响相对较小的风险管控方法更有实际意义,例如不直接修复,而是通过设立屏障阻止人们进入污染场地。因此,围绕风险管控的核心思想,英格兰环境署发布了《污染土壤管理规范程序》(CLR11:Model procedures for the management of land contamination),从风险评价、修复方案评估和修复策略实施三个方面,为污染场地风险管控提供规范的技术框架。[4]

此外,结合环境影响削减计划的目标——"减小对挖掘和清除技术的依赖,并尽可能回收利用材料,以减少利用自然资源和保护土壤",英国提出了可持续修复的概念,将可持续发展的理念贯穿于整个工程初始设计、实施和后期监测阶段。[5]

(三)污染土壤责任主体

《1990年环境保护法》规定污染土壤责任主体为"适当的人群"(Appropriate Persons),具体可分为两类:A类为造成土壤污染或容许污染行为发生的责任主体;B类为在无法确认A类责任主体的情况下,土壤的当前所有人或使用者。

三、水污染管控

鉴于英国的地理位置和地理环境,水污染控制对英国来说尤为重要,因此《1974年污染控制法》对控制河流和沿海水域的污染,控制商业用水排放进河流和沿海水域,保持船上的器具卫生等都作了具体的规定。基本原则为:任何人都不得将任何污染物质、有毒物质、已经被污染的水及固体废弃物排放进河流或者受控制的水域,除非有关排放事项已经获得处置许可证授权或经国务大臣或水务主管部门的同意,并且该排放行为符合许可证或同意所适用的条件。对水污染的管控,除《1974年污染控制法》外,更为具体的法案是《1989年水法》(Water Act 1989)。

英国各地区负责水污染管控的监管机构见表10-4。

---

〔1〕 LexisNexis, *Contaminated land—overview*, Accessed on April 10, 2020, https://www.lexisnexis.com/uk/lexispsl/environment/document/393763/55KB-D851-F18C-1216-00000-00/Contaminated-land%E2%80%94overview.

〔2〕 *The Contaminated Land (Scotland) Regulations* 2000, Accessed on April 10, 2020, http://www.legislation.gov.uk/ssi/2000/178/contents/made.

〔3〕 *The Waste and Contaminated Land (Northern Ireland) Order* 1997, Accessed on April 10, 2020, http://www.legislation.gov.uk/nisi/1997/2778/contents/made.

〔4〕 陈卫平、谢天等:《欧美发达国家场地土壤污染防治技术体系概述》,载《土壤学报》2018年第3期。

〔5〕 同上。

表 10－4　英国各地区水污染管控机构

英格兰	环境署
威尔士	威尔士自然资源署
苏格兰	苏格兰自然保护署
北爱尔兰	北爱尔兰环境署

（一）受控水域

《1974 年污染控制法》对水污染的客体即受管制的水域作了具体规定，受控水域包括：

（1）领海水域：指从领海基线开始向海洋方向 3 英里的水域，以及延伸至与苏格兰相邻的领海宽度的基线处的水域；

（2）沿海水域：指从领海基线向陆地延伸至最高潮汐的极限，或就任何相关河流或水道的水域而言，直至淡水水域或水道，以及毗邻该区域内水域的任何封闭码头的水域；

（3）内陆水域：指任何岛内湖泊或池塘的水域，或任何与其相关的河流或水道的淡水水域；

（4）地下水：分为两部分，其一，沉入地下层的井、钻孔或类似的工程里的水，包括与井、钻孔或类似工程有关而建造的任何平面或通道，以便于在井、钻孔或类似工程中收集的水；其二，任何通过挖掘进入地下层的地方所收集的水，挖掘出的水位完全或主要取决于从地层进入的水位。

（二）禁止的活动

排水作业的类型多种多样，包括将废水排放进入内陆淡水、沿海水域或任何有毒或已被污染的内陆淡水。地下水排放活动包括排放污染物，导致污染物直接输入或可能导致该污染物间接输入地下水。根据《2016 年环境许可（英格兰与威尔士）法规》，禁止在没有环境许可证的情况下开展这些作业。

四、噪声污染管控

《1974 年污染控制法》将噪声分为建筑噪声、街道噪声和工厂噪声 3 种来源。英格兰、苏格兰、威尔士分别将欧盟第 2002/49/EC 号《环境噪音指令》（Environmental Noise Directive，END）转化为各地区条例，具体见表10－5。

表 10－5　英国各地区噪声污染管控法律和主管机构

适用地区	噪音污染管控法规
英格兰	《2006 年环境噪音（英格兰）法规》[Environmental Noise (England) Regulations 2006] 《2018 年环境噪音（英格兰）（修订）法规》[Environmental Noise (England) (Amendment) Regulations 2018]
苏格兰	《2006 年环境噪音（苏格兰）法规》[Environmental Noise (Scotland) Regulations 2006] 《2018 年环境噪音（苏格兰）（修订）法规》[Environmental Noise (Scotland) (Amendment) Regulations 2018]
威尔士	《2006 年环境噪音（威尔士）法规》[Environmental Noise (Wales) Regulations 2006]
北爱尔兰	《2006 年环境噪音（北爱尔兰）法规》[Environmental Noise (Northern Ireland) Regulations 2006]

（一）建筑噪声

针对建筑噪声，《1974 年污染控制法》明确规定了哪些噪声为建筑噪声，即构筑物或道路的安装、建造、改建、维修或保养时发出的噪声；在建造、检查、维修或拆除工程时对街道进行钻孔施工时发出的噪声；进行拆卸或疏浚工程时发出的噪声或其他工程建造时发出的噪声均为建筑噪声。针对此种类型的噪声，地方执法机关可发出一个通知（"Notification"），强制对工程的运作方式作出规定以降低噪声水平。该通知应当包括三项内容：可以使用和不可以使用的机器；可以进行工程的时间；当声音超过何种水平会违反规定从而构成噪声。

《1974 年污染控制法》也明确了地方执法机关在发出该通知时应当考虑到的因素，即应当确定最佳的切实可行的减低噪声的方法，或者在指明任何特定的工厂或机器之前，为了通知接收者的利益，而有必要尽量指出合理减少噪声的方法，从而使通知接收者能更容易接受。除此之外，还需要考虑保护施工所在地的任何人免受噪声的影响。通知送达的对象也应当是正在或将要进行作业（该作业会引起噪音）的人或者是此项作业的管理人员。任何人在收到该通知时，可以在通知送达后 21 日内向裁判法院（Magistrates' Courts）提出上诉，但是如无合理辩解而违反该通知书的任何规定，即属违法。

当然，建筑工地也可以工程开始之前向当地执法机关申请进行工程建设并征得其同意。根据《1936 年公共卫生法》（Public Health Act 1936）、《2003 年建筑物（苏格兰）法》[Building (Scotland) Act 2003]等法案，工程方申请时，需提交工程的施工方法和为尽量减少工程产生噪声而采取的必要措施。如当地执法机关认为工程方提交的申请信息完备，则不会发出通知并同意该申请。但是当地执法机关有权在同意该申请的同时附加一些条件，比如对“同意”施以限制或限定，或者限制该“同意”的期限。

（二）街道噪声

针对街道噪声的控制，《1974 年污染控制法》对街道的定义为向公众开放的高速公路及任何其他道路、人行道、广场或球场。《1974 年污染控制法》规定了街道内的扬声器不得因任何目的在晚九点至次日早八点之间播放，也不得在任何其他时间，因宣传任何娱乐、贸易或业务而播放，否则即属违法。当然，《1974 年污染控制法》也规定了例外情况，例如当警察（包括火警和救援机关）执行任务时；救护车行驶时；国防部消防员执行任务时[1]；自然资源机构水务执法或污水处理执法时与船只上的人员进行通讯，以指示该船只或任何其他船只的移动时；当扬声器不构成公用电话系统的一部分时[2]；在高速公路上，公共交通所雇用的人员使用扬声器仅用于向乘客或准乘客发出通知时或者旅行演艺人员在游乐会场地上演出出现紧急情况时，可以不遵守《1974 年污染控制法》对街道噪声控制的规定。

（三）工厂噪声

针对工厂产生的噪声，《1974 年污染控制法》要求工厂在其机器上安装减噪设备以减少工厂或机器所发出的噪声并降低工厂的噪声水平，该水平可以参照《1961 年工厂法》（Factories Act 1961）中对噪声水平的规定。但是国务大臣在制定这些具体的减噪规定时，应当先对机器的生产者和使用者进行咨询，避免在制定规定时出现不可操作的或者不合理的内容。规定出台后，任何人违反规定或导致、允许他人违反规定的行为，即构成违法行为。

五、空气污染管控

（一）环境许可制度下的排放限制

英格兰的排放监管机构为环境署，主要法规为《2016 年环境许可（英格兰与威尔士）法规》、《2000 年空气质量（英格兰）法规》[The Air Quality (England) Regulations 2000]和《2010 年空气质量标准法规》（The Air Quality Standards Regulations 2010）。

威尔士的排放监管机构为威尔士自然资源机构（Natural Resources Body for Wales），主要法规为《2016 年环境许可（英格兰与威尔士）法规》、《2010 年空气质量（威尔士）法规》[The Air Quality (Wales) Regulations 2010]。

苏格兰的排放主管机构为苏格兰环境保护署，其涉及处罚的法规为《2014 年管理改革（苏格兰）法》[Regulatory Reform (Scotland) Act 2014]。

---

[1] 《2016 年武装部队法令》（Armed Forces Act 2016）第 16 条规定了经过国务大臣以书面形式授权的国防部消防员可以做消防员认为合理且必要的任何事情。

[2] “扬声器不构成公用电话系统的一部分时”具体表现为：如扬声器在车辆中或固定在车辆上，并且仅为娱乐或与车辆的驾驶人或乘客通讯操作所用，或者在扬声器是构成车辆的喇叭或类似警告工具的一部分时，仅用于警告其他交通工具，和经营的目的具有不打扰附近人士的合理理由。

环境许可制度对排放最为严重污染气体的设施进行管制。例如大型燃烧厂排放的二氧化硫、氮氧化物和颗粒物（超过 50 兆瓦）须遵守欧盟关于限制大型燃烧厂向空气中排放某些污染物的指令所施加的管制。某些能源和其他工业活动属于欧盟排放交易计划，需要温室气体许可证。

（二）禁止的活动

《1974 年污染控制法》中对空气污染控制的规定已经被《1993 年清洁空气法》（Clean Air Act 1993）所废止。《1993 年清洁空气法》相应对黑烟、沙砾、灰尘、烟雾及烟囱的高度都作出了规定。

《1993 年清洁空气法》第 1 部分规定不得从任何建筑物或固定锅炉或工厂熔炉的烟囱排放黑烟，不得从工商业场所排放黑烟；第 2 部分规定了熔炉烟囱和其他烟囱高度的限制和申请；第 3 部分规定不得在烟雾控制区排放烟雾，且未经授权禁止在烟雾控制区买卖燃料。

第三节　自然生态保护

一、野生动植物保护

在保护野生动植物方面，英国有《1981 年野生动植物和农村法》（Wildlife and Countryside Act 1981）、《1959 年杂草法》（Weeds Act 1959）、《1991 年獾法》（Badgers Act 1991）、《1992 年保护獾法》（Protection of Badgers Act 1992）、《2004 年狩猎法》（Hunting Act 2004）等法案分别对其作出规定。

（一）《1981 年野生动植物和农村法》

《1981 年野生动植物和农村法》对野生动植物的保护作了细致的规定。

在野生动物保护方面，法案将野生动物分为野生鸟类和其他野生动物。法案禁止任何人故意猎杀、伤害或捕捉任何野生鸟类；捕捉、损害任何正在使用或正在搭建的野生鸟巢；捕捉、毁坏任何一枚野生鸟蛋，除非该野生鸟类（或野生鸟蛋）是被合法捕猎或出售的。对于其他野生动物的保护也有着类似的规定，既不得故意猎杀野生保护动物，也不得故意破坏野生保护动物的庇护所。该法中所称的野生鸟类和野生保护动物的类别明细在其附录中列出。对比来看，该法对于野生动物的保护更为严格，例如对于其附录 5 中所列出的野生保护动物，任何人出售、展示、保管、运输该等野生动物或发布出售广告等即属违法。

在野生植物保护方面，法案所作的规定较为简单。法案的附录 8 中详细列出了受保护的野生植物种类，在未获得授权的情况下，故意挑选、连根除去或摧毁这些野生植物都属于违法。另外，任何人出售、展示、保管、运输该等野生植物或发布出售广告等即属违法。

（二）《2004 年狩猎法》

英国还有一部争议较大的法案，即 2005 年 2 月 18 日生效的《2004 年狩猎法》，该法案禁止在英格兰和威尔士狩猎野生哺乳动物（特别是狐狸、鹿、野兔和水貂）。该法第1条规定，除非该狩猎行为适用法律豁免，否则任何使用犬类动物捕杀野生哺乳动物均属违法。第3条进一步规定，任何人明知而准许他人进入或使用属于他的土地，或准许使用属于其犬类动物以实施第1条的行为，即属犯罪。

二、自然环境与农村保护

除上述对野生动植物的保护规定外，《2004年野生动植物和农村法》还对国家自然保护区、国家公园和农村环境的保护作了规定。

（一）国家自然保护区

国家自然保护区的监管由“英国保护机构”（UK Conservation Bodies）来执行。根据《2006年自然环境与农村社区法》（Natural Environment and Rural Communities Act 2006），英国各地区的保护机构如表10－6所示。

表10－6　英国各地区自然保护区保护机构

英格兰	英格兰自然局
威尔士	威尔士自然资源署
苏格兰	苏格兰自然遗产署（Scottish Natural Heritage，SNH）
北爱尔兰	自然保护委员会和农村委员会（Council for Nature Conservation and the Countryside，CNCC）

任何被批准成为自然资源保护区的地区，保护机构可“宣布”该土地为国家自然保护区，并享有管理权。在英格兰或威尔士，可被“宣布”成为国家级自然保护区的土地包括任何低于平均水位的土地和由河口水域覆盖的任何土地，或者一块与上述土地相邻的，并且在该土地中有野生保护动物或植物依赖生存的土地。内阁机构可向该保护机构发出关于行使该“宣布”权力的指引，以就低于平均水位的土地作出声明。当该保护机构宣布一块土地为国家级自然保护区时，即为最终决定。

（二）国家公园

如果国家公园中有沼泽地或者荒地，一般情况下，任何人不得在该土地上进行开发，但取得国家公园管理局（National Park Authorities，NPA）批准的除外。对于国家公园的区域划定，本地的规划主管机关应当每间隔一段时间对该公园区域所在的地图进行确认，如有必须要进行修订的地方，则在修订完之后应当向公众出售，以便公众能知晓从而更好地保护自然景观。

（三）农村环境

监管机构可以为了保护或增强任何一块土地的自然美景或舒适性，在其所在地区内和在指定期限内与任何享有该土地的土地权益的人达成协议（即“管理协议”）。该协议内容可以包含：要求土地权益人耕种土地，或将土地用作农业、林业用途等有关主管机关认为必要的事宜。

英国农村环境保护由环境、食品和农村事务部负责，例如根据《1911 年土地所有者（苏格兰）法》[Small Landholders (Scotland) Act 1911]第 4(2)条，环境、食品和农村事务部应当履行其一般责任，维护农业和其他乡村工业的利益，并在不妨碍环境、食品和农村事务部职责的一般情况下，国务大臣可以向农民提供有关保护和加强乡村自然美景和舒适度的建议，也可以向其提供促进农村经济多元化的建议，还可以向政府部门及其他机构提供意见，以促进农村多元化发展。

关于保护自然环境，英国专门出台了《2006 年自然环境与农村社区法》(Natural Environment and Rural Communities Act 2006)，其中对英格兰自然局和农村社区委员会作了详细的规定。英国设立了一个专门的机构——英格兰自然局，其总体目的是加强对自然环境的保护和管理，以造福当代和后代，从而促进可持续发展。

第四节 气候保护

一、《气候变化法》与气候变化委员会

为应对气候的急剧变化，英国出台了《2008 年气候变化法》作为英国应对气候变化的基本法，其要求减少二氧化碳和其他温室气体的排放，并为应对气候变化带来的风险做好准备。该法还建立了实现这些要求的框架，并设立了气候变化委员会(Committee on Climate Change)以独立评估温室气体排放量并且促进排放目标的实现。此外，该法还要求政府评估气候变化，并在评估报告的基础上说明目前的气候情况会对英国带来的风险和机遇，并为此做好准备。

《2008 年气候变化法》要求英国政府依法在 2050 年前将温室气体排放量比 1990 年的基本水平（净排放总量）降低 80%。英国气候变化委员会在其 2019 年报告——《净零——英国对阻止全球变暖的贡献》(《Net Zero—The UK's Contribution to Stopping Global Warming》)中建议，英国应制定并大力追求在 2050 年前实现温室气体零排放这一宏伟目标，在 30 年内结束英国对全球变暖的"贡献"。根据这一建议，英国政府承诺在 2050 年前将温室气体排放量比 1990 年的基本水平（净排放总量）降低 100%。相应地，2019 年英国对《2008 年气候变化法》进行了修订，将其中第 1 条"80%"的表述改为"100%"。这包括减少权力下放政府（苏格兰、威尔士和北爱尔兰）地区的温室气体排放量，目前上述地区的温室气体排放总量约占英国排放量的 20%。该份报告还建议了苏格兰在 2045 年前实现零排放，即期限提前，以及建议威尔士在 2050 年前实现减少 95% 的温室气体排放量这一目标。

二、"碳预算"

《2008 年气候变化法》要求英国政府制定具有法律约束力的"碳预算"(Carbon Budget)方案，作为实现 2050 年目标的基础。碳预算是指英国 5 年内排放的温室气体

量的上限，该预算必须至少提前 12 年设定，以便政策制定者、企业和个人有足够的时间做好准备。具体见表 10－7。

表 10－7　英国"碳预算"计划

碳预算	相比 1990 年降低的百分比（%）
第一阶段：2008—2012 年	23%
第二阶段：2013—2017 年	29%
第三阶段：2018—2022 年	到 2020 年 35%
第四阶段：2023—2027 年	到 2025 年 50%
第五阶段：2028—2032 年	57%

气候变化委员会就每个碳预算方案提出建议，旨在反映实现英国长期气候变化目标的经济有效方式。其中前 5 个碳预算已经纳入立法，并持续到 2032 年。一旦确定了碳预算，《2008 年气候变化法》就要求政府制定政策以确保预算得到实现。

根据《2015 年基础设施法》（Infrastructure Act 2015），气候变化委员会还有责任向英国政府提供有关利用陆上石油（包括页岩气）来满足英国碳预算的建议。气候变化委员会在 2016 年就陆上石油提供了第一份建议，英国政府也可以临时要求委员会提出具体建议。

三、气候变化风险评估

《2008 年气候变化法》同时要求英国政府每 5 年制定一次英国气候变化风险评估报告，该报告的内容需包含：（1）对英国气候变化情况的评估；（2）针对该气候变化指出当前和未来的风险和机遇。

同时，气候变化委员会内部设置了一个适应小组委员会（Adaptation Sub－Committee），负责就气候变化风险提供建议，并评估解决这些风险的能力及进展情况。该适应小组委员会还有一项职能是负责审查政府适应气候变化的计划并针对该计划提出建议。

为实行气候变化风险评估，《气候变化法》要求英国政府制订国家行动计划（National Adaptation Programme）。该国家行动计划涵盖了英格兰，其他权力下放政府则应制定自己的计划和政策。《气候变化法》还赋予政府权力，政府有权要求某些环境组织向其报告适应气候变化的方案，该等方案被称为"适应报告能力"（Adaptation Reporting Power），内容涉及解释气候变化的原因并为其影响做好准备。由此，一些政府部门应当依据气候变化政策进行具体实施。负责具体实施的 2 个主要政府部门为商业、能源和工业战略部和环境、食品和农村事务部。前者负责确保英国和国际上的安全能源和促进气候变化的行动顺利进行；后者负责制订国家行动计划，以解决最近的英国气候变化风险评估中提出的风险。

四、苏格兰、威尔士和北爱尔兰气候变化政策

除上述提及的英格兰政府直接适用国家行动计划外，苏格兰、威尔士和北爱尔兰制定了单独的气候变化政策。例如：[1]

（1）苏格兰《2009 年气候变化（苏格兰）法》[Climate Change (Scotland) Act 2009]，规定苏格兰到2020 年将排放量减少42%，并在2010 年至2050 年之间继续逐年减少。2017 年6 月，苏格兰环境、气候变化和土地改革部（Department of Environment, Climate Change and Agrarian Reform）部长宣布，到 2020 年新的减排目标为 56%，到2050 年为90%（与1990 年水平相比）。

（2）威尔士《2006 年环境（威尔士）法》[Environment (Wales) Act 2006]，规定了到2050 年的减排目标，包括至少在2050 年减少 80%（与 1990 年的水平相比）的碳排放，以及未来5 年的碳预算。

（3）北爱尔兰行政部门在其政府计划（2011—2015）中设定了一个目标，即到 2025 年继续努力将其温室气体排放量减少至少 35%（与 1990 年水平相比）。

五、气候变化税

2001 年4 月起，英国开始征收气候变化税（Climate Change Levy, CCL）以促进节约能源和保护环境。气候变化税针对不同的能源品类，采取不同的征收方式，电力和天然气按英镑每千瓦时征收，其他可征税品类按千克征收。税率也分为主要税率（Main Rate）和碳价支持（Carbon Price Support, CPS）两种。[2]

（一）主要税率

对使用电力、天然气、石油、液态碳氢化合物、固体燃料（例如煤、褐煤、焦炭、石油焦等）来提供能源的工业、商业、农业、公共服务部门，气候变化税的征收税率为主要税率，具体见表10－8。

表10－8　英国气候变化税主要税率[3]

应税商品	2018 年4 月1 日起税率	2019 年4 月1 日起税率	2020 年4 月1 日起税率	2021 年4 月1 日起税率
电力（英镑/千瓦时）	0.00583	0.00847	0.00811	0.00775
天然气（英镑/千瓦时）	0.00203	0.00339	0.00406	0.00465

---

[1] Committee On Climate Change, Accessed on March 24, 2020, https://www.theccc.org.uk/tackling-climate-change/the-legal-landscape/the-climate-change-act/.

[2] UK Government, Accessed on March 24, 2020, https://www.gov.uk/green-taxes-and-reliefs/climate-change-levy.

[3] UK Government, Accessed on March 24, 2020, https://www.gov.uk/guidance/climate-change-levy-rates.

续表

应税商品	2018年4月1日起税率	2019年4月1日起税率	2020年4月1日起税率	2021年4月1日起税率
液化石油气（英镑/千克）	0.01304	0.02175	0.02175	0.02175
其他应税商品（英镑/千克）	0.01591	0.02653	0.03174	0.03640

此外，针对能源密集型企业，如果其已与环境署签订了气候变化协议（Climate Change Agreements, CCA），即承诺达到一定能效或减排目标，则对其征收气候变化税可以适用降低的主要税率，具体见表10-9。

表10-9　气候变化协议税率折扣比例

应税商品	2018年4月1日起	2019年4月1日起	2020年4月1日起	2021年4月1日起
电力	90%	93%	92%	92%
天然气	65%	78%	81%	83%
液化石油气	65%	78%	77%	77%
其他应税商品	65%	78%	81%	83%

（二）碳价支持税率

适用碳价支持税率的目的在于鼓励使用低碳技术发电，因此对发电站和热电联产站（除北爱尔兰的小型发电机、备用发电机和发电站）因发电消耗的天然气、液化石油气、煤炭和其他固体化石燃料而征收气候变化税时适用该税率，具体见表10-10。

表10-10　英国气候变化税碳价支持税率[1]

碳价支持税率商品	天然气	液化石油气或其他气态碳氢化合物	煤炭和其他固体化石燃料
单位	英镑/千瓦时（KWh）	英镑/千克（kg）	英镑/每千兆焦耳（GJ）总热值（GCV）
2015年4月1日至2016年3月31日	0.00334	0.05307	1.56860
2016年4月1日至2021年3月31日	0.00331	0.05280	1.54790

［1］ UK Government, Accessed on March 24, 2020, https://www.gov.uk/green-taxes-and-reliefs/climate-change-levy.

第五节 能 源 环 保

在新能源立法方面,英国一直处于世界领跑者的地位。2011 年英国出台《2011 年能源法》(Energy Act 2011),标志着英国政府的绿色新政能效计划向前迈了一大步,也为绿色交易计划(Green Deal Plan)提供了法律保障。截至 2020 年 4 月,现行的《2013 年能源法》(Energy Act 2013)旨在结束燃煤发电站后确保稳定的电力供应,以及现行的《2016 年能源法》(Energy Act 2016)主要创建了石油和天然气管理局,因此本节重点讲述的绿色交易计划仍规定在现行的《2011 年能源法》中。

绿色交易计划是英国政府的一项政策倡议,旨在为英国的房屋能源效率带来变革。该计划实质是创建了一个新的融资框架,确保家庭和非住宅物业的能效得到切实改善。有关内容如下。

一、适用对象

政府通过允许“绿色交易提供商”(Green Deal Providers)为企业、私人业主及住户提供预付资金(即贷款),作为提供高能效所需的费用(例如应用保温材料、安装双层玻璃、利用可再生能源发电),之后在 25 年内以对能源账单征收附加费的方式由相关责任主体偿还该笔贷款。

此计划遵循被称为“黄金法则”(Golden Rule)的基本原则:通过能耗改造产生的效益应当不低于该等改造的成本。此外,该计划中的贷款对应的是“房屋”本身,而不与“人”挂钩。换言之,如果房屋使用人搬离,那么此房屋剩余的贷款则由新的使用人继续偿还。[1] 因此,本计划的适用对象为房产的使用者,而不限于个人或企业。

二、主要内容

绿色交易的内容和流程如下:

(1)消费者提出对房产进行能效改造评估的要求。

(2)由在政府注册的房产评估员对房产进行评估,以查看可以进行哪些改进以及可以节省多少能源费用。

(3)“绿色交易提供商”向消费者提供符合“黄金法则”的一系列改造措施与报价。

(4)如消费者同意该“绿色交易提供商”提出的改造措施,则消费者需获得必要的同意许可。由于消费者可以是房屋所有人或者居住人,其需要获得与房屋利益相关方的许可,可能包括土地所有者(freeholder)。如申请改造的消费者并非能源账单支付

---

〔1〕 Jessica Shankleman:《英国绿色新政终成能源法案》,载《低碳世界(LOW CARBON WORLD)》2011 年第 9 期。

者，则需获得能源账单支付者的明确同意；如申请改造的为房屋租户，则其需获得房屋所有人的书面同意。如消费者不同意该“绿色交易提供商”提出的改造措施，则房主可选择其他提供商，或直接支付改造而不选择接受贷款。

（5）消费者获得上述必要的同意后，即可与“绿色交易提供商”签订绿色交易计划。

（6）绿色交易融资公司（Green Deal Finance Company，GDFC）提供资金，“绿色交易提供商”利用该资金完成工作。

（7）由“当时有责任支付物业能源费用的人”支付全部费用或分期支付。由于租户在大多数情况下都是账单支付者，因此租户会通过能源账单分期付款。

三、对房屋租售的影响

《2011年能源法》要求采用了绿色交易的房产在进行买卖时，卖方必须提供包含绿色交易计划信息的文件，以及在指定时间向任何潜在买方、租户或被许可人免费提供该套文件。但是这种情况仅适用于准租户或买方支付能源费用的情况。《2011年能源法》中影响私人房东（和代理人）的一个重要的部分是第2章，适用于英格兰或威尔士的私人租赁部门（Private Rental Sector）。比如，租户可以要求房东进行能效改进（Energy Efficiency Improvements）。该法第46条要求国务大臣制定规则，使租户能够要求房东同意进行能效改进，并且房东不得无理拒绝。如果租客的请求是合理的，则房东应当根据绿色交易计划全额支付能效改进的费用。

鉴于企业可以涉及绿色交易中的各个角色，可以是评估公司、“绿色交易提供商”（通常为能源公司）、绿色交易融资公司，也可以是房屋所有人、房屋承租人，因此企业也需要了解该项政策。

第六节　环保影响评估

在英国进行投资或承包工程时，首先需要考虑投资的项目是否需要进行环境影响评估。具体的投资项目是否可能会对环境造成重大影响，是决定项目需要进行环境影响评估的重要因素，而非投资资金的来源地。

一、适用法律

英国在环境影响评估方面的立法主要是通过二级立法将欧盟的《环境影响评估指令》（Environmental Impact Assessment Directive）转化为国内法适用。2017年5月16日起，全国范围内和各权力下放政府针对环境影响评估实施的现行法规（见表10-11）是由欧盟第2014/52/EU号《环境影响评估指令》转化而来的。尽管英国已脱欧，但由于指令已转化为国内法适用，且目前英国仍处于脱欧过渡期，因此该指令的规定仍然在英国适用。2017年实施的现行条例带来了欧盟法律要求的多项改革，例如要求由合格的专家准备环境报告。

需要注意的是，如果评估涉及的定域（Scoping）请求或环境报告（Environmental Statement）是在2017年5月16日前提出的，则仍适用相应的旧条例（见表10－11）。

表10－11　英国环境影响评估法律规定汇总

适用地区	现行条例	旧条例
英国	《2017年基础设施规划（环境影响评估）法规》[Infrastructure Planning (Environmental Impact Assessment) Regulations 2017]	《2009年基础设施规划（环境影响评估）法规》[Infrastructure Planning (Environmental Impact Assessment) Regulations 2009]
英格兰	《2017年城乡规划（环境影响评估）法规》[Town and Country Planning (Environmental Impact Assessment) Regulations 2017]	《2011年城乡规划（环境影响评估）法规》[Town and Country Planning (Environmental Impact Assessment) Regulations 2011]
苏格兰	《2017年城乡规划（环境影响评估）（苏格兰）法规》[Town and Country Planning (Environmental Impact Assessment) (Scotland) Regulations 2017]	《2011年城乡规划（环境影响评估）（苏格兰）法规》[Town and Country Planning (Environmental Impact Assessment) (Scotland) Regulations 2011]
威尔士	《2017年城乡规划（环境影响评估）（威尔士）法规》[Town and Country Planning (Environmental Impact Assessment) (Wales) Regulations 2017]	《2016年城乡规划（环境影响评估）（威尔士）法规》[Town and Country Planning (Environmental Impact Assessment) (Wales) Regulations 2016]
北爱尔兰	《2017年规划（环境影响评估）（北爱尔兰）法规》[Planning (Environmental Impact Assessment) Regulations (Northern Ireland) 2017]	《2015年规划（环境影响评估）（北爱尔兰）法规》[Planning (Environmental Impact Assessment) Regulations (Northern Ireland) 2015]

二、环境影响评估步骤

根据以上条例的内容，进行环境影响评估一般分为5个步骤：（1）筛选，即判断所投资的项目是否需要申请环评；（2）定域，即判定何种项目需要进行评估及填写在环境报告中，由于投资不同的领域或不同的项目有不同的环境影响，因此在进行这一步工作时建议向当地规划主管部门寻求意见（见下文详述）；（3）准备环境报告，即在确定项目需要进行环境评估后，申请者需要提供评估所需的详细信息以便分析项目可能带来的环境影响；（4）进行申请并公开征求意见，所填写的环境报告必须公开，征询法律规定的咨询机构和公众的意见；(5)作出决定，即当地规划主管部门和/或国务大臣根据所掌握的信息决定是否允许项目实施，具体结果及判定依据均需向公众公开。[1]

三、定域

需要根据上述环境影响评估条例，一些进行环境影响评估的开发项目，必须提交环境报告并申请规划许可（Planning Permission）或开发同意书（Development Consent）。例如，适用于英格兰地区的《2017 年城乡规划（环境影响评估）条例》附表 1 规定了最有可能对环境造成重大影响的项目（如炼油厂、发电站和高速公路）必须进行环境影响评估；附表 2 规定如果其他项目（如基础设施）由于其性质、规模或位置等因素而可能对环境产生重大影响，也需要进行环境影响评估。

此外，根据《关于保护自然栖息地和野生动植物的第 92/43/EEC 号指令》[Directive 92/43/EEC on the conservation of natural habitats and of wild fauna and flora (Habitats Directive)]或《关于保护野生鸟类的第 2009/147/EC 号指令》[Directive 2009/147/EC on the conservation of wild birds (Birds Directive)]，如果某个开发项目可能会对欧洲保护区产生重大影响，英国国务大臣也必须对此进行环境影响评估。

四、许可与审批部门

在申请对开发项目进行环境影响评估时，根据开发项目的不同重要性，确定申请的机构通常是地方机构或国务大臣（威尔士为威尔士部长）。相关机构在确定是否授予规划许可时，必须考虑申请者提交的环境报告。但即使环境影响是不利的，由于涉及对欧洲保护区会产生影响的某些限制，相关机构也没有绝对的义务拒绝批准授予规划许可。此外，当已经批准的项目的环境报告已不适用于目前情况时，相关机构可以要求申请者更新环境报告。

五、法律责任

根据欧盟《环境影响评估指令》第 10a 条的规定，欧盟国家/地区应制定违反该指令相关规定的处罚规则，即如果相关机构授予了规划许可或开发同意书，但未考虑环境报告，则该许可或同意存在法律否定的风险。对于该第 10a 条，英国政府认为其现有立法中的执行规定足以满足该要求。具体来说，在具有全国重要意义的基础设施规划制度方面，《2008 年规划法》（Planning Act 2008）第 8 部分对未事先获得开发同意书即

[1] 商务部国际贸易经济合作研究院、中国驻英国大使馆经济商务参赞处、商务部对外投资和经济合作司：《对外投资合作国别（地区）指南——英国（2018 年版）》，参见 http://www.mofcom.gov.cn/dl/gbdqzn/upload/yingguo.pdf，最后访问日期：2019 年 9 月 27 日。

进行开发和未遵守命令条款的法律后果作了规定。[1]

《2008年规划法》第160条和第161条规定，对未事先获得开发同意书即进行开发，或违反授权的开发同意书的规定的行为，如经简易程序定罪，可处以不超过50,000英镑的罚款（国务大臣有权提高该罚款额）；如经公诉程序定罪，可处以的罚款不设上限。该法第169条规定了对未经授权的开发可发出通知要求纠正违法行为，通知内容包括要求取消开发以及将已进行开发的土地恢复到初始状态，此外该通知还会规定应当完成的相应期限。

环境影响评估不会也不应当成为经济增长的障碍，因为它仅仅是在城镇和国家规划体系内投资项目时需要考虑的因素。地方规划部门对环境保护负有确定的一般责任，在接受项目投资时也要考虑到国家规划体系和该项目对环境的影响。地方上的规划部门和开发商应仔细考虑项目是否应接受环境影响评估。如果需要，他们应该将评估范围限制在可能受到重大影响的环境方面。[2]

---

〔1〕 Department for Communities and Local Government, *Government response to the technical consultationon Environmental Impact Assessment* (*regulations on planning and nationally significant infrastructure*), Accessed on March 12, 2020, https://assets.publishing.service.gov.uk/government/uploads/system/uploads/attachment_data/file/669698/EIA_consultation_response.pdf.

〔2〕 UK Government, Accessed on March 12, 2020, https://www.gov.uk/guidance/environmental-impact-assessment#decision-making-subject-to-EIA.

第十一章
英国贸易法

推动贸易发展对于促进英国经济的繁荣发展十分重要,英国的对外贸易收入超过了全国 GDP 的一半。得益于良好贸易环境,英国全面提高了工资水平,并降低了民众获得更广泛的商品和服务的成本。英国的对外贸易法律法规在其整体贸易体系中占据重要地位。

第一节　贸易主管部门

根据贸易环节,英国各有关监管部门及其职能如下。

一、国际贸易部

2016 年新成立的国际贸易部,是负责贸易推广的主管部门,具体负责促进英国产品和服务出口、吸引海外投资者来英投资、制定配套政策和财政支持措施、牵头对外贸易投资安排谈判等。

二、税收和海关总署

税收和海关总署是负责货物进口申报、管理、征税的主管部门,负责征收直接税、间接税和海关管理。

三、英国出口融资部

英国出口融资部(UK Export Financing, UKEF)是负责提供贸易融资的主管部门,为英国企业出口和对外投资提供金融支持手段,包括为英国出口商提供出口保险、债券保险、卖方信贷、直接借贷等多种支持措施,为对外投资提供海外投资保险,为购买英国产品和服务者提供买方信贷[1]。

---

〔1〕 商务部国际贸易经济合作研究院、中国驻英国大使馆经济商务参赞处、商务部对外投资和经济合作司:《对外投资合作国别(地区)指南——英国(2018 年版)》,载 http://www.mofcom.gov.cn/dl/gbdqzn/upload/yingguo.pdf,最后访问日期:2019 年 9 月 4 日。

四、出口管制联合机构

设于国际贸易部之下的出口管制联合机构(Export Control Joint Unit, ECJU),是负责出口产品管制的主管部门,对军事、核能和军民两用产品出口进行许可证管理,产品涉及:武器、军火、警察和保安设备、某些化学品、金属和工程材料、核及放射性材料、机床、电子元件;激光和光学产品;成像、导航和通讯设备、高规格电脑、宇航和海事设备、软件和技术等〔1〕。

五、商品检验检疫部门

进出口商品检验检疫的主管部门分为两级:在中央一级由英国环境、食品和农村事务部、动植物健康管理局(Animal and Plant Health Agency, APHA)负责政策制定;在地方由当地政府和港口健康部门负责在入境时进行相关检查。出口动物、动物制品和胚胎时,由英国环境、食品和农村事务部指定的兽医签发相关出口健康证书〔2〕。

第二节　贸易法律体系

一、贸易公约与法规概述

英国曾作为欧盟成员国,自动成为欧盟与70多个国家/地区达成的约40项贸易协定的成员。英国要在脱欧过渡期结束之前与这些国家/地区复制这40个贸易协定,还要与达成欧盟贸易协定的国家/地区以外的国家(如澳大利亚、新西兰、美国)达成相互承认协议,确保在一国合法销售的产品也可在另一国销售。

在脱欧过渡期内,英国仍然被视为欧盟贸易协定的成员国,即对于英国与欧盟的贸易,仍然遵守欧盟国家间签订的协定,例如,欧盟关税同盟(Customs Unions)和单一市场(Single Market)协定;对于英国与欧盟以外的国家进行的贸易,如该国属于世界贸易组织成员,则应遵守欧盟与世界贸易组织达成的贸易协定,例如,"欧盟的货物贸易减让和承诺表"(Schedule of Concessions and Commitments on Goods),如该国不属于世界贸易组织成员,但与欧盟有相关贸易协定,则英国仍应在此贸易协定的框架下与该国开展贸易活动。

截至2020年3月31日,英国对于脱欧过渡期结束后在贸易方面作出的安排有:自2021年1月1日起,英国与智利、冰岛、挪威、以色列、韩国、瑞士等国家签订生效的贸易协定开始生效;自2021年1月1日起,英国与澳大利亚、新西兰、美国签订的相互承认协议开始生效。截至目前,英国与欧盟就过渡期后双方的贸易关系尚未达成一致意

---

〔1〕 商务部国际贸易经济合作研究院、中国驻英国大使馆经济商务参赞处、商务部对外投资和经济合作司:《对外投资合作国别(地区)指南——英国(2019年版)》,载 http://www.mofcom.gov.cn/dl/gbdqzn/upload/yingguo.pdf,最后访问日期:2020年3月30日。

〔2〕 同上。

见。此外，就中国企业所关注的英国与中国贸易关系而言，由于欧盟目前未与中国达成贸易协定，目前中英两国的贸易只能在中国—欧盟（过渡期前）或中国—英国（过渡期后）世界贸易组织框架下进行。

在国内法方面，对于贸易相关的买卖合同，英国现行有效的成文法为《1979 年货物买卖法》（Sale of Goods Act 1979，SOGA 1979），该法是英国在总结法院数百年来有关货物买卖案件判决的基础上制定的。值得注意的是，英国并非《联合国国际货物销售合同公约》的缔约国（中国是该公约缔约国），有关中国企业在与英国相关主体签订贸易合同时，应适当区分有关法律，选择合适的合同准据法。

在贸易征税方面，英国已出台并实施了《2018 年税收（跨境贸易）法》以规范英国脱欧后对进出口货物实行的关税制度。此外，英国正酝酿出台《贸易法案》（Trade Bill），该法已于 2020 年 3 月 19 日提出，旨在脱欧过渡期后实行独立的贸易政策。

二、世界贸易组织框架

英国是 1947 年关税与贸易总协定的创始国之一，也是 1995 年世界贸易组织的创始国之一。1995 年 1 月 1 日生效的《建立世界贸易组织的马拉喀什协定》（Marrakech Agreement Establishing the World Trade Organization）是成立世界贸易组织的根据。该协定由序言、正文 16 条和 4 个附件组成。其中，附件一包括：《多边货物贸易协议》（Multilateral Agreements on Trade in Goods），即 GATT 1994 及其 12 个配套协议（《农业协议》、《纺织品与服装协议》、《实施卫生与植物卫生措施的协议》、《技术性贸易壁垒协议》、《与贸易有关的投资措施协议》、《海关估价协议》、《装运前检验协议》、《原产地规则协议》、《进口许可程序协议》、《反倾销协议》、《补贴与反补贴措施协议》和《保障措施协议》）；《服务贸易总协定》（General Agreement on Trade in Services）；《与贸易有关的知识产权协议》（Agreement on Trade – Related Intellectual Property Rights，TRIPs）。附件二是《关于争端解决规则与程序的谅解》（Understanding on Rules and Procedures Governing the Settlement of Disputes）。附件三是《贸易政策审议机制》（Trade Policy Review Mechanism）。附件四是诸边贸易协议（Plurilateral Trade Agreements）：《国际牛肉协议》《国际奶制品协议》《政府采购协议》《民用航空器贸易协议》。

自《建立世界贸易组织的马拉喀什协定》之后谈判达成的协定，例如，《政府采购协议》（Government Procurement Agreement，GPA）等，英国均以欧盟成员国的身份加入，而英国本身并未加入。根据 WT/GC/206 号世界贸易组织文件，对于这些协定在过渡期后对英国的约束性，英国后续需作出确认。也就是说，目前在过渡期内，英国的对外贸易需遵守的世界贸易组织规定与脱欧前一致；在过渡期之后，英国仍需遵守《建立世界贸易组织的马拉喀什协定》相关的规定，但是对于《建立世界贸易组织的马拉喀什协定》之后谈判达成的协定尚未作出明确安排。下文将对重点的世界贸易组织原则和货物贸易减让和承诺表进行阐述。

（一）世界贸易组织原则

世界贸易组织共有以下 9 条基本原则，这些原则为世界经济与贸易的推动保驾护航。

1. 无差别待遇原则

一缔约方在实施某种限制或禁止措施时,不得对其他缔约方实施歧视性待遇。任何一方不得给予另一方特别的贸易优惠或加以歧视。该原则涉及关税削减、非关税壁垒的消除等领域。

2. 最惠国待遇原则

世界贸易组织成员一方给予任何第三方的优惠和豁免,将自动地给予各成员方。该原则涉及一切与进出口有关的关税削减,与进出口有关的规则和程序等领域。

3. 国民待遇原则

缔约方之间相互保证给予另一方的自然人、法人和商船在本国境内享有与本国自然人、法人和商船同等的待遇。该原则适用于与贸易有关的关税减让、国内税费征收等领域。

4. 透明度原则

缔约方有效实施的关于影响进出口货物的销售、分配、运输、保险、仓储、检验、展览、加工、混合或使用的法令、条例,与一般援引的司法判决及行政决定,以及一缔约方政府或政府机构与另一缔约方政府或政府机构之间缔结的影响国际贸易政策的现行规定,必须迅速公布。该原则适用于各成员方之间的货物、技术、服务贸易和贸易有关的投资措施等领域。

5. 贸易自由化原则

通过限制和取消一切妨碍和阻止国际贸易开展与进行的障碍,包括法律、法规、政策和措施等,促进贸易的自由发展。该原则主要是通过关税减让、取消非关税壁垒来实现的。

6. 市场准入原则

一国允许外国的货物、劳务与资本参与国内市场的程度。该原则在世界贸易组织达成的有关协议中,主要涉及关税减让、纺织品和服装、农产品贸易、热带产品和自然资源产品、服务贸易以及非关税壁垒的消除等领域。

7. 互惠原则

两国互相给予对方以贸易上的优惠待遇。该原则的适用随着关贸总协定的历次谈判及其向世界贸易组织的演变而逐步扩大,现已涉及纺织品和服装、热带产品、自然资源产品、农产品、服务贸易以及知识产权保护等领域。

8. 对发展中国家和最不发达国家优惠待遇原则

如果发展中国家在实施世界贸易组织协议时需要一定的时间和物质准备,可享受一定期限的过渡期优惠待遇。该原则是世界贸易组织无差别待遇原则的一种例外。

9. 公正、平等处理贸易争端原则

在调解争端时,要以成员方之间在地位对等基础上的协议为前提。

（二）货物贸易减让和承诺表

“减让和承诺表”一般附在《1994年关税与贸易总协定马拉喀什议定书》（Marrakesh Protocol to the GATT 1994）或成员国提交的加入协议（Protocol of Accession）之后，该表记载了各成员国作出的具体承诺，包括具体的关税减让情况以及其在贸易谈判（例如，乌拉圭回合）时作出的其他承诺。需要注意的是，减让和承诺表的内容会随时间推移而修改、更新。对于货物贸易，该表通常包含对不同产品的最高关税水平的承诺。

目前，英国仍然适用欧盟的减让和承诺表的规定。欧盟现行有效的版本 EU-27号[1]未考虑2007年和2013年新加入成员这一实际情况，因此其在2017年10月6日提交了 EU-28号减让和承诺表草案。TARIC[2]是欧盟的综合关税数据库，可在其中查询欧盟商业、农业的立法和关税情况。

过渡期结束后，英国将面临一项复杂的任务，即在最惠国待遇基础上与世界贸易组织的其他成员重新建立贸易关系。这意味着，英国作为一个独立的国家，必须建立自己的世界贸易组织减让和承诺表。2018年7月24日，英国向世界贸易组织提交了货物贸易减让和承诺表草案，该草案很大程度上复制了目前欧盟提交的 EU-28号减让和承诺表草案，比如最高关税水平这一承诺。

三、贸易协定以及相互承认协议

（一）贸易协定

目前，英国已经与智利、冰岛、挪威、以色列、韩国、瑞士等国家签订了贸易协定，自2021年1月1日开始生效。这些贸易协定基本重现了现有欧盟贸易协定，以确保英国企业贸易安排的连续性。

（二）相互承认协议

目前，英国已经与澳大利亚、新西兰、美国签订了相互承认协议，自2021年1月1日开始生效。协议双方就合格评定结果相互认可。合格评定是当下各国对企业产品和服务进入市场的普遍要求，主要分为认证和认可两大类[3]。实际上，英国与瑞士的贸易协定中就包含了欧盟和瑞士间达成的相互承认协议的要素，英国与以色列的贸易

---

[1] WTO, *Current Situation of Schedules of WTO Members*, Accessed on March 24, 2020, https://www.wto.org/english/tratop_e/schedules_e/goods_schedules_table_e.htm.

[2] Taxation and Customs Union, Accessed on March 24, 2020, https://ec.europa.eu/taxation_customs/business/calculation-customs-duties/what-is-common-customs-tariff/taric_en.

[3] 深圳市标准技术研究院：《合格评定制度》，载 https://tbt.sist.org.cn/mbsc_106/mgsc_108/jsxmycstx/hgpdzd/200809/t20080922_172632.html，最后访问日期：2020年3月31日。

协定中也包含了对工业产品的合格评定内容[1]。

四、国内法规

(一)贸易合同法规

本书将以中英两国的贸易往来为视角,重点说明中英两国间贸易合同可能适用的相关国内法,以及可能涉及的国际公约。

在买卖合同方面,中国国内法为《中华人民共和国民法典》,英国国内法为《1979年货物买卖法》,相关的国际公约为《联合国国际货物销售合同公约》,根据尊重当事人意思自治这一合同的基本原则,以及中英两国的相关法律适用规定,中英贸易合同的当事人可以约定与合同相关的争议适用中国或英国的国内法、第三国法律、国际公约。

但需要注意的是,英国尚未加入《联合国国际货物销售合同公约》,而中国在加入《联合国国际货物销售合同公约》时保留了2个条款。由于中国加入《联合国国际货物销售合同公约》时保留的条款之一为第1条第1款(b)项,即中国仅同意公约适用于缔约国的当事人之间签订的合同,因此,在中英贸易合同当事人未明确约定适用《联合国国际货物销售合同公约》时,无法适用《联合国国际货物销售合同公约》。

中国对于涉外合同的法律适用以意思自治为主,以最密切联系原则为补充。例如,《中华人民共和国涉外民事关系法律适用法》第41条规定:"当事人可以协议选择合同适用的法律。当事人没有选择的,适用履行义务最能体现该合同特征的一方当事人经常居住地法律或者其他与该合同有最密切联系的法律。"此外,实际上原《中华人民共和国合同法》在起草过程中借鉴和参考了《联合国国际货物销售合同公约》,许多内容与公约的类似规定比较接近。

英国在国际私法领域接受了大量欧盟规则。就合同法方面的冲突规则而言,脱欧过渡期内,英国仍然继续适用欧盟国际私法的各项规则;过渡期后,为应对脱欧后的跨国司法纠纷处理,英国已修订了《1990年合同(法律适用)法》[Contracts (Applicable Law) Act 1990]以将《1980年欧共体关于合同法律适用的罗马公约》(EC Convention on the Law Applicable to Contractual Obligations, Rome 1980)相关内容转化为国内法适用。此外,欧共体出台的第593/2008号条例即罗马第一条例(Rome Ⅰ)和第864/2007号条例即罗马第二条例(Rome Ⅱ)也将转化为国内法继续适用。这些冲突法规范在合同适用法律方面都规定了合同当事人可以自由选择适用的法律,也就是说,合同当事人的所在地或合同标的不影响约定适用何种法律。实践中,英国法院通常也倾向于尊重当事人对准据法的选择[2]。

---

[1] UK Government, Accessed on March 24, 2020, https://www.gov.uk/guidance/uk-trade-agreements-with-non-eu-countries.

[2] Governing Law Clauses, Accessed on March 24, 2020, https://www.ashurst.com/en/news-and-insights/legal-updates/governing-law-clauses.

在选择第三国法律方面，虽然国际范围内对此一直颇有争议，但是从中国法律的规定情况来看，并未要求合同当事人所选择的法律与合同或当事人存在一定联系，并且正如上述所提及，英国法律对此也没有限制。当然在选择第三国法律时，具体交易情况以及诉讼成本等都是需要考虑的因素。

《联合国国际货物销售合同公约》是调整国际货物销售合同的最重要的一个统一实体法公约，该公约可以被当事人直接采用和在一定情况下自动适用，因此避开了需要利用冲突法规则选择准据法的间接性。对于中英两国间的货物贸易合同而言，鉴于中国对公约的保留情况和英国未加入公约这一事实，则公约的规定在无约定的情况下不能直接适用。但是根据公约所确立的意思自治原则，在不违反强制性国内法的前提下（例如，中国《最高人民法院关于审理涉外民事或商事合同纠纷案件法律适用若干问题的规定》（已废止）第6条规定“当事人规避中华人民共和国法律、行政法规的强制性规定的行为，不发生适用外国法律的效力，该合同争议应当适用中华人民共和国法律”），合同当事人可以约定选择适用《联合国国际货物销售合同公约》。

最后，贸易当事人也需要注意相关国内法、国际公约适用于何种合同。例如，英国《1979年货物买卖法》第62条第4款排除了对意在通过抵押、质押、设定义务或其他担保方式而进行交易的买卖合同的适用。《联合国国际货物销售合同公约》第2条规定，该公约不适用于购买供私人、家人或家庭使用的货物的销售，除非属于以下情形：卖方在订立合同前或订立合同时不知道而且没有理由知道买方出于此使用目的而购买这些货物；经由拍卖的销售；根据法律执行令状或其他令状的销售；公债、股票、投资证券、流通票据或货币的销售；船舶、船只、气垫船或飞机的销售；以及电力的销售。

（二）贸易征税

《欧洲共同体条约》（Treaty Establishing the European Community, EC Treaty）确立了欧盟委员会在贸易中财税中立的原则，各成员国仍保留除关税以外其他税收政策的制定权和行使权，以保证各成员国主权和经济利益。1992年，为防止税收差异影响欧盟内部贸易流动，避免形成成员国之间贸易投资壁垒，欧盟委员会统一欧盟增值税最低基本税率标准为15%，其中社会文化性质的产品或服务的最低税率为5%。该等税率只是目标性的，具体执行以成员国规定为主，且各成员国规定各异。

2018年9月13日生效的《2018年税收（跨境贸易）法》本是为应对无协议脱欧而准备的。如果英国无协议脱欧，那么英国与欧盟国家的贸易安排将根据世贸组织规则运作，在此情况下，该法可被视为“基线”（Baseline，最低水准），英国与包括欧盟在内的国家拟达成的任何自由贸易协定（Free Trade Agreement, FTA）都将不低于“基线”的标准。《2018年税收（跨境贸易）法》旨在英国脱欧后，对进出口货物实行英国关税制度以取代现行的欧盟海关制度〔1〕，并根据英国脱欧的实际情况修订现行的英国增值税

〔1〕 UK Government, Accessed on March 24, 2020, https://www.gov.uk/government/publications/taxation-cross-border-trade-bill.

和消费税法律法规。虽然 2020 年 1 月 29 日欧盟正式批准了英国提交的《脱欧协议》[European Union (Withdrawal Agreement) Act 2020],但是《2018 年税收(跨境贸易)法》在法律和技术层面对关税、增值税、消费税进行了非常复杂的规定,这使其仍然对过渡期后的跨境贸易征税安排起重要的指导作用。该法的 9 个附表还对海关申报、特殊海关程序(如过境程序、内部处理程序)、税收和海关总署权力、与发展中国家有关的规定、反倾销海关程序和现有征收增值税、消费税、关税规定的修订进行了规定,以此反映英国脱欧后的第三国地位。该法还广泛地赋予了各部长可以通过出台法规的形式对其所负责职能部门所涉领域的细则进行二级立法的权力,包括赋予这些部长据此可以修订现有的“亨利八世条款”(Henry Ⅷ Clauses)的权力。

最终,《脱欧协议》对脱欧后的英国的进出口贸易征收关税、增值税、消费税的情况进行了规定,简介如下。

1. 关税

1968 年 7 月,欧共体实现了关税同盟这一目标,其主要内容为:对内在成员国之间分阶段削减关税和数量限额,实现共同体内部商品自由流通;对外通过逐步拉平各成员国的关税率,筑起统一关税壁垒,以抵制和排挤共同体外的商品输入。英国自 1973 年加入欧共体起,与欧共体各成员之间取消货物关税,对外执行统一关税。

在脱欧过渡期内,英国与欧盟之间所有产品均继续维持此前的零关税。如《脱欧协议》第 47 条规定:在过渡期内,原则上欧盟和英国之间的贸易,仍视为欧盟内部统一大市场内的贸易,并适用第 952/2013 号欧盟议会的规定。过渡期后英国与欧盟间的关税征收情况将取决于双方能否达成新的自由贸易协定。《2018 年税收(跨境贸易)法》的第一部分针对进口货物征收关税的规则进行了规定,但仅规定了如何收取关税以及各相关政府机构的职能,对具体的关税税率、优惠税率、关税减免、配额规定等事项都没有作进一步规定,未来将需出台具体的法规加以规定。

在过渡期内,英国对欧盟以外国家(包括中国)的货物依旧按欧盟统一税率征收进口关税。企业如有需要可登录网站[1]查询英国每月更新的关税税率,表 11－1 为 2019 年年底主要产品的英国进口关税税率。

表 11－1　英国主要产品进口关税税率[2]

产品	鞋类	服饰	香蕉	牛肉	塑料	香槟	土豆	香烟
税率	17%	12%	16%	12.8%	6.5%	32 欧元/750 毫升	4.5%	26%

[1] UK Government, Accessed on March 24, 2020, www.gov.uk/trade－tariff.

[2] 商务部国际贸易经济合作研究院、中国驻英国大使馆经济商务参赞处、商务部对外投资和经济合作司:《对外投资合作国别(地区)指南——英国(2019 年版)》,载 http://www.mofcom.gov.cn/dl/gbdqzn/upload/yingguo.pdf,最后访问日期:2020 年 6 月 23 日。

此外，可在欧盟的综合关税数据库 TARIC[1]查询欧盟商业、农业的立法和关税情况。在脱欧过渡期后，如果中英两国尚未达成自由贸易协定，两国间关税水平将具体根据两国对关税征收的规定以及在 WTO 作出的承诺（如对不同产品作出的最高关税水平承诺）确定。

2. 增值税

《脱欧协议》第 51 条规定：对在过渡期之前发生，且将在过渡期后结束的英国与欧盟间的跨境货物或服务贸易，在过渡期后的 5 年届满前，所涉及的增值税仍适用欧盟第 2006/112/EC 号指令。需要注意的是，针对增值税退税的申请应在 2021 年 3 月 31 日之前提出。《2018 年税收（跨境贸易）法》第 3 部分涉及对增值税的规定，该法取消了购置增值税（Acquisition VAT）并且规定对所有进口到英国的货物（无论是来自欧盟还是其他国家）都应征收进口增值税。

目前，英国对大多数商品和服务征收 20% 的标准增值税税率，对涉及儿童汽车安全座椅和家庭能源等商品和服务征收 5% 的优惠税率，以及对涉及大多数食品和童装的商品和服务实行零税率[2]。值得注意的是，在货物销售后，对进口货物征收的增值税可由商家申请退回[3]。对于过渡期后的征收增值税安排，英国目前并没有出台明确规定。

3. 消费税

在过渡期内，欧盟现行的消费税规定仍然适用于英国，例如，对酒精饮料、烟草制品和能源产品征收消费税。此外，英国目前还对航空旅客、娱乐机器许可证、游戏、普通博彩、彩票等征收消费税[4]。对于过渡期后的安排，同增值税一样，英国目前亦尚未出台明确规定。

（三）贸易法案

2020 年 3 月 19 日，英国政府已将《贸易法案》提交议会[5]，该法案旨在过渡期后实行独立的贸易政策，具体包括以下 4 个方面内容[6]。

---

[1] Taxation and Customs Union, Accessed on March 24, 2020, https://ec.europa.eu/taxation_customs/business/calculation - customs - duties/what - is - common - customs - tariff/taric_en.

[2] UK Government, Accessed on March 24, 2020, https://www.gov.uk/vat - rates.

[3] 商务部国际贸易经济合作研究院、中国驻英国大使馆经济商务参赞处、商务部对外投资和经济合作司：《对外投资合作国别（地区）指南——英国（2019 年版）》，参见 http://www.mofcom.gov.cn/dl/gbdqzn/upload/yingguo.pdf，最后访问日期：2020 年 3 月 30 日。

[4] Excise goods in the UK, Accessed on March 24, 2020, https://www.4eyesltd.co.uk/index.php/customs - excise/excisable - goods/excise - goods - in - the - uk.

[5] Trade Bill 2019 - 21, Accessed on March 24, 2020, https://services.parliament.uk/bills/2019 - 21/trade.html.

[6] UK Government, Accessed on March 24, 2020, https://www.gov.uk/government/publications/trade - bill/trade - bill.

1. 政府采购协议

《政府采购协议》是在《建立世界贸易组织的马拉喀什协定》之后谈判达成的协定，英国是以欧盟成员国的身份加入《政府采购协议》的，但其自身并未加入。在过渡期结束后，英国将以独立身份加入《政府采购协议》。《贸易法案》确保了英国能够履行其作为《政府采购协议》独立成员的义务。加入《政府采购协议》将使英国每年在20个缔约方中获得价值1.3万亿英镑的合同机会。[1]

2. 连续性贸易协议

为确保贸易的连续性，英国正在将现有的欧盟与其他国家的自由贸易协定转化为英国与这些国家的协定，即连续性贸易协议。对此，《贸易法案》旨在确保随着时间的推移，这些协议中的采购和互相承认条款在所有情况下都能通过二级立法在英国国内实施。当然，只有当这些国家在2020年1月31日前已经与欧盟签署了自由贸易协定的情况下，英国才能将其转化为连续性贸易协议。

3. 贸易救济局

在世贸组织规则下，成员国可以通过贸易救济措施来保护国内生产者免受不公平贸易行为或不可预见的进口激增带来的不利影响。这些贸易救济措施可以包括对以下特定商品征收额外关税或限制配额：

（1）进口商品“倾销”——出口价格低于出口商在其国内市场上相同商品的价格，或低于生产的全部成本加上合理的利润，从而严重损害了进口国的商品市场。在此情况下采取的保护措施为征收反倾销税。

（2）进口商品“补贴”——进口商品得益于外国政府或公共机构的财政补贴。在此情况下采取的保护措施为反补贴或反补贴措施。

（3）进口激增——“公平”贸易的进口激增是不可预见的，但这严重损害了进口国的国内工业。在此情况下采取的保护措施为保障措施。

英国加入欧盟后，贸易救济事宜由欧盟委员会处理。现在英国已经脱欧，因此将采取自己的贸易救济制度。《贸易法案》旨在设立一个独立的贸易救济机构——贸易救济局（Trade Remedies Authority），来承担这项工作。

4. 数据收集和共享

《贸易法案》规定的数据收集权利将进一步帮助政府促进出口贸易。这些收集的信息将帮助政府开展出口促销活动，以帮助各种规模的英国企业利用市场机会。该法案还允许英国税务海关总署与执行公共职能的机构共享数据，以执行与贸易有关的一系列公共职能来替代之前欧盟委员会的职能。

---

〔1〕 UK Government, Accessed on June 17, 2020, https://www.gov.uk/government/publications/trade-bill/trade-bill.

第三节 进出口程序和限制

英国国际贸易部与税收和海关总署是负责处理有关英国进口的贸易政策、制度和程序问题的主管机关[1]。

一、主要关口简介

（一）港口

英国港口业规模位居欧洲第二，每年处理近500万公吨货物运输到英国，英国95%的国际贸易（进出口）均是通过英国港口进行。英国大约有120个商业港口，但大部分货运港口相对集中，排名前20位的港口占货运总量的88%。英国主要的通用港口简介如下[2]：

（1）弗利克斯托港口（The Port of Felixstowe）：位于萨福克，是英国最大的也是最常用的集装箱港口。每年处理350万个20英尺的集装箱，并提供往返于全球365个港口的服务。通常从亚洲海运入港的货物均要经过此港口。

（2）南安普敦港口（The Port of Southampton）：位于英格兰南部汉普郡，是英国第二大港口，每年处理超过150万个标准集装箱。与弗利克斯托港口相比，如要进口大量货物，运送到汉普郡的港口可节省进口商的运输成本。因为大量货物会用到“整装货柜”，该类型集装箱运输的时间较短且每立方米的费用比“拼箱货”更低，南安普敦港口则是处理最多此类型集装箱的港口。

（3）蒂尔伯里港口（The Port of Tilbury）：位于埃塞克斯（Essex）泰晤士河畔，经常用于运输来自美国、澳大利亚和中东的进口货物。它是欧洲最大的冷藏集装箱码头，共有1400个冷藏集装箱插头，可使用英国冷藏食品运输与仓储公司NFT Distribution运行的25,000个冷藏仓库设施。

（4）格兰杰默斯港口（The Port of Grangemouth）：位于格拉斯哥和爱丁堡之间，是苏格兰最大的主要集装箱港口，每年处理约15万个集装箱。该港口与国家高速公路网和铁路相连，也是英国唯一出口超过进口的港口。使用此港口可能会增加几天运输时间，但如果想要将完整的集装箱进口到苏格兰，该港口的地理位置可节省数百英镑的集装箱运输费用。

（5）伦敦门户港（London Gateway Port）：位于伦敦的泰晤士河上，是英国最新的港口。拥有欧洲最大的物流园区，并处理大量对保存时间敏感与易腐烂的货物。如运输地点位于伦敦城市中心或其附近城市，该港口则可节省大量的运输成本。

---

[1] UK Government, Accessed on March 27, 2020, https://www.gov.uk/guidance/import-controls.

[2] Shippo, Accessed on March 30, 2020, https://www.shippo.co.uk/faqs/what-ports-do-you-ship-to-in-the-uk.

（二）机场

作为英国货物进出关口的机场有：阿伯丁机场、贝尔法斯特机场、伯明翰机场、布里斯托机场、加的夫机场、东米德兰兹机场、爱丁堡机场、格拉斯哥机场、利兹布拉德福德、利物浦约翰·列侬机场、伦敦盖特威克机场、伦敦希思罗机场、伦敦斯坦斯特德机场、曼彻斯特机场和纽卡斯尔机场[1]。其中，较大和较受欢迎的几大机场如下：

（1）东米德兰兹机场（East Midlands Airport）：位于莱斯特郡西北地区的多宁顿城，英国最常用的仅经营货运的机场，是英国货物运输量第二位机场，每年处理超过 32 万吨的货物。

（2）伦敦希思罗机场（London Heathrow）：英国货物运输量第一的机场，每年处理超过 150 万吨的货物[2]。

（3）伦敦盖特威克机场（London Gatwick）：英国第二繁忙的机场，每年处理约 10 万吨货物。

二、进口货物的流程

按照英国政府官网指引，如果企业需要将欧盟以外的货物进口至英国境内，将按照以下步骤进行。

（一）登记和申请

进口货物需要向税收和海关总署登记和申请（Register for Importing）。在英国和非欧盟的国家之间进出口货物，需要 EORI 号（Economic Operator Registration and Identification），该号是进行进出口贸易的企业必备的一个登记号。如果企业没有拿到此号码，会导致额外的成本和延误费用，例如，税收和海关总署无法为其货物提供清关服务，企业不得不支付额外的仓储费。

自 2021 年 1 月 1 日起，从事进出口货物贸易的企业需要申请一个 GB 编号的 EORI 号，如果此前已经申请过此类的登记号则可以继续使用。如果是在北爱尔兰和爱尔兰之间进出口货物时，则不需要申请 EORI 号。如果企业要在欧盟进行报关，则需要欧盟的 EORI 号。

如果是经常进出口货物的企业，还可以考虑申请简化申报程序以及申请“经认证的经营者”（Authorised Economic Operator，AEO）认证[3]。

---

〔1〕 UK Customs, *Clearance – Ports and Airports List*, Accessed on March 27, 2020, https://www.ukimportservices.com/services/import/customs-clearance/uk-ports-container-fcl-lcl-icd-erts-airports-ferry-terminals.php.

〔2〕 Heathrow Our Compay, *Cargo*, Accessed on March 27, 2020, https://www.heathrow.com/company/careers/working-at-heathrow/operations/airport-and-airside-operations/cargo#:~:text=Cargo, through%20the%20airport%20each%20year.

〔3〕 UK Government, Accessed on March 27, 2020, https://www.gov.uk/guidance/authorised-economic-operator-certification?step-by-step-nav=849f71d1-f290-4a8e-9458-add936efefc5.

（二）海关申报和运输货物

需要进行海关申报和运输货物（Customs Declarations and Transport the Goods）。企业可以找代理人帮其办理海关手续和运输货物，也可以自行处理。大多数进口货物的企业会使用运输代理人或海关代理人。

同时，进口企业负有对货物正确进行关税分类的法律义务。为此，企业需找到正确的货物编码，以进行货物关税分类。货物编码将显示企业应缴纳的税率，以及企业是否需要进口许可证。通常运输代理人、海关代理人会在该方面提供协助，但分类义务人仍是进口商。另外，英国政府的官网上也对如何寻找货物编码提供了相应的指南和协助工具[1]。

值得注意的是，进口商可以向税收和海关总署申请具有约束力的关税信息（Binding Tariff Information，BTI），以取得货物关税分类的官方答复。具有约束力的关税信息是一份书面的涉税类别分类文件，虽然不是法律上的要求，但具有约束力的关税信息可以确保货物有对应正确的商品编码，帮助计算关税，并提醒进口商关于进出口许可证的要求或货物是否适用配额或其他数量限制。具有约束力的关税信息对欧盟内所有海关当局均有约束力。自2016年5月1日起发出的具有约束力的关税信息有效期为3年，自作出决定之日起计算；而2016年5月1日前发出的具有约束力的关税信息有效期为6年。具有约束力的关税信息不具有追溯力，但是可撤回，通常撤回不影响之后进口的货物[2]。

（三）进口许可证

在脱欧过渡期内，英国仍然适用欧盟的进口法规。某些类型的货物，企业需要取得进口许可证或证书（Import Licences or Certificates），而且可能还需要支付一些货物的检查费，然后才能进口至英国。该等货物主要分为以下几类：

（1）动植物和农产品，包括：动物制品以及活体动物，活鱼及贝类，植物、水果、蔬菜、鲜花及相关机械（为农业或林业用途而操作的机械或车辆），“禁止”植物（禁止的列表以附件的形式呈现[3]）、植物病虫害、病原体和土壤，由濒临绝种的动植物制成的产品，兽药，高风险食物。

（2）木产品以及木制品，包括：木材、木材产品、树皮、木质包装材料和木柴。

（3）药物以及用于人体的组织和细胞，包括：供人体服用的药物、管制药物以及用

---

〔1〕 UK Government, Accessed on March 27, 2020, https://www.gov.uk/guidance/finding-commodity-codes-for-imports-or-exports?step-by-step-nav=849f71d1-f290-4a8e-9458-add936efefc5.

〔2〕 UK Government, Accessed on November 17, 2021, https://www.gov.uk/guidance/check-what-youll-need-to-get-a-legally-binding-decision-on-a-commodity-code.

〔3〕 UK Government, Accessed on June 17, 2020, https://www.gov.uk/guidance/moving-prohibited-plants-plant-pests-pathogens-and-soil.

于人体的组织细胞。

(4)化学品和废弃物,包括:废弃物(官方发布的《废弃物法律定义范围指南》[1]中明确了废弃物的定义),包含氟类气体的产品(具体对氟类气体的法律定义也发布了相关指南[2]),易制毒化学品,危险化学品和材料。

(5)可能被用于实施酷刑或死刑的枪支、武器和货物,包括:枪、刀、剑和其他武器以及可能被用于酷刑或死刑的武器和货物。

以上大类项目所包含的每一个小类项目都在英国政府官网的指南[3]中有相应的详细定义和应当遵循的流程介绍,建议企业参照官网指南进行查询。

(四)缴税

一般进口企业需要支付的税包括增值税和关税,具体金额取决于货物价值和相对应的税率。

首先,企业可以依照英国政府官网所列明的条件,检视其是否满足条件延迟或减免税费。如果企业总部位于英国,对于企业进口至英国和在英国接收货物的,可以根据货物的来源地以及对货物的处理计划来查询是否可以享受延迟或减免税费的优惠。减免税费的情况一般包括:(1)重新进口以前出口过的货物;(2)进口货物以作加工或修理;(3)教育文化用品;(4)医疗或科学研究用品;(5)印刷及推销产品,如教育文化书本印刷或旅游业推销;(6)用于工业或商业研究的货物;(7)特定用途的商品,如直升机、飞机和其他民用飞机、碳氢油、船用推进发动机、军事装备等;(8)海产品;(9)企业搬迁,如企业迁往英国时,可以要求免除某些资产货物(如机器和工具)的关税;(10)丧葬用品;(11)邮寄收货;(12)用于慈善或帮助残疾人的物品;(13)个人自用物品。

上述货物分类的详细描述见在英国政府官网发布的指南[4]。

其次,如果企业向税收和海关总署申报其从欧盟以外进口至英国的货物时,必须告知货物价值。英国政府指南提供了6种方法计算货物价值,以及如何计算对应关税以及进口增值税税额[5]。

---

〔1〕 UK Government, Accessed on June 17, 2020, https://www. gov. uk/government/publications/legal - definition - of - waste - guidance.

〔2〕 UK Government, Accessed on June 17, 2020, https://www. gov. uk/guidance/fluorinated - gases - f - gases.

〔3〕 UK Government, Accessed on March 30, 2020, https://www. gov. uk/starting - to - import/import - licences - and - certificates? step - by - step - nav = 849f71d1 - f290 - 4a8e - 9458 - add936efefc5.

〔4〕 UK Government, Accessed on March 27, 2020, https://www. gov. uk/guidance/check - if - you - can - pay - a - reduced - rate - of - customs - duty? step - by - step - nav = 849f71d1 - f290 - 4a8e - 9458 - add936efefc5.

〔5〕 UK Government, Accessed on March 30, 2020, https://www. gov. uk/guidance/how - to - value - your - imports - for - customs - duty - and - trade - statistics? step - by - step - nav = 849f71d1 - f290 - 4a8e - 9458 - add936efefc5.

（五）通关

企业如果已经指定运输代理人或海关代理人，代理人会负责货物进口申报，并完成货物的通关手续。如果企业自行处理，可按照上述步骤逐步完成。

如果企业在英国已经注册了增值税，那么在海关处计算付款后，需将收到的进口增值税证书（C79），作为已付款的证明。凭借 C79 证书，企业可以要求退还此部分税额（Reclaim the VAT Paid）[1]。

三、进口管制

在脱欧过渡期内，英国仍是欧盟单一市场的一部分，欧盟的进口管制政策由欧盟委员会负责。英国无法实施单独的国家进口管制（National Import Controls），除非在一定的例外情形下（例如出于安全或健康方面的考虑）。

欧盟的进口管制法规主要为[2]：

（1）（EU）2015/478 关于对进口实施共同规则（Common EU Rules for Imports），主要规定：①进口欧盟的产品的主要原则，即在不受任何数量限制（如配额）的情况下自由进口，除非有保障措施；②从其他国家进口欧盟产品的共同规则；③在实施保障措施之前，欧盟进行的调查程序，以及对可能对欧盟生产商造成损害的产品进行监督的程序。

（2）（EU）2015/755 关于对某些第三国实施共同进口规则（Common rules for imports from certain non – EU countries），主要规定：①对从某些非欧盟国家进口的、可能对欧盟生产商造成严重伤害或严重伤害威胁的产品适用保障措施的共同规则；②对这些进口产品进行监督的共同规则。

（3）（EC）No. 717/2008 关于欧盟进出口配额和许可证分配（Allocation of EU Import And Export Quotas And Licences），主要规定了欧盟进出口配额管理规则。

目前，欧盟的进口体制较为开放。除农产品、烟草、武器等若干类敏感性产品，以及有数量限制（如配额）和受监管的产品外，其他产品输入欧盟，一般无须进口许可证[3]。欧盟实行的进口管制分为 3 大类：第一类是禁止（Bans），即不允许进口；第二类则是配额（Quotas），即进口的货物数量是有限制的；第三类则是监管（Surveillance），即进口货物需要进口许可。

---

[1] UK Government, Accessed on March 30, 2020, https://www.gov.uk/guidance/vat – imports – acquisitions – and – purchases – from – abroad? step – by – step – nav = 849f71d1 – f290 – 4a8e – 9458 – add936efefc5#goods – from – non – eu – countries.

[2] Importing into the EU, Accessed on March 30, 2020, https://eur – lex.europa.eu/summary/chapter/0705.html.

[3] 香港贸发局经贸研究：《2.9 欧盟进口规例》，载经贸研究网：https://research.hktdc.com/sc/article/NDEwNjEyMjY1，最后访问日期：2021 年 11 月 17 日。

在加入欧盟之前，英国的国家进口管制立法为《1939 年进出口和海关权力法》[Import, Export and Customs Powers (Defence) Act 1939]。此外，根据《1954 年进口货物(管制)令》第 2 条和第 5 条赋予的权力，英国国务大臣可授予签发"通用开放进口许可"(Open General Import Licence, OGIL)[1]。

目前，国际贸易部是英国的进口管制执行机关。英国国际贸易部为企业制作的进口管制指南中详细描述了进口管制的内容，主要分为两部分：一部分是根据货物的性质发放进口许可证，另一部分则是"致进口商的通知"(Notices to Importers, NTI)，列明了目前采用的关于进口禁止和管制的所有政策，共有 9 份相关的政策文件[2]，具体如下：(1)2019 年 1 月 31 日《核管理办公室签发核材料进口许可证及申请程序》(Office for Nuclear Regulation issues import licences for nuclear material and their application procedure)；(2)2019 年 7 月 16 日《国防与国际安全展览》(Defence and Security International Exhibition)；(3)2019 年 7 月 16 日《由国务卿签发的进口许可证》[Signed import licence (DSEI 2019) granted by the Secretary of State]；(4)2019 年 7 月 16 日《2017 年枪械及弹药进口许可证安排》(Imports of firearms ammunition import licensing arrangements 2017)；(5)2019 年 9 月 13 日《欧盟武器转移》(EU firearms transfers)；(6)2019 年 9 月 17 日《枪支进口许可证——附加信息要求》(Firearms import licensing - additional information requirements)；(7)2019 年 10 月 2 日《进口证与 EORI 号的强制适用》(Mandatory use of EORI numbers for import licences)；(8)2020 年 4 月 21 日《开放一般进口许可证及其使用指南》(Open general import licence 2020 and guidance on its use)；(9)2020 年 4 月 21 日《针对一般进口许可证的说明》(Explanatory note: open general import licence)。

在进口许可方面，除了上文所述的针对某一类产品发放许可外，一些工业制品也需要获得由进口许可局(Import Licensing Branch, ILB)签发的进口许可。进口许可局会向进口商发布及时的通告以告知最新的管控政策。进口许可局也负责发放自由销售证书(Certificates of Free Sale, CFS)，自由销售证书对于一些没有像欧盟那样严格的产品安全标准和执法的国家来说是很有必要的。自由销售证书可以有效地确认其货物在欧盟单一市场销售时符合英国/欧盟的高安全标准。

此外，其他政府部门也有权签发自由销售证书：环境、食品和农村事务部负责与动物有关的货物(如兽药)自由销售证书的签发；健康与社会保障部负责药品自由销售证书的签发；健康与安全执行局(Health and Safety Executive)负责生物性农药自由销售证书的签发。

---

[1] Department for International Trade, *Open General Import Licence granted by Secretary of State*, Accessed on March 30, 2020, https://assets. publishing. service. gov. uk/government/uploads/system/uploads/attachment_data/file/855153/Open - General - Import - Licence - ogil. pdf.

[2] UK Government, Accessed on March 30, 2020, https://www. gov. uk/guidance/import - controls.

四、出口货物的流程

如果企业要将货物出口至英国以外的地区和国家,将遵循与进口大致类似的流程,但在出口许可的内容和规则上略有差异。

(一)出口许可证

企业需要在出口之前检查其是否需要出口许可以及出口的目的地国家是否有任何限制或特殊规定。具体来说,如出口涉及动植物,则需要考虑到检疫要求,需要的是检疫证书(Phytosanitary Certificate)还是健康证书(Health Certificate),抑或其他类型的文件;以及从何处获得许可。

如果出口货物包含以下种类,则需要向有关部门确认需要的许可类型[1]:动物和动物产品、植物和植物产品、高风险植物、兽药、人类药品、管制药物、用于人体的组织和细胞、废弃物、含氟气产品、易制毒化学品、危险化学品、核材料、枪、刀、剑和其他武器、可用于酷刑或死刑的武器和物品。

(二)申请出口的流程

申请出口的其他流程与进口一致。首先,企业需要获得一个 EORI 号码,如果是经常进出口货物的企业,还可以考虑申请简化申报程序以及申请 AEO 认证。其次,企业需要判断是否聘请或指定申报代理人或运输代理人,将货物分类并为其准备发票和其他文件。完整的发票和所有许可证、证明文件必须随货物一同运输。在发票上填写商品价值时需使用零售价,并单独列出在价格中包含的任何运费或出口保险。商业发票和所有海关文件的记录都应当予以妥善保留。

企业可以对货物实行零增值税,这意味着企业可以向客户收取零增值税。如果企业同时已经在英国注册了增值税,即便向客户收取的是零增值税,也需要将货物记录在企业的增值税账户中,并在增值税申报表上报告。

出口管制内容详见第十八章“英国重点领域合规管理”第五节“经济制裁和出口管制”的有关内容。

五、进出口商品检验检疫

英国进出口商品检验检疫在中央一级由环境、食品和农村事务部和英国动植物健康管理局负责政策制定,在地方由当地政府和港口健康部门负责在入境时进行相关检查。

英国的进出口检验检疫的主要法律依据为动植物健康立法,且大多由欧盟法规内化而来,如植物健康立法为《2019 年植物健康法》(Plant Health Act 2019)和《2006 年动物与动物制品(进出口)(英格兰)法规》[The Animals and Animal Products (Import and Export) (England) Regulations 2006]、《2005 年动物与动物制品(进出口)(威尔士)法规》[The Animals and Animal Products (Import and Export) (Wales) Regulations 2005]、

---

[1] UK Government, Accessed on November 17, 2021, https://www.gov.uk/starting-to-export/licences.

《2007 年动物与动物制品（进出口）（威尔士）法规》[The Animals and Animal Products (Import and Export) (Wales) Regulations 2007] 和《2007 年动物与动物制品（进出口）（北爱尔兰）修订法规》[The Animals and Animal Products (Import and Export) (Amendment) Regulations (Northern Ireland) 2011] 等。

因进出口所涉及的商品类型众多，而法律所主要规制的检验检疫对象为动物及植物，因此以下将主要就动植物的出口检验检疫作出说明。

（一）出口动植物检验检疫

1. 出口动物、动物制品和胚胎检验检疫

在出口动物、动物制品和胚胎时，需由环境、食品和农村事务部指定的兽医签发相关“内部贸易动物健康证书”或“出口健康证书”。

如果是出口至欧盟境内，则需要为各个不同类型的动物申请免费的“内部贸易动物健康证书”。一般程序是官方任命一名兽医来检查动物，或是在贸易控制系统（Trade Control and Expert System, TRACES）[1] 中注册申请，并填写活体动物的详细情况，随后，申请者与动植物健康管理局或环境、食品和农村事务部联系，告知其已创建“内部贸易动物健康证书”。动植物健康管理局会在出口之日起 7 个工作日内，将申请者的“出口健康证书”发送给官方兽医，官方兽医将检查动物，“出口健康证书”有效期为检查后的 10 天内[2]。

如果是出口至欧盟境外，则一般是填写“出口健康证书”和一些证明文件。“出口健康证书”作为正式文件将确认其出口符合目的地国家的卫生要求。官方兽医或检验员将检查该出口是否符合目的地的卫生要求，将“出口健康证书”交给申请者。

2. 出口植物、植物制品检验检疫

如果是出口至欧盟境内，且植物属于需要植物护照[3] 的范围，则需要通过 eDomero 在线申请，填写申请表并发送给动植物健康管理局，动植物健康管理局将安排植物检查，符合要求将签发植物护照，此护照有效期为 1 年。如果出口种子、根或任何其他植物“繁殖材料”（Propagation Material），则需要联系动植物健康管理局获得供应商文件（Supplier Document）。

如果是出口至欧盟境外，则需要向目的地国家的植物管理当局查询，以确定是否需要植物健康证书或者是植物检疫证书。为了获得此类证书，同样需要通过 eDomero 在线申请或填写不同类别的表格申请，发送给当地的动植物健康管理局办公室安排植

---

[1] EU, TRACES, Accessed on March 31, 2020, https://webgate.ec.europa.eu/sanco/traces/registration/open.do.

[2] UK Government, Accessed on March 30, 2020, https://www.gov.uk/guidance/export-live-animals-special-rules.

[3] UK Government, Accessed on March 31, 2020, https://www.gov.uk/government/publications/plant-passports-application.

物的检查。

3. 出口检查费用

出口检查的费用于 2019 年 10 月 1 日更改后为 63.80 英镑，最低费用为 127.60 英镑。在执行检查和任何相关活动时每 15 分钟（或不足 15 分钟）都应支付这笔检查费用。这些相关活动包括检查员前往现场，以及与该检查有关的任何管理部门的活动。如果是以纸质形式而非在线形式提交出口申请，则需要额外收取 15.76 英镑的费用。颁发植物检疫证书费用为每份证书 25.52 英镑。

（二）进口动植物检验检疫〔1〕

1. 进口动物或动物制品检验检疫〔2〕

要将动物或动物产品进口到英国，必须通过边境检查站（Border Control Post，BCP）进行检查以确保满足进口条件，同时需要提供进口许可证或授权书、商业文件以及满足其他一些法律要求，如控制濒危物种贸易的法律要求。

某些动物和动物制品必须具有进口许可证才能进口到英国，进口商可通过自查常规许可证列表，判断是否需要进口许可证。如需要，则必须遵守许可证中的条件，并检查是否进口许可证也必须随货物托运。如果不需要，则必须提交完整的 RM01 表格，以申请特定的动物许可证（不包括宠物狗、猫或雪貂）或提交 IV58 表格以申请动物病原体和产品的特定许可。

2021 年 1 月 1 日前，在货物到达之前英国进口商应当通过欧盟的贸易控制系统通知边境检查站。从 2021 年 1 月 1 日起，英国进口商将不再有权使用欧盟的贸易控制系统，而需使用英国的产品、动物、食品和饲料进口系统（Import of Products，Animals，Food and Feed System，IPAFFS）。对于动物，必须填写一般健康入境文件（Common Health Entry Document，CHED）的第 1 部分，并在货物抵达前 24 小时提交边境检查站。同时确保原始健康证明与所有货物一同运达。

当货物到达时，港口运营商可能会收取将货物移至边境检查站的费用。到达边境检查站后，边境检查站的官方兽医将检查动物或动物产品及文件。在官方兽医完成检查并验证一般健康入境文件之前，不得将货物从边境检查站或清关区域中移出。

货物离开边境检查站后，必须确保货物随一般健康入境文件直接到达一般健康入境文件上指定的目的地，将任何牲畜运抵目的地后至少保留 30 天，有时还会更长。进口活体动物时，必须确保符合动物福利标准。

关于濒危物种，需要检查货物是否属于《濒危物种国际贸易公约》（Convention on International Trade in Endangered Species，CITES）涵盖的濒危物种清单。如果属于《濒

〔1〕 UK Government，Accessed on May 1，2020，https://www.gov.uk/guidance/importing-plants-fruit-vegetables-or-plant-material-to-the-uk.

〔2〕 UK Government，Accessed on March 30，2020，https://www.gov.uk/guidance/importing-live-animals-or-animal-products-from-non-eu-countries.

危物种国际贸易公约》清单物种，则可能需要在进口之前申请《濒危物种国际贸易公约》许可证。

2. 进口植物制品检验检疫

在进口植物制品时，英国企业首先需要选择进口的关口，可以从“园艺营销检查机构的证书电子申请程序”（Procedure for Electronic Application for Certificates from the Horticultural Marketing Inspectorate，PEACH）上的列表中进行选择。进口商也可以选择在其他地点接受检查，如外部临时存储设施（External Temporary Storage Facility，ETSF）或海关货运简化程序（Customs Freight Simplified Procedure，CFSP）指定的场所。动植物健康管理局对进口货物主要检查范围为：（1）查验所有必需的文件；（2）查验货物是否与所述的一致；（3）查验是否存在病虫害。如果货物没有通过动植物健康管理局的检查，则可能会被销毁、处理或寄回，并且所涉及的费用需进口商自己负责。此外，进口商对进口的每批托运货物都必须支付 10.51 英镑因检查货物而产生的文件费用，且不同类型的进口货物的检查费也不尽相同，具体可参见《2019 年植物健康等（杂费）（英格兰）（修订）法规》[Plant Health etc.（Miscellaneous Fees）（England）（Amendment）Regulations 2019]的附表 1。

进口植物制品是否需要检疫证书因植物制品的类别而异。进口到英国而不需要植物检疫证书的有：（1）菠萝、椰子、榴莲、香蕉和车前草（芭蕉属）和枣子这 5 种热带水果；（2）包括包装的沙拉、三明治和冷冻材料在内的经过加工和包装的水果和蔬菜等产品；（3）不属于植物卫生进口管制范围的含有加工水果或蔬菜的坚果和种子黄油等复合产品。当进口商品来自欧盟国家时，检疫机构不要求植物检疫证书，但某些植物和产品存在植物护照的限制。对此，英国政府官方网站已列明受限制的商品种类和具体限制[1]。当进口商品来自欧盟以外国家时，除例外允许的商品类型外，原则上检疫机构对几乎所有植物和植物活体（包括所有播种种子）都要求进口商提供植物检疫证书。

当进口植物制品为上述进口受限制的商品时，进口商必须从供应商所在国家/地区的植物健康当局获得每批货物的植物检疫证书。该证书是出口地当地植物健康当局的声明，表明托运货物经过正式检查，符合进入英国的法律要求，以及没有严重的病虫害。前述的检查必须在供应商所在国家/地区发货前不超过 14 天进行，且该证书必须在这 14 天之内由植物健康当局签署。如果货物中包含来自多个国家/地区的材料，则需要从每个国家/地区的植物健康当局获得单独的植物检疫证书。

值得注意的是，植物检疫证书中要求申报人填写“申报数量”。对于鲜花，数量必须以茎的数量表示。水果、蔬菜、带有叶子的树枝、马铃薯、谷物以及鳞茎、球茎和根茎、组织培养中的植物和种子的数量必须以千克（kg）表示。对于任何其他种植植物，必须将申报数量记录为货物中的物品数量。出口地植物健康当局可能会使用运往其

---

〔1〕 UK Government，Accessed on March 30，2020，https://www.gov.uk/guidance/issuing-plant-passports-to-trade-plants-in-the-eu.

他国家的货物数量的方式计算数量，因此需要进口商告知出口地植物健康当局对英国装运的货物所需的计算方式。

同时，当进口企业从欧盟以外地区进口某些受管制的植物、水果、蔬菜、鲜花和其他商品时，可能还需要注册为进口商，并预先通知植物健康部门。注册为进口商时需要遵循园艺营销检查机构的证书电子申请程序，在进口植物到英国之前，进口商需按该程序进行注册，在注册之后，进口商可以通过上述申请程序网站[1]跟踪发货进度。需要预先通知的受管制商品为：所有用于种植的植物、根茎类蔬菜、一些常见的且非冷冻保存的水果、一些鲜花、除深冷冻保存的蔬菜外的一些种子、谷物和多叶蔬菜、一些国家的土豆、为农业或林业目的而操作的机械或车辆。如果不确定要进口到英国的商品是否受到管制并需要提前通知，可按进口类别检查植物种类清单进行自查，或与动植物健康管理局联系查询。

此外，不论从欧盟还是欧盟以外地区将植物制品进口到英国时，进口商都必须使用园艺营销检查机构的证书电子申请程序网站提前发出通知。不同方式进口的时间期限不同：采取空运方式的，则至少应在货物落地英国前的 4 个工作小时内发出；采取非空运方式的，则至少应在货物到达英国前的 1 个工作日内发出。同时，进口商还必须在货物到达之前，将如下文件的扫描件上传到“园艺营销检查机构的证书电子申请程序”网站上：（1）植物检疫证书（货物到达英国后的 3 天内，必须将植物检疫证书提交动植物健康管理局）；（2）如果进口商与货物一同入境，需提供进口商的客票；（3）如果进口商不与货物一同入境，需提供提货单、货物运输请求或运输公司发票；（4）如进口的货物为植物，需提供记录进口植物详情的表格。

关于关口的选择，进口商可以从“园艺营销检查机构的证书电子申请程序”上的列表中选择关口。进口商也可以选择在其他地点接受检查：外部临时存储设施或海关货运简化程序指定的场所。检查要点为：查验所有必需的文件，查验货物是否与所述的一致，查验是否没有病虫害。如果货物没有通过检查，则可能会被销毁、处理或寄回，费用自负。

关于检验费，对于进口的每批托运货物，进口商必须支付 10.51 英镑的检查货物文件费用和因进口货物类型不同而不同的检查费。具体可参见《2019 年植物健康等（杂费）（英格兰）（修订）法规》[Plant Health etc.（Miscellaneous Fees）（England）（Amendment）Regulations 2019]的附表 1。

第四节　欧盟贸易体系

各欧盟成员国为了共同的利益，制定了统一的共同商业政策，通过在成员国之间建立关税同盟来促进世界各国之间的贸易和谐发展，逐步消除对国际贸易的限制和降

---

[1] DEFRA, PEACH, Accessed on March 30, 2020, http://ehmipeach.DEFRA.gov.uk/.

低关税壁垒。各成员国之间在讨论共同商业政策时，应考虑到会员国之间如果取消关税，可能更加有利于这些国家的企业增强其竞争力。在设立或修改关税征收规定时，对欧盟各成员国的货物无论在法律上还是事实上不应产生任何直接或间接的歧视。共同商业政策的指定程序主要为欧盟委员会向理事会提交实施共同商业政策的提案。如果需要与一个或多个国家或国际组织达成协议，欧盟委员会应向理事会提出建议，理事会应授权欧盟委员会开展必要的谈判，进行谈判时，欧盟委员会与理事会将任命特别委员会参与这些谈判，并在理事会可向其发出的指示范围内协助欧盟委员会完成这项任务，欧盟委员会应当定期向特别委员会报告谈判进展的情况。理事会以合格多数同意行事的方式来决定是否通过该提案，但是理事会和欧盟委员会应当负责确保协商的协议符合欧盟内部政策和规则。

为确保任何成员国根据共同的商业政策采取的措施执行不受贸易偏差的阻碍，或这些措施之间的差异导致一个或多个成员国的经济困难，欧盟委员会应对各国之间如何进行必要的合作提供建议和方法。如果做不到这一点，欧盟委员会可授权会员国采取必要的保护措施。在紧急情况下，会员国应要求欧盟委员会授权自己采取必要措施，欧盟委员会在收到该类申请之后，应当尽快作出决定，决定作出之后，有关会员国还应将这些措施通知其他会员国。如果这些措施给共同市场造成了较大的干扰，欧盟委员会有权随时决定让有关会员国修改或废除这些相关措施。因此，有关会员国在选择这些措施时，应优先考虑那些对共同市场运作造成最小干扰的措施以避免随时被废除的可能。

总体来说，在欧盟内部创设的单一市场基本消除了“商品、人员、服务和资本”的自由流动障碍，关税同盟下的欧盟内部零关税制度也大大地促进了贸易往来。就欧盟与其他国家的贸易来看，除了作为世界贸易组织的成员在此框架下与其他成员国进行贸易外，欧盟还与包括日本、韩国、新加坡等在内的非欧盟国家签订了一系列自由贸易协定。

在英国脱欧过渡期后，作为未来英欧关系的一部分，英国和欧盟正在协商自由贸易协定，涵盖诸如商品和服务贸易、出行安排、数字贸易、知识产权和公共采购等事宜。如在过渡期结束前未达成任何协定，世界贸易组织制度将影响英国与欧盟之间的贸易。

第五节 与英国进行贸易的法律风险与防范

由于中英两国间存在文化、经济、法律体系上的差异，而这些差异可能引发一系列风险，尤其是法律风险，因此中国企业在与英国企业进行贸易时应当对这些差异情况进行考量。以下是中国企业与英国企业进行贸易时可能存在的一些具体法律风险及相关防范措施。

一、收款风险与防范

在出口贸易中，中国的出口企业可能会面临英国企业延迟付款，甚至不付款的风险，这会影响到出口企业的现金流，甚至导致现金流危机。自2008年世界金融危机以来，不少英国企业面临着严重的信贷短缺问题，英镑对人民币的贬值又加剧了英国企业的信贷危机。在这种情况下，许多英国企业将更为谨慎地考虑进口量并寻求特殊的贸易融资安排，他们往往会根据不同行业的惯例，请求出口企业给予较长时间的赊购期，一般为60天、90天、180天等。

为防范收款风险，中国企业在与英国企业进行贸易前，除了要做好对英国企业的尽职调查外，还需要谨慎评估各种相关风险，包括考察英国的经济形势、汇率趋势等整体市场状况，以及考虑英国政府关于中英两国企业进出口贸易的政策。另外，付款方式的选择对于双方企业来说也很重要。海外支付的方式主要有提前付款、信用证、托收及赊购方式，企业应在综合考虑英国客户的资信状况以及自身财务状况的基础上选择合适的付款方式。此外，中国企业还可以根据贸易合同中约定的信用期限、结算方式、商品性质以及合同实际履行情况，考虑购买合适的出口信用保险以增强抵抗风险的能力。出口信用保险具体有以下4种：

（1）短期出口信用保险：短期出口信用保险适用于大批量、重复性出口初级产品和消费性工业产品，信用期不超过180天的出口合同。这是国际上出口信用保险适用性最广、承保量最大的险种。保险机构都制订了标准格式的保险单和统一的保险条款和费率。

（2）延长期出口信用保险：延长期出口信用保险适用于信用期为180天到2年之间的出口合同。适用于诸如汽车、机械工具、生产线等货物的出口，此险种也可视为短期出口信用保险的延续。

（3）中长期出口信用保险：中长期出口信用保险适用于信用期为2年以上，且金额巨大、付款期长的出口合同。尤其适用于建筑工业、造船业等贸易。

（4）特定的出口信用保险：特定的出口信用保险是在特定情况下，承保特定合同项下的风险。例如，买方毁约保险单主要承保出运前风险，即在产品发运前或发运中由于买方单方面终止合同而给出口方造成的损失，常见于出口船舶建造合同的承保。

二、产品质量风险与防范

如果中国企业出口英国的产品质量不符合英国的相关认证标准，则可能面临关于产品质量的纠纷或索赔。此外，如果产品存在质量缺陷导致消费者遭受人身伤害或财产损失，作为进口商的英国企业将承担产品责任。但是，通常在这种情况下，英国进口商会向提供产品的中国企业进行索赔。

针对产品质量不符合标准的潜在风险，中国企业可以在贸易合同谈判中要求英国企业放弃因为质量问题而索赔的权利（特别是国家援助时），或者将质量条款约定为产品质量标准以中国法律规定为准，以防范潜在的产品责任纠纷。此外，贸易合同中需明确产品质量标准、发生纠纷后诉诸的仲裁机构或管辖法院。中国企业可尽量争取约定为由中国仲裁机构以及中国法律进行管辖，而非境外仲裁或者境外诉讼的方式。

三、知识产权侵权的风险与防范

随着世界各国对知识产权的保护意识加强，中国企业必须注意与英国企业进行贸易时可能涉及的知识产权侵权风险。

（一）中国企业的知识产权保护风险与防范

由于知识产权的保护不是世界性的，因此中国企业在中国申请了知识产权保护并获得批准，并不意味着这项知识产权在英国也受法律的保护。在这种潜在风险下，对于中国企业来说，在与英国企业进行贸易的时候考虑同时申请英国的知识产权保护十分有必要。

（二）英国企业的知识产权保护风险与防范

同样地，由于英国法律并不会主动认可中国企业在中国法律下被批准的知识产权，因此中国企业的出口商品仍有可能在英国侵犯英国企业的知识产权。当中国企业出口到英国的货物被英国企业控告侵犯其知识产权时，中国企业可以向英国税务和海关总署提出对知识产权侵权行为进行干预的申请，税收和海关总署会在 30 个工作日内作出是否接受申请的决定。如果英国税收和海关总署认定中国企业确实侵犯了英国企业的知识产权，则其会通知英国边境总署（The UK Border Agency）代表税收和海关总署拦截被指控侵犯知识产权的货物。但是，税务和海关总署无权没收这些货物，只能将货物扣押 10 个工作日。在此期间，认为对这些货物拥有知识产权的英国企业可以选择与进口该批货物的企业达成协议要求其放弃进口，也可以向法院提起诉讼。如果提起诉讼，那么税收和海关总署将按照法院的判决来处理这批货物。

四、反倾销、反补贴

除进出口程序与限制外，中国企业还应注意英国对进口商品的反倾销、反补贴管制。在脱欧过渡期内，欧盟贸易救济规则以及新生效的贸易救济措施在英国境内将继续适用，所有拟维持的措施将在欧盟委员会原设定的水平上继续执行，其中包括欧盟现行有效的 107 项反倾销、反补贴措施。过渡期后，英国将实施独立的贸易政策，并终止其中 63 项反倾销、反补贴措施，另外 44 项反倾销、反补贴措施是否继续维持尚处于复审中。需要注意的是，处于过渡期复审中的 25 项反倾销、反补贴措施涉及了来自中国的进口产品，例如，2020 年 2 月 10 日，英国国际贸易部决定就欧盟现有对原产于中国、俄罗斯和白俄罗斯的铁或非合金钢焊缝管的反倾销措施启动过渡性审查。现行的欧盟贸易救济措施是基于欧盟整体的情况和数据确定的，而英国的脱欧过渡期复审将仅基于英国的情况和数据对措施的必要性、范围、形式和水平进行全面审查。在这种情况下，该等反倾销、反补贴措施很有可能改变甚至撤销。过渡期复审调查将决定这 44 项欧盟反倾销、反补贴措施将是否在英国继续执行或者是否调整税率水平，该复审结果将在过渡期结束后适用。

如果来自中国企业的进口商品属于目前欧盟反倾销、反补贴措施针对的产品，或者在过渡期后属于英国认为的倾销、出口国国家补贴产品，则负责征收进口商品关税的英国海关将按照相应提高的关税税率对其征收关税，例如欧盟委员会决定自2020年3月5日起5年内，对原产于中国的钢制轮毂作出反倾销措施，即征收50.3%至66.4%不等的反倾销关税。此外，如果英国海关认为进口的未申报且用于出售的产品、走私产品是出于商业目的，则可以扣押产品和用于运输产品的车辆，且不会作退还处理，相关个人还可能面临诉讼和监禁的法律风险。

整体上，企业需要考虑采取合规措施以规避上述政府规管风险。具体如下：

事前，企业应确保经营活动全流程、全方位合规，全面掌握关于贸易管制、质量安全与技术标准、知识产权保护等方面的具体要求，关注业务所涉国家（地区）开展的贸易救济调查，包括反倾销、反补贴、保障措施调查等。

事中，企业应在谈判和合同签署时进行充分审查，尤其需要对质量保证条款和争议解决条款进行重点审查，了解产品供应链上的知识产权等合规和标准。具体涉及企业发布的各种广告、声明、产品手册和其他宣传材料及各类标识（如产品包装和标签、商标标识等）都需要与事实相符，不会误导公众或产生不良社会影响，不违反国家相关强制性规定，不侵犯他人的合法权益，以及在某些法律规定的情形下企业必须经政府程序来进行与知识产权的获取、转移、实施或维持有关的活动，比如向国外申请专利前的保密审查申请程序、自由类技术进出口合同的登记、限制类技术的进出口审批、国务院关于知识产权对外转让的相关审查等。

事后，如果贸易业务遭受了监管处罚，企业应尽可能配合相关监管部门的执法。当企业存在不可抗力或情势变更的理由，或存在适用从轻、减轻处罚等情况时，配合监管部门的执法，监管部门可能会酌情从轻、减轻、免除处罚等，从而减少企业的损失。此外，在配合监管部门执法的同时，企业应采取积极措施以弥补已经遭受的损失。

五、国际贸易欺诈风险与防范

国际贸易欺诈是指在国际贸易的各个环节中，如国际货物买卖、国际货物运输、国际贷款结算等领域，故意虚构事实或隐瞒真相，诱使他人依赖于该事实而形成错误的、不真实的意思表示，从而损害他方的利益或者危害社会利益。

一般而言，国际贸易欺诈的外在表现形式可以分为以下几种。

（一）合同欺诈

在订立国际贸易合同时，合同当事人一方可能会以以下方式进行合同欺诈。

1. 虚构主体

在此情形下，经常出现的情况是当事人一方为没有注册资本的贸易行、商行，甚至是一个根本不存在的公司，他们通过伪造名片、虚构地址、制作假主体证明等来签订合同,一旦收到货款或货物后便宣告破产或失踪。

2. 变更合同主体

在此类欺诈行为中,当事人一方往往会编造出各种理由,如声称自己无法履约或者谎称银行账户发生变化,向对方提出由第三人代为履约。此时欺诈方往往会以第三方履行会有更大的优惠为"诱饵"吸引对方"上钩",而受骗方又往往会被丰厚利益冲昏头脑,不对第三人进行严格的资信调查,便轻易作出同意变更主体的决定。

3. 以较低资本有限责任公司为合同主体

国际贸易合同的当事人主要是有限责任公司,而有限责任公司的法律特征又表现为公司以全部注册资本为限对外承担有限责任。这样,便可以较低的资本注册一家有限责任公司,然后打着有限责任公司的旗号进行贸易,即便出现了任何问题,也只能以极少的注册资本为限承担责任。

4. 索赔条款欺诈

在实践中,利用索赔条款进行欺诈的,既有卖方对买方的欺诈,也有买方对卖方的欺诈。前者通常表现为以劣质货物取代合同中所规定的货物交货并且在索赔时间上设下陷阱,恶意使买方的检验货物期限过短,而使其造成短时间内不能行使权利以致丧失索赔权。后者则主要是利用卖方的善意或疏忽大意,而对货物品质的标准或规格进行诱骗,从而使卖方同意签订自己无法或者是难以达到的品质要求条款,依此使卖方承担违约的风险而对其进行索赔。

5. 运输条款欺诈

在国际贸易合同中,货物能否安全发运、送达与运输条件密切相关,尤其是在卖方代办运输时,货物自交给承运人起风险就转移给了买方,这就容易使卖方和承运人相互勾结伪造提单欺诈。如在 CIF 术语(成本加保险费加运费,指定目的港 Cost Insurance and Freight)下,卖方设法将班轮运输改为租船运输以隐匿运输信息来达到最终利用提单骗取货物的目的。因为在班轮运输的情况下,船期表、航线、挂靠港口都是预先公布的,班轮的行踪难以隐匿;而将其改为租船运输后,船期表、航线、挂靠港口都不确定,租船运输的漂泊流浪特点使卖方易于控制运输的各个环节来与承运人勾结。因此,买方最好选择自己易于控制运输过程的运输方式。

(二)国际贸易结算欺诈

国际贸易结算方式有托收、汇付、信用证、保函等,由于银行提供信用,使信用证成为国际贸易中最常见的支付方式。依据信用证规则,只要受益人提交的单据表与信用证要求相同,开证行就承担无条件付款的义务。对于单据是否伪造,合同是否履行,银行可不予考虑。信用证的这种独立性使信用证诈骗成为可能,而且形式多种多样,常见的有:伪造信用证欺诈、软条款信用证欺诈、伪造信用证项下单据欺诈等。

1. 伪造信用证欺诈

信用证开出后,一般是由申请人、开证人或通知行通知收益人。伪造信用证诈骗时,欺诈者常常直接将"假信用证"开给受益人,受益人难以像专业银行一样谨慎审核,便贸然履行发货或给付金钱的义务，而银行审核印鉴或密押后发现与真实的信用证预留印鉴、密押不符，导致信用证无法执行，使受益人蒙受财产损失。

2. 软条款信用证欺诈

软条款信用证实际上是变相的可撤销信用证，诈骗者一般都会要求开证行开出主动权完全操纵在开证申请人手中，能制约受益人且可随时单方面解除付款责任的信用证，受骗者就会经常遇到银行拒付的情况，这往往是因为这类信用证通常都附加规定了生效条件的条款。

3. 伪造信用证项下单据欺诈

信用证的特点是单据交易，只要受益人提交的单据符合信用证条款，银行就承担付款义务。因此，单据欺诈者会在货物根本不存在或有严重瑕疵的情况下，伪造符合要求的单据，如海运提单，承运人和卖方相互串通，倒签提单，将未装船提单伪造成已装运提单，从而骗取货物款项。

（三）防范措施

一般而言，为防范国际贸易上的欺诈，企业可采取以下应对措施。

1. 对资信状况进行审慎调查

大多数的国际贸易欺诈案件发生的一个重要原因是对外商未进行彻底的调查以取得其确切的资信状况，往往仅凭熟人介绍或贪小便宜与欺诈者进行交易。因此，在签订进出口合同前，企业必须了解对方的名称、责任形式、注册资本、经营范围和法定代表人的姓名、国籍、职务以及营业执照、资产负债表、开户银行、商业信誉、签约代表的授权委托书等。同时，根据国际惯例，还可以向对方索取资信证明，要求其出具权威机构的资信证明文件。如果上述程序还不能确认对方提供的资信文件的真实性，还可通过下列途径对对方的资信情况进行调查：通过当地的律师事务所或专业性的资信机构调查、通过银行调查、通过当地的商会或同业公会调查、通过驻外使领馆的商务机构或我国工商企业在境外的分支机构进行调查等。

2. 要求适当的担保以保证履约

如果对对方的资信状况不了解或进行的交易额度较大，一般可请对方委托一家有声誉的银行或公司提供履约担保。这种担保要由对方负责提供，保证对方不履约时由担保银行或公司承担责任。为了保证交易顺利进行，有时也可以使用备用信用证。采用担保方式保证履约的，除了第三者（声誉较好的银行或公司）出面保证外，还可以由对方提供抵押和留置等方式保证对方履行义务。

3. 加强单证审核

加强单证审核，堵塞可能存在的漏洞，以预防信用证结算方式下贸易欺诈的发生，在进出口业务中应严格审单，如发现对方所提供的单据有与合同不符之处，应及时通知对方修改，以防以后发生不必要的争议。

4. 国际司法协助

由于国际贸易纠纷跨越了国界，诉讼或仲裁一旦进行即涉及有关国家之间的司法协助问题。目前国际上尚没有一部统一的关于司法协助的国际公约。但许多国家已意识到司法协助的重要性,在小范围内缔结了双边、多边协议来解决司法协助中存在的若干问题[1]。因此,中国企业了解中英两国间司法协助适用的相关协议(如《中华人民共和国和大不列颠及北爱尔兰联合王国关于刑事司法协助的条约》)以及包含司法协助内容的公约(如《海牙送达公约》)的内容,对于开展中英两国间的贸易较为重要。

---

〔1〕《国际贸易中常见的欺诈和防范》,载 https://wenku.baidu.com/view/bfbef229dd36a32d7375810c.html,最后访问日期:2019 年 9 月 28 日。

第十二章

英国海事海商法

第一节　概　　述

英国的海事海商法大致分为2个部分：一是海事法，主要调整海事活动中合同以外发生的各类关系，包括船舶碰撞、海难救助、船舶油污处理等[1]；二是海商法，主要调整各类海商事活动中发生的合同关系（例如海上货物运输及租船合同）、保险关系。

英国海事法主要包括：英国议会通过立法来实施的国际公约，例如，通过《1995年商船法》（Merchant Shipping Act 1995）来实施《1976年海事赔偿责任限制公约》（The Convention on Limitation of Liability for Maritime Claims 1976，LLMC）、《1989年国际救助公约》（The Provisions of the International Convention on Salvage 1989）等国际公约，以及法院在适用该等国际公约时确立的判例法。

英国调整各类海商合同关系的法律主要有3个部分：第一，普通法；第二，成文法，如《1992年海上货物运输法》（The Carriage of Goods by Sea Act 1992）、《1906年海上保险法》（Marine Insurance Act 1906）[该法部分内容已被《2015年保险法》（Insurance Act 2015）]修订；第三，经英国议会批准，转化为国内法的国际公约，例如《1971年海上货物运输法》（Carriage of Goods by Sea Act 1971）是由《海牙—维斯比规则》（The Hague - Visby Rules）内化而来。这三部分法律的关系为：普通法为基础，成文法和国际公约为补充。

鉴于海商活动部分内容几乎建立在合同法的基础上，而英国合同法在世界范围内的影响力巨大。尤其在一些特定领域，如租船合同、船舶买卖合同和船舶建造合同，英国合同法与保险法几乎占据统治地位，该部分的内容详见本书合同法和保险法章节。本章主要介绍海事法，即船舶碰撞、海难救助、船舶油污处理和争议解决等相关的内容。

第二节　海 难 事 故

一、船舶碰撞

如果发生船舶碰撞、搁浅或重大人员伤亡，有关方面的责任和赔偿主要在英国以

---

[1] 蒋圣颖：《浅析英国海商法的历史变迁》，载《青年科学（教师版）》2014年第11期。

下国际公约、现行法律中规定。

（一）有关船舶碰撞的法律

英国是《1910 年碰撞公约》（The Collision Convention 1910）的缔约国，并且其领海内的所有外国船舶以及世界各地的英国船舶都适用《1972 年碰撞规则》（The Collision Regulation 1972）。在《1995 年商船法》颁布后，上述碰撞公约及碰撞规则被《1995 年商船法》有关内容吸收，按《1995 年商船法》的规定实施适用。

（二）有关海事污染的国际公约和法律

英国有关海事污染的现行规定如下：

（1）《1973 年国际防止污染公约》（The International Convention for the Prevention of Pollution 1973，MARPOL）及其后 1978 年和 1997 年的相关议定书。该公约是防止船舶污染海洋环境的主要国际公约。

（2）《1992 年国际油污损害民事责任公约》（The International Convention on Civil Liability for Oil Pollution Damage 1992，CLC）。该公约确立了油轮所有人对满载油轮的持续性油类泄漏造成的损害承担严格责任的原则，并建立了强制责任保险制度。

（3）《1992 年基金公约》（The Fund Convention 1992）和《2003 年补充基金议定书》（Supplementary Fund Protocol 2003）。如果在《1992 年国际油污损害民事责任公约》下，可用的资金证明不足，则应适用《1992 年基金公约》和《2003 年补充基金议定书》的相关规定。根据《1992 年基金公约》设立的基金叫国际油污赔偿基金（The International Oil Pollution Compensation），该赔偿基金是由各国政府设立和管理的政府间组织，旨在为油轮泄漏持久性油类造成的油污损害提供赔偿。

（4）《2001 年国际燃油污染损害民事责任公约》（The International Convention on Civil Liability for Bunker Oil Pollution Damage）。该公约基于《1992 年国际油污损害民事责任公约》确定的模式（包括强制责任保险），规定了在船用燃料运输时因泄漏造成损害的如何向当事方提供赔偿。

（三）有关海事救助、共同海损的法律

《1995 年商船法》规定了《1989 年国际救助公约》在英格兰具有法律效力，但该法同时允许当事方以明示或暗示的方式约定排除适用该公约。国际救助使用最广泛的协议是劳氏标准救助合同（Lloyd's Open Form），该协议规定适用法律为英国法，并规定如发生纠纷，由劳埃德救助仲裁分会（Lloyd's Salvage Arbitration Branc）进行仲裁。

目前，尚无有关共同海损的国际公约。根据英国法律，共同海损受《1906 年海上保险法》（Marine Insurance Act 1906）和普通法的某些法律规定约束。尽管目前不存在有关共同海损的国际公约，但共同海损的理算在世界范围内却有着通用的规则，即《约克—安特卫普规则》（York - Antwerp Rules）。《约克—安特卫普规则》作为国际上广泛采用的共同海损理算规则，最初是由英国、美国和一些欧洲大陆国家的理算、海运、贸易和保险等方面的代表于 1860 年在英国格拉斯哥召开的会议上共同制定的，被称为“格拉斯哥决议”。该决议在 1864 年英国约克城召开的会议上和 1877 年比利时安特卫普召开的会议上进行了两次重大修改和补充，并于1877年正式定名为《约克—安特卫普规则》。此后，该规则又经过多次修改，但仍保留原名称，只是在规则名称前冠以修改的年份。由于每次修改均不废止旧规则，所以1890年、1924年、1950年和1974年的规则目前均有效，供有关方面选择使用，在大多数情况下当事双方会以合同约定的形式确定适用的规则。

（四）清除残骸

《1995年商船法》赋予英国沿海有关当局广泛的权力，可以对残骸进行干预，包括根据需要拆除、破坏或占有残骸的权力。同时，该法还规定船东对沉船清除费用承担无限责任。

《2011年残骸清除公约法》（The Wreck Removal Convention Act 2011）承认了《2007年内罗毕国际残骸清除公约》（Nairobi International Convention on the Removal of Wrecks 2007, WRC），该公约于2015年生效。在实践中，特别需要关注《2011年残骸清除公约法》下述规定：

（1）吨位在300总吨及以上且在公约签署国登记或在公约签署国的港口或者离岸设施的船舶，须持有保险或其他经济担保，如银行或类似机构的保证，以便承担公约规定的责任；

（2）船舶登记国的有关主管当局在确定满足上述要求后，须向300总吨及以上的每一艘船舶签发证书，证明其已经按照公约规定持有有效的保险或其他经济担保。

（五）责任范围

经《1998年商船法（海事赔偿责任限制公约）（修正案）》[The Merchant Shipping (Convention on Limitation of Liability for Maritime Claims) (Amendment) Order 1998]规定，《〈1976年海事赔偿责任限制公约〉1996年议定书》（"The Convention on Limitation of Liability for Maritime Claims 1976" 1996 Protocol）[1]在英国生效，该公约确立了"根据有关船舶的吨位确定赔偿责任限额"的原则。除了适用于远洋航轮（seagoing ship）的船东、承租人、经营人、管理人和救助人之外，英国的法律还将这项原则的适用范围拓展到了非远洋航轮（non seagoing ship）的船东、承租人、经营人、管理人和救助人。

（六）有限责任基金

《1976年海事赔偿责任限制公约》第11条第2段规定："基金的设立可以通过储存专款，或提供被设立基金的缔约国法律所允许并经法院或其他主管当局认为适当的担保"，该条已通过《1995年商船法》第185条在英国被赋予法律效力。

尽管英国《1998年民事诉讼程序规则》规定"索赔人可以通过向法院付款来作为赔偿金"，但上诉法院认为英国相关法律同样允许除向法院付款之外的其他方式实现

---

[1] 《〈1976年海事赔偿责任限制公约〉1996年议定书》是由国际组织在1996年5月2日于伦敦签订的条约。中国不是该议定书的签字国。

此目的,如使用船东互保协会担保函(P& I Club LOU)的方式[1]。

二、人员伤亡

在英国,海上救助和干预代表国务大臣(The Secretary of State's Representative for Maritime Salvage and Intervention, SOSREP)对海上事件具有广泛的干预权,具体包括:(1)在运输或离岸事故期间,尽早采取行动以评估安全风险、提示任何此类事故进展情况、确保评估不断增加的风险,并采取适当的措施来防止或应对事故危险升级;(2)监控对涉及航运和海上工业重大事件的所有响应政策;(3)必要时,为英国的国家利益行使最终控制权。

海上事故调查处(The Marine Accident Investigation Branch)旨在进行确定海上事故起因和情况的调查,以减少将来再次发生此类事故。事故调查仅出于未来安全的考虑而进行,且海上事故调查处只能确定责任、执行法律判决、裁定。

海事和海警卫队(The Maritime & Coastguard Agency)是对违反海事法律的行为进行起诉或实施拘留的机构,有权检查载有外国和英国国旗的商船和渔船,以确保符合国际海事公约或国内商船法律。

第三节　货运索赔

一、海上货物运输法律法规

如前所述,《1971 年海上货物运输法》将《海牙—维斯比规则》(The Hague - Visby Rules)纳入英国法律。《1992 年海上货物运输法》针对提单项下的权利和义务作出了具体规定,包括起诉权及相关权利的转让。

二、索赔原则

内化了《海牙—维斯比规则》的《1971 年海上货物运输法》适用于提单在缔约国内签发或装运港在缔约国内的情况。根据英国法律,在英国依提单(Bill of Lading)提出索偿时,尽管提单的条款可能约定适用《海牙规则》,但英国法院仍将适用《海牙—维斯比规则》,因为后者是专门适用法律规定的特殊情况。

与诉讼主体有关的问题,大多数受《1992 年海上货物运输法》的管辖。在该法之前,一般规则是就合同提出的索赔,索赔人必须是运输合同的当事方和货物的合法所有人。《1992 年海上货物运输法》改善了索赔人的立场,并适用于所有提单下的货物,以便当事方可以属于该法定义的提单"合法持有人",以自己的名义提起诉讼,无论该起诉人是否为提单下货物的货主。

---

[1] ICLG, Accessed on December 20, 2019, https://iclg.com/practice - areas/shipping - laws - and - regulations/united - kingdom.

在某些情况下，货物索赔人无法依据合同在货物丢失或损坏时对货物的船东（或其他人）提出索赔要求。发生这种情况的原因是，提单“合法持有人”由于某些原因未获得《1992 年海上货物运输法》规定的提单合同的利益，或者可能只是签发了承租人的票据。在这种情况下，提单“合法持有人”仍然有可能根据侵权或保释的原则就货物损害向货物船东（或其他人）提出索赔，但这种索赔可能会引起关于发生损害时货物所有权的复杂问题。

三、索赔依据

在英格兰，托运人有普通法上未经承运人允许不得运输危险品的义务。如果货物很可能对船舶造成物理损失或伤害，或可能导致船舶滞留，则将被视为危险品。

《海牙—维斯比规则》已明确规定托运人对承运人进行货物申报的义务，该规则第 3 条第（5）项规定：“托运人被认为已向承运人保证了其所提供的标志（唛头，Mark）、数量和重量的准确性，托运人应赔偿承运人一切损失，包括因细节不正确而造成的损害和费用。”

《海牙—维斯比规则》第Ⅳ条第（6）项为承运人提供了在未经其同意而携带有关“易燃、易爆或危险性质的货物”的情况下，其所拥有的进一步广泛权利，具体为：“承运人、船长或承运人的代理人对于事先不知性质而具有易燃、易爆或有危险性的货物，可在卸货前的任何地点将其销毁或采取无害化措施，而无须进行赔偿；该项货物的托运人，应对由于装载该项货物而直接或间接引起的一切损害或费用负责。如果承运人知晓该货物的性质，并同意装载，则在该项货物对船舶或装载发生危险时，亦可以在卸货前的任何地点将该项货物卸载，或将其销毁，或采取无害化措施，而不负赔偿责任，但如发生共同海损则不在本条的讨论范围内。”

国际海事组织（International Maritime Organization，IMO）修订了《国际海上生命安全公约》（International Convention for Safety of Life at Sea，SOLAS），要求集装箱在装载到船上之前，必须对已装箱的集装箱总重量进行验证。《国际海上生命安全公约》修正案第 6 章要求进行此类验证，该修正案于 2016 年 7 月 1 日生效。海事和海警卫队已发布了《海洋指南说明》（Marine Guidance Note），阐明了英国正在利用现有的可审核认证系统（如授权经济运营商，ISO 9000 和企业资源计划系统）以管理新体系下的重量评估证书以及现有的重量和度量标准。

第四节　旅客索赔

根据《1995 年商船法》第 183 条，《1974 年雅典公约》（The Athens Convention）被纳入英国法律。随后，《1974 年雅典公约》的 2002 年议定书（2002 Protocol）于 2014 年 4 月 23 日在英国生效。《1974 年雅典公约》规定：“根据国际运输合同，如果在运输过程中发生的事故是由于承运人或其代理人的疏忽而造成了旅客死亡或人身伤害，承运人应对造成的损失承担责任。除非有相反的证明,否则在船舶失事、碰撞、搁浅、爆炸、起火或船舶缺陷的情况下,一般推定承运人一方有过错。”

《1974 年雅典公约》另外规定“造成旅客人身伤亡的赔偿限额为每名乘客 46,666 特别提款权(Special Drawing Rights,SDR[1])”。《1974 年雅典公约》的 2002 年议定书则将这一限额提升为每名乘客在每一特定场合下赔偿250,000特别提款权,除非承运人有证据证明伤害行为是由战争、敌对行为、内战、具有必然性或不可抗性的自然因素、不可抗力造成或者完全是由第三方故意行为造成。如果实际损害超出了限额上限,则承运人的责任限额将进一步提升到每名乘客 400,000 特别提款权,除非承运人有证据证明自己在造成损害的事故中不存在过错或过失。该议定书虽然设置了赔偿的最高限额,但并不意味着各国法院仅能以这一限额作为人身伤亡赔偿的限制,因为该议定书还包括了一项“选择性”条款,允许对承运人具有管辖权的缔约国通过制定国家法律或相关规定保留或引入更高的责任限额(或无限责任)[2]。

第五节　扣押与担保

一、扣船的海事担保请求

英国是《1952 年海船扣押公约》(The Arrest Convention 1952)[3]的缔约国。《1956 年司法行政法》(The Administration of Justice Act 1956)和《1981 年高级法院法》(Senior Courts Act 1981)出台的目的之一就是将《1952 年海船扣押公约》转换成英国国内法,从而使该公约的内容能够在英国适用。根据《1981 年高级法院法》的规定,可在发出实物索赔(in rem claim,针对船舶的索赔)后开始扣押程序。实物索赔的诉权受《1981 年高级法院法》管辖,该法第 20 条列出了可能在海损中提出的许多索偿要求,以及规定可以就此扣押船舶。最值得注意的是,针对船舶所载货物损失的索赔、对船舶造成的损失或与船舶的使用及租赁有关的索赔、从碰撞中对于生命或人身伤害的索赔以及救助引起的索赔,均包括在该法中。

在英国,扣船的程序相对简单,可以在短时间内进行。根据《1981 年高级法院法》第 20 条第 2 款 a、b、c、s 项和第 21 条第 2 款的规定,可以对有关船舶提起物权诉讼(Action in rem)[4],起诉时原告可单方申请法院签发扣船令(Warrant of Arrest)。如

---

[1] 特别提款权(Special Drawing Rights,SDR)——根据国际货币基金组织(IMF)金融计划和运作处提供的资料说明,SDR 是国际货币基金组织于 1969 年创设的一种储备资产和记账单位,目前以美元、欧元、人民币、日元和英镑五种货币综合成为“一篮子”计价单位,具有较强的稳定性。

[2] 中华人民共和国交通运输部:http://www.mot.gov.cn/jiaotongyaowen/201511/t20151125_1935820.html,最后访问日期:2020 年 1 月 10 日。

[3] 中国目前还不是该公约的缔约国。

[4] 以往的海上法律实践曾将“船舶”当作“人”,将船舶“拟人化”,这就有了英美法下“对物诉讼”理论。

果申请符合英国《1998年民事诉讼程序规则》的相关规定,法院将签发扣船令,法院对于这一请求没有自由裁量权。

在英国,通过扣船可以确立英国海事法庭对案件实体问题作出判决的管辖权,而不论船舶是否在外国登记以及诉讼是否与该登记国有关。通过扣船同样可以确保胜诉后判决能够得到执行。法院可以命令海事事务官(Admiralty Marshal)出售船舶,而原告可以从出售收益中受偿。换言之,扣船为对物诉讼提供了执行担保[1]。

在无法扣船的情况下,索赔人或原告有可能向法院申请冻结资产的禁止令以确保索偿能得以执行。冻结禁止是一项临时补救措施,可以防止被告处置或自由处理资产,以保证支付任何将来或当前的判决。

二、其他海事担保请求

根据英国法律,在船舶所有人与供应商之间没有合同关系的情况下,不得依燃油供应关系进行扣押。然而,合同供应商经常将供应分包给第三方,在这种情况下,船东通常会存在“没有合同关系约束的第三方供应商”,因此在船舶扣押时没有对人的(in personam)合理法律依据。在此基础上,除非有另外的证据,如表明先前的交易过程足以建立预期的合同关系的证据,否则就没有对第三方供应商进行扣押的权利。

根据普通法,船东可以就所欠运费行使货物的留置权,通常称为“财产留置权”。这种留置权的行使通常在对方拒绝付款之前,以船东采取拒绝卸货或放行的方式行使。因此,该权利是否行使取决于保留货物的船东。

其他留置权可以以合同为基础设定,通常是租船合同中已包含留置权条款,并且该条款已有效地纳入了运输合同。此类条款可以使船东有权对此次运费行使留置权。但是,此类条款的运用往往会受到法院的严格限制。

在某些有限的情况下,英国法律亦承认“海上留置权”,即使所有权发生变更,也可以通过扣押的方式对船舶强制执行。此类索赔的范围包括船舶损坏需要的维修费用、救助费用以及船长和船员的工资[2]。

三、海事担保的形式

一般而言,提供现金存款作为海事索赔担保的做法已被船东互保协会担保函取代。根据《1999年民事诉讼规则》第61部分的规定,如果已提交了实物索赔的表格并对此作出担保,则其后要求赔偿的任何人都有权根据具体的损失要求获得担保金额的赔偿。法院已批准在这种情况下以及根据《1976年海事赔偿责任限制公约》(The Convention on Limitation of Liability for Maritime Claims)设立责任限制基金的情况下使用

---

[1] 李澜、章博:《船东互保协会担保函法律属性探析》,载《中国海商法研究》2015年第4期。

[2] ICLG, Accessed on December 20, 2019, https://iclg.com/practice-areas/shipping-laws-and-regulations/united-kingdom.

船东互保协会担保函[1]。

第六节 海事争议解决程序

在英国，就航运纠纷的争议解决有着悠久的历史和传统。进行海事争议解决通常可选择以下3种方式：一是国家法院诉讼（包括任何专门的海事或商事法院）；二是仲裁（包括专业仲裁机构）；三是调解/替代性争议解决方式。其中选择伦敦海事仲裁员协会进行仲裁是当事人解决争议的最主要的方式。本节主要介绍诉讼方式和伦敦海事仲裁员协会仲裁方式。

一、诉讼

在英国，航运纠纷的争议解决有着悠久的历史和传统。这也促进了英国有关法律体系和专门知识的发展。在诉讼方面，争议金额超过100,000英镑（如是人身伤害的索赔，则为50,000英镑）的海事索赔，通常是由商事法院或海事法院（Admiralty Court）审理。商事法院专门管辖的案件类型有：货物的进出口，通过陆、海、空或管道运输货物，保险和再保险，船舶建造，以及涉及不服海商事仲裁裁决[2]等。海事法院专门管辖的案件类型有：打捞，碰撞索赔等。有关扣船的程序，只能由海事法院作出决定。上述法院的法官在处理海商法方面的案件一般具有多年经验。

尽管海事法院和商事法院审理的案件均受制于《1999年民事诉讼规则》中的一般程序规定，但《海商和商事法庭指南》对这些规则进行了解释和补充，以专门针对诉讼中所涉及争议类型的程序进行规定。在启动诉讼程序并提供案情陈述后，法院将举行案件管理会议（Case Management Conference，CMC）讨论案件中的问题及其要求，包括披露程序、专家提出意见和探讨有无调解的可能性。如果案件继续进行审理，则法官将以其他案件管理会议的形式进行进一步监督并进行庭前审查。审理时间根据案件的复杂性和要求而有所不同，但通常需要12—24个月才能审理终结。在实务操作中，诉讼的每个阶段都鼓励和解，在大约95%的案件中，当事方无须进行审判即达成和解[3]。

二、海事仲裁

英国作为一个历史悠久、曾经拥有世界上最庞大殖民体系和海上运输舰队的海运大国，几百年来逐步形成了一套完备和具有广泛国际影响力的海事仲裁制度。早在

---

[1] 李澜、章博：《船东互保协会担保函法律属性探析》，载《中国海商法研究》2015年第4期。

[2] 对于不服海商海事仲裁裁决的诉讼请见本节第二部分。

[3] ICLG, Accessed on December 20, 2019, https://iclg.com/practice-areas/shipping-laws-and-regulations/united-kingdom.

1892年11月23日，英国就成立了伦敦仲裁会，1903年4月2日改名为伦敦仲裁院，由一个伦敦城市和伦敦商会各派12名代表组成的联合委员会管理。[1] 从其设立之初，伦敦仲裁院就受理海事方面的仲裁。作为国际社会成立最早、影响最大的常设仲裁机构之一，伦敦仲裁院以海事仲裁在国际社会中享有盛名。1960年，英国又在伦敦成立了一个专门的海事仲裁机构——伦敦海事仲裁员协会，并由该协会连续推出了一系列令世人瞩目的、代表世界先进水平的海事仲裁程序规则。该协会旨在将伦敦从事海事仲裁的人士聚集在一起交流经验，共同促进伦敦海事仲裁事业的发展。现在的伦敦海事仲裁协会会员包括全职会员、赞助会员以及退休会员。对规则的成功运作及适时修订使伦敦海事仲裁在国际海事仲裁业中始终保持着领先地位。国际上众多的保赔协会都要求其会员船东签订有关航运合同时适用伦敦仲裁条款或者在产生争议后适用伦敦仲裁解决，以有效控制和降低法律风险。大量的船东要获得保赔协会的赔偿，就必须依照这些保赔协会的指示进行伦敦仲裁[2]。鉴于此，本节海事仲裁专门介绍伦敦海事仲裁员协会的有关规则。

（一）伦敦海事仲裁员协会简介

伦敦海事仲裁员协会设立委员会，由9名核心人员组成，其中主席1名，委员8人，每2年换选1/4委员，主席任职2年。伦敦海事仲裁员协会委员会主要负责制订和修改仲裁规则，应当事人请求指定仲裁员或公断人，举办国内外海事仲裁研讨会等活动。伦敦海事仲裁员协会的秘书处是义务性质的，聘请1名荣誉秘书长和1名助理，负责会员费收取、文件收发、联络等事务。

伦敦海事仲裁员协会在仲裁过程中对裁决没有实际控制权。临时仲裁的仲裁费由仲裁庭直接负责处理，与协会费用无关。机构的设置完全适应临时仲裁的需要。

伦敦海事仲裁员协会是一个仲裁员组成的协会，不是通常意义上的仲裁机构，因而伦敦海事仲裁员协会的仲裁案件都是临时仲裁案件。

当事人可以自由指定仲裁员，而不必从伦敦海事仲裁员协会的会员名单中指定。小额争议（争议标的额低于10万美元）由独任仲裁员来裁决。争议标的额超过10万美元的可以由3名仲裁员来裁决。但是，实践中也存在由2名仲裁员裁决的情况，这与许多仲裁机构的规则不同。根据《2017年仲裁规则》，当事人指定的2名仲裁员可以在开庭前指定第三名仲裁员，或者在现有2名仲裁员不能就任何仲裁事项达成一致时立刻指定第三名仲裁员。在第三名仲裁员被指定之前或者第三名仲裁员的席位出现空缺时，如果2名原始仲裁员就任何仲裁事项达成一致，则他们有权就该仲裁事项作出决定、命令和裁决。

---

[1] 1975年伦敦仲裁院与女王特许仲裁员协会合并。1981年改名为伦敦国际仲裁院，这是国际上最早成立的常设仲裁机构，现由伦敦市、伦敦商会和女王特许协会三家共同组成的联合管理委员会管理，仲裁院的日常工作由女王特许协会负责，仲裁协会的会长兼任仲裁院的主席。

[2] 我国船厂所接受的海外船舶订单中，大部分也选择将争议提交伦敦仲裁。

根据《1996 年英国仲裁法》的规定，仲裁庭依仲裁协议作出的裁决，经法院准许，可按法院作出的具同样效果的判决或命令之方式予以强制执行。经准许，法院可按仲裁裁决作出判决。

（二）仲裁程序

伦敦海事仲裁员协会现行版的仲裁规则是《伦敦海事仲裁员协会 2017 年仲裁规则》。该规则对自 2017 年 5 月 1 日或之后开始的仲裁程序生效。该套仲裁规则根据争议金额的大小将仲裁程序分为 3 种，即标准索赔程序、中等金额索赔程序和小额索赔程序。

1. 标准索赔程序

标准索赔程序适用于请求或反请求金额分别超过 400,000 美元的仲裁。如果当事人没有约定索赔金额，则适用于申请人的请求总金额及任何反请求的总金额分别超过 400,000 美元的情形。在当事人没有约定索赔金额的情况下，当事人也可以另行约定索赔金额。如果当事人另行约定的索赔金额超过400,000美元，则适用标准索赔程序。标准索赔程序的具体流程如下：

（1）确定仲裁员，组成仲裁庭：各方当事人就仲裁庭的组成达成合意。若没有相反的约定，则默认为 3 名仲裁员。

（2）提交仲裁申请书：自指定仲裁庭中的第二名仲裁员或独任仲裁员之日起的 28 日内，提交仲裁申请书以及其他所有相关文件。

（3）提交答辩书和反请求（如有）：如果没有反请求，自收到仲裁申请书之日起的 14 日内提交仲裁申请的答辩书。如果有反请求，自收到仲裁申请书之日起的 28 日内，提交对仲裁申请的答辩书和反请求以及其他所有相关文件。

（4）提交对反请求答辩书的复函：14 日内提交对反请求答辩书的复函。

（5）提交问题清单：除非仲裁裁决只依据当事人提交的书面材料和证据进行书面审理，否则当事人应在双方文书请求完结之日起 14 日内完成问题清单。

（6）披露额外文件：除非当事人之间有任何具体约定或仲裁庭作出决定，当事人在任何阶段都有权要求对方披露他们认为有关的但先前未披露的文件。如果双方未就此披露达成一致，当事人可向仲裁庭提交申请。

（7）交换证据：双方当事人应在双方约定或仲裁指定的时间范围内交换事实证据陈述及专家证据（若有）。

（8）开庭审理：是否需要开庭审理应由当事人双方商定或由仲裁庭决定。

（9）作出裁决：裁决一般应在程序结束之日起 6 周内作出。

2. 中等金额索赔程序

中等金额索赔程序适用于仲裁请求或反请求各自超过 100,000 美元但均未超过 400,000 美元的情形。如果当事人没有约定索赔金额，则可以适用申请人的请求或任何反请求各自超过 100,000 美元但均未超过 400,000 美元的情形。在当事人没有约定索赔金额的时候，当事人也可以另行约定索赔金额。如果当事人另行约定的索赔金额超过100,000美元但未超过400,000美元，则适用中等金额索赔程序。在无相反约定的情况下，中级索赔程序的仲裁庭包括3名仲裁员，每一方当事人各自指定一名仲裁员，这2名仲裁员委任第三方为主席。根据双方之间的协议，仲裁庭也可能包括2名仲裁员或独任仲裁员。

中等金额索赔程序具体如下：

（1）确定仲裁员，组成仲裁庭：各方当事人就仲裁庭的组成达成合意。若没有相反的约定，则默认为3名仲裁员。

（2）提交仲裁申请书：自指定仲裁庭中的第二名仲裁员或独任仲裁员之日起的14日内，提交仲裁申请书以及其他所有相关文件。

（3）提交答辩书和反请求（如有）：自收到仲裁申请书之日起的28日内，提交对仲裁申请的答辩书和反请求以及其他所有相关文件。

（4）提交对反请求的答辩书：21日内提交对反请求的答辩书。

（5）提交对反请求答辩书的复函：21日内提交对反请求答辩书的复函。

（6）截止提交开庭陈述。

（7）提交证人证言：自开庭陈述提交后的14日内，通知提交事实证人证言。

（8）提交/交换证人证言：自完成提交开庭陈述的之日起的28日内，提交/交换证人证言。

（9）提交补充证据：自提交/交换证人证言之日起的14日内，向仲裁庭申请提交补充证据。

（10）补提专家证据：自开庭陈述之日或提交/交换证人证言之日起（以在后的时间为准）的14日内，向仲裁庭申请提交专家证据。在获得仲裁庭批准后，当事人可在21日内提交/交换专家证据。提交/交换专家证据起的14日内另一方当事人申请提交补充专家证据。

（11）自提交开庭陈述之日起的21日内向仲裁庭申请开庭审理，或者自以下事项（以在后的时间为准）结束后的14日内提出申请：提交/交换证人证言；仲裁庭对任何提交专家证据的申请作出决定；允许提交/交换专家证据时。

（12）若允许开庭审理，则在庭审前提交事实陈述与大纲。被申请人可于庭审结束后7日内提交总结陈词，申请人自此后7日内提交。若不允许开庭审理，也没有除与开庭陈述一同提交之外的其他披露文件/证人或专家证据，则不允许提交额外陈词。若不允许口头庭审，但有披露文件和/或证人和/或专家证据，各方当事人可提交一次总结陈词。被申请人自最后一步程序结束之日起的14日内提交，申请人自此之后的7日内提交。

（13）作出裁决：仲裁庭通常在总结陈词提交之日起的6周内作出仲裁裁决。

3. 小额索赔程序

小额索赔程序适用于仲裁请求或反请求分别不超过100,000美元的情形。如果当事人没有约定索赔金额，可以适用申请人的请求总金额及任何反请求的总金额分别不超过 100,000 美元的情形。在当事人没有约定索赔金额的时候,当事人也可以另行约定索赔金额。如果当事人另行约定的索赔金额不超过 100,000 美元,则适用小额索赔程序。

小额索赔程序规则的优点在于使争议以快捷、经济的程序解决。小额索赔程序一般是由一名独任仲裁员进行书面审理。小额索赔程序具体如下:

(1)确定仲裁员:任一方当事人将通知送达另一方当事人来共同指定独任仲裁员。如果双方当事人于 14 日内共同约定独任仲裁员,且该独任仲裁员同意出任,则申请人于此后 14 日内缴纳小额仲裁费。如果双方当事人于 14 日内未能共同约定独任仲裁员,则任何一方当事人可申请伦敦海事仲裁员协会的主席来指定独任仲裁员。附随该申请,申请人应一并缴纳伦敦海事仲裁员协会小额仲裁费与管理费、提交仲裁申请书或对争议点作简要阐述,以及指明其认为本案仲裁员应当具备的专业素养。

(2)提交仲裁申请书:收到仲裁员指定通知或确认函之后的 14 日内,提交仲裁申请书,仲裁申请书不得超过 2500 字,并应附带一切相关支持文件。

(3)提交答辩状和仲裁反请求书(如有):收到仲裁申请书或者仲裁员指定通知书/确认函后的 28 日内(以二者中晚收到者为准),提交答辩状和仲裁反请求书(如有),该答辩状及仲裁反请求书各自不得超过 2500 字,并应附带一切相关支持文件。

(4)额外费用:如果被申请人主张的仲裁反请求金额超过仲裁请求金额,则被申请人必须在答辩状和反请求书送达之日起 14 日内缴纳一笔额外的固定费用。

(5)提交答辩状复函或对仲裁反请求的答辩状:21 日内提交不超过 1000 字的答辩状复函(如有)或不超过 2500 字的对于仲裁反请求的答辩状与答辩状复函。未经仲裁员事先批准,不得提交额外的证据与支持文件。如果被申请人必须缴纳额外的固定费用,则 21 日的期限自仲裁员收到该笔额外费用之日起算。

(6)提交仲裁反请求答辩状的复函(如有):14 日内提交不超过 1000 字的对于仲裁反请求答辩状的复函(如有,除非仲裁员裁定反请求并未提出独立于本请求的任何新争议点)。未经仲裁员事先批准,不得提交额外的证据与支持文件。

(7)作出裁决:一般无开庭,由仲裁员书面审理,在 1 个月内作出裁决。

(三)上诉程序

根据《1996 年仲裁法》的规定,当事人只能就伦敦海事仲裁员协会裁决涉及的法律问题提起上诉,而不能就事实争议提起上诉。同时,当事人必须在伦敦海事仲裁员协会裁决作出之日起 28 日内提出上诉,该上诉请求还必须要获得伦敦高等法院的批准。

一般情况下,要获得伦敦高等法院的批准需要同时满足以下 4 个条件:(1)有关问题的判决将对一方或多方当事人的权利产生重大影响;(2)有关问题是之前就已经提交给伦敦海事仲裁员协会裁决的争议;(3)如果伦敦海事仲裁员协会的裁决明显错误或仲裁涉及的法律问题对大众具有普遍的重要性,则此时仅要求伦敦海事仲裁员协会的裁决存在严重疑点即可;(4)尽管当事人决定通过仲裁解决争议,但在任何情况下由法院对该问题进行判决是公正和合适的。

如果对伦敦高等法院作出的判决不服，可以向上诉法院提出上诉，并直至最高法院。这些上诉程序参见本书第十七章“英国争议解决法律制度”的有关内容。

（四）仲裁执行[1]

《中华人民共和国民事诉讼法》（2021 年修正）第 290 条规定，国外仲裁机构的裁决，需要我国承认和执行的，应当由当事人直接向被执行人住所地或者其财产所在地的中级人民法院申请，我国法院应当依照我国缔结、参加的国际条约，或者按照互惠原则办理。

1958 年 6 月联合国经济和社会理事会在纽约召开了由 45 个国家和有关国际组织代表参加的国际商事仲裁大会，并且于 6 月 10 日通过了《承认及执行外国仲裁裁决公约》（The New York Convention on the Recognition and Enforcement of Foreign Arbitral Awards，简称纽约公约）。该公约于 1959 年 6 月 7 日生效，处理的是外国仲裁裁决的承认和仲裁条款的执行问题。《承认及执行外国仲裁裁决公约》规定，各缔约国必须承认和执行外国仲裁裁决，除非当事人证明有第 5 条规定的 5 项情形之一的，被申请执行的法院可以拒绝承认和执行。目前已有 120 多个国家加入了纽约公约，这为承认和执行外国仲裁裁决提供了保证和便利，为进一步开展国际商事仲裁活动起到了推动作用。该公约 1975 年 9 月 24 日对英国生效。

1986 年 12 月 2 日，中国第六届全国人大常委会第十八次会议决定加入该公约，1987 年 1 月 22 日中国政府提交加入书，1987 年 4 月 2 日该公约对中国生效。在加入该公约的同时，我国作了 2 条保留声明：（1）中华人民共和国只在互惠的基础上对在另一缔约国领土内作出的仲裁裁决进行承认和执行适用该公约；（2）中华人民共和国只对根据中华人民共和国法律认定为属于契约性和非契约性商事法律关系所引起的争议适用该公约。伦敦海事仲裁员协会的裁决是不在我国的保留声明范围内的。

根据《中华人民共和国民事诉讼法》第 290 条的规定，如果中国的当事方拒绝执行伦敦海事仲裁员协会的裁决，另一方当事人可以向该中国当事人住所地或者财产所在地的中级人民法院申请承认及执行伦敦海事仲裁员协会的裁决。法院会具体审查涉及的裁决是否符合《承认及执行外国仲裁裁决公约》以及《全国人民代表大会常务委员会关于我国加入〈承认及执行外国仲裁裁决公约〉的决定》应当承认及履行的规定，特别审查是否存在纽约公约第 5 条第 1、2 项所列举的拒绝承认及执行的情形，以及是否违反我国加入该公约时作出的保留性声明条款。从目前能查到的案例看，中国法院还没有不支持申请人提出的申请承认和执行伦敦海事仲裁员协会作的仲裁裁决的情况。

---

[1] 鉴于本书的编写目的是为指导中国企业在英国合规行事，所以本节重点讨论伦敦海事仲裁员协会的仲裁在中国的承认和执行相关的法律规定。

第十三章

英国知识产权保护法

第一节 知识产权法概述

在英国，主要以4种基本形式对知识产权进行保护，分别为著作权、专利、商标和外观设计。著作权保护的是美学作品，包括文学、音乐、戏剧、美术、广播、电影、音像作品等。随着科技的发展，英国著作权的保护范围还扩大到了电脑软件和数据库。商标是商品来源的标识（Sign），投资者可将自己的商标进行注册并在自己的商品中使用，以区别来自其他卖方的产品。需要注意的是，中国的专利法保护技术性的发明和外观设计。但在英国，只有技术性的发明或解决技术难题的方法可以申请专利保护，外观设计则由外观设计法来保护。《1949年注册外观设计法》（Registered Designs Act 1949）和《1988年著作权、设计与专利法》（Copyright, Designs and Patents Act 1988）保护注册和未注册的外观设计，但保护的程度不同。

知识产权是一种财产权，这意味着它可以独立于权利人而转让，也可以用作担保或抵押。同时，知识产权权利人能在一定范围内排他地使用享有的知识产权，并可以许可给他人使用以获取高额的许可费用。因此，知识产权保护也是海外投资者经营管理的重要一环。

第二节 著 作 权

一、英国著作权法简介

在英国，著作权主要保护具有独创性的表达。首先，著作权不保护抽象的思想观念、构思、创意等，而只保护以文字、音乐、美术等各种有形的方式对思想的具体表达。要成为法律上保护的客体，一个作品首先要能够以实质（书面或其他）形式"固定"或"记录"下来[1]。其次，作品要满足"独创性"要求。

满足著作权法保护的作品一经完成即获得著作权保护，不需要注册。由于中国和英国都是《伯尔尼公约》的缔约国，在中国受著作权保护的作品在英国都能自动受到著

---

〔1〕 Copyright, Designs and Patents Act 1988, s.3(2),(3).

作权法的保护。

二、著作权保护的范围

根据英国现行《1988 年著作权、设计与专利法》第 1 章，以下 8 类作品可享受著作权保护。详见表 13－1。

表 13－1　著作权保护范围

	作品种类	举例	著作权的保护年限 （作品完成之日起算）
作品	文学作品	书写作品如诗歌、小说、歌词、计算机程序[1]	作者终身＋70 年[5]
	戏剧作品	舞蹈、哑剧等[2]	
	音乐作品	乐曲[3]	
	艺术作品	图像作品、相片、绘画、雕刻、建筑物（及建筑物模型）、美术工艺作品等[4]	
衍生作品 （衍生作品通常是，但不一定是基于可能拥有自己著作权的原创作品）	录音	不论该声音是记录在何种媒体上[6]	制作完成时起计 50 年，或者如果有关录音在该期间发行，著作权期限则自首次公开发行后 50 年届满； 如果在该期间内没有发行，但通过公开播放或向公众公开，则保护自首次向公众公开后 70 年[7]

〔1〕 Copyright, Designs and Patents Act 1988, s. 3.

〔2〕 Ibid., s. 3.

〔3〕 Ibid..

〔4〕 Ibid., s. 4.

〔5〕 Ibid., s. 12.

〔6〕 Ibid., s. 5A.

〔7〕 Ibid., s. 13.

续表

	作品种类	举例	著作权的保护年限（作品完成之日起算）
衍生作品（衍生作品通常是，但不一定是基于可能拥有自己著作权的原创作品）	影片	无论该动作影像是记录在何种媒体上[1]	如果相关制作人士（电影的主要负责人、剧本作者、对白作者或音乐制作人等）身份并非不为人知，则保护期限为最后一名制作人士的剩余寿命 + 70 年
	广播	无线传送的声音及/或影像，如电视广播及电台广播[2]	第一次广播当年年终计起 50 年[3]
	已发表版本的排印、编排	出版物品（如报纸、书籍或杂志）的版面设计及排印编排[4]	第一次发布起计 25 年[5]

依据著作权归属行使的一般规则，作者创作作品从而获得著作权权利，并根据著作权法的规定独立行使著作权权利[6]。一般而言，作品的作者即创作该作品的人，是该作品的著作权拥有人。但若该作者是某单位雇员并在受雇工作期间完成创作，则其雇主为著作权拥有人[7]。除此之外，如果由两个人或两个以上作者合作创作的作品，且在该作品中，各作者的贡献无法彼此分开，则此作品为“共同作品”[8]。例如“合作作品”即属于“共同作品”的一种，“合作作品”是指音乐作品的作者与文学作品的作者合作而成的作品，并且两个作品是为了一起使用而创作的[9]。

三、著作权侵权

作品的著作权拥有人在英国拥有实施下列行为的排他性权利[10]：复制作品；公开发行作品的复印件，向公众出租出借作品；公开表演、放映或播放作品；广播作品或将

[1] Copyright, Designs and Patents Act 1988, s. 5B.
[2] Ibid., s. 6.
[3] Ibid., s. 14.
[4] Ibid., s. 13.
[5] Ibid., s. 15.
[6] Ibid., s. 9.
[7] Ibid., s. 11.
[8] Ibid., s. 10.
[9] Ibid., s. 10A.
[10] Ibid., s. 16.

其制作为录音、电影、电视节目等；对作品进行改编或针对改编作品实施上述任何行为。这些行为是“著作权约束的行为”，非经著作权所有人许可而实施或授权他人实施任何著作权约束的行为即构成著作权侵权，既包括实施作品整体也包括实施其任何实质性部分，既包括直接实施也包括间接实施。

此外，与侵权复制品进行商业“交易”可能构成对著作权所有人的间接侵权。《1988年著作权、设计与专利法》第22—26条对“间接侵权”作出规定，包括未经著作权人许可，在其知道或有理由认为物品为侵权复制品情况下，非为个人或家庭使用而将此物品进口到英国；在商业过程中持有、出售、出租或者许诺出售或出租；在商业过程中公开展览或散发，以及提供制造侵权复制品的方式、设备、场所等[1]。

除以上经济性权利外，英国也规定了著作权涉及的人身权。拥有文学、戏剧、音乐或艺术作品著作权的作者以及拥有影片著作权的导演，在作品被商业性出版、公开表演或包括作品在内的电影、录音制品、图集或照片公开发行时，有权利被申明为作者或导演，并享有反对作品被贬损以及反对作品被虚假归属的权利[2]。

侵犯著作权的行为人将承担法律责任，一般情况下侵权人应视情况承担停止侵权、赔礼道歉或支付损害赔偿金等民事责任。根据《1988年著作权、设计与专利法》第96条的规定，权利人可以获得的救济保护包括损害赔偿、禁令、清算（Accounts），或任何他种财产权侵权诉讼中原告可获得的救济方式[3]。

第三节 商 标

一、英国商标简介

英国是《巴黎公约》《伯尔尼公约》《罗马公约》《专利合作条约》《TRIPs协议》等国际知识产权条约的缔约国，同时也是《马德里协定书》的成员国，故除在英国单一注册外，商标还可以通过马德里国际注册的方式办理。本节仅介绍英国单一商标注册的情况。

英国注册商标由英国知识产权办公室（UK Intellectual Property Office，IPO）[4]签发，与商标有关的法律主要为《1994年商标法》（Trade Marks Act 1994）[5]。依法在英国境内注册商标的商标拥有人，可享有在英国范围内（大不列颠及北爱尔兰联合王国）法律赋予的保护。没有注册的商标，只能依据英国普通法进行假冒侵权诉讼。

---

〔1〕 Copyright, Designs and Patents Act 1988, s. 22 – 26.

〔2〕 Ibid., s. 77.

〔3〕 Ibid., s. 96.

〔4〕 知识产权办公室是英国政府的官方机构，负责知识产权权利包括专利、设计、商标和著作权。

〔5〕 2019年1月14日起，英国正式实施《第2015/2436号欧盟商标指令》，《1994年商标法》以及《2008年商标细则》也同时作出相应改变。

英国除了普通商标外，还有集体商标和证明商标。集体商标可以用来表示带有该商标的产品或服务来自特定制造商、生产商、服务提供协会或者受公法管辖的法人[1]；证明商标可以保证带有该商标的产品或服务满足特定的标准或有特定特征，通常为原产地、材料等，可以证明商品或是表示商品服务在质量、准确性或其他方面的特点[2]。

二、商标注册的程序

要注册商标，申请人必须首先向英国知识产权办公室提出申请，提交正式申请表并缴纳申请费。根据《1994 年商标法》第 32(2)条的规定，申请材料必须包括：商标注册的申请；申请人的姓名及地址；申请人进行商标注册的有关产品或服务的陈述；能够在注册簿中以一种方式展示，以使注册官以及其他适格主体及公众明确并准确地确认、识别。

申请书应说明与商品或服务相关的商标是由申请人正在使用或是在申请人同意的情况下由他人正在使用，或者申请人有意将来在商品或服务上使用。一般知识产权办公室会在 2 个月内对提交的申请进行形式审查，并将审查报告送交申请者。若申请符合有关规定并且所申请注册的商标与现有商标没有发生法律冲突，英国知识产权办公室将颁发注册许可证并将批准注册的商标刊载于《商标杂志》(Trade Marks Journal)予以公布。如果与现有商标发生法律冲突，商标注册办公室将给予申请者一定时间提出申辩。如申辩有效，申请也将得到批准，在申辩期结束后的 2 个星期，商标将完成注册[3]。注册商标的有效期是从正式提出申请之日起为期 10 年，此后每 10 年续展一次，每次续展的有效期也为 10 年。商标续展需要缴纳续展费。续展申请可以在有效期届满前 6 个月至有效期届满后 6 个月内提出，在商标有效期届满后提出的续展申请需要缴纳额外的续展费。如果未能在所述期间内提出续展申请，申请人可以最晚在商标有效期届满之日起 12 个月内通过申请恢复商标来进行续展，此种续展申请只能通过邮寄进行，需要缴纳续展费和恢复商标费，而且应当附加申请人未按时续展原因的书面陈述。

三、商标注册的条件

根据《1994 年商标法》第 1(1)条的规定，商标应以一种审查员、其他适格主体以及公众可以确定其清晰、准确的保护对象的方式表述于登记簿，并且能够用于区分商品或服务。在英国，受保护的商标种类比较广泛，可以是文字(包括个人姓名)、设计、字母、数字、颜色、声音或商品的形状或包装。《2018 年商标条例》(The Trade Marks Reg-

---

[1] Trade Marks Act 1994, s. 49.

[2] Ibid., s. 50.

[3] 参见商标注册流程指导：https://www.gov.uk/government/publications/process-for-applying-to-register-for-a-trade-mark。

ulations 2018）删除了商标申请必须采用"图形表述"形式的要求，申请人能够以诸如声音、视频文件或者连续的图片等更多的形式来提交商标申请。而且，商标包含声音、颜色、动画等形式也具有实践上的可能性。提交申请后，知识产权办公室进行检索和检查，驳回商标注册的理由分为绝对理由和相对理由两种。

（一）驳回注册的绝对理由

根据《1994 年商标法》第 3 条的规定，有以下情况的商标将不予注册[1]：不符合该法第 1(1)条规定的标识（商标的性质）；缺乏显著性；仅仅由表示商品种类、质量、数量、用途、价值、产地、（商品生产或服务提供的）时间或其他特点的标识或标记构成的；仅仅由已成为当代语言或行业中的惯例和惯用表述的标识或标记构成的。

如果在申请日以前，某一商标已经通过使用在事实上获得了显著性，则不得依据上述几项理由驳回该商标的注册申请。尽管《1994 年商标法》对通过使用获得了显著性的标识进行了例外保护，有利于保护对商标依赖性较大的商业行为，但是，实践中，对于这类商标进行保护，至少需要同时满足以下 2 个条件：商标通过使用已经获得足够的显著性特征，足以使其具有区别于商品和服务来源的基础特性；显著性的获得是在商标申请日之前。"显著性"的门槛要求相对较高，通常与使用时间、使用范围、行业占有率以及公众认知度有关。

一个标识若其仅含有：由商品自身的性质或其他特征而产生的形状；为获得技术结果而需有的商品形状或其他特征；使商品具有实质性价值的形状或其他特征不能作为商标注册。

一个商标，若其：不符合公众政策，或有违于道德准则，或具有欺骗性（如商品或服务的性质、质量或产地）不能注册。

出于恶意提出申请的商标不得注册。另外，如果英国的任何法律禁止某一商标的使用，则该商标不得注册。

《1994 年商标法》第 4 条规定了"禁注禁用"条款，即商标不得注册的特殊情况，主要规定商标不得与特殊的徽章和标记相同或近似，如英国皇家军队、皇家皇冠（徽章）、国家名称、国旗、女王或皇室成员肖像等，除非获得了这些徽章、标记权利人的同意。

（二）驳回注册的相对理由

《1994 年商标法》第 5 条列举了以下驳回注册申请的相对理由[2]：如果一个商标与另一个在先商标相同，并且所申请的商品或服务与该在先商标保护的商品或服务相同。如果一个商标与某一在先商标相同或近似，并且将要注册在与该在先商标保护的商品或服务近似的类别上，因而存在混淆公众的可能性，包括认为该商标与在先商标存在相关联的可能性。一个商标与某一在先商标相同或近似，若该在先商标在英国（或欧盟或某一国际情境下）享有一定声誉，在无正当理由的情况下使用该商标将不公

---

〔1〕 Trade Marks Act 1994, s. 3.

〔2〕 Ibid., s. 5.

平地利用或损害在先商标的显著性或声誉。

此外，如果拟注册申请的商标侵犯了依据《仿冒法》(The Law of Passing Off)获得保护的未注册的在先商标，或依据著作权、设计权或注册设计而获得保护的在先权利，该商标将不予注册。

四、商标的侵权

商标获得注册后，注册商标所有人享有商标使用专有权。如未经其同意，任何人在交易过程中使用一个与该注册商标相同的标识，并且其商品或服务与注册商标所涉及的商品或服务相同，则构成侵权。

任何人如在交易过程中使用某种标识，且满足下列情况之一，则属于商标侵权[1]：该标识与注册商标相同，并且使用的相关产品或服务与该注册商标的产品或服务近似。这一标识与注册商标近似，并且使用的相关商品或服务与该商标所注册的商品或服务相同或类似，因而存在引起公众混淆的可能性，包括认为该标识与注册商标存在相联系的可能性。如果他人在贸易过程中在相关的产品或服务上使用了某个标识，该标识与注册商标相同或近似，并且该注册商标在英国享有一定声誉，如没有正当理由，该标识的使用会不公平地利用或损害注册商标的显著性或声誉。这里所涉及的使用，包括但不限于：(1)把它粘贴在商品或其包装上；(2)提供或陈列带有标识的商品供销售，将该种商品投放市场或以此目的储存商品，或用此标识提供服务；(3)进口或出口带有此标识的商品；(4)在商务文书中或在广告中使用此标识。

注册商标所有人可以对注册商标的侵权行为提起诉讼。在侵权诉讼中，所有在其他财产权受侵犯时可以获得的救济手段，如损害赔偿、禁令、补偿或其他类似救济，均可以主张。对已被发现侵犯某一注册商标的侵权人，法院可令其消除侵权标识，去掉或销毁侵权商品、材料或其他所拥有、保管或控制的物品上的侵权标识；如果去掉或消除侵权标识不可行，则应保证销毁侵权商品、材料或物品。注册商标所有人可向法院申请命令，要求把他人在商业活动中拥有、保管或控制的任何侵权商品、材料或物品移交给注册商标所有人或法院准许的其他人。

第四节 专　　利

一、英国专利法简介

专利是一项垄断使用技术的权利，需要申请才能获得。任何人都可以向英国知识产权办公室申请一项技术发明或是生产方法成为一项专利。只要申请通过，申请人将被授予专利并获得最长20年的垄断使用权(从提交申请之日开始算起)，其他人在未获得专利人许可的情况下使用这项发明或技术，都将侵犯权利人的专利。专利期之

[1] Trade Marks Act 1994, s. 10.

后，这项发明或技术将被公众免费使用，一般情况下不能再延长专利保护期。

专利的保护具有地域性。申请人若在中国申请并取得专利保护，只能在中国境内垄断使用此发明，而不能阻止其他使用者在其他国家或地区使用此发明。所以，如果申请人想要在英国享有专利权，还必须在英国知识产权办公室提交此专利申请。

英国专利法的主要依据是《1977 年专利法》（Patents Act 1977）。除此之外，《1988 年著作权、设计与专利法》（Copyright, Designs and Patents Act 1988）补充了一些其他规定，《2007 年专利规则》（The Patent Rules 2007）则主要规定了专利的申请流程。

二、专利申请的程序

专利的申请需要遵循一定的步骤，主要步骤有以下 3 个方面。

（一）填写专利申请表

若投资者想获得专利保护，首先需要向英国知识产权办公室提交专利保护的申请。专利申请书中必须包含：(1) 专利注册请求；(2) 待申请专利描述（发明特征和作用）；(3) 专利保护需求（申请人希望排他使用此发明的范围边界）；(4) 摘要。

需要特别注意的是专利保护需求，这是专利申请表中非常重要的一部分，它决定了专利注册成功之后权利人能垄断使用的范围。因此，申请人必须清楚、准确地定义出希望保护的发明的范围，并加以详细解释。若保护需求过于宽泛而未提及其特征，很可能导致此发明的重要特征被忽略〔1〕，之后的申请者有可能注册成功另一项带有此特征的专利〔2〕。

值得一提的是，英国允许专利申请者提交临时专利申请（Provisional Patent Application）〔3〕，但是在提交临时申请之后的 12 个月内申请者必须提交正式的专利申请，否则临时申请将作废。通过提交临时专利申请，申请人可以获得一个比较早的优先权日，从而可以在接下来的 12 个月内做进一步的研发或者市场调研，以便在 12 个月期限届满后决定是否提交正式的专利申请。如果申请人届时提交正式的专利申请，则可以主张申请日在先的临时专利申请的优先权。

（二）初步审查

专利申请提交后，英国知识产权办公室将对申请进行初步审查，并出具报告。初步审查完成后（一般是在提交申请之后 18 个月），此专利申请和报告将会一起被公开（A 轮公开）。

（三）实质审查

A 轮公开之后，英国知识产权办公室将会对此申请进行实质性审查，若经审查确认此发明可以被注册成为专利，则进行 B 轮公开，专利申请成功。

---

〔1〕 Donaldson Co. Inc.'s Patent [1986] RPC 1.

〔2〕 Fomento Industrial SA Biro Swan Ltd. v. Mentmore Manufacturing Co. [1956] RPC 87, CA.

〔3〕 Patents Act 1977, s. 5(2).

三、专利申请的条件

申请获得专利的发明可以是一种全新的产品，也可以是制造某种产品或实现某个目标的方法[1]。根据《1977 年专利法》第 1 条的规定，要将一项发明注册成一个专利需要符合以下 4 个条件[2]：(1) 该发明具有新颖性；(2) 该发明中包含创造性的步骤；(3) 该发明可应用于产业中，即具有实用性；(4) 该发明不属于专利法中禁止注册的种类。

（一）新颖性

一项发明若要在英国被注册成专利，它必须要是新颖的，即它在提交申请之时不应当是已经存在于全世界公共知识范畴中并构成现有公开技术的一部分。如果这项发明在注册之前已经被发表、被公众使用或以其他方式公之于众，它就丧失了新颖性。因此，专利申请者应十分注意所申请技术的保密。即使只有一张照片流出，如果这张照片能够让公众据此推敲出这项技术，那么它也将丧失新颖性[3]，即使这项技术并没有在公众中大面积传播开，它依旧成了一项公开技术[4]。同时，一种已知物质的第二用途也可被申请成为一项新的专利[5]，此时新颖性并不在此已知物质上，而是在新的特别用途上。

不过，一些保密测试是必要的，例如发放试用品给一小部分客户试用并不会使技术公开，但一些细节和关键技术不能透露给试用者[6]。

（二）创造性

一项发明若能被注册成专利，还需要具有创造性，即这项发明对于一个此领域专业技术人员来说并不是显而易见的[7]。如果具有此领域专业知识并了解此领域最新发展的技术人员可以轻易地发明出此项技术，那这项技术就不具有创造性，因而不能被注册成为一项专利[8]。商业成功[9]或是发明的繁简[10]并不是评判创造性的决定因素，即使一个发明非常简单，它一样可能拥有创造性。

（三）实用性

专利的另一大特征是其实用性，一项专利即使并不是为商业利益而发明，它也必

---

[1] Biogen Inc. v. Medeva plc. [1997] RPC 1.

[2] Patents Act 1977, s. 1.

[3] Van der Lely N. V. v. Bamfords Ltd. [1963] RPC 61.

[4] Windsurfing International Inc. v. Tabur Marine (Great Britain) Ltd. [1985] RPC 59, CA.

[5] Patents Act 1977, s. 4A(4).

[6] Pall Corporation v. Commercial Hydraulics (Bedford) Ltd. [1990] FSR 329.

[7] Ibid., s. 3.

[8] 在 Windsurfing 案件中，法官给出了评判创造性的 4 步标准。

[9] Technograph Printed Circuits Ltd. v. Mills & Rockley (Electronics) Ltd. [1972] RPC 346, HL.

[10] Lux Traffic Controls Ltd. v. Pike Signals Ltd. [1993] RPC 107.

须有可能被应用到包括农业在内的任一产业生产中[1]。如果申请的专利是一种新产品，它必须能够投入生产；如果申请的专利是一种生产方式，它必须能够在生产中实现某种特定结果。比如，在生物研究中，定位和确认基因结构的技术并不足以被注册成一项专利，因为它没有一个实用性的目的；相反，为治疗某种疾病而定位确认基因结构才能被注册成专利。

（四）禁止获得专利保护的客体

《1977年专利法》还规定了一些不能申请获得专利的发明，具体包括[2]：违反公共政策和道德的发明；自然发现、科学原理和数学计算方法；文学、戏剧、音乐、美术等受著作权保护的美学作品；为各种脑力活动、游戏、商业等制订的计划、规则或方法；电脑程序；单纯的信息陈述；对人体或动物的诊断和治疗方法。若某项发明属于以上任一种类，它将不能被注册成为专利。值得一提的是，虽然诊断和治疗方法不能被专利保护，但能够投入生产的治疗药品可以被注册成为专利[3]。

四、专利侵权

在未经许可的情况下，若非专利权人使用了注册专利保护范围内的技术，就有可能侵犯专利权人的专利权[4]，具体包括制作、处理、提供使用、进口专利产品，或使用专利保护的方法来进行生产。当注册专利受到侵犯，专利权人可以使用禁令来限制侵权人的行为，或通过诉讼来销毁侵权的物品及获取损失赔偿[5]。

第五节 外观设计

一、概述

外观设计权（Design Right）保护的是产品全部或部分的外观设计，主要包括产品的线条、轮廓、颜色、形状、质地、材料、构造和装饰等特征。

在英国，外观设计是作为一种独立的知识产权来保护的，这与中国通过专利保护外观设计的法律制度相比有很大不同。若通过专利进行保护，外观设计必须申请注册成功后才能获得知识产权保护；但在英国，不管外观设计是否注册都可以拥有知识产权保护，只是两者受到保护的程度不同[6]。

---

〔1〕 Patents Act 1977, s. 4.

〔2〕 Ibid., s. 1(2), (3), 4A.

〔3〕 Ibid., s. 4A(2).

〔4〕 Ibid., s. 60.

〔5〕 Ibid., s. 62.

〔6〕 更多信息参见英国政府官网：https://www.gov.uk/design-right。

二、未注册外观设计权

在英国，和著作权类似，只要一个外观设计是新颖的，即它与市场上已存在的其他产品有不同的独特设计，它在设计完成时就将自动受到外观设计权的保护。在保护期内，外观设计权利人可以阻止其他人复制自己的外观设计，保护期为自设计完成之日起 15 年或商品首次售卖起 10 年。

在发生纠纷时，设计者可以通过出示带有设计时间的凭证来证明自己享有外观设计权，此凭证可以是签名并标注日期的设计图纸，也可以是在律师处保存的证明照片。

三、注册外观设计权

如果设计者想让自己的外观设计受到更好的知识产权保护，还可以将该外观设计进行注册。需要注意的是，二维的外观设计必须注册才能获得外观设计权的保护，比如纺织品和墙纸，因为他们不享有未注册外观设计权。

一旦某项外观设计注册成功，该设计的各方面都将受到保护，包括产品本身的形状和装饰。同时，外观设计的保护期最长可达到 25 年，但每 5 年都需要进行续展。最重要的是，在遇到纠纷时，注册过的外观设计权将更容易且更直接地被证明。

（一）注册外观设计权的条件

能够被注册成功的外观设计需满足以下条件：

设计是新颖的，即与现存的设计不相同〔1〕；

设计是申请人享有知识产权的作品；

设计中不含有无礼或冒犯性的词语或图案；

设计中不含有受保护的标志或旗帜（比如奥运五环或英国皇家标志）；

该设计不是受专利保护的发明；

设计的功能将不能被注册保护（比如一把椅子比其他同类型椅子折叠得更快）。

（二）注册外观设计权的方式

设计者可向英国知识产权办公室提交外观设计注册申请。

1. 网上注册

申请者可直接在英国政府官网上提交外观设计注册申请，并可以一次性提交多个外观设计注册申请〔2〕。网上申请的注册费比邮寄申请便宜，1 件外观设计的注册费为 50 英镑，10 件以内为 70 英镑，之后每多 10 件需额外支付 20 英镑。

申请时还需要提交平面图解说明来对外观设计的视觉效果进行全面完整、清楚的

---

〔1〕申请者需要对已注册的外观设计进行全面搜索，以确保待申请外观设计的新颖性。申请者可登录英国注册外观设计查询网站：https://www.gov.uk/search-registered-design，自行查询，同时英国知识产权办公室也提供代查服务，价格为 24 英镑。

〔2〕网上注册外观设计网址：https://www.gov.uk/apply-register-design。

展示[1]。申请者可使用照片、手绘草图或电脑制图，但必须要统一成一种形式。

2. 邮寄申请

若申请者想使用邮寄申请注册外观设计，必须将完整的申请表、图解说明和支付凭证一并邮寄到英国知识产权办公室。注册 1 件外观设计的费用为 60 英镑，之后每多 1 件需额外支付 40 英镑。

（三）注册外观设计权的生效

在申请提交之后，知识产权办公室将会在 2 周内对申请进行审理。如果没有任何异议，并且申请者也没有推迟自己的外观设计注册，注册外观设计权将立即生效。

如果知识产权办公室对申请注册的外观设计有任何的异议，申请者将有 2 个月对此进行回应。如果申请者不赞同知识产权办公室的决定或觉得自己受到了不公平待遇，还可以申请听证。

外观设计一旦被成功注册，该设计将会向公众公开。如果设计者不想让自己的外观设计细节在此刻被公开，或者想要在公开之前完善自己的设计并占有一定的市场，则可以选择推迟自己的设计注册。注册申请最长可推迟至申请提交之日起 12 个月，12 个月后申请将被取消，设计者需要重新申请并支付费用。

（四）注册外观设计权的行使

享有注册外观设计权的设计者可以将该外观设计许可给他人使用，或将该外观设计权出售或抵押。在注册外观设计权利期的最后 5 年，权利人是不能拒绝其他人的许可使用请求的。

每 5 年注册外观设计权利人都需要对自己的注册外观设计权进行续展，否则此设计将不再享有注册外观设计的权益，但它仍然受到未注册外观设计权的保护。

---

[1] 图解说明详细要求参见官网：https://www.gov.uk/register-a-design/prepare-your-illustrations。

第十四章

英国房地产法

第一节　概　　述

一、英国土地制度概述

英国土地法的发展主要经过了3个阶段。第一阶段：盎格鲁—撒克逊时期的土地制度。这个时期没有统一的土地法律关系模式和确定形态的土地权利，未形成统一的土地法律制度。第二阶段：诺曼征服[1]英国后建立了封建土地法，此阶段形成了基本的土地保有制度，为统一的土地法的产生奠定了基础。第三阶段：以《1925年财产法》(Law of Property Act 1925)、《1925年土地登记法》(Land Registration Act 1925)等6部法律[2]的修订为起点的现代土地法。这6部法律与1922年和1924年《财产法》(Law of Property Act)未被废除的部分共同构成了著名的《1925年财产法》改革的最终成果。

现代土地法体系建立之前，英国土地产权制是围绕着土地保有权即保有制而构建的。土地保有制(Tenure)在拉丁语中为Tenor或Tenor Investiture，本义指领主(Lord)封授土地时设定的条件。在英国土地法上，用该词表示保有人(Tenant)以某种义务为条件持有领主的土地，作为一种法律关系模式，包含了领主和保有人彼此之间的权利和义务。对保有人而言，其要向领主提供役务(Service)进而持有领主的土地；对领主而言，其在享有保有人提供的役务的同时必须保证其人身、财产安全，所以这是一种土地利益的分配方式，也是一种体现分配者身份地位的社会关系模式。

自1925年的土地制度改革后，1926年起只存在2种类型的土地产权，即能继承或终身保有的永久产权和限期保有的租赁产权。土地所有者对土地享有永久产权，意味

---

[1] 以诺曼底公爵威廉(约1028—1087年)为首的法国封建主对英国的征服。诺曼征服加速了英国封建化的进程。威廉一世建立起强大的王权统治，没收反抗的盎格鲁—萨克逊贵族土地，分封给随他而来的法国封建主。受封者要按照土地面积的大小，提供一定数目的骑兵，并亲自率领他们为国王作战。大封建主又把自己土地的一部分再分封给下级，也要求他们提供骑兵。通过这种土地分封建立起封建土地的等级所有制。

[2] 《1925年限制授予土地法》(Settled Land Act 1925)，《1925年受托人法》(Trustee Act 1925)，《1925年不动产法》(Law of Property Act 1925)，《1925年土地登记法》(Land Registration Act 1925)，《1925年土地担保法》(Land Charges Act 1925)，《1925年房地产管理法》(Administration of Estates Act 1925)。

着在不违反土地法、土地规划和不侵犯他人利益的情况下，土地永久产权的所有者可以随心所欲地占有、使用和处分土地，甚至对地下矿藏享有所有权。

但是，土地所有权受到法律充分保护并可以自由交易并不意味着个人可以随意开发土地。英国作为一个岛国，国土面积狭小，在城市化的进程中十分重视对耕地的保护。《1947 年城乡规划法》（Town and Country Planning Act 1947）规定，英国所有土地的开发权均归国家所有，任何人开发土地之前，必须向国家机构申请开发许可。部分情况下，土地的所有者或开发者还需缴纳因土地开发而获得的发展价值的税金。

除了开发土地受限制外，英国土地的永久产权所有者有时还需为公共利益让步。随着城市化和工业化进程的推进，为满足公共利益的需要，政府可以行使强制购买权来征收土地。一旦征收土地的目的被议会以立法形式定义为公共利益用途，中央政府、地方政府、高速公路局、自来水或者电力公司等均有资格在受到一系列严格的监管程序后取得强制购买权。不过，为了保护土地所有人的利益，法令规定应对被征地的土地所有人进行合理补偿。《1965 年强制购买法》（Compulsory Purchase Act 1965）、《1981 年土地取得法》（Acquisition of Land Act 1981）和经过 3 次修改并最终成形的《1991 年土地取得（补偿）法》[Land Acquisition（Just Terms Compensation）Act 1991]，都从一定程度上完善了土地征收/强制购买的法律。相对完善的立法最大限度地保障了被征地人的合法权益，严格限制和监管了强制购买权的行使，并有效地缓解了征地行为所带来的纠纷。

尽管法律禁止个人随意开发土地，还要求个人利益在必要时让渡于公共利益，但狭小的国土面积仍使英国不得不作出更多的努力来缓解土地资源的匮乏。英国政府为此颁布了相应的法律规定，希望能对土地重新利用以防止资源枯竭。《1946 年新城镇法》（New Towns Act 1946）等很多法律也相继通过并实施，以严格控制城市建设用地和保护耕地。国会要求各郡制订出本郡土地 20 年的发展计划。

根据上述英国土地制度，本章将在下文中详细讨论英国现行的主要土地制度（如产权制度、登记制度、土地征收制度等）、土地管理机构的设置（如组织体系、职能）、法律渊源、外国投资者在获取或租赁土地时的注意事项等问题。

二、法律渊源

（一）概述

现代英国土地法来源于普通法和衡平法以及在 1925 年后颁布的法律，主要的规定包括《1925 年财产法》（Law of Property Act 1925）、《1925 年限制授予土地法》（Settled Land Act 1925）、《1996 年土地信托与受托人任命法》（Trusts of Land and Appointment of Trustees Act 1996）和《2002 年土地登记法》。

英格兰、苏格兰、威尔士和北爱尔兰这 4 个地区分别有专门的关于土地管理的立法，很好地诠释了各个行政区域的独立性，但各行政区域土地法的核心概念是统一的，包括土地所有人的权利以及优先权归属。英国土地法根据普通法、衡平法以及登记制度赋予了土地所有人产权。土地产权的所有人具有比其他权利人更优先的权利。英国公私土地的交易必须按照相关法令进行土地登记,否则不受法律的保护。登记的土地权利包括土地的绝对产权、有限产权、占有产权或有效租赁保有产权。

(二)英格兰和威尔士的土地管理制度

1. 土地登记制度

英国最初的土地登记始于1535年,早期的登记是在自愿基础上进行的,发展比较缓慢,直到1990年,强制性土地登记法律才开始在英格兰和威尔士境内全面实施,从此英国土地登记跨入了一个全新的时代。

英国最早的土地登记法为《1862年土地登记法》(Land Registry Act 1862),之后多次修改、颁布了以下法律:《1925年土地登记法》(Land Registration Act 1925)、《1936年土地登记法》(Land Registration Act 1936)、《1971年土地登记和土地收费法》(Land Registration and Land Charges Act 1971)、《1986年土地登记法》(Land Registration Act 1986)、《1988年土地登记法》(Land Registration Act 1988)、《1997年土地登记法》(Land Registration Act 1997)。[1] 2003年10月13日英国修订的《2002年土地登记法》(Land Registration Act 2002)生效,并取代了之前的土地登记法律,全国的土地登记系统有了较大改进。同时生效的还有《2003年土地登记规则》(Land Registration Rules 2003)[2],其作用在于阐述《2002年土地登记法》在技术和实际应用方面的问题,以配合《2002年土地登记法》共同明确英格兰和威尔士的土地登记部门——土地登记管理局的职责。

2. 土地规划制度

城乡规划的法律体系于1909年建立,但直到《1974年城乡规划法》(Town and Country Planning Act 1974)才真正将土地开发权国有化。后来,《1990年城乡规划法》(Town and Country Planning Act 1990)对相关规定进行了修改和完善,并与《2004年规划与强制性购买法》(Planning and Compulsory Purchase Act 2004)一并成为现今所执行的土地规划法。作为英格兰和威尔士在土地规划管理方面的主要法律,《1990年城乡规划法》规定了土地的发展计划与限制、规划所造成的影响与补偿。《2004年规划与强制性购买法》则侧重规定有关空间发展和城乡规划的事项,并进一步完善了强制征地的制度,去除了皇室在规划过程中的豁免权。

3. 土地强制购买制度

经历一个半多世纪的发展,英国的征地管理制度与法律体系已较为完备。《1845

---

〔1〕 宋国明:《英国土地登记管理与战略计划》,载中华人民共和国自然资源部网站:http://www.mnr.gov.cn/zt/zh/zljc/201009/t20100906_2036929.html,最后访问日期:2020年5月9日。

〔2〕 《2003年土地登记规则》(Land Registration Rules 2003)之后经历了两次修订:《2005年土地登记(修订)规则》[Land Registration (Amendment) Rules 2005]和《2005年土地登记(修订)(第二次)规则》[Land Registration (Amendment)(No. 2) Rules 2005]。

年土地条款统一法》（The Land Clauses Consolidation Act 1845）最先规定了土地征收的程序和补偿。《1946 年土地获得（授权程序）法》［Acquisition of Land（Authorization Procedure）Act 1946］规定了不同部门的强制购买权力，而强制购买的流程与细节则在《1965 年强制购买法》（The Compulsory Purchase Act 1965）中得到完善。《1981 年土地取得法》（The Acquisition of Land Act 1981）规定了强制购买程序，尤其是关于强制购买权授权的部分。强制购买的补偿问题在《1961 年土地补偿法》（The Land Compensation Act 1961）、《1973 年土地补偿法》（The Land Compensation Act 1973）和《1991 年规划和补偿法》（Planning and Compensation Act 1991）中进行了规定。新增的征收程序和补偿的修订内容体现在《2004 年规划与强制性购买法》中。

在英格兰和威尔士，政府强制购买土地的规定来源于《1990 年强制购买土地法规》（The Compulsory Purchase of Land Regulations 1990）。该法案在《1982 年强制购买土地法规》（The Compulsory Purchase of Land Regulations 1982）的基础上进行了修订，成为如今强制购买土地的主要法律依据。

4. 土地产权制度

《1925 年财产法》（Law of Property Act 1925）规定了现代英国的土地产权制度。在英格兰取得土地产权主要通过 4 种方式，分别为赠与、信托、继承及买卖。[1] 买卖方式是立法规制的重点，买卖土地的程序要求买方在土地登记管理局正式注册其权益。政府在同一年起草了《1925 年土地登记法》，但土地登记制度的发展比较缓慢，直到 1990 年强制性土地登记才开始在英格兰和威尔士境内全面实施。目前土地登记管理的主要法律依据是《2002 年土地登记法》，登记的必要性也得以真正实现。

（三）苏格兰的土地管理制度

1. 土地登记制度

12 世纪的大卫王朝革命（Davidian Revolution）之后，苏格兰开始实行土地封建制度，土地可以通过苏格兰当时特有的授予封地（Sasine）的仪式进行所有权转移。鉴于此，《1617 年苏格兰土地注册法》（Land Registration Scotland Act 1617）对该土地封建制度下的土地所有权转移进行了规定，并创建了当时欧洲最先进的土地登记制度。《1868 年土地所有权（苏格兰）法》［Land Consolidation（Scotland）Act 1868］进一步改革了土地登记制度，将契约作为土地转让登记的内容。《1979 年土地注册（苏格兰）法》［Land Registration（Scotland）Act 1979］将土地所有权纳入了苏格兰土地登记的内容。《2000 年废除封建权制（苏格兰）法》［Abolition of Feudal Tenure（Scotland）Act 2000］的生效，以及 2004 年 11 月 28 日苏格兰废除了封建制度这一事实，标志着苏格兰土地登记封建性质的结束。现行的《2012 年土地登记（苏格兰）法》［Land Registration（Scotland）Act 2012）］对苏格兰土地登记进行了全面改革。

---

〔1〕 Wikipedia, “English land law”, Accessed on May 8, 2020, https://en.wikipedia.org/wiki/English_land_law.

2. 土地规划制度

苏格兰关于土地规划的相关立法主要是《1997 年城乡规划(苏格兰)法》[Town and Country Planning (Scotland) Act 1997],《2006 年规划及其他事务(苏格兰)法》[Planning Etc. (Scotland) Act 2006]对《1997 年城乡规划(苏格兰)法》进行了较大修改,为苏格兰的土地规划变革铺平了道路。

3. 土地强制购买制度[1]

《1947 年土地获得(授权程序)法》[Acquisition of Land (Authorization Procedure) Act 1947]主要规定了苏格兰管辖区土地征收的程序。《1997 年城乡规划(苏格兰)法》[Town and Country Planning (Scotland) Act 1997]赋予苏格兰地方政府关于土地的强制购买权。同时,该法案也总结了强制购买制度在土地规划上的实施情况。强制购买的补偿金额由《1963 年土地补偿(苏格兰)法》[Land Compensation (Scotland) Act 1963]规定。任何因强制购买导致的负面影响和侵扰则按照《1973 年土地补偿(苏格兰)法》[Land Compensation (Scotland) Act 1973]的规定进行赔偿。

4. 土地产权制度[2]

《2000 年废除封建土地使用权等(苏格兰)法》[Abolition of Feudal Tenure etc. (Scotland) Act 2000]的实施标志着苏格兰的土地完全所有权取代了封建土地制度。土地所有人从此为该土地完全所有权的持有者,并受益于该土地。随后,苏格兰地区议会于 2003 年针对土地产权制定了 2 项主要立法,分别是《2003 年土地改革(苏格兰)法》[Land Reform (Scotland) Act 2003]和《2003 年农业控股(苏格兰)法》。前者规定了三种苏格兰土地领域的权利,也为建立土地的使用权、公众购买土地的权利以及强制购买权的限制提供了法律框架;后者则对《1991 年农业控股(苏格兰)法》中有关农业土地的所有权作出了修正,推出了新的农业土地租赁形式、赋予某些农业土地承租人购买土地的权利以及将某些农业土地用于非农业目的的权利。土地登记为拥有产权的必要步骤,《2012 土地登记(苏格兰)法》[Land Registration (Scotland) Act 2012]为之提供了相应的法律依据。

(四)北爱尔兰的土地管理制度

1. 土地登记制度

在 17 世纪奥利弗·克伦威尔(Oliver Cromwell)建立统治后的三个半世纪里,北爱尔兰出台的许多议会法案(Acts of Parliament)恢复了佃农的权利。尤其是 1800 年以来,北爱尔兰还进行了一些土地改革,例如《1860 年房东和租客(爱尔兰)法》[Landlord and Tenant Law Act (Ireland) of 1860]消除了房东与租客之间的封建关系,并改变了基

---

[1] SPICe, "Compulsory Purchase and the Planning System", Accessed on May 8, 2020, http://www.parliament.scot/Research%20briefings%20and%20fact%20sheets/SB09-71.pdf.

[2] Wikipedia, "Scots property law", Accessed on May 11, 2020, https://en.wikipedia.org/wiki/Scots_property_law.

于合同安排的房东和租赁权人（Leaseholder）的关系，以及1880年出台的《土地购买法》（Land Purchase Acts）使爱尔兰租户在几个世纪以来第一次获得了可靠的土地占有权。[1]《1891年爱尔兰法》（Act for Ireland of 1891）授权政府在1892年建立以土地所在地位置图为基础的土地登记制度。《1970年土地登记（北爱尔兰）法》[Land Registration Act（Northern Ireland）1970]为北爱尔兰现行的土地登记制度方面的主要法律。

2. 土地规划制度[2]

北爱尔兰的土地规划立法源于《1931年（北爱尔兰）规划和住房法案》[Planning and Housing Act（Northern Ireland）1931]。该法案赋予该区域的各级地方政府土地规划的职责，其中包括市、区和县自治委员会等。随后，《1994年规划（临时发展）法（北爱尔兰）》[Planning（Interim Development）Act（Northern Ireland）1994]为土地开发提供了法律依据。

自1972年实施的《（北爱尔兰）规划法令》起，中央政府接管了土地规划这一职责。如今，《2011年（北爱尔兰）规划法》[The Planning Act（Northern Ireland）2011]为最新的土地规划法律依据。该法案在之前的基础上进一步完善了土地规划相关的规定、地方政府的规划程序、土地开发的管制等方面的规定。

继《1994年规划（临时发展）法（北爱尔兰）》与《1965年土地开发价值（补偿）法》[Land Development Values（Compensation）Act 1965]后，北爱尔兰制定的《1971年（北爱尔兰）规划和土地补偿法》[Planning and Land Compensation Act（Northern Ireland）1971]对公共机关征收土地和规划相关事项作出了进一步规定。而《2001年（北爱尔兰）规划（补偿等）法》[Planning（Compensation, etc.）Act（Northern Ireland）2001]则废除了《1965年土地开发价值（补偿）法》中对于某些规划决定的赔偿权。按照《1964年土地法庭和赔偿法（北爱尔兰）》[Lands Tribunal and Compensation Act（Northern Ireland）1964]，土地法院可对任何土地开发补偿、价格评估的合法、合理性或此类相关事项的问题作出判决，申请人也有提起上诉的权利。

3. 土地征收制度

《1973年土地征收及补偿（北爱尔兰）法令》[Land Acquisition and Compensation（Northern Ireland）Order 1973]主要规定了在北爱尔兰管辖区土地征收的补偿程序。补偿数额通常是以土地的公开市场价格来评定，具体数额则根据《1982年土地补偿（北爱尔兰）法令》[Land Compensation（Northern Ireland）Order 1982]的相关规定来确

---

[1] James H. Thomas, “A History of Land Tenure Arrangements in Northern Ireland”, Accessed on May 11, 2020, http://dlc.dlib.indiana.edu/dlc/bitstream/handle/10535/4180/A_History.pdf? sequence = 1.

[2] “Planning Legislation”, Accessed on May 11, 2020, https://www.planningni.gov.uk/index/policy_legislation.htm.

定。[1]因土地征收而流离失所的人可按照《1992年住房损失报偿(北爱尔兰)法令》[Home Loss Payments (Northern Ireland) Order 1992]获得房屋损失补偿、农场损失赔偿以及侵扰赔偿。

4. 土地产权制度

《1925年财产法》不适用于北爱尔兰,但旧的立法,例如《1881年产权转让与财产法(经修订)》[Conveyancing and Law of Property Act 1881 (as amended)]和《1925年限制授予土地法》仍然适用于北爱尔兰的土地转让。

《2009年土地和产权转让改革法》(Land and Conveyancing Law Reform Act 2009)是目前在北爱尔兰适用的最全面的土地立法。该法正式废除了封建土地保有权、终身权益、终身租约与限定继承人等一系列封建土地权益,更为重要的是,该法修正了产权转让、抵押、产权登记以及土地所有权的相关权益,例如通行权与地役权。

第二节　土地产权制度

一、土地保有制度

土地保有制度既是一种土地利益的分配方式,也是一种体现分配者身份地位的社会关系模式。在英国土地法的发展过程中,土地保有制度是一种贯穿始终的土地法律关系模式,直到今天,英国全部的土地依然是以土地保有制度的形式直接或间接由皇室(国家)拥有的。[2]

地产权(Estate)最初是用于表达土地保有在时间维度方面的特征,"它不是指一块土地,而是指一个人能享用土地的时间"[3]。地产权发展到现在已经有了土地权益的含义,指附着在土地上的占有、使用和收益的权利。[4] 在英美法中,土地所有权和地产权无截然对立的区分,地产权在一定意义上取代了类似于土地所有权的地位。

根据英国《1925年财产法》的规定,关于土地性质的分类,既包括可见的物质特征,如地表和垂直的任何部分;也包括依附于土地上的各种权利,比如永业权、出租权、抵押权等。[5]名义上,英国所有土地归英国皇室(国家)所有,个人、企业和各种机构团体不拥有土地的所有权,仅拥有土地的各种地产权。

---

[1] Northern Ireland Assembly, Accessed on May 11, 2020, http://www.niassembly.gov.uk/assembly-business/legislation/2011-2016-mandate/primary-legislation-current-bills/land-aqcuisition-and-compensation-amendement-bill/land-aqcuisition-and-compensation-amendment-bill---efm/.

[2] 咸鸿昌:《论英国土地保有制的建立及结构特点》,载《山东师范大学学报(人文社会科学版)》2008年第4期。

[3] [英]黛安·查佩尔:《土地法》,法律出版社2003年版,第6页。

[4] 张慧慧:《英国的土地产权和土地征收补偿制度》,山东大学2014年硕士学位论文,第8页。

[5] Law of Property Act 1925. Section 1, 1. Legal estates and equitable interests.

英国成文法上的地产权只有2种：永业权和租赁业权。虽然英国的土地在法律上都属于英国皇室（国家）所有，但拥有永业权的土地持有人实际上就是该土地的拥有者。因此，英国是一个实施土地私有制的国家，绝大部分土地为私人或法人所有，政府和公共部门所有的土地仅占很小的一部分。[1]

二、永业权

永业权（Freehold）为自由的土地保有权。其主要包括以下权利：地表权，享有土地现有用途的权利，但此权利受到法律和公共征收的规制；经营权，可以从现有用途中获取利润的权利，但受制于土地税收影响；开发权，允许改善地产的权利，但需受到土地规划条例的严格制约；收益权，从事或参与土地开发过程并获得金钱利益的权利；处置权，允许转让或赠与土地的权利，但是这项权利正不断被税收制度削弱。

根据英国业主联盟（Home Owners Alliance）官网显示，如果任何人或组织拥有土地永业权，即意味着其永久拥有该土地与其上的建筑物。在土地登记管理局的登记为“永久产权人”的人即对该登记的土地拥有“永业权”。该业主可称为“永业权人”。

三、租赁业权

租赁业权（Leasehold）是指有一定期限的地产权，大部分依协议而产生。租用土地的期限有10年、20年、40年、125年，最高可达999年，通过协议确定土地权利和内容。需要注意的是，在租赁期内，双方协议确定的土地权利和内容不能随意更改。在规定期限内，租赁权人对土地享有完全的支配和控制权，永业权人无权干涉。期满后土地租赁终止，租赁权人需将土地交还给永业权人。租赁业权的主要形式包含固定期限租赁、周期性租赁、意愿租赁、许可租赁、终生租赁和永久可续租赁等。

第三节　土地管理制度

为了使投资者能够更快速、更直观地了解实际在英投资中可能遇到的土地问题，做好投资前的必要规划，本节将从土地管理机构、土地登记制度、土地规划制度、土地强制购买制度以及外国投资者获取或租赁土地注意事项这5个方面进行展开。

一、土地管理机构

（一）机构设置

英国土地登记管理局是于1862年形成的非内阁政府执行机构，它的主要职责是负责统一管理英格兰和威尔士地区的土地登记，其中包括审查、确认、登记、发证以及办

[1] 赵晓：《世界各国土地产权制度及其启示》，载中国改革网：http://chinareform.net/index.php?m=content&c=index&a=show&catid=55&id=8919，最后访问日期：2020年5月9日。

理过户换证等土地所有权的相关事务[1]。苏格兰与之类似的办事机构为苏格兰土地登记处(Registers of Scotland),北爱尔兰的为土地和财产服务处(Land and Property Services)。

(二)组织体系

土地登记管理局的总部位于伦敦。最高负责人为首席土地登记官,该职位由英国司法大臣任命。土地登记管理局下设土地登记委员会和执行委员会。其中,土地登记委员会共有9名成员,包括7名执行理事及2名非执行理事;执行委员会的成员则为土地登记委员会的7名执行理事。该7名执行理事分别为首席登记官及来自法律服务、人力资源、信息系统和财务等6个部门的业务主管。目前,土地登记管理局在英格兰及威尔士共设有21个办事处和2个分办事处,由办事处承担具体的业务登记职能[2]。

(三)机构职能

土地登记管理局总部并不承担具体的业务职能,只负责制定土地管理的政策,协调各个办公室及部门的关系。一般的土地登记事务由土地登记管理局的办事处来执行,这些办事处位于英格兰及威尔士的不同县区。在级别上,各办事处之间为平行机构,皆由土地登记管理局直接领导。同时,办事处不受地方政府的规制,实行上下级垂直化管理体制,拥有更独立的执法地位[3]。

二、土地登记制度

英国的土地登记制度来源于《1925年土地登记法》。这项立法推行了英国土地强制登记制度,从而实现了在全国范围内建立清晰和公开化产权信息的目的。该制度的目的及作用包括[4]:简化土地转让交易程序,降低交易成本(卖方只需出示在售地产的产权登记册副本),从而有效地鼓励交易并促进土地的发展;消除因地契遗失或被盗而造成的困扰,提供可随时查阅的记录的功能;国家为地产提供担保,保证相关财产的所有权与土地登记册上显示的一致。

《2002年土地登记法》出台后,《1925年土地登记法》不再适用。《2002年土地登记法》在延续了1925年制度的基础上添加了"电子转让"的方式,同步转移地产权和土地上的权益,使程序更现代化。[5] 为补充登记法的程序操作细节,英国制定了《2003年土地登记规则》,全面规定了各类申请与登记的程序、需要填写的表格以及提交的文件。

---

[1] 宋国明:《简述英国土地登记管理制度的内容与特征》,载《国土资源情报》2010年第5期。

[2] 宋国明:《英国土地登记管理与战略计划》,载中华人民共和国自然资源部网站:http://www.mnr.gov.cn/zt/zh/zljc/201009/t20100906_2036929.html。

[3] 同上。

[4] Mattei Ugo, *Basic Principles of Property Law*, London, Greenwood Press, 2000, p.88.

[5] 陈永强:《英国〈2002年土地登记法〉述评》,载《私法》2012年第1期。

只有拥有土地永业权的地产才可根据《2002 年土地登记法》进行登记。土地登记的程序为[1]:(1)首次产权登记。鉴于登记属于强制性要求,土地所有权人本人或其所有权继承人须按照《2002 年土地登记法》第 6 条(1)向登记人员申请登记。申请人须在相关交易完成当天开始计算的 2 个月内申请登记。登记人员可按照该法第 6 条(5)下令延长 2 个月的登记期限,如经考量认为利害关系人有充分的理由,可以再行适当延长申请时间。(2)通过填写首次登记表格(FRI)进行登记,表格可通过律师或在英国政府官网上获取。完成申请所需提供的必要信息包括:①管辖该土地的当地政府(若存在多个政府管辖,则填写该土地因营业或其他事务须向其缴税的政府)[2]。②登记地产的地址。③登记为地产所有人的姓名/名称。④根据《2003 年土地登记规则》第 24 条(1)a)规定的所要登记的土地范围。可以提供以下三点中的任何一点来满足此规定:临时土地平面图。此选项只可用于该地产所有人自行提供地产的平面图以便识别其地产范围。地契平面图。此选项只可用于地契很好地绘制了土地的位置,而且自平面图制定以来边界的位置从未改变。邮政地址或其他说明。如果地产的地址足够识别土地占据的范围,则提供该处的邮政地址说明。⑤选择要申请的所有权的类别(例如,保有权、租赁业权、永业权)。⑥登记地产的价格并填写上所有要登记的费用以及任何关于该地产的诉讼,均应以优先顺序排列。⑦申请人的签名与签订日期。(3)将申请表格上交至土地登记管理局的规定地址,并附带申请人信息以及联系方式。同时提供已完成的“文件清单”(Document List)表[按照《2003 年土地登记规则》第 24 条(1)d)],申请人应当在此清单中载明相关首次登记土地的优先权、可能影响土地权益的相关信息[3],以及与该条例相符的足够清晰的地产平面图、认证过的租约副本。

三、土地规划制度

土地规划制度是英国土地管理制度中的重要组成部分,涉及土地利用、开发、管制、保护等多方面的内容。根据现行英国法律,在英国进行土地开发活动必须得到政府颁发的规划许可证。政府通过规划管理使其土地得到更加合理的开发利用和保护。

(一)土地规划立法

英国在土地利用规划立法方面并没有适用于全国的统一的土地规划法,而是由不同的司法管辖区各自制定专门的法律。具体的各地土地规划立法请见第一节法律渊源对应部分。

---

[1] UK Government, Accessed on May 11, 2020, https://www.gov.uk/topic/land-registration/practice-guides.

[2] UK Government, Accessed on May 11, 2020, https://www.gov.uk/government/publications/first-registration-caution-ct1.

[3] 详情请见 https://www.gov.uk/government/publications/first-registrations/practice-guide-1-first-registrations。

1. 英格兰和威尔士

英国作为最早开展城乡规划立法的国家之一，1909 年即颁布了第一部关于城乡规划的法律——《1909 年住宅、城市规划及其他事务法》(Housing, Town Planning, etc. Act 1909)，标志着规划开始成为政府管理职能。为弥补早期法律的不足，1919 年和 1932 年，英国又相继出台了《1919 年住宅、城市规划及其他事务法》(Housing, Town Planning, etc. Act 1919)、《1919 年城乡规划法》(Town and Country Planning Act 1919)。"二战"结束后，在规划建设战后地区以及全面建立土地规划制度以调控土地开发活动等现实需求的驱动下，英国出台了控制土地开发的新的法律制度。1947 年，英国颁布了第一部真正意义上的城乡规划法，即《1947 年城乡规划法》(Town and Country Planning Act 1947)，重申了之前有关城乡规划的法律规定，为构建英国城乡规划法律体系奠定了基础。在随后的 40 多年间，英国对《1947 年城乡规划法》做过多次修改和完善。目前，英国适用的是《1990 年城乡规划法》(Town and Country Planning Act 1990)和《2004 年规划与强制性购买法》。

英国政府制定的《1990 年城乡规划法》(Town and Country Planning Act 1990)是涉及英格兰和威尔士土地规划管理的主要法律，与之配套的还有《1990 年建筑物和保护区域规划法》[Planning (Listed Buildings and Conservation Areas) Act 1990]、《1990 年规划(有害物质)法》[Planning (Hazardous Substances) Act 1990]和《1990 年规划(相应条文)法》[Planning (Consequential Provisions) Act 1990]。《2004 年规划与强制性购买法》对上述法律作了部分修改。

《1990 年城乡规划法》的内容包括：规划机构、发展规划(单一发展规划、结构和地方规划)、发展控制、规划影响的赔偿、限制性的补偿、业主要求规划征购的权利、执法、特殊控制、土地征收和分配、公路、法定机构的开发活动、合法性、公有土地、财政保障和其他，一共 15 个部分 337 条规定。此外，《1990 年城乡规划法》第 106 条引入了规划义务的概念，即规定土地占有者或开发商在取得规划许可的同时，作为附带条件，承担部分基础设施的建设责任。这也可以理解为土地占有者或开发商在取得土地开发收益时，不用向国家缴费，但须拿出部分收益对公共利益给予补偿。《1991 年规划和补偿法》(Planning and Compensation Act 1991)和《1995 年城镇和乡村规划(一般许可发展)法令》[Town and Country Planning (General Permitted Development) Order 1995]对《1990 年城乡规划法》作了进一步的修改和补充。

《2004 年规划与强制性购买法》是 2002 年 12 月由国会下议院提出的，2004 年 7 月正式实施，共分为 9 个部分，分别为区域功能、地方发展、发展(规划和可持续发展)、发展控制、修正、威尔士、皇室申请、强制性购买和其他，主要内容包括：提高社会参与的效力和质量，并使规划援助得到资金保障；通过提出标准的申请形式、改变规划许可期间、允许地方规划机构通过地方发展条例实现地方允许的发展等措施；加快主要基础设施项目(比如机场、电力、能源交换网络的功能)的建设过程；删除皇室在规划过程中的豁免权。

2. 北爱尔兰

北爱尔兰在规划方面的法律较为清晰，由《1991 年规划（北爱尔兰）法令》[Planning（Northern Ireland）Order 1991]进行统筹，随后又陆续出台了《2001 年（北爱尔兰）规划（补偿等）法》[Planning（Compensation，etc.）Act（Northern Ireland）2001]和《2011 年（北爱尔兰）规划法》[Planning Act（Northern Ireland）2011]。《2011 年（北爱尔兰）规划法》将编制地方发展计划的责任从规划部门转移到议会，并建立了一个以计划为主导的规划制度，在决定规划申请时，除非有其他重要的考虑因素，否则优先考虑规划计划。规划计划的申请程序与规划的等级挂钩，政府鼓励以相称的方式处理规划申请，并根据拟议发展项目的规模和复杂程度提供资源和决策。发展管理制度的主要内容包括：为所有规划申请设立发展阶梯制度；申请前的讨论；潜在申请人和社区之间的申请前协商；决策前议会的听证会；授权决策计划。根据《2011 年（北爱尔兰）规划法》的规定，议会在考虑《地方发展计划》的规定和其他重要考虑因素后，如果认为采取强制执行行动是合宜的，则有一般的酌情处理权。在行使这项权利时，议会应注意到其执行规划相关法律时的法定责任，并确保以一致、积极和适当的方式管理和发展。议会在规划执法方面的主要目标是：在有需要时对违法发展进行管制；纠正违法发展的不良影响；在有需要时拆除或停止进行不可接受的发展规划；在必要时对无视或者藐视规划法律的人采取法律行动。

3. 苏格兰

苏格兰规划的主要法律是《1997 年城乡规划（苏格兰）法》[Town and Country Planning（Scotland）Act 1997]。在《1972 年（苏格兰）城镇与乡村规划法案》的基础上，以加强公共利益的目的改革了土地的开发和使用。[1] 随后《2006 年规划及其他事务（苏格兰）法》[Planning etc.（Scotland）Act 2006]对该法进行了较大修改，其中包括赋予苏格兰的部长（Scottish Ministers）通过法规的权利，将规划许可的启动期限从 5 年减少到 3 年[2]，从而为规划变革铺平了道路。

（二）土地规划执法机构

1. 中央政府的组织管理

中央政府在土地规划方面的主管部门是社区和地方政府部门，负责发布土地规划政策和指南、批准区域规划政策以及受理对地方规划管理机构的申诉。

2. 地方政府的组织管理

英格兰设定了 9 个大区，每个大区设一个规划机构，这些机构统称“政府办公室”，归社区和地方政府部门管理。“政府办公室”不仅负责各大区层面的城乡规划事务，同

[1] Town and Country Planning（Scotland）Act 1997，Accessed on May 11，2020，http://www.legislation.gov.uk/ukpga/1997/8/part/1ZA.

[2] Planning etc.（Scotland）Act 2006 – planning applications，Accessed on May 11，2020，https://www.lexology.com/library/detail.aspx? g=42b9365c-189c-4464-bef6-918b4b13c5d8.

时还综合行使地区和地方的交通、环境、经济发展等多个中央政府部门赋予的职能。

"政府办公室"根据中央政府主管部门的授权负责提出各大区的区域规划和政策，主要职责包括：提出综合考虑土地利用、交通、经济发展以及环境问题的战略规划，与经济和其他战略相衔接；规定地方发展规划的框架，其中最重要的职责是制定各区的区域规划指南（Regional Planning Guide），现称作区域空间战略（Regional Spatial Strategy, RSS）。区域空间战略也是在公众的充分参与下完成的。

在大区之下的各郡、市镇、社（教）区议会及其执行机构负责本地区的城乡规划事务。主要职责包括：编制发展规划（包括74个单一单元的规划，40个结构规划和288个社区或教区的规划）和审批规划许可申请。一般情况下，由地方议会选举出来的规划委员会负责批准规划许可，或者规划部门中被指定的高级官员代表议会进行批准。根据规划相关法律，地方政府可以批准或拒绝规划申请。同时，地方政府还可附加他们认为合适的有关条件。以伦敦市旺兹沃思区为例，该区有自己的议会，共有60名议员，其中12名议员组成了规划委员会作为该区的规划机构，规划委员会下设执行机构，具体负责有关规划事务。在各级土地利用规划管理体系中，郡、市政府对土地利用规划有更多更大的权力，规划的作用也更直接。

大多数农村地区有教区或镇议会，但这一级政府无权制定正式的发展规划，也无权决定规划申请，但是可以对规划工作进行评价。

另外，政府土地利用规划的重点是土地开发，对改变土地用途及改变建筑物本身用途和性质的项目开发，必须得到规划许可；对土地转让、地价、土地使用安全性等，土地利用规划对其没有过多的控制和限制。

3. 其他相关机构的作用

在一些特定地区，政府设立一些机构来负责一系列特殊的规划事务，例如建设国家公园。国家公园有关机构在进行规划时，必须首先考虑保存当地自然风光。城市发展公司（Urban Development Corporations, UDC）旨在促进地区发展，同时也有一些规划方面的相关权利。在某些特殊情况下，规划许可的批准会征求环境、食品和农村事务部、自然英格兰（Nature England）、运动英格兰（Sport England）、环境署（Environment Agency）、森林委员会、英国古物古迹办事处（English Heritage）等一些机构的意见，这些部门给出相关的咨询意见，但并不具有审批规划许可的权利。地方规划当局在审批规划许可过程中，也可以向一些地方机构（如城市社团、英国农村保护议会在当地的办事处等）征求相关意见。[1]

（三）规划许可的取得

英国的土地规划执法主要是以签发规划许可的方式控制地区的土地开发活动。法律规定，批准规划许可的权利归地方政府和地方规划局。私人或集团在购买土地后，审批机构必须根据土地利用规划审核批准规划许可，对土地使用提出限制条件，如

〔1〕 宋国明：《英国土地规划管理》，载《国土资源情报》2010年第12期。

土地用途的限制，土地利用密度的限制等。

英国土地规划是在不同行政等级上制定的：国家层面上，规划政策指导是由中央政府进行的；地区级则会进行区域性规划指导；郡级则是有限的结构规划，在不由郡管辖的大城市地区，有单一发展规划。单一发展规划由 2 部分组成——结构规划部分和地方规划部分。最后在地方规划部分上，还需要准备总体规划。[1]

（四）规划审批机构和权限

在英国，享有土地开发规划管理实权的是英国各地方政府（国家公园规划局和地方议会）。一些重大开发项目地方规划机构无权作出决策的，则会由英国规划事务大臣直接受理，并决定是否批准规划许可。这些重大开发项目主要包括：可能与国家政策发生冲突的项目；对周围产生重大影响的项目；对国家利益有较大争议的项目；引起重大建筑和城市设计问题或涉及国家安全和外国政府利益的项目等。

如果开发的项目涉及郡级或者区级规划范围内的问题，就必须由郡级规划机构进行审查批准，此外，地区规划机构还应该向该地区的社区议会和教区议会通报规划事宜，地方议会对于开发影响较大的项目有权参与协议。在某些特殊情况下，如开发的土地项目涉及自然环境、乡村环境、历史古迹等方面的话，还需要咨询有关部门的意见，比如环境、食品和农村事务部、自然英格兰、英国古物古迹办事处等。

（五）土地规划的许可种类

1. 原则性规划许可

土地规划原则性规划许可一般适用于新建建筑。原则性许可是建筑单位或者个人在开发土地之前申请的，用于确定开发的项目是否基本符合土地利用规划许可的条件。申请原则性规划许可只需要提供基本的关键性材料即可。另外，获得了原则性许可之后，施工单位不能立刻施工，还需要提交详尽的资料申请正式许可，待正式规划许可颁发之后才可以开工建设。获取原则性规划许可之后，必须在 3 年内申请正式规划许可。

由于原则性规划许可申请只需要准备关键性材料以评估开发项目能否满足正式许可的要求，不用耗费大量的财力和时间用于准备细节方面的资料，适合不是特别紧急且没有十足把握获取正式规划许可的项目。

2. 正式规划许可

申请正式规划许可需要一次性提交涉及建筑项目的全部细节材料，比如建筑设计、建筑装修、建筑周边的交通情况、建筑所涉及的景观和环境问题等，因此适用于有迫切需要进行土地开发的项目。

（六）土地规划许可的申请和审批

土地规划许可的申请一般流程为土地项目开发者依据规定，结合开发项目的特点

---

[1] 张艳芳：《英国土地管理法律制度及借鉴》，2014 年《环境保护法》的实施问题研究——2015 年全国环境资源法学研讨会论文集，2015 年 7 月于上海。

并遵循法定程序,向地方土地利用规划主管部门提出土地利用规划许可申请。主管部门对申请人的许可申请进行复函,同时,地方规划主管还会将该申请项目的资料向公众披露来征求公众意见。除了向公众征求意见,地方规划部门还会通知市政、教区和地方社团等机构以征求意见。针对大型项目,还需进行环境影响评价,如果不符合环境标准,则不予批准。

对于土地利用规划许可的申请,地方政府审批的结果为 3 种,即不予批准、批准申请和有条件批准。如果决定不予批准和有条件批准,规划部门会同时公布作出此决定的理由。对于不予批准和有条件批准的决定,项目开发者可以向规划事务大臣提出申诉。

(七)土地规划许可的执行

土地规划许可一经授予即具有法律效力,项目开发者必须严格遵守和执行。项目开发者如果没有按照批准许可时附加的条件来开发或者未获得许可开发的,政府和地方规划主管部门有权采取强制性措施来保障规划的执行。如果项目开发者没有经过许可私自更改建筑物使用类型、未获得许可就开展建设活动、在获得土地规划许可之后 4 年内没有进行任何建设活动、对于规划部门的开发限制条件拒不执行的,规划部门可以向开发商发出强制执行的通告。

自开发者收到强制执行通告之日起 28 天内为起诉期,在这期间内,开发者可以直接向规划事务大臣申诉,也可以向法院提起诉讼。案件受理期间,强制执行通告的效力暂时中止,直至申诉、诉讼终结。如果开发者在起诉期内并未起诉,或者最终诉讼有结果时,规划部门的通告生效了,开发者必须执行通告,否则将作为犯罪而被起诉。

(八)土地规划其他管理原则

1. 公众参与原则

在英国,无论是在土地管理的立法方面还是在执法方面,都有确保公众参与的保障机制。公众参与原则最早始于《1968 年城乡规划法》(Town and Country Planning Act 1968)。例如,法律中明确规定,议会的任何规划草案都必须留出 6 周的时间让当地居民和政府部门参与评价,发展规划部门应根据公众的意见对规划文件进行相应的修改。

公众参与原则在立法方面的另一个体现即"公众审核",规划部门和环境事务大臣要对公众审查的意见进行解释和说明,与相关人员和部门协商后才能作出最后决定。公众参与原则在执法方面的体现主要是"规划起诉",即在规划的执行过程中,个人或部门可以对地方当局的不合理行为进行规划起诉,由规划监察人员或中央环境事务大臣在调查核实的基础上进行裁决,并引入公众参与机制,召开非正式听审和地方审查会。裁决结果受到最高法院的约束,法院有权对不公平的规划起诉案件进行重新裁决[1]。

---

[1] 陈志诚、曹荣林、朱兴平:《国外城市规划公众参与及借鉴》,载《城市问题》2003 年第 5 期。

2. 可持续发展原则

英国在制定土地利用规划的过程中，十分重视可持续发展。土地规划注重经济效益、环境效益、社会效益三者的结合。同时，在实践方面，政府提出要审慎利用土地资源并尽可能对环境进行原生态性的保护。例如，为防止城市向农村地区扩散和防止污染向农村延伸，以城市绿化带控制城市外延。在现行《城乡规划法》中重点强调规划的目的是：从公共利益方面来管理土地使用开发；保护和改善环境；保护自然和建筑遗产；保护农村景观；保护绿化带。

英国政府在土地管理方面的基本思路是：细化管理要求，规范各项管理与服务程序；加强监控，特别是将租赁业权土地和永业权土地的管理责任更多地落实在土地使用者身上，使其在获得土地使用权的同时，充分认识到自己的各项职责和义务，特别是在土地生态与环境保护中的职责和义务。政府在履行职责过程中，更多地给予指导、服务、帮助和督促，对责任履行充分者给予奖励和鼓励，对没有充分履行责任和义务者，则给予警告和处罚等。[1]

四、土地强制购买制度

（一）土地强制购买制度简介

英国土地产权制度较为特殊，围绕着土地保有权而非所有权为核心构建。在英国，私人所享有对土地收益、处分等各项权利，但土地名义上的所有权归属于英国国王/女王。鉴于上述土地产权制度的特殊性，在英国不存在传统意义上“土地征收”的概念，而是使用“强制购买”（Compulsory Purchase）的说法，即在合理补偿的前提下，为了实现国家的公共利益，赋予公共部门或者承担公共建设事业的私人公司获得土地产权的权利，该项权利的获取不以原土地保有权人的同意为前提，故称“强制购买”。实际上，英国的强制购买制度就是国家以公共利益的实现为目的动用公权力这一强制手段取得土地的行为，与国际上一般意义的土地征收相类似。

（二）土地强制购买制度法律渊源

英国的土地强制购买制度可追溯到19世纪中叶，经过一个半多世纪的发展，目前已经形成了比较完善的土地强制购买管理制度和法律体系。关于英国土地强制购买的法律渊源，以成文法为主。[2] 主要包括《1845年土地条款统一法》（The Land Clauses Consolidation Act 1845），该法为英国土地强制购买法律的起源，规定了土地强制购买的程序和补偿。《1965年强制购买法》（The Compulsory Purchase Act 1965）详细规定了强制购买的流程与细节。《1946年土地获得（授权程序）法》［Acquisition of Land

---

〔1〕 陈晓玉：《土地利用规划许可制度比较研究以中国和英国为例》，郑州大学2011年硕士学位论文，第18－22页。

〔2〕 宋国明：《英国土地征用制度》，载中华人民共和国自然资源部：http://www.mnr.gov.cn/zt/wh/wskt/flfg/201003/t20100327_2043094.html，最后访问日期：2020年4月14日。

(Authorization Procedure) Act 1946]规定了不同部门的强制购买权力。《1981 年土地取得法》(The Acquisition of Land Act 1981)基本规定了强制购买程序,尤其是关于强制购买权授权的部分。《1961 年土地补偿法》(The Land Compensation Act 1961)、《1973 年土地补偿法》(The Land Compensation Act 1973)和《1991 年规划和补偿法》(Planning and Compensation Act 1991)主要规定了对强制购买的补偿问题。《2004 年规划与强制性购买法》(Planning and Compulsory Purchase Act 2004)主要规定了对土地强制购买程序和补偿的修订与新增内容。[1]

(三)土地强制购买机构和程序

1. 土地强制购买机构

英国土地强制购买的主体称为征收机构(Acquiring Authority),包括中央政府部门、地方政府部门、具有法定义务的团体、受限制的团体和通过历史法令取得强制购买权的其他团体等。同时,土地强制购买的主体还包括法律赋予强制购买权的公共事业实施主体,如城市建设发展公司、新城镇开发公司、供水公司等。[2]

2. 土地强制购买程序

英国土地强制购买法律对于强制购买程序规定得较为繁琐,实际操作也比较复杂。根据《1946 年土地获得(授权程序)法》和《1981 年土地取得法》的规定,土地强制购买的主体程序一般由获批和实施强制购买两大步骤构成。但鉴于强制购买程序的复杂程度,一般征收机构会首先考虑协议购买的方式,只有在双方达不成购买协议之后才会考虑启动强制购买程序。因此,英国土地强制购买的运作机制呈现出“征购分离,先购后征”的特点。[3]

强制购买启动后的程序大致可分为以下阶段:征收机构作出强制购买决议;统计、记录拟土地强制购买相关信息并制作强制购买令;征收机构将强制购买土地相关事宜进行公布并通知有关权利人;征收机构将强制购买令(Compulsory Purchase Order, CPO)提交审批机构(Confirming Authority)[4]进行审查;审批机构收到相关文件后,需征询土地产权人的意见;如果土地产权人对于土地强制购买有异议,审批机构需要任命听证员举行公开听证会,并根据听证报告视情况批准强制购买令或经修改后批准,持反对意见者可书面提出反对理由;强制购买令获批后,征收机构应在当地以规定形式发布通知;征收机构占有(Possession)土地;依据被征财产状况进行补偿。[5]

---

〔1〕 张慧慧:《英国的土地产权和土地征收补偿制度》,山东大学 2014 年硕士学位论文,第 12 页。

〔2〕 宋国明:《英国土地征用制度》,载中华人民共和国自然资源部:http://www.mnr.gov.cn/zt/wh/wskt/flfg/201003/t20100327_2043094.html,最后访问日期:2020 年 4 月 14 日。

〔3〕 简飞扬:《各国土地征收制度的特点——英国篇》,载重庆静昇律师事务所热点研究:http://chinajingsheng.com/index.php? c = article&id = 855,最后访问日期:2020 年 4 月 14 日。

〔4〕 当征收机构为地方政府部门时,审批机构为有相应授权权限的部长。

〔5〕 宋国明:《英国土地征用制度》,载中华人民共和国自然资源部:http://www.mnr.gov.cn/zt/wh/wskt/flfg/201003/t20100327_2043094.html,最后访问日期:2020 年 4 月 14 日。

具体的土地强制购买程序细节可见英国社区与地方事务部（Department for Communities and Local Government）发布的最新的强制购买程序指南。[1]

（四）土地强制购买补偿

英国有关法律规定，当土地被强制购买时，土地所有人、承租人和占用者都有得到补偿的权利。补偿费既可以通过征地当局和当事人合意达成，也可以采用土地裁判所评估裁定的补偿费。[2]

英国对土地强制购买的补偿作了较详尽的规定，包括土地强制购买补偿原则、补偿范围和标准、土地强制购买补偿的估价日期、补偿支付与安置、补偿争议的处理等。

1. 土地强制购买补偿原则

英国土地强制购买补偿制度主要遵循《1961 年土地补偿法》中规定的六大原则：不能因土地强制购买的强制性而给予额外补偿。对土地价值的补偿应以公开市场（Open Market）上自愿出售者（Willing Seller）出售的期得价格（Amount Which Might Be Expected）为基础。土地补偿不考虑土地用途的特殊性，若该土地在市场上仅存在一个购买方即征地机构，其价值也不会因此增加。排除违法、有害的土地增值补偿。例如，违章使用土地或地上建筑物，给周围环境和居民健康带来损害的，此类增值不进入土地强制购买补偿范围。若对土地原用途没有需求或不存在该用途的市场，可按与重置成本相当的价格（Equivalent Reinstatement）给予补偿。考虑因强制购买执行方的侵扰（Disturbance）而给予补偿。

2. 土地强制购买补偿的范围

根据英国土地强制购买补偿的相关法律规定，土地强制购买补偿范围主要包括以下几大类[3]：失去土地补偿。此类补偿依据的标准是被强制购买土地的市场价值，若被强制购买土地上存在建筑物或附着物，也应进行补偿。伤害补偿。伤害补偿主要针对分割伤害和其他有害影响进行补偿。分割伤害是指强制购买行为只针对土地持有人的部分土地，从而导致土地被强制分割，由此产生的残留地贬值代价需要强制购买方承担。其他有害影响则是指相邻权等影响。该类补偿的具体价格通常是以贬值价格来确定的。侵扰补偿。在土地强制购买过程中执行方所作出一系列的行为会对原权利人及相关人产生“侵扰”，因此需要进行补偿。侵扰补偿主要包括两个方面：一是对居住的侵扰，主要包括搬迁费用等；二是对营业的侵扰，主要包括停业和商誉的损失等。失家补偿。该等补偿为因土地被强制购买而给土地所有人（土地占有者）带来的

---

〔1〕 UK Government, Accessed on April 14, 2020, https://www.gov.uk/government/publications/compulsory-purchase-process-and-the-crichel-down-rules-guidance.

〔2〕 宋国明：《英国土地征用制度》，载中华人民共和国自然资源部：http://www.mnr.gov.cn/zt/wh/wskt/flfg/201003/t20100327_2043094.html，最后访问日期：2020 年 4 月 14 日。

〔3〕 简飞扬：《各国土地征收制度的特点——英国篇》，载重庆静昇律师事务所热点研究：http://chinajingsheng.com/index.php?c=article&id=855，最后访问日期：2020 年 4 月 14 日。

不便、混乱和情感上的不适给予的其拥有土地权益之外的额外补偿。[1] 其他补偿。此类补偿为兜底条款，涵盖了各种可能出现的且是必要的支出的补偿。

五、外国投资者在获取或租赁土地时的注意事项[2]

在英国购买土地手续简单，而且对于外国企业购买没有限制，一般可通过产权公司购买、合作投资或合资等形式获得。英国土地法律对于农、林业土地并无特殊规定，不限制外资获得农、林业土地承包经营权，也不限制租赁经营期限，企业可与土地所有者自行商定。

（一）外资企业获得农业土地的规定

目前，英国暂无全国性涉及农业领域外商投资的法律，英格兰、威尔士地区暂无鼓励或限制外资取得农业耕地所有权的法律，《2016 年苏格兰土地改革法》[Land Reform (Scotland) Act 2016]主要对苏格兰部分土地相关法律法规作了更新，但对于外资参与当地农业投资合作并没有明确规定。

2017 年 6 月生效的《英国外商投资审查新规》关于农业涉及较少。英国政府原则上只在外国资本进入英国对公众利益产生较大影响（或涉及政府缔约方）时才会介入，其他外资合作政府极少干预。

（二）外资参与当地林业投资合作的规定

目前，英国暂无全国性涉及林业领域外商投资的法律，英格兰、威尔士地区暂无鼓励或限制外资取得林地所有权的法律，《2016 年苏格兰土地改革法》对于外资参与当地林业投资合作没有明确规定。购买林地一般需要通过律师完成，常用的网站有 woodlands. co. uk 和 forests. co. uk，这两个网站能查询当地出售的林地，且提供可选的律师服务。

（三）购买与租赁工业土地价格信息

对希望自己建造办公场所的企业而言，英国也提供了各种工业用地。根据相关统计数据，英国工业用地的平均价格为每公顷 48.2 万英镑，但不同地区的工业用地价格差距较大。例如希思罗的工业用地价格达到每公顷近 500 万英镑，相比而言，威尔士的工业用地的价格要低很多，价格仅为 55.6 万英镑，相当于希思罗的 11.3%，斯旺西的地价更低，每公顷仅 24.7 万英镑。

英国有大量的工业用地，总面积达到 2.726 亿平方英尺。新建的工业用地每平方英尺的年平均租金从 3.5 英镑到 13.75 英镑不等。伦敦地区的希思罗周边的租金最高达到 13 英镑，而威尔士的卡迪夫仅为 5.5 英镑，只相当于希思罗的 42%。

---

[1] 张慧慧：《英国的土地产权和土地征收补偿制度》，山东大学 2014 年硕士学位论文，第 27 页。

[2] 商务部国际贸易经济合作研究院、中国驻英国大使馆经济商务参赞处、商务部对外投资和经济合作司：《对外投资合作国别（地区）指南——英国（2019 年版）》，参见 http://www.mofcom.gov.cn/dl/gbdqzn/upload/yingguo.pdf，最后访问日期：2020 年 5 月 9 日。

第四节　房地产管理制度

稳定成熟的房地产市场、公开透明的交易流程、优质的教育资源、完善的社会福利、良好的房产流动性和变现性以及英国政府对私人财产的尊重等特点，使英国成为投资者海外置业的热门选择之一。

在英国可投资的房产类型主要是住宅型和商业型。住宅型房产是最常见的投资房产，也是多数投资者的选择，包括现代化公寓型（Flat）、别墅型（House）、新式的别墅型公寓（Town House）等类型房产。投资者可以通过房价增长及租金收益来获取回报。商业型房产在英国经济增长中扮演着重要角色，其种类包括办公室、停车场、影院、酒店和商场等。

英国主要的房产所有权分为永久产权（Freehold）和租赁产权（Leasehold）两种。永久产权是指房产所有者对房屋以及房屋占用范围内的土地及土地上的一切不动产，包括土地、房屋建筑、树木及地下资源拥有永久性所有权。英国的别墅住宅一般属于永久产权，房产所有者可以依照法律自由改建、出租或转让房产等。此外，租赁产权是指房产所有者仅对房屋拥有所有权，而他人或政府对该房屋占用范围内的土地拥有所有权，因此该房产所有者实际上向土地所有者租借了土地使用权，租赁年限通常为99年、125年、500年甚至999年不等。英国的公寓住宅一般属于租赁产权。租赁产权房产的缺点在于房产的改建、出租或转让等必须取得土地所有者的同意。

英国是一个房产交易自由的国家，任何年满18岁的自然人（无关国籍且不考虑签证）以及任何法人实体（无关成立地）均可在英国购买具有永久产权的房产或出卖自己所有具有永久产权的房产。购房者可以在本人不在英国境内的情况下，委托律师购买英国房产，律师会帮助其处理所有关于法律程序的事务，为投资者完成购房手续。

一、房地产买卖交易流程

在英国进行房地产买卖通常涉及以下几个流程。

（一）确定交易

买方对选中的房产出价，经过与卖方的反复协商，买卖双方敲定最终成交价格。房产中介一般会撮合双方，以促使交易达成。以私人协议的方式出售的房产，在协调价格的阶段不需要交押金。但若是购置期房，开发商通常会先要求支付一定数额的定金。

在洽谈期间，虽然买卖双方在房产价格上达成一致，但交易还不受法律保护，买方可以根据自己的意愿自由终止房产交易的进行。

（二）律师程序

英国的房地产市场有着非常严密且完善的体系，英国政府规定涉及房产交易的都必须由买卖双方的代理律师进行交涉，因此买卖双方完成交易均需聘请律师，由律师协助以完成交易。律师的参与是为了保障买卖双方的合法权益,在购房过程中负责对买卖双方身份的审核、房产的调查、环境分析、合同的审核及调整。一般来说,在选定房产、协商好价格及优惠条件,即确定交易之后,律师便开始介入,负责在法律的层面上为其客户保驾护航。

(三)签署合同

如果房屋的注册登记档案属实,且房产实地相关背景不存在问题,则买方和卖方律师将着手起草房产买卖合同。双方一旦签署了合同,房产交易就将受到法律保护。此时,买方需要向卖方支付10%的定金或扣除订期房时支付的定金后的首付余款。定金款项需要由买方支付给买方律师,再由买方律师支付给卖方律师,最终经过卖方律师进入卖方的账户。

(四)完成交易

签署买卖合同后,购房余款通过买卖双方律师支付完毕,交易即完成。绝大多数通过私人协议方式交易的房产,从签署合同到最后的交易完成,通常需要1个月的时间。对于期房,则需要在交房之后再支付尾款,交易才完成。

(五)产权登记

在中国,证明业主拥有房产物业的文件是不动产权证,而在英国,证明房屋和土地产权的文件为土地登记(Land Registry)。值得注意的是,英国的土地登记也同大多数其他国家一样,名为土地登记,实际上是土地及其建筑物的登记,即房地产或不动产登记。对于承载建筑物的土地,英国政府本着"房随地走"的原则,房子和土地一并登记,但不另外发放单独的房屋产权证书,而是在土地权属证书及所附宗地地籍图[1]中,用文字和图形载明其所承载的建筑物(房产)。

在英国,英格兰和威尔士、苏格兰、北爱尔兰地区政府设立了不同的土地登记部门(见表14-1),负责各自所辖区域的土地登记事宜。

表14-1　英国各地区土地登记部门

地区	土地登记部门
英格兰和威尔士	土地登记管理局
苏格兰	土地登记处
北爱尔兰	土地和财产服务处

在合同签署完毕后,卖方应通过律师向买方律师移交产权证书。在缴纳房屋买卖所涉印花税后,买方可以申请土地所有权登记。在完成土地所有权登记之后,相应的土地登记部门将出具土地登记证书,以确认买方现为该建筑物(房产)所有人。

---

〔1〕 宋国明:《英国土地登记管理与战略计划》,载中华人民共和国自然资源部:http://www.mnr.gov.cn/zt/zh/zljc/201009/t20100906_2036929.html,最后访问日期:2020年5月7日。

二、房地产买卖交易相关方的权利义务

（一）买方

除了支付购房价款的义务之外，买方还可能需要就交易房产承袭卖方所负担的责任，如给予第三人相应的赔偿（Indemnity Covenant），但可以据此向卖方追偿。[1]

（二）卖方

在出价阶段，按照英国法律，除房屋节能性能的信息之外，卖方没有义务向买方提供任何有关房屋的细节，即没有一般的披露义务。当卖方同意签署合同后，卖方有义务填写《财产信息表（TA6）》[Property Information Form（TA6）]。[2]该表格披露的内容包括房屋边界信息、邻里纠纷、规划改建情况、担保和保证、税费、环境事项、任何占用者的详细信息、服务（包括电力、集中供热、排水和污水处理）、公共服务、对附近开发建设的建议、已知的房屋结构问题、最近附近盗窃案发生情况等。[3] 如卖方作出不真实的陈述诱导买方购买并且买方因此遭受损失的，则卖方应对该虚假陈述负责。

（三）房产中介

房产中介实质上属于卖方的代理人，将在维护卖方最大利益的同时促成交易。首先，房产中介有义务保护卖方的利益，因此房产中介不得劝说卖方低价出售房产，以便买方随后可以更高的价格出售该房产。其次，房产中介不得透露任何可能影响交易的卖方的敏感信息，如个人财务信息。例如房产中介不得将卖方由于失业而承受出售房屋的巨大压力，并且愿意接受远低于房产实际市场价值的价格这一事实透露给买方。再次，房产中介有义务遵守卖方所有不违反法律强制性规定的要求。比如卖方表示自己想以500,000英镑的价格挂牌出售，但也愿意接受450,000英镑或以上的任何报价，则只有当买方在该指定范围内报价时，房产中介才能出售。最后，房产中介必须及时、全面地向卖方披露所有有利信息，因此房产中介不得对潜在购买者的身份保密。对于买方来说，在确定交易阶段，房产中介所提供的任何关于房产的描述必须准确（但仅限于中介向购房者展示的信息）。

（四）律师

英国房地产经过长时间的发展，已经形成了一套完善、严密的体系，在房屋购置交易的过程中涉及的法律专业知识众多，且大陆法系与英美法系存在差异，如果没有当地律师的帮助，外国投资者很难充分理解合同上的每一个条款。对于买方来说，理解房产合同中的条款是至关重要的。而且，根据法律要求，要在英国购买房产必须聘请

---

[1] ICLG, *England and Wales: Real Estate* 2020, Accessed on May 7, 2020, https://iclg.com/practice-areas/real-estate-laws-and-regulations/england-and-wales.

[2] COOP Legal Services, Accessed on May 18, 2020, https://www.co-oplegalservices.co.uk/media-centre/articles-sept-dec-2018/what-is-a-property-information-form/.

[3] Love Your Postcode, Accessed on May 18, 2020, https://www.loveyourpostcode.com/what-to-disclose-when-selling-house-uk/.

律师,由律师协助完成交易,以保证程序的标准化和合法性。[1] 律师的服务内容包括以下几个方面。

1. 收集资料

投资者一旦确定购房后,买方律师就会联系卖方律师,获得卖方拟订的合同草案、房屋的产权登记以及房产信息表等材料。

2. 房屋调查和检查

首先,英国法律要求律师对购房投资者进行一系列身份调查和认证,例如身份证明、地址证明、资金来源。[2]

其次,英国有不少房龄在70年以上的老式建筑,而且地契(Deed)、产权往往十分复杂,因此在交易前聘用专业人士进行验房是必不可少的步骤。房地产专业律师负责调查房地产的情况,例如,向地方政府申请房产调查并获得相关的法律文书、地契副本并向相应的土地登记部门查询房屋权属登记情况等。土地登记部门的登记档案记录了目前房产的所有人、房产土地所有权的性质,以及房屋周边土地归属的具体划分。登记档案还会记录此房产是否在法律上存在任何特别限制,以及这些限制是否可能会对房产价值产生影响。

此外,律师还会开展对房产相关背景的全面调查,包括房屋附近是否规划建设主要道路、房产有无改建计划、房产有无物业纠纷、房产的增建改建是否符合规划要求、房产公用设施是否与邻居共用等细节问题,以及调研可能给房产带来负面影响的客观因素,例如是否靠近嘈杂的马路或工厂等。

专业验房师(Chartered Surveyor)则负责验明房产建筑结构和现实状态,供评估房屋价值参考。如果投资者需要向英国的银行贷款,那么银行方面会主动要求在批准贷款之前由专业验房师验房,以核实房产价值,降低贷方风险。[3] 一旦验房结束,结果满意或双方已基于验房结果达成价格协议,则进入关键的合同签署阶段。

3. 交换合同

确定房屋没有问题后,买方律师会和卖方律师一同起草合同,确定签署日期。卖方律师有义务向买方解释所有合同细节条款,确保买方与卖方的关于房屋所达成的所有合意事项尽可能在合同中体现。另外,合同不允许律师代签,买卖双方签署合同后由双方律师交换合同。

交换(Exchange)合同是指买卖双方交换已签署的具有法律约束力的协议。交换

---

[1] 《英国房产问答》,载 https://mp. weixin. qq. com/s/XoM8EkGZ - IoKrK0pRE1vCg,最后访问日期:2020 年 4 月 28 日。

[2] UK Government, Accessed on April 29, 2020, https://www. gov. uk/government/publications/how - to - buy - a - home/how - to - buy#survey.

[3] 《英国买房程序与费用》,载 https://www. bbc. com/ukchina/simp/uk_life/2010/11/101124_uk_property_part2,最后访问日期:2020 年 4 月 29 日。

合同是正式的法定承诺。交换合同后买方即具有法律义务购买标的房产，如果买方在交换后退出协议，则可能损失押金，并且必须向卖方支付其他损失的赔偿。[1]

4. 支付购房款

买卖双方确定价格后，就可以指示双方律师进行沟通，买方要将房款或首付款支付到买方律师指定账户，如果贷款购房，银行也会将贷款打到买方律师账户。所有款项在交换合同当天由买方律师转账到卖方律师账户，卖方律师再转给卖方。

英国房地产律师通常有专门的客户账户，用于协助购置房屋的投资者客户转款。每个律师的客户账号均受到监管，如发生律师侵占客户款项的情况，英国律师协会将会赔付全部的房款，买方不会有任何损失。此外，英国法律规定，在房产买卖的过程中，买卖双方的钱款交易都需通过律师完成。总体而言，将房款通过律师支付，可以避免开发商收到房款后潜逃或者中途破产缺乏资金完工等状况而导致买房人遭受严重损失的情形，因此在此种资金监管模式之下，律师发挥了安全防范的作用。

5. 售后登记

签署、交换合同并支付房款后，买方将拿到钥匙，买方律师此时负责向土地注册处申请房屋登记、办理产权和土地证明，并代表买方提交印花税或土地税表格完成税务申报。最后，买方律师将会把所有购房文件交给买方。

（五）税费

在英国，购房阶段会产生一类税费，在英格兰与北爱尔兰为印花税，苏格兰为土地和建筑交易税，威尔士为土地交易税，均采用累进税率，房产的购买价格越高，适用的税率也越高。各地区的纳税起征点与税率可能按住宅与非住宅、首套与非首套而有所不同。具体税费计算均可在各地政府官网进行查询和计算。

1. 印花税

如果在英格兰和北爱尔兰购买房产或土地，则必须支付印花税（Stamp Duty Land Tax）。目前对于住宅印花税的纳税起征点为 125,000 英镑，非住宅则是 150,000 英镑。如果满足一定条件，如购买的房产价格低于 500,000 英镑，可以申请减免。

截止到 2020 年 4 月 30 日，对于首次购买住宅的购房者，印花税的纳税起征点为 300,000 英镑。英国财政部执行的最新税率为 2%—12%；对于购买第二套房产或以“购房出租”（Buy – to – Let）为目的的购买房产的购房者，自 2016 年 4 月起在正常的印花税税率上加收 3% 的附加费。购房者可以使用印花税计算器[2]估算其将支付的印花税金额。以 2019 年住宅印花税税率为例。详见表 14 – 2。

---

[1] UK Government, Accessed on April 29, 2020, https://www.gov.uk/government/publications/how – to – buy – a – home/how – to – buy#exchange – and – deposit.

[2] SDLT calculator, Accessed on April 28, 2020, https://www.tax.service.gov.uk/calculate – stamp – duty – land – tax/#/intro.

表 14－2　2019 年英格兰和北爱尔兰住宅印花税税率

房产交易价格	首套房印花税税率	非首套房印花税税率
超过 125,000 英镑	0%	3%
125,00—250,000 英镑	2%	5%
250,001—925,000 英镑	5%	8%
925,001—1,500,000 英镑	10%	13%
超过(不含)1,500,000 英镑	12%	15%

最新政策显示,2020 年财政预算将增加非英国居民的印花税。从 2021 年 4 月开始,任何非英国居民,包括在海外工作和居住的英国侨民,如果在英格兰或北爱尔兰购买房产,将额外支付 2% 的印花税。这意味着对于购买非首套房产的非英国居民,最高印花税税率可达 17%。[1]

2. 土地和建筑交易税[2]

根据《2012 年苏格兰法》(Scotland Act 2012)和《2013 年土地和建筑交易税(苏格兰)法》[Land and Buildings Transaction Tax (Scotland) Act 2013],2015 年 4 月 1 日起,土地和建筑交易税(Land and Buildings Transaction Tax, LBTT)取代了苏格兰的印花税。因此,在苏格兰,购买住宅或住宅土地都需要向苏格兰税务局缴纳土地和建筑交易税。

以住宅土地和建筑交易税为例,2020 年至 2021 年财政年度的住宅土地和建筑交易税的税率如表 14－3 所示。

表 14－3　2020—2021 财年苏格兰住宅土地和建筑交易税税率

房产交易价格	土地和建筑交易税税率
不超过 145,000 英镑	0%
145,001—250,000 英镑	2%
250,001—325,000 英镑	5%
325,001—750,000 英镑	10%
超过(不含)750,000 英镑	12%

自 2018 年 6 月 30 日以来,苏格兰的首次购房者还可以享受相应减免。首次购房者的土地和建筑交易税税率纳税起征点从 145,000 英镑提高到 175,000 英镑。这意味

〔1〕 SDLT calculator, Accessed on April 29, 2020, https://www.stampdutycalculator.org.uk/.

〔2〕 Land and Buildings Transaction Tax, Accessed on April 28, 2020, https://www.gov.scot/policies/taxes/land-and-buildings-transaction-tax/.

着，苏格兰约有80%的首次购房者将无须支付土地和建筑交易税，而购买房产价格超过175,000英镑的人将获得低于纳税起征点的部分价格的减免。

3. 土地交易税[1]

2018年4月1日后，土地交易税（Land Transaction Tax，LTT）取代了威尔士的印花税，由威尔士税收管理局收取。目前土地交易税的纳税起征点为：住宅房产180,000英镑，非住宅房产为150,000英镑。如果已经拥有1处或多处住宅房产，则可能需要支付更高税率的土地交易税。满足一定条件的话，也可以申请免交土地交易税或申请退税。以住宅房产为例，2019年土地交易税税率具体如表14-4所示。

表14-4　2019年威尔士住宅土地交易税税率

房产交易价格	土地交易税税率
不超过180,000英镑	0%
180,001—250,000英镑	35%
250,001—400,000英镑	5%
400,001—750,000英镑	7.5%
750,001—1,500,000英镑	10%
超过（不含）1,500,000英镑	12%

（六）环境

在房产交易过程中，会对房产进行被称为“房产查询”（Property Searches）的环境调查。进行房产查询主要是为了确定房产是否位于：受污染的土地上或水域旁；受污染的地区（Radon - contaminated Area）；有遭受洪灾的危险的地区。

三、房地产租赁

（一）租赁方式

按照租赁关系方权利义务的差异，目前，在英格兰和威尔士，主要存在3种房地产租赁方式（Arrangement），即可任意取消的租赁（Tenancy At Will）、许可（Licence）和租赁（Lease）。

“可任意取消的租赁”是最灵活的一种租赁方式，房东或承租人任何一方可以出于任何原因随时终止租赁，是一种属于房东和承租人之间的私人关系（Personal Relationship）。该形式下的租赁不会在房产上产生任何合法权益，因此承租人只能短期使用房产。在实际情况中，可任意取消的租赁可明示或暗示达成，有时与许可形式难以区分。

“许可”从定义的角度并不构成租赁，而是一种个人权利或许可安排，不会为被许

[1] Land Transaction Tax, Accessed on April 28, 2020, https://gov.wales/land-transaction-tax-guide.

可人带来任何担保或合同权利保障。具体来说,许可人(房产所有者)授权被许可人可以根据许可所授权的特定目的"占有使用"(Occupation)房产。这一形式与"可任意取消的租赁"一样,不会在房产上产生任何合法权益。被许可人的"占有使用"是不稳定的,通常实践中的许可时间多为6个月左右。如果房产所有者出售房产,则许可将终止,被许可人有权向许可人提起违约之诉。

最后一种则是"租赁",租赁是一种效力最强的合同安排,具有直接的法律效力。法律关系为承租人同意就固定期限内的专有房产向出租人(房东)支付租金。该形式下的租赁和租赁合同(租约)的订立为承租人提供了对目标房产的专有权利(Exclusive Possession),即承租人可以行使房产所有者的权利,并将房东和第三方排除在外(房东为了进行工程保留进出权的除外)。这一点也是租赁与其他两种安排截然不同的关键区别。

需要注意的是,仅凭当事方签署的合同约定采取的是许可方式而非租赁方式的安排,并不意味着许可关系的当然成立。实践中需要根据事实状态来判定,即根据合同的具体内容和形式来确定究竟该等安排指向的是许可关系还是租赁关系。这一点在1985年Street v. Mountford案中得到了证实。

对上述3种安排进行区分的目的在于,只有最后一种租赁能够享受《1954年房东与承租人法》(The Landlord and Tenant Act 1954)规定的保障权(Security of Tenure),享受自动续约的权利。鉴于这种租赁的内容更为常见和重要,下文将阐述该租赁类型的有关法律问题。

(二)租赁类型

租约将赋予承租人合同权利和该房产的所有权。一般情况下,按照租赁用途分,租赁可分为以下两种:

1. 商业租赁

商业租赁的目的是确保承租人有权在一段时间内将承租的商铺用于商业活动,以换取支付给房东的款项。在英国,商业租赁通常发生在有经验的商业主体之间,商业租赁合同的当事人通常比住宅租赁合同的当事人具有更大的议价能力和谈判能力。因此,政府对商业承租人的保护要少于对住宅承租人的保护。为了更好地指导商业租赁的高效有序开展,房地产行业出台了《2007年英格兰和威尔士商业租赁指南》(Code for Leasing Business Premises in England and Wales 2007)。

(1)商业租赁类型[1]。

商业租赁一般分为3种:职业租赁(Occupational Leases),一般是25年或以下的租

---

〔1〕 Mayer Brown, "A Brief Legal Guide to Investing in Real Estate in the UK", Accessed on April 28, 2020, https://www.mayerbrown.com/-/media/files/perspectives-events/publications/2015/02/a-brief-legal-guide-to-investing-in-real-estate-in/files/brieflegalguidetoinvestinginrealestateinuk/fileattachment/brieflegalguidetoinvestinginrealestateinuk.pdf.

期,最常见的是5—21年的租赁期限,近几年来,短期租赁(5—15年)尤其受欢迎。职业租赁的特点是承租人承担租金和全部的维修或保险有关的服务费用,也称FRI租赁(Full and Repairing Leases)。大多数商业租赁属于职业租赁类型。长期租赁(Long Leases),一般是99年或以上的租期。该类型的租金一般会一次性支付,出租人可以获得巨额资本。连续租赁(Geared Leases),一般是99年或以上租期。该类型的租赁通常是针对开发商或投资者(以一定的资本支付作为回报),开发商或投资者在出租土地上建造房屋。作为提高业主在出租土地权益价值的回报,开发商或投资者无须支付全额市场租金,而是支付一定比例的租金。这在伦敦部分地区较为常见。

(2)保证金或损坏押金。

保证金或损坏押金(Security/Damage Deposit)是承租人支付给房东以保证承租人将履行其义务的一笔费用。房东持有租赁期的保证金,以确保租户不会违反租赁协议的条款或以其他方式损害房产和财产。保证金金额通常相当于1个月租金,可能会根据承租人和行业的不同而有所不同,从1个月到3个月不等,房东也可以自定金额。如果承租人损坏了房产或财产(不包括正常的“磨损”)或承租人未支付房租,则房东有权从保证金中获得偿付。通常,承租人必须在租赁期开始时向房东提供保证金。租期结束时,承租人将收回减去修理或偿付房东后剩余的数额。

(3)租金涨幅审查。

一般商业租赁的租金会根据市场估值每5年对租金的金额做一次租金涨幅审查(Rent Increase Review)。常见的一种租金涨幅审查做法是利用指数化(Indexation),例如与零售价格指数或消费者物价指数对标,但往往是在整体经济上行的环境下适用。另一种经常采取的做法是“固定上升的租金”(Fixed Uplifts in the Rent),同时租金的变化可以通过商定的利率(Cap and Collar)进行限制。在大型的零售开发项目中,租金也可以参照营业额来计算。

(4)续约和租赁终止[1]。

《1954年房东与承租人法》为承租人提供了续租保障权。因此,商业租赁的承租人,如果租约在1年以上,通常可以在租约期满时以与原始租约基本相同的条件续签租约,并填写“26号表格文件”(Section 26 Form)。但是,在某些条件下,房东可以根据《1954年房东与承租人法》第30条的理由,例如其需要收回房产自用、重新开发该房产或是承租人拖欠租金而提出异议。如果房东表示要终止租约,则需要向承租人发送“25号表格文件”(Section 25 Form),并说明拒绝原因。与此同时,承租人可以选择接受终止或者是不接收终止并向法院申请续签租约。在此情形下,房东需出庭并证明自己的理由符合法律规定。

然而,如果出现“协议外包”(Contract Out)的情形,如双方同意将房屋转租,除非

[1] LawDepot, Accessed on April 17, 2020, https://www.lawdepot.co.uk/law-library/faq/commercial-lease-agreement-faq-united-kingdom-england/#.XpgLt-gzZPY.

房东决定提供新的租约,否则承租人在租期结束后将没有自动续约进而继续使用该房产的法定权利(保障权)。

如果是承租人想要终止租约,应当在租约中指定的固定期限结束日期之前搬出房屋以终止租约,或者承租人提前3个月通知房东以终止租约。

2. 住宅租赁

如果房东希望将房产出租给承租人以用于居住以及以家庭需要为使用目的时,则为住宅租赁类型。最常见也最流行的住宅租赁类型是有保证的短期租约(Assured Shorthold Tenancies),典型期限是6个月以内,但也可以更长,在最初商定的期限过后,房东可以在无须说明理由的情况下收回(Evict)房产。有保证的短期租约需要满足以下条件[1]:该房产为承租人的居住地且承租人为个人而非企业、组织;房东不住在该房产中;房东是私人房东或住房建筑协会(Building Society)成员。具有以下情形之一则不能签署有保证的短期租约:如果一年的租金超过10万英镑或低于250英镑(伦敦地区的租金限制是1000英镑);假日出租房;房东是地方议会成员。

相比之下,有保证的租约(Assured Tenancies)为承租人提供了更长租期的保障,除非承租人选择离开并结束租约或是房东以《1988年住房法》(Housing Act 1988)所列理由之一终止租约,承租人都有权一直租住。通常需要出现某种情形,如租户拖欠租金,房东才能收回房产。因此,有保证的租约和有保证的短期租约主要差别就在于承租人是否有对于房产的保障权,因为有保证的短期租约一旦固定期限结束,房东即可收回房产。[2]

(1)房东责任。

在英国,房东需要承担的责任主要包括:确保出租的房产安全且无健康隐患,英国目前使用房屋健康和安全评估系统(Housing Health and Safety Rating System, HHSRS)来确保其所在区域的房产对居住其中的人是安全的以及房产不存在潜在危险。配备安全设备、燃气和电器,并维持保养,保证燃气、电器和消防安全。负责房产结构、外观或内部家具、配件、管道等维修。为房产提供能源证书(Energy Performance Certificates, EPC)。在苏格兰,房东还必须在房产中的某个地方显示能源证书,例如在仪表柜中或锅炉旁边。2007年4月6日后在英格兰和威尔士出租房产的房东需要在获得押金的30天内,将押金放入"承租人押金保护"(Tenancy Deposit Protection, TDP)项目中,在承租人没有拖欠费用和造成损失的情况下,押金于合同期结束10天内退还给承租人,如果双方有纠纷,押金则由项目继续保护,这一项目的目的是保护承租人的利益。苏格兰和北爱尔兰均有自己相应的承租人押金保护项目,具体细节上会有些许差

[1] Assured shorthold tenancy, Accessed on 17, 2020, https://www.designingbuildings.co.uk/wiki/Assured_shorthold_tenancy.

[2] Difference between assured shorthold tenancy and assured tenancy, Accessed on 17, 2020, https://www.designingbuildings.co.uk/wiki/Difference_between_assured_shorthold_tenancy_and_assured_tenancy.

异，例如苏格兰规定押金不能超过 2 个月的租金，[1] 北爱尔兰的房东需要在收到押金后 14 天内放入项目，并在 28 天内向承租人提供有关承租人押金保护的书面信息。[2] 检查房客是否有合法英国居留权以及相关凭据。房东将房屋出租给无合法居留身份的人属于违法行为，可能受到无限额罚款甚至入狱。如果出租的房产属于多租户分租（House in Multiple Occupation, HMO），即至少有 3 人以上的承租人共同租赁一处房产（共用卫生间、浴室或厨房等设施），且是 5 人或更多人居住，则房东必须具有许可证。

虽然苏格兰[3] 和北爱尔兰[4] 在细节规定上会有些许的差异，但对于房东应当承担的责任大多是与上述责任一致的。

（2）租金涨幅。

有保证的短期租约一般分为两种：周期性租赁（Periodic Tenancy），即按周或按月租赁，房东通常一年内只能涨一次租金；固定期限租赁（Fixed – Term Tenancy），即按照设定期限的租赁，只能在租约有相应规定或允许涨租时涨租，否则只能在租约结束之后再调整租金。

（3）收回房屋。

收回房屋（Evicting Tenants）是房东的权利，但需要遵循一系列程序，否则可能会被视为违法行为。

针对有保证的短期租约，如果是签订了固定期限租约的房东，当期限结束时，房东可收回房屋。房东应当向承租人发送“21 号表格文件”（Section 21 Form），如果承租人违反了租约的规定，则发送“8 号表格文件”（Section 8 Form）。[5] 如果承租人没有在发送的文件指定日期前离开，并且还拖欠租金，房东可以向法院申请“标准命令”（Standard Possession Order）；如果房东不再要求承租人支付拖欠的租金，则可以申请“加速命令”（Accelerated Possession Order）；如果承租人仍不离开，房东可以申请“保证令”（Warrant for Possession），即法警可以将承租人驱赶出房屋。

针对那些与房东一起居住的承租人（Excluded Tenancies）或是依据许可方式建立的租赁关系，房东只需要给出“合理的通知”，并注明离开的期限，即可要求承租人离开并收回房屋。合理的通知通常依据租金支付周期的长短，如承租人是每周支付租金，则可以提前一周通知。通知并非必须是书面形式。通知期限到期后，即使承租人物品仍在房屋内，房东也可以更换门锁或采取其他方式保护房产。

---

[1] Scotland Government, Accessed on 17, 2020, https://www.mygov.scot/tenancy-deposits-landlords/.

[2] Northern Island Government, Accessed on 17, 2020, https://www.nidirect.gov.uk/articles/tenancy-deposit-scheme-information-landlords.

[3] UK government, Accessed on 17, 2020, https://www.mygov.scot/renting-your-property-out/your-responsibilities/.

[4] Northern Island Government, Accessed on 17, 2020, https://www.nidirect.gov.uk/articles/landlord-and-tenant-obligations.

[5] 英国政府提供了通知文件的具体模板，供房东在不同情况下选择发送给承租人。

（三）租赁管理费用[1]

1. 物业管理费

如果房产所有者即为房产的使用者，那么房产所有者负有法定义务确保房产处于良好的状态，遵守各种健康、安全和环境事务的要求，由所有者负责维护和修缮，在此情形下通常没有物业管理费。

如果房产所有者出于投资目的购置房产用于租赁并产生租赁产权（Leasehold），通常倾向于聘请专业的管理代理人来管理其所有的房产，管理代理人收费开展诸如收取租金、提供各项服务、安排保险缴纳等工作，在此情形下通常产生物业管理费。每年的物业管理费约是房屋总价的0.5%—1%，平均一般为2—6英镑每平方英尺每年，越豪华、设施越多的房产，物业管理费越高。

2. 市政物业税

在英国，所有的房产每年都要向所在地的地方政府上缴市政物业税，用以支付地方政府公共服务设施的费用，如区内图书馆、学校、交通、垃圾回收、环卫、消防等方面的费用。根据房产总价的不同，市政物业税的额度也有所差异。通常情况下，市政物业税标准每年在1000—3000英镑。出租房产的市政物业税通常由承租人承担。在很多情况下，房屋所有者可以向政府申请减免市政物业税，例如：承租人全部为全日制学生的，可以申请免缴；如果房子没有出租，但并不是房屋所有者的主要居住地，房主可申请减免；只有一个成年人居住的房屋同样可以申请减免，通常可以享受25%的折扣；空房或符合特殊福利条件的房产可以申请减免等。

3. 房屋租赁收入的个人所得税

按照英国的税法，无论是英国居民还是海外投资者，其在英国的房地产租赁收入，都需要缴纳个人所得税。出租房产的房产所有者，即房东，通常是在每个财政年度结束时，需要通过自我评估申报的方式向税务局申报纳税。房屋所有人用于购买和持有房产的正当支出，如物业的装修维修等维护成本、按揭贷款的利息部分、房屋保险、水电费、管理房产费用等，可以抵扣部分应纳税收入额。纳税公式通常为：

个人所得税 = 应税收入（净租金）× 税率

应税收入（净租金）= 租赁收入 − 贷款利息 − 维修费用 − 保险 − 水电费账单 − 其他费用

以非英国居民为例，如委托房屋中介公司管理并代收租金，则中介公司需要从代收的房租中代扣代缴个人所得税，税率为20%；如房东与租客直接签订租赁合同，当每周租金超过100英镑时，承租人也应代扣代缴个人所得税，税率为20%；或房东可以向英国税务局申请“取得英国房租收入但不代扣代缴税款”的方式。

[1] 《英国购房资讯》，载 https://mp.weixin.qq.com/s/jHgxKaz91aWT63cJ1marCg，最后访问日期：2020年4月16日。

对于中国投资者而言，按照中英两国政府签订的税收协定[1]，明确申明任何来自英国的财产收益，如果已经在英国交税，在中国将享受免税政策，避免了中国房产投资者重复纳税。[2] 有关个人所得税的更多详情，参见第六章“英国税法”。

4. 房屋保险费和保养费

房屋保险分为两类：建筑保险（Building Insurance）和财产保险（Contents Insurance）。建筑保险主要保障由火灾、水灾、爆炸、雷击等自然灾害和意外事故造成的房屋损失，是针对建筑本身、固定装置的保险。若房屋处于案件高发、水灾高发等区域，建筑保险费用会相对较高。银行通常会将建筑保险作为批准按揭贷款的一个必要条件。财产保险是针对房屋中家具、电器等设施及家中物品的保险，可根据是否有贵重物品、周边区域治安状况等因素自行决定是否购买。一般房屋所有人需要购买建筑保险，而财产保险则无论是房屋所有人还是承租人都需要考虑购买。出租房产的房东通常还会购买房租保障险和法律纠纷险，每年 100—150 英镑。

房东通常还需要预留租金收入的 5% 左右作为房屋的维护费用。比如房间的电灯更换、洁具维修、墙面粉刷等。根据《1954 年房东与承租人法》以及其他相关租赁关系的法律规定，房东必须要有房屋内部的热水器、炉灶、暖气等设施的安装和使用安全证书，而且还要进行年度检查，确保安全无误，同时给中介和承租人提供全面的文书，燃气安装和使用安全证书和年检费（The Gas Safety），费用在每年 30—150 英镑。

（四）租赁登记

土地注册处于 2018 年 6 月 18 日更新了其关于租赁登记的指南，主要针对律师和其他代理商。[3] 总体来说，英国租赁登记注册的种类繁多，条件复杂，投资者尤其应当注意强制登记的租赁类别。《2002 年土地登记法》规定了首次登记的情形，分别为：租赁期限为 7 年以上，未登记的永业权或是租赁业权；从现有已登记的产权中授予（Grant）[4]租赁，自授予之日起有效期超过 7 年；未登记的租赁产权如需转让，且该过程费时 7 年以上；《2002 年土地登记法》第 4 条第 1 款 b 项规定，根据《1985 年住房法》（Housing Act 1985）（保留的购买权）第 171A 条进行的所有未登记租赁的转让，无论租

[1] 全称为《中华人民共和国政府和大不列颠及北爱尔兰联合王国政府对所得和财产收益避免双重征税和防止偷漏税的协定》（AGREEMENT BETWEEN THE GOVERNMENT OF THE PEOPLE' S EPUBLIC OF CHINA AND THE GOVERNMENT OF THE UNITED KINGDOM OF GREAT BRITAIN AND NORTHERN IRELAND FOR THE AVOIDANCE OF DOUBLE TAXATION AND THE PREVENTION OF FISCAL EVASION WITH RESPECT TO TAXES ON INCOME AND ON CAPITAL GAINS）。

[2] 《英国房产问答》，载 https://new. qq. com/omn/20191012/20191012A035XU00. html，最后访问日期：2020 年 4 月 16 日。

[3] UK Government, Accessed on March 17, 2020, https://www. gov. uk/government/publications/leases - when - to - register/practice - guide - 25 - leases - when - to - register.

[4] 当永久产权的所有者，即房东与承租人订立租约时，称为该租约的授予。

赁期长或短都需要进行强制登记;根据《1985 年住房法》第 5 部分进行的所有租赁,无论租赁期长或短;《2002 年土地登记法》第 4 条第 1 款 f 项以及第 27 条第 2 款第 b、v 项规定,根据《1985 年住房法》(保留的购买权)第 171A 条进行的所有租赁,无论租赁期长或短都需要进行强制登记;任何已登记的租赁业权的转让;自授予之日起 3 个月以上生效的归还租赁(Reversionary Leases);自已登记产权获取的非连续租赁,或从未登记土地授予租赁超过 7 年以上的;受保护的首次合法抵押,即未经登记的租赁产权的首次合法抵押,其有效期超过 7 年。

四、房地产抵押

英国抵押贷款的平均利率较低,多数地区首套房的房贷平均还款花费均低于平均租房花费。较为低廉的融资成本吸引着世界各地投资者在投资英国房产时采取抵押贷款的方式。英国对房产抵押贷款没有太多限制,但是申请和获得抵押贷款的流程较为复杂。英国的所有银行和住房建筑协会均提供抵押贷款产品,但大多具有严格的条款和条件,可能并非都适合外籍人士或非英国居民。是否有资格获得抵押贷款由提供贷款的机构自行决定。

在英国,提供购房贷款的银行非常多,不同银行之间的贷款额度、还款金额、利息等均存在一定的差异。如何选择贷款的银行和产品,需要根据自身需求咨询相关的专业顾问,如抵押贷款经纪人。提供英国当地抵押贷款的银行包括:汇丰银行、巴克莱银行、国民威斯敏斯特银行以及斯基普顿国际公司等。

(一)房产抵押的申请人

房产抵押贷款的申请人在法律上没有太多限制,当然前提是必须是成年人。无论是居民还是非居民,都可以在英国申请抵押贷款购置房产,尽管具体条款会因人而异。但对于非居民以及非欧盟/欧洲经济区的人来说,在英国申请贷款的流程较为复杂。如果能满足以下条件,申请流程会相应简化:成为英国居民至少 2 年以上;在英国拥有稳定的工作;在英国拥有银行账户。这些要求主要是为了确保申请人在英国拥有良好的信用记录。非居民和不满足这些要求的人仍然可以选择无状态抵押贷款(Non-Status Mortgage),也称自我证明抵押贷款(Self-Certification Mortgage),但需支付至少 25% 的押金。押金是申请人购买房产时,需首先支付一笔资金,这笔资金中有一部分用于支付申请人购买房产的费用。交付的押金金额越多,就更有可能享受到更低的利率。据分析,当申请人支付的押金达 40% 及以上时,能享受到最低的利率。[1]

每个银行或协会都会有各自对抵押贷款申请人的审核标准,但通常会考虑的主要因素是:(1)年龄。由于抵押贷款本质上是长期借款,老年群体在申请抵押贷款会较为困难,大多数银行和协会不会直接拒绝老年人,但是会要求他们提供金额更大的初始

---

〔1〕 The Money Advice Service, "Mortgage - a beginner's guide", Accessed on April 27, 2020, https://www.moneyadviceservice.org.uk/en/articles/mortgages-a-beginners-guide.

押金（Initial Deposit），对贷款的期限也会有所限制。（2）收入和工作保障。贷款方会考虑放贷的风险，自由职业者申请贷款会受到一定影响。一般来说，申请抵押贷款时需要出示收入证明，可获批的贷款金额是以贷款方认定的申请人偿还能力为基础的。一般贷款方会权衡申请人的家庭总收入或存款金额、贷款购置的房产价值等。（3）信用评分。与英国其他形式的贷款一样，贷款方将检查申请人的信用记录以确定其资质。如果信用不良或信用评分较低，贷款方可能不愿意提供抵押贷款。

（二）申请抵押贷款可能产生的费用

除了支付抵押贷款的利息外，还有许多其他相关费用可能使购房总成本增加数千英镑。这些费用包括[1]：（1）安排费，属于管理费用，贷款方用于管理抵押贷款，金额从几百英镑到2000英镑不等。（2）预订费，预订抵押贷款的前期费用。如果抵押贷款到期或申请人退出抵押，通常不予退还该费用。金额通常约为100英镑。（3）评估费，申请人支付给贷款方供其对自己的房产进行评估的费用。该费用可能会因房产的价值而有所差异，但通常在150英镑至1500英镑之间。一些贷款方可能同意免收该费用或将其包括在管理费用中。（4）调查费用，申请人可以要求开展对房屋情况的付费调查。这项费用通常为400—500英镑。（5）转让费，有时也称为实时汇款系统（Clearing House Automated Payment System）费用，将支付给贷款方并由其转付律师。通常为25—50英镑。（6）更高的借贷费用（Higher Lending Charge），仅在支付少量押金的情况下才适用。如果申请人无法偿还抵押贷款而不得不亏本出售房产，则该笔费用能涵盖贷方的保险。费用通常约为抵押贷款金额的1.5%。（7）律师费，申请人的律师费用。尽管有些律师可能同意单独收取固定费用，但大多数律师将收取抵押价格的一部分。预计金额约1000英镑或以上。（8）抵押经纪人（Mortgage Broker Fee）费用（如有），如果申请人雇用经纪人，则可能需要支付约500英镑的顾问费。

（三）抵押贷款的类型

在英国，抵押贷款产品的种类繁多。在还款方式上，主要分为两种：连本带息（Repayment）和先息后本（Interest Only），后者为每个月仅还利息，本金在贷款期结束后一次性还清。在抵押贷款的类型上，主要分为两类：固定利率抵押贷款（Fixed - Rate Charge）和浮动利率抵押贷款（Variable Mortgages or Floating Charge）。也有一些针对不同情况的特殊类型。

1. 固定利率抵押贷款

固定利率抵押贷款在市场中较为流行，在英国约有75%的抵押贷款是固定利率抵押贷款，因为固定的还款可以帮助借款人管理预算。但是固定利率通常会比浮动利率贷款的利率高一些。固定利率抵押贷款按固定利率计息，通常为期2—5年。通常在固定利率期结束时，利率将转为标准浮动利率（Standard Variable Rate）。贷款方通常提

---

〔1〕 EXPATICA, “A guide to mortgage in UK”, Accessed on April 27, 2020, https://www.expatica.com/uk/housing/buying/your-guide-to-uk-mortgages-747470/.

供约25年的抵押贷款,但也可以协商一个较短的抵押期限(例如15年或20年)和较长的抵押期限(例如30年或35年)。

2. 浮动利率抵押贷款

浮动利率抵押贷款的利率受市场影响波动,主要影响因素是英格兰银行的基准利率。当英格兰银行基准利率提高时,浮动利率也将上涨,因此其较固定利率贷款更具风险性;但如果利率降低,借款人也可以从中受益。浮动利率贷款产品相比固定利率贷款产品往往利率较低,同时借款人也享有最大限度的还款灵活性,可以提前还清贷款而不受惩罚。

3. "购房后出租式"和"购房后抵押式"抵押贷款

这一类主要是针对购房目的而进行分类的贷款类型,也是目前英国市场上较受欢迎的类型。"购房后出租式"(Buy To Let)与"购房后抵押式"(Owner Occupied)相对应,前者是购买后用于出租,将买入的房子抵押向贷款机构借款并承诺用租金收入还款,后者则是购买后用于自住。

与普通用于自住的贷款相比,"购房后出租式"贷款往往有着更高的贷款利息,同时"购房后出租式"贷款首付比例也比自住用途的房贷更高,最低首付比例在25%以上,市场上主流产品首付比例一般在40%以上。中国购房者一般以投资为主要目的,因为并不居住在所购买房产内,所以"购房后出租式"贷款是其经常会考虑的贷款种类。英格兰银行于2017年10月1日施行新的政策,要求贷款机构对拥有4套及以上出租房产的房东进行更严苛的贷款评估。拥有多套出租房产的房东,在为名下任一套"购房后出租式"房产申请贷款时都要向贷款机构提供资产信息。贷款机构将根据申请人名下所有房产总值、全部租金收益以及在同一地点拥有房产的密集程度等多重因素进行评估,来判断申请人是否有良好的偿贷能力。一般"购房后出租式"贷款的申请条件为[1]:(1)贷款额为5万英镑以上。(2)购买的房子大于50平方米。(3)申请人年收入在2.5万英镑以上,年龄65岁以下。(4)压力测试。根据新政策的规定,贷款方需要对申请人进行利率为5.5%的压力测试,同时租金至少要达到贷款月供的125%。事实上,一些银行或贷款机构已经要求租金需达还款的145%。目前大部分首付比例为25%甚至更多。[2]

---

〔1〕《英国贷款产品简介》,载 https://mp.weixin.qq.com/s/H5UucqsOTPQzt-91WKseTQ,最后访问日期:2020年4月27日。

〔2〕《英国史上最严按揭新规实施》,载 https://mp.weixin.qq.com/s/puFvzVnmIUumOPZoh8cTlA,最后访问日期:2020年4月27日。

第十五章

英国竞争法

第一节 概　　述

一、竞争法简介

在世界范围内，竞争法的法律地位无可争议，它在美国被称为"自由企业的大宪章"，在德国被称为"经济宪法"，在日本被称为"经济法的核心"。目前，全世界已经有120多个国家颁布了竞争法或反垄断法，在核心内容上大体一致，是法律全球化背景下同质化程度最高的法律之一。竞争法通常由以下3个主要部分构成：(1)禁止限制企业间自由贸易与竞争的协议或行为。此类行为包括由卡特尔[1]造成的对自由贸易产生的抑制或限制等。(2)禁止主导市场的公司滥用其市场支配地位的行为，或易于导致此类主导地位的反竞争行为。此类行为包括掠夺性定价、搭售、价格欺诈、拒绝交易等。(3)管制大型企业的合并与收购，以及部分合资企业的设立。对于威胁市场竞争的交易，可被完全禁止，或被附条件批准，如对企业施加剥离部分合并业务之义务等。

1948年英国出台了首部与反垄断有关的成文法——《1948年垄断和限制性行为（调查和控制）法》[Monopolies and Restrictive Practices (Inquiry and Control) Act 1948]，该法分别在1956年、1965年和1969年进行了修订。该法有关禁止垄断的条款被后来的《1998年竞争法》(Competition Act 1998)和《2002年企业法》(Enterprise Act 2002)取代。

二、英国的竞争法律体系

英国目前的竞争法体系主要由《1998年竞争法》和《2002年企业法》两部法律构成，主要规定企业达成垄断协议、滥用市场支配地位和经营者集中的行为。

《1998年竞争法》一共有76条，分为4大部分。其中，最重要的是第1部分"竞争"(Competition)包括5章：第1章规制垄断协议，明确禁止任何具有排除、限制或扭曲英国市场竞争的目的或效果的协议或协同行为，并且规定了例外情形；第2章明确规制滥用市场支配地位的行为；第3章规定调查和执法程序和权限；第4章规定上诉程序；

---

[1] 卡特尔(cartel)是由一系列生产类似产品的独立企业所构成的组织，集体行动的生产者，目的是提高该类产品价格和控制其产量。

第5章是其他规定。

《2002年企业法》对以前的一些英国反垄断法的规定进行了修改,尤其是经营者集中的规定,并确立了新的竞争主管机构和超级控诉制度,修改了企业并购制度,完善了市场调查制度,引进了一种新的犯罪——卡特尔犯罪,对英国竞争法的发展起到了重大作用。《2002年企业法》一共有281条,26个附件,主要内容包括11个部分:第1部分是关于公平贸易办公室(Office of Fair Trading),将公平贸易办公室定位于法人团体(corporate body),规定了其一般职能和超级控诉制度;第2部分是关于设立竞争上诉法庭(Competition Appeal Tribunal),规定了竞争上诉法庭的程序规则,竞争上诉法庭承接了原竞争委员会上诉法庭(Competition Commission Appeal Tribunal)的功能;第3部分是关于企业并购制度,赋予公平贸易办公室与竞争委员会(Competition Commission)更多的责任,只有在例外情形下,才由国务秘书(Secretary of State)行使相关职责;第4部分是关于市场调查,规定了由公平贸易办公室决定是否将市场调查移交给竞争委员会,以及竞争委员会如何作出市场调查决定和市场调查报告,只有在例外情形下,才由国务秘书决定是否将市场调查移交;第5部分是关于竞争委员会及其程序规则;第6部分是关于卡特尔违法行为,引进了一种新的犯罪——卡特尔犯罪,规定了实施卡特尔行为的企业责任人面临5年的刑事监禁,并规定了公平贸易办公室的调查权力;第7部分是其他竞争条款,包括法院有权取消从事严重违反竞争法的公司董事资格,并对《1998年竞争法》进行了少量修改;第8部分是关于消费者立法的实施,规划了新的执行消费者立法和相关问题的程序;第9部分是关于信息披露,规定了公共机构披露某些类型信息的管理规则;第10部分是关于对破产法的修改,规定了新的公司管理制度和限制行政破产事务官的使用、取消王室优先权、建立新的个人破产制度等;第11部分是附加规定。

脱欧后,欧盟的竞争法将不适用于英国。涉及英国的企业并购,需要单独做英国反垄断法下的反垄断评估,而不像脱欧前达到欧盟申报标准的并购项目就不需要再作英国反垄断法的评估。

三、英国竞争执法机构

英国的竞争执法机构是竞争和市场局[1]。竞争和市场局在2013年10月1日由公平贸易办公室和竞争委员会合并后成立[2],于2014年4月1日开始正式履行职责,

---

〔1〕 竞争和市场局的官方网址:https://www.gov.uk/government/organisations/competition-and-markets-authority。

〔2〕 Department for Business Innovation & Skills, "Strengthening competition and creating a single competition and markets authority (CMA), March 15, 2012", Accessed on August 23, 2019, https://www.gov.uk/government/publications/strengthening-competition-and-creating-a-single-competition-and-markets-authority-cma--2.

其由1名主席、1名首席执行官、3名执行董事和7名非执行董事组成。3名执行董事分别负责执法（Enforcement）、市场和并购（Market and Merger）及公司服务（Corporate Services）。竞争和市场局在伦敦、爱丁堡、卡迪夫和贝尔法斯特有办公室。

英国竞争和市场局是一个独立的非内阁政府部门，主席和首席执行官都是由商业、能源和工业战略大臣提名。合并后的竞争和市场局的权力大大增强，其中包括：负责经营者集中反垄断案件的第一阶段和第二阶段调查[1]；负责调查潜在的垄断协议；针对涉嫌卡特尔行为的个人提起刑事诉讼。除了上述跟反垄断执法相关的职能外，竞争和市场局还具有实施消费者保护法律的权力。竞争和市场局具有提起刑事诉讼的权力，这是很多其他竞争法机构如欧盟委员会和中国国家市场监督管理总局所不具备的，这也是走出去的中国企业尤其需要注意的。

以下英国的行业监管部门同时拥有竞争法下的部分执法权，该等行业监管部门的执法权限与竞争和市场局相似，但无权处理经营者集中方面的法律问题，且执法范围仅限于其管辖的行业涉及的反垄断问题：民航局（Civil Aviation Authority）；金融市场行为监管局（Financial Conduct Authority）；天然气电力市场办公室（Office of Gas and Electricity Markets）；铁路公路办公室（Office of Rail and Road）；支付系统监管机构（Payment System Regulator）；水务监管局（Water Services Regulation Authority）；国民健康保险促进项目（NHS Improvement，Monitor）。

脱欧后，英国竞争和市场局在适用《1998年竞争法》第1章和第2章的禁止性规定时不再需要做与欧盟反垄断法有关条款相一致的解释。

四、调查程序

除经营者集中审查程序（详见本章第四节“经营者集中审查”）之外，英国执法机关对于垄断协议和滥用市场支配地位的调查程序都是一致的。

对于垄断协议案件和滥用市场支配地位案件，在掌握了违法线索之后，执法机关会初步对潜在问题进行审查，并以非正式的手段进行证据收集，以确定是否开启正式的调查。在正式调查阶段，执法机关将会采取正式要求被调查企业提供有关信息、突击调查被调查企业住所等方式收集证据，并发布有关调查该案件的通知。在对正式收集的证据进行分析之后，如果无法排除违法嫌疑，执法机关将会发布反对令（Statement of Objections），列举出执法机关发现的事实、证据以及将要采取的措施。在反对令发布以后，被调查企业有权对反对令提出异议，如果依据被调查企业的异议及相关证据，执法机关发现违法行为并不存在，则不会对案件进行处理。如果执法机关认定违法行为确实存在，将会发布处理决定并进行处罚。执法机关发布处罚决定之后，被调查企

[1] 详见本章第四节。

业有权提起上诉[1]。有关被调查企业的上诉见本章第五节。

英国的反垄断调查程序，除经营者集中审查之外并未设置严格的时间期限，具体的时间期限将会视案情的复杂程度确定。

第二节　垄断协议

一、垄断协议概述

垄断协议是指两个或者两个以上的经营者（包括行业协会等经营者团体），通过协议或者其他协同一致的行为，实施固定价格、划分市场、限制产量、排挤其他竞争对手等排除、限制竞争的行为。垄断协议一般分为横向垄断协议和纵向垄断协议。横向垄断协议是竞争对手之间达成的反竞争的协议，纵向垄断协议是企业与其交易相对人达成的反竞争的协议。

《1998 年竞争法》第 1 章规制垄断协议，明确禁止任何具有排除、限制或扭曲英国市场竞争的目的或效果的协议或协同行为。有关垄断协议须具备以下 4 个要件：存在协议、决定或协同行为；上述协议或协同行为存在于经营者之间，上述决定是由行业协会作出；上述协议、决定或协同行为会对英国境内的贸易产生影响；上述协议、决定或协同行为具有防止、限制或扭曲英国境内竞争状况的目的或效果。

垄断协议中的“协议”与传统法律意义上的协议不同，垄断协议中“协议”的概念相当广泛，应当作广义理解，包括正式和非正式协议，书面和口头协议，明示或暗示的协议等。“协同行为”是指经营者之间在尚未达成协议的阶段，通过实质上的合作以规避反垄断风险的行为，特别是竞争对手之间交换保密信息的行为，通常会被认定为协同行为。“经营者”是指在市场上提供商品或服务的任何实体，可以是自然人、法人和其他形式的实体。“对英国境内的贸易产生影响”是指无论从事垄断行为的经营者的国籍是不是英国国籍，也无论垄断行为是否发生在英国境内，只要垄断行为会对英国境内的贸易产生影响，则英国对此具有管辖权。同时，这是对英国反垄断制度域外效力的限制，也与世界上多个法域的规定相一致[2]。

只有协议、决定或协同行为具有防止、限制或扭曲英国境内竞争状况的目的或效果，才能依据《1998 年竞争法》进行规制。一方面，对于具有排除、限制或扭曲竞争目的的协议，竞争和市场局不需要评估涉及的协议或协同行为对竞争的影响。英国竞争上诉法庭明确，评估协议是否具有防止、限制或扭曲英国境内竞争状况的目的的第一步

---

〔1〕 CMA, *Competition Act* 1998: *Guidance on the CMA's investigation procedures in Competition Act* 1998 *cases*, Accessed on April 29, 2020, https://assets. publishing. service. gov. uk/government/uploads/system/uploads/attachment_data/file/771970/CMA8_CA98_guidance. pdf.

〔2〕 如我国《反垄断法》第 2 条规定，中华人民共和国境外的垄断行为，对境内市场竞争产生排除、限制影响的，适用本法。

是确定协议、决定或协同行为的目的，以及协议性质是否明显限制竞争[1]。另一方面，如果协议或协同行为具有排除、限制或扭曲竞争的效果，竞争和市场局则需要对这种效果进行分析。要认定协议具有限制市场的效果，协议必须在相关市场上对价格、产能、创新，或商品和服务的种类和质量产生可以合理期待的、实际或潜在的影响，且这种影响必须是可以被感知的。

二、垄断协议的种类

《1998 年竞争法》第 1 章规定了垄断协议的类型，主要包括：(1) 直接或间接固定商品采购、销售价格或其他交易条件的协议；(2) 限制或控制生产、市场、技术进步或投资的协议；(3) 划分市场或原料供应来源的协议；(4) 为排挤竞争对手，对条件相同或近似的交易适用不同的交易条件的协议；(5) 交易时附加与本交易的性质、商业用途无关的不合理条件的协议。

此外，《2002 年企业法》第六部分第 188 条规定，竞争对手之间的固定价格、划分产品销售市场或原材料供应市场、限制生产或供给，以及串通招投标这几种协议或安排被视为“卡特尔”。卡特尔是垄断协议中最为严重的类型。如果个人导致至少两家企业制定或实施，或者促使制定或实施卡特尔行为的，则该个人可能会受到刑事起诉。

三、垄断协议的豁免

在特定情况下，限制竞争的协议可以得到豁免，因而有关协议并不违反法律。《1998 年竞争法》第 1 章第 9 条规定，在同时满足以下条件的前提下，有关协议可以被豁免：有助于改善生产、销售，或者促进技术或经济进步（产生效率）；允许消费者公平分享所产生的效益（传导至消费者）；不会对协议方施加非实现协议目的必不可少的限制（必不可少性），或者不会消除双方所涉产品重要部分的竞争（不会消除竞争）。

就是否能满足“产生效率”的条件而言，一个协议可能产生多种效率，包括“成本效率”（由协同效应、规模经济和/或范围经济等产生）和“质量效率”（如新的产品和服务、改进的产品或服务、新的功能和/或定制产品或服务）等。比如因合作带来的成本降低，或者因合作使协议方有能力为消费者提供新的产品或服务。作为豁免的必要条件，协议无须产生多种效率，只要产生任意一种效率，即符合本条件的要求。

就“传导至消费者”而言，消费者既可以是最终消费者或是中间商，也可以是个人消费者抑或企业消费者，从效率中受益的消费者群体，不一定是受限制竞争影响的消费者群体。“公平分享”的概念意味着传导至消费者的效益必须至少可以补偿任何对消费者已经产生的或可能导致的不利影响，这样消费者才不会因协议遭受损害，且社会能整体受益。最后，消费者并不一定要获取每一种效率的传递，也不一定要立即获

---

[1] Institute of Independent Insurance Brokers v. Director General of Fair Trading, Case No. 1003/2/1/01 [2001] CAT 4, paragraph 169.

取,可在某一个具体时间段内获取到这种传导的利益即可。

就是否能满足“必不可少性”的条件而言,竞争和市场局会考虑,相比于本协议或限制不存在的时候,是否有其他更高效地达成协议目的的可能性,亦即事实上是否存在其他经济上可行,且限制性较小的手段来实现这种目的。有关考量须是逐案分析,须考察的因素包括:(1)协议履行的实际背景,即是否存在限制更小的解决方案;(2)市场结构;(3)协议方通过履行协议会获得的激励;(4)如果不存在协议,经营者所面临的经济风险等。

就是否能满足“不会消除竞争”的条件而言,竞争和市场局会考虑协议方在相关市场上的地位、协议实施前的市场竞争程度、协议实施后的对实际竞争的影响(包括对协议方的影响和对其他经营者的影响)、协议对竞争各种因素(如价格和服务质量等)的影响、协议方的实际市场行为以及市场竞争门槛的高低和潜在能够进入市场的经营者。

对垄断协议的豁免,经营者不需要事前申请,如协议满足《1998 年竞争法》第 1 章的豁免条件,则不适用该章关于垄断协议的禁止性规定,协议也从满足豁免条件时有效。因此,有关企业需根据具体的协议进行反垄断自我评估,以确保涉及的协议是否可以根据《1998 年竞争法》第 1 章获得豁免。有关企业如果没有进行专业的反垄断自我评估,有可能导致未能识别相关反垄断风险,从而实施了违反《1998 年竞争法》第 1 章规定的行为。对于走出去的中国企业应对反垄断自我评估予以重视,切实有效地降低违法风险,不能认为评估只是在形式上进行评估,而忽略对协议内容进行实质的评估。

四、宽大制度

垄断协议中的“协议”的概念相当广泛,即使世界各个法域对于垄断行为打击力度加强,但随着企业对反垄断制度理解的不断加深,部分企业为绕过反垄断制度的规定,继而采取比较隐秘的方式达成垄断协议,造成执法机关查处垄断协议的难度不断攀升。在此情况下,执法机关为了从参与垄断协议的企业内部瓦解垄断协议,引入了宽大制度。宽大制度通常会给予最先合作的经营者大幅度减免罚款,以换取更多垄断协议的证据,进而对尚未合作的垄断协议参与者进行处罚。在英国,由于部分垄断协议(卡特尔)可能会导致个人的刑事处罚,申请宽大处理不仅可以大幅减免对企业的罚款,也会使相关责任人免除刑罚。

(一)授予宽大制度的条件

在英国,为获得宽大处理,必须满足以下条件[1]:申请人必须承认参与了卡特尔

---

〔1〕 Office of Fair Trading, *Guidance on the principles and process of applications for leniency and no – action in cartel cases*, November 2017, Accessed on August 27, 2019, https://assets. publishing. service. gov. uk/government/uploads/system/uploads/attachment_data/file/284417/OFT1495. pdf.

行为；申请人必须向竞争和市场局提交法律专业特权（Legal Professional Privilege）之外有关卡特尔行为所有能够提交的信息、文件及证据；在调查过程中及直至竞争和市场局根据调查结果采取任何行动（包括刑事程序、民事起诉或刑事上诉）并得出结论之前，申请人必须保持持续和全面的合作；自从向竞争和市场局披露存在卡特尔行为时起，申请人必须停止参与卡特尔行为；申请人不能是迫使其他经营者参与卡特尔行为的经营者，亦即不能是卡特尔行为的积极参与人，否则不能得到豁免[1]；竞争和市场局尚未对被披露的卡特尔行为发布过反对令（Statement of Objections）。

（二）宽大制度的豁免程度

英国反垄断法制度有 3 种程度的宽大处理，依据宽大的力度，分为 A 类型宽大（Type A Immunity）、B 类型宽大（Type B Immunity /Leniency）以及 C 类型宽大（Type C Leniency）。

1. A 类型宽大

如要获得 A 类型宽大，企业要在竞争和市场局尚未对披露的卡特尔行为进行调查及没有充分证据证明该卡特尔行为存在前，作为第一位申请人向竞争和市场局披露存在该卡特尔行为，以及提供相关证据。若竞争和市场局授予了 A 类型宽大，则意味着企业可以完全免除罚款，“一揽子”地保证所有合作的现任及前任应当负责任的员工及董事免于刑事起诉，且保障公司董事免受任职资格诉讼，但前提是申请人满足了所有上述宽大条件。

2. B 类型宽大

如要获得 B 类型宽大，企业要在竞争和市场局已经开展调查的情况下，作为第一位申请人向竞争和市场局进行举报并提交相关证据。若竞争和市场局授予了 B 类型宽大，则意味着企业可以免除或者降低罚款，酌情免除合作的现任及前任应当负责任的员工及董事刑事起诉，免除刑事起诉可以是“一揽子”的，也可以是针对具体的个人的，并且保障公司董事免受任职资格诉讼，前提是申请人满足了所有上述宽大条件。

3. C 类型宽大

在其他经营者已举报了卡特尔行为，或者企业曾迫使其他经营者参与卡特尔活动的情况下，企业只能申请 C 类型宽大。若竞争和市场局授予了 C 类型宽大，则意味着会酌情减少企业不超过 50% 的罚款金额，酌情免除针对具体个人的刑事起诉，并且保障公司董事免受任职资格诉讼。

由于英国特殊的政治体系，针对发生在苏格兰的卡特尔行为，竞争和市场局仅能对企业授予罚款减免的宽大处理，无法确保应当负责任的个人免于刑事处罚。但竞争和市场局将会向苏格兰政府和皇室的首席法律官员（Lord Advocate）报告有关此人的合作情况，首席法律官员也会非常重视竞争和市场局有关豁免的建议。在确定是否授予豁免时，首席法律官员也会参考竞争和市场局有关宽大制度的指南。

---

〔1〕 本条件并非必要的，但不满足本条件的，授予豁免的力度有限，只能获得 C 类型宽大。

五、违法后果

根据《1998 年竞争法》的规定，违法企业会面临高达连续 3 年其每年全球营业额 10% 的罚款。此外，由于卡特尔是垄断协议中最为严重的行为，根据《2002 年企业法》第 6 部分的规定，参与卡特尔行为的个人会面临卡达 5 年刑期的处罚，或者无封顶的罚金，或者刑期加罚金。此外，涉案的个人还会在最长达 15 年的时间内丧失在英国企业担任董事的资格。

第三节　滥用市场支配地位

一、滥用市场支配地位概述

当经营者具有极强的市场地位时，消费者可能需比竞争市场中相同商品或服务支付更高的价格，却得到更差的商品或服务品质。不过，经营者拥有很高的市场份额时，不必然意味着该经营者会向消费者收取超额的价格，因为潜在的竞争对手会抑制占据很高市场份额的企业的涨价行为。拥有支配地位本身并不违法，只有滥用市场支配地位才有可能违法。因此，要判断一家企业是否因滥用市场支配地位而违反竞争法，要同时满足两个条件，即首先需要判断该企业是否具有市场支配地位，其次判断是否存在滥用市场支配地位的行为。各国竞争法对于判断企业是否具有市场支配地位的标准尽管在语言表述上不尽相同，但是其实质内容一致，一般均需要考虑企业的市场份额、市场准入情况、企业的财力等因素。

二、市场支配地位的定义

虽然《1998 年竞争法》第 2 章明确规制滥用市场支配地位的行为，但该法并未对市场支配地位进行定义。在英国执法机构合并前，公平贸易办公室发布了《有关评估市场力量的指南》（以下简称《评估市场指南》）[1]，其参照欧盟竞争法的相关做法，为分析市场支配地位提供了大致的框架。在执法机构合并后，《评估市场指南》由竞争和市场局继续沿用。

依据《评估市场指南》的规定，只有具有强大市场力量的企业才会被竞争和市场局认为具有市场支配地位。反垄断规则中的市场力量，指经营者在市场中可以独立与竞争对手和客户从事经营活动，其余竞争对手及其客户的任何行为均无法对该经营者的利润造成影响的力量。分析经营者是否具有市场力量应当进行个案分析。在评估企业是否具有市场支配地位时，应当考虑该企业所面临的竞争限制，比如现有的竞争对手、潜在的竞争者、强势的买方等因素。

尽管市场份额也是英国判断市场支配地位的重要因素之一，但与中国和韩国等国家的规定不同，《1998 年竞争法》并没有明确规定企业拥有多大的市场份额就可以被推

---

〔1〕 Office of Fair Trading, *Assessment of market power*: *Understanding Competition Law*, December 2004.

定具有市场支配地位。《评估市场指南》强调，不能仅凭市场份额得出企业是否具有市场支配地位的判断，也应当考虑其他竞争对手的市场地位，以及市场份额是如何随着时间的推移而变化的。如果其他竞争对手极其弱势，或该企业在市场上长期稳定地具有较高的市场份额，则该企业具有市场支配地位的可能性极高。尽管推定市场支配地位的标准并未写进法律，但英国执法机关在 Napp Pharmaceuticals[1]案的决定中引述了欧洲法院的判例[2]，使用了欧洲法院市场份额持久地超过50%则可以推定为具有市场支配地位的观点。尽管英国已脱欧，但此标准仍然可供拟向英国投资的企业参考。

三、联合滥用市场支配地位

《评估市场指南》通过引用欧盟竞争法指出了“联合滥用市场支配地位”的违法性质。即使某经营者单独不具有市场支配地位，该经营者与其他经营者的共同行为也可能被认为是联合滥用市场支配地位，而这种联合滥用有时也被称为“默契合作”。通常情况下，只有以下条件均已满足了，才会认定存在“默契合作”：对共同策略的遵守情况是可以被每一个参与共同策略的企业有效监督的；每一个企业都乐于在长时间内保持合作行为，也即合作是稳定的；企业能够预见，现存的或潜在的竞争对手或客户均无法对共同政策的实施产生威胁。

“默契合作”通常发生在寡头垄断的市场结构中，因为这样的市场结构最容易满足上述条件。这也提示着拟向英国投资的企业，如果所投资的行业只有寥寥几个竞争对手，在日常经营活动中应当尽量谨慎，以避免触犯共同滥用市场支配地位的合规风险。

四、滥用市场支配地位行为的种类

根据《1998 年竞争法》第 2 章的规定，禁止具有市场支配地位的企业进行以下滥用市场支配地位的行为：通过掠夺性定价（以排挤竞争对手为目的低于成本销售）；无正当理由收取超高的价格；无正当理由拒绝提供商品或服务；纵向限制和价格歧视的方式来实现利润最大化；获得竞争优势或者限制竞争。至于这些行为是否确实会对市场造成不利影响，执法机关将进行个案分析[3]。

五、违法后果

滥用市场支配地位的违法企业将会面临高达连续 3 年的金额为其每年全球营业额 10% 的罚款，但是企业滥用市场支配地位不会面临刑事处罚，个人也不存在刑事责任。

---

〔1〕 DECISION OF THE DIRECTOR GENERAL OF FAIR TRADING No. CA98/2/2001, para 96.

〔2〕 Case C62/86 AKZO Chemie BV v. Commission [1991] ECR I-3359; [1993] 5 CMLR 215.

〔3〕 Office of Fair Trading, *Abuse of Dominant Position: Understanding Competition Law*, December 2004.

第四节 经营者集中审查

一、经营者集中审查概述

经营者集中审查的立法目的在于对垄断防患于未然。一般情况下,公司并购或者设立合资可以形成合力来提高效率和竞争力,但有些并购可能会产生或加强某企业的支配地位,从而削弱市场竞争、损害消费者利益。全球设有经营者集中审查制度的国家和地区都鼓励促进竞争、有利于经济增长的并购,而实施审查的目的只是阻止可能会损害竞争的并购。

尽管各国(地区)实施经营者集中审查的目的大体相同,但是在具体制度的设计上依然存在差异。各国(地区)经营者集中审查制度主要分为强制性经营者集中申报制度和自愿性经营者集中申报制度。强制申报制度体现在达到申报标准而不进行申报本身就构成违法,而自愿申报制度下则不存在企业不申报就构成违法的情况。目前,英国与澳大利亚、新西兰和新加坡等少数国家采取自愿申报制度,其他绝大多数国家(地区)采取强制申报制度。

《2002 年企业法》第 3 部分对经营者集中的相关制度进行了规制。尽管英国采取自愿申报制度,《2002 年企业法》第 6 部分也设定了两个标准(具体标准见下文),未达到申报标准的,无须申报,可以直接实施集中,因集中产生对市场竞争不利影响的可能性极小;而在达到上述任意申报标准时,集中就有可能会对竞争产生不利影响,企业应当考虑进行申报,以避免交易在日后的不确定性带来的影响。

二、经营者集中的申报和审批

(一)申报标准

根据《2002 年企业法》第 3 部分的规定,英国的经营者集中申报标准有两个:一个是营业额标准(Turnover Test),另一个是供应份额标准(Share of Supply Test)。依据营业额标准,合并后获得控制权的企业在英国的营业额超过 7000 万英镑的,就应该考虑申报。这个营业额包含目标企业和收购方在英国的营业额,或者通过合并新设立的企业在英国的营业额;依据供应份额标准,合并本身(或其中很大一部分)在英国的供应或购买任何商品或服务份额增长至 25% 或以上的,就应该考虑申报。需要说明的是,英国经营者集中审查的供应份额标准并不是其他国家(地区)经营者集中审查常见的申报标准。涉及的企业对于供应份额标准的范围的划定有很大自主权。一般划定的范围越大,会导致涉及的企业的份额越小。此外,供应份额标准也要求集中方具有相同的业务,如果不存在重合的业务,一般不需要申报。

2018 年,英国补充了申报标准这一规定,对量子技术产业、CPU 产业、军工产业以及当进行出口管制的军民两用产业收紧了经营者集中的审查标准。对于上述行业,从营业额标准来看,如果合并后获得控制权的企业在英国的营业额超过 100 万英镑的,即满足营业额标准[1]；从供应份额标准来看，集中无须导致供应份额的增长（无须集中方具有重合的业务），只要被收购方的供应份额为25%或以上的，即满足供应份额标准[2]。

（二）申报义务人

英国经营者集中申报制度并未规定特定的申报义务人。通常而言，通过收购方式导致集中的，由收购方主导进行申报；通过合并或合营方式导致集中的，由母公司联合申报。

（三）申报手续费

与中国和欧盟的经营者集中审查制度不同，英国的经营者集中审查制度下，申报的企业需要向竞争和市场局缴纳手续费，有关费用是由目标企业在英国境内的营业额决定。目标企业在英国境内的营业额不超过2000万英镑的，手续费为4万英镑；超过2000万英镑，但不超过7000万英镑的，手续费为8万英镑；超过7000万英镑，但少于1.2亿英镑的，手续费为12万英镑；超过1.2亿英镑的，手续费为16万英镑。

（四）审查程序

英国的经营者集中审查程序分为两个阶段：第一阶段的审查时限为40个工作日，第二阶段的审查时限为24周（竞争和市场局有权延长8周）。如果涉及的经营者集中可能需要竞争和市场局附条件批准的，竞争和市场局有权在第一阶段或第二阶段结束后用12周来审查是否接受集中方提供的附条件方案（竞争和市场局有权延长6周）。竞争和市场局是英国企业并购控制第一阶段和第二阶段的调查机构和决策者。第一阶段由竞争和市场局董事会决定是否彻底批准并购、有条件地批准并购，或将其提交进行第二阶段调查。竞争和市场局有权对其认为已导致或可能导致大幅减少竞争的任何相关并购进行第二阶段调查。涉及的企业可以在第一阶段就向竞争和市场局提出化解经营者集中审查关注的问题，从而避免经营者集中审查进入第二阶段。第二阶段的决定由一个调查小组作出，该小组由至少3名且不超过5名竞争和市场局专家组成员组成。

三、未申报可能面临的后果

竞争和市场局下设的并购信息委员会（Merger Intelligence Committee）负责监测市场上的并购活动。当竞争和市场局了解到有未申报的经营者集中情况，并购信息委员会就会联系集中方询问相关信息，以确认英国是否具有管辖权。如果并购信息委员会认为有关集中有可能会对市场产生影响，则竞争和市场局将会通知集中方进行申报。

英国实行经营者集中自愿申报的制度，参与经营者集中的企业没有申报的义务。尽管如此，很多企业还是选择在交易完成前进行反垄断申报评估，根据评估结果来判

---

[1] The Enterprise Act 2002 (Turnover Test) (Amendment) Order 2018.

[2] The Enterprise Act 2002 (Share of Supply Test) (Amendment) Order 2018.

断是否需要在英国进行经营者集中反垄断申报。因为竞争和市场局随时可以对他们认为可能产生反竞争效果的交易发起经营者集中反垄断调查,调查期间,竞争和市场局有权要求暂停交易,从而增加企业交易的不确定性。因此,企业都会在实施经营者集中前对涉及的交易做经营者集中申报的评估,以避免交易完成后遭到竞争和市场局调查的风险。

第五节 救济措施

当事人不服竞争和市场局作出的决定的,可以向英国竞争上诉法庭提出上诉。竞争上诉法庭是根据《2002 年企业法》的相关规定设立的,可以受理英国范围内的案件。竞争上诉法庭一般由 3 名成员组成审判庭,其中主席是由英格兰及威尔士的高等法院法官(或苏格兰和北爱尔兰同级别的法官)和高级律师担任,其他 2 名成员由法律、商业、会计、经济和其他相关领域的专家担任。

竞争上诉法庭受理的案件包括:不服竞争和市场局的决定而提起的诉讼;不服民航局、金融市场行为监管局、天然气电力市场办公室、铁路公路办公室、支付系统监管系统机构、水务监管局和国民健康保险促进项目作出的有关各自行业涉及竞争问题的决定而提起的诉讼;损害赔偿诉讼。

除了可就处罚决定上诉外,当事人对于发现的违法事实、接受、修改或发布承诺和有关临时禁令的决定均可以上诉。上诉具有时间限制,当事人应当在被告知决定或决定被公开之日起 2 个月内提出上诉。

如果当事人对于案件的适用法律或者赔偿/处罚金额有异议的,当事人可以向管辖英格兰和威尔士上诉案件的上诉法院(Court of Appeal)或者苏格兰和北爱尔兰同级别的法院提出上诉。对上诉法院的判决不服的,可以向最高法院提出上诉,但是该等上诉要先得到对应的上诉法院的允许才能被立案受理。竞争上诉案件具体的上诉流程、时间、审判规则等与其他案件一致,并没有特殊规定。关于上诉流程、时间和审批规制见本书第十七章“英国争议解决法律制度”。

由于卡特尔同时属于刑事犯罪,如果被英国皇室法院认定为有罪,当事人可以上诉至上诉法院刑事法庭或者苏格兰和北爱尔兰同级别的法院。除了在苏格兰的刑事诉讼案件,对于上诉法院刑事审判庭的判决,当事人还可以上诉至英国最高法院(Supreme Court);苏格兰的刑事案件则可上诉到苏格兰高等刑事法院,该法院是苏格兰最高刑事法院,对发生在苏格兰的刑事案件具有终审权。

第十六章

英国数据保护法

第一节　概　　述

作为数据保护制度发展较为先进的国家之一，英国早就颁布了《1998 年数据保护法》(Data Protection Act 1998)，但科技发展不断变化，随之而来的新格局也改变了数据的地位，越来越多的人重视数据背后所带来的安全威胁。因此，英国对数据的保护也是与时俱进的。

2018 年 5 月 25 日，备受瞩目的《通用数据保护条例》(Regulation 2016/679 of the European Parliament and of the Council of 27 April 2016 on the Protection of Natural Persons with Regard to the Processing of Personal Data and on the Free Movement of Such Data, and Repealing Directive 95/46/EC, GDPR)在欧盟境内正式生效实施。该条例的适用范围极为广泛，任何收集、传输、保留或处理涉及欧盟所有成员国内的个人信息的机构组织均受该条例的约束。

受欧盟数据保护立法影响，英国推出《2018 年数据保护法》(Data Protection Act 2018)，取代了原来的《1998 年数据保护法》，配合欧盟 GDPR，确保英国即使在正式脱欧后，也能适应未来的形势。

在脱欧背景下，英国数据保护法并没有发生实质性变化。在脱欧的过渡期内，《2018 年数据保护法》仍然将持续适用，英国在过渡期内将采取措施，将 GDPR 进一步转化为国内法适用。在脱欧后，英国即实施《英国通用数据保护条例》(the UK General Data Protection Regulation, UK GDPR)，其主要内容与 GDPR 的主要内容保持一致，以避免法律体系的大幅度变化，《2018 年数据保护法》作为 UK GDPR 的补充，新的数据保护法律体系将不会出现大幅度的修改，虽然如此，企业应当更加注意的问题是，此后英国将 GDPR 进一步转化为国内法适用，并且与欧盟 GDPR 并行适用时，对于企业产生双重的数据保护义务的效果，尤其是总部位于英国和欧盟之外的第三国的企业，需要考虑在英国和欧盟分别派出代表或者数据保护合规官(Data Protection Officer)，出现覆盖英国、欧盟的处罚时，会面临两个数据保护法律体系下的处罚问题等。

同时，由于脱欧导致英国不再作为欧盟成员国，英国现在面临的最主要问题在于作为第三国时的数据传输问题，英国也正采取措施解决数据跨境传输问题，包括英国与欧盟之间，英国与其他第三国之间的数据传输。数据传输跨境问题会在下文的章节中进行详细阐述。

从《2018 年数据保护法》的内容来看，一方面，新法在更大程度上赋予了个人对数据控制的权利，在强化原有“知情同意”“数据获取”等个人数据权利的基础上，新增加了数据可携带权、被遗忘权两项权利以及用户画像的规定；另一方面，新法基本是 GDPR 的国内执行法，内容上基本一致，例如特定的个人数据权利、提高了违法行为的罚款额度，从而与欧盟规定接轨。

对《2018 年数据保护法》进行理解时，经常会碰到一些常见的概念，会有一些约定俗成的内容需要提前知悉。由于欧盟长期以来对数据保护立法的重视和悠久的发展历史，使这些概念和术语较为统一，理解起来也并不复杂。以 GDPR 为例，“个人数据”(Personal Data)普遍被认为是指可识别的自然人[也被称为数据主体(Data Subject)]的任何信息，个人身份可以通过姓名、身份证号、位置数据、在线识别码这类标识，或通过一个或多个要素(生理、遗传、心理、经济、文化、社会身份等)能够直接或间接地被识别。另外一个重要的概念则是数据“处理”(Processing)的行为，处理一般作广义上的理解，指针对个人数据或个人数据集合的一个或一系列操作，包括收集、记录、组织、建构、存储、修改、检索、咨询、使用、披露、传播或其他方式利用、排列或组合、限制、删除或销毁，无论该等操作是否采用自动化方式(Automated Means)。当然，有一组概念是数据保护立法中的重要角色——“数据主体”和“数据控制者/数据处理者”，前者实际上就是数据被处理的自然人，而后者的概念比较复杂，根据欧盟《1995 年保护个人享有的与个人数据处理有关的权利以及个人数据自由流动的指令》(Directive 95/46/EC of the European Parliament and of the Council of 24 October 1995 on the Protection of Individuals with Regard to the Processing of Personal Data and on the Free Movement of Such Data)(以下简称指令)所组成的数据保护工作小组(Working Party)，在 2010 年 2 月 16 日还专门发布了《关于控制者和处理者概念的指南建议》(Opinion 1/2010 on the Concepts of Controller and Processor)，以进一步解释数据控制者和数据处理者的概念。按照指令和 GDPR 的规定，“数据控制者”指单独或联合决定个人数据的处理目的和方式的自然人、法人、公共机构或其他组织，“数据控制者”指代表数据控制者处理个人数据的自然人、法人、公共机构或其他组织。

《2018 年数据保护法》内容繁多，共 215 条。总共分为 7 个部分：第 1 部分是序言，对整部法律做了一个概述，并指出在常见的数据处理活动中遵循 GDPR 的规定；第 2 部分是一般的数据保护原则，以 GDPR 为基础，增订了许多补充规定，如对 GDPR 不适用的数据处理进行了处理机制的补充；第 3 部分对执法机关为执法目的处理数据时应当遵循的事项作出规定；第 4 部分制定了情报部门处理数据时应当遵循的条款；第 5 部分是关于英国信息专员办公室(Information Commissioner’s Office, ICO)的规定；第 6 部分对数据保护法的执法措施进行了规定；第 7 部分则是一些补充条款。

除此之外，《2018 年数据保护法》还在法律正文之后，利用 20 个附件的形式对法律条文中的相关规定进行详细的补充解释，包括特殊数据的处理、GDPR 的豁免等。从内容上看，相较于 GDPR，《2018 年数据保护法》特别增加了“执法机构的数据处理”和“情报工作的数据处理”内容，为执法机构及情报部门的数据处理设定了专门的数据保护框架。

第二节 数据保护原则

一、一般的数据保护原则

UK GDPR 的一般数据保护原则包括以下几个方面。

（一）透明性原则

个人数据应当以合法、公正、透明的方式处理。数据控制者应当向数据主体提供有关收集和进一步处理他们个人数据的明确的通知和告知信息。这些通知和告知信息应当以简明、公开、易理解、易获取的方式以及直白、清晰的语言作出。

（二）合法性原则

首先，只能在合法的情况下收集数据。UK GDPR 中列举了一系列处理数据的合法基础，包括：数据主体事先的、自由做出的、具体明确的、已知晓的、毫无歧义的同意；为了履行合同所必需，即数据处理活动是为了履行与数据主体之间的合同所必要的，或者是为了订立该等合同且由数据主体提出的；履行法定义务，即数据控制者在欧盟相关法律下所需要履行的法定义务；合法利益，即数据处理活动是数据控制者追求合法利益的必要行为，但此利益与受保护的数据主体的利益或基本权利和自由相冲突的除外；处理是为了执行公共利益领域的任务或者行使数据控制者的公共职权所必要的。

其次，儿童的个人数据收集有特别规定。UK GDPR 规定，在同意这一合法基础下，在向儿童直接提供信息社会服务的情形中，只有对 13 周岁以上儿童的个人数据进行的处理才是合法的；未满 13 周岁的，处理只有在征得监护人同意或授权的范围内才合法，其中与 GDPR 规定不同，在英国，信息社会服务不包含预防和咨询服务。英国数据保护监管机关信息专员办公室（Information Commissioner's Office，ICO）专门颁布了针对儿童的行为准则，其概述中明确说明[1]：“当您收集和处理他们的个人数据时，儿童需要特别保护，因为他们可能不太了解所涉及的风险。如果您处理儿童的个人数据，那么您应该从一开始就考虑保护他们的必要性，并在设计系统和流程时考虑到这一点。遵守数据保护原则，尤其是公平性应该是您处理所有儿童个人数据的核心。您需要有处理儿童个人数据的合法依据。同意是处理的一种可能的合法依据，但它不是唯一的选择。有时使用可替代的合法依据更为合适，这样可为儿童提供更好的保护。如果您将同意作为处理的合法依据，则在直接向儿童提供在线服务时，在英国，只有 13

---

〔1〕 ICO, Accessed on November 18, 2021, https://ico. org. uk/for – organisations/guide – to – data – protection/key – dp – themes/children/.

岁或以上的儿童才能提供他们自己的同意。对于此年龄以下的儿童,您需要获得对儿童负有父母责任的人的同意——除非您提供的在线服务是预防性或咨询服务。当您将他们的个人数据用于营销目的或个性化处理或用户画像时,儿童应该得到特殊保护。如果这会对儿童产生法律或类似的重大影响,您通常不应仅根据有关儿童的自动处理做出决定。您应该为儿童写一份清晰的隐私声明,以便他们能够了解他们的个人数据会发生什么,以及他们拥有哪些权利。儿童对其个人数据享有与成人相同的权利。其中包括访问其个人数据的权利,要求更正、拒绝处理并删除他们的个人数据的权利。如果一个人在其还是儿童时同意了处理活动,那么他们的删除权就显得尤其重要。”

最后,对于特殊类型的个人数据处理有特别规定。UK GDPR 规定,对于揭示民族或种族、政治观点、宗教信仰、工会成员、以识别自然人为目的的基因数据、生物特征数据、健康数据、性生活或性取向这类数据的处理是被禁止的;除非 UK GDPR 下有进一步的合法依据允许控制者处理上述类型的数据。此外,《2018 年数据保护法》还补充了一些包括为健康或社会保健治疗目的进行的数据处理及犯罪记录处理方面的相关除外性规定。

（三）目的限制原则

个人数据应当为特定的、明确的、合法的目的收集,对个人数据的处理不应当违反初始目的。如果数据控制者希望将相关的个人数据用于与初始收集目的不相符合的目的,其必须满足一定条件,即告知数据主体即将进行的新的处理活动,以及即将进行的新数据处理活动应当建立在合法的基础之上。

（四）数据最小化原则

个人数据的处理应当是为了实现数据处理目的而适当的、相关的和必要的。数据控制者或处理者在处理数据时应当遵循其处理目的。

（五）准确性原则

个人数据应当是准确的,如有必要,应当及时更新;数据控制者与处理者应当尽可能采取必要、合理的措施确保不准确的个人数据能及时得到删除或更正。

（六）存储限制原则

对于能够识别数据主体的个人数据,其储存时间不得超过实现其处理目的所必要的时间。

（七）责任原则

数据控制者应当承担合规责任,并能够展示出证据来证明自己是合规的。

二、特殊的数据保护原则

在《2018 年数据保护法》第 3 部分,对主管机关为执法目的进行数据处理时,提出了六项应当严格遵循的数据保护原则,这些内容实际上也反映在 UK GDPR 中,但也根据执法目的对采取的数据处理性质进行了一定的补充。具体原则有如下几个方面。

(一)第一原则

针对为执法目的处理数据的目的,要求该执法目的合法、公正。一般来说,数据处理应当合法、公正地进行是公认的原则,这一点在 UK GDPR 中也作为首要原则(“合法性、公平性和透明性”)。但《2018 年数据保护法》还指出了两项例外规定:其一,如果数据处理是基于法律进行的;其二,数据主体对基于何种目的进行数据处理的行为已经同意,或者是为了执行主管机关所开展的任务而必需的。

除此之外,为执法目的开展数据处理时要格外注意敏感数据。敏感数据的处理行为包括:(1)能够显示出个人的种族或民族出身、政治观点、宗教或其他信仰或是工会成员的身份信息的处理行为;(2)为了识别个人,进行基因或遗传数据或是生物特征数据的处理行为;(3)有关个人健康的数据的处理行为;(4)有关个人性生活或性取向的数据处理行为。处理敏感数据只能在有法律规定的两种情况下进行。第一种情况:数据主体同意对该种目的下的数据处理行为;并且当开展数据处理活动时,数据控制者已经制定了适当的政策文件以说明和保护此种敏感数据处理的活动。这份政策文件需要说明的内容应当包含数据控制者依据数据主体的同意或有关情况,确保敏感数据的处理符合程序,以及在前述情况下,这些个人数据保留的时限和删除的条件。如果是以政策文件为依据进行数据处理,控制者还应当保证在相关的期间内保留这份政策文件,不时更新,并在有需要时将其免费提供给信息专员办公室。第二种情况:处理活动是严格执行执法目的所必需的,至少满足了《2018 年数据保护法》附件 8(Schedule 8)的条件之一(在《2018 年数据保护法》正文以外的部分,以附件的形式详细规定了处理敏感数据活动应满足的条件,包括法定要求、司法命令、保护个人切身利益、保护个人和弱势地位的儿童、已公开的信息、合法诉求、防止诈骗、归档等),并且开展数据处理活动时,数据控制者制定了适当的政策文件。

(二)第二原则

第二原则要求为执法目的而收集个人数据的目的必须具体、明确、合法,以及不能违反初始收集目的进行处理,与 UK GDPR 的目的限制原则对应。除此之外,为执法目的而收集的数据可以用于其他执法目的,但需要数据控制者得到法律的允许以及用于其他执法目的的处理行为是必要的。如果想要将为执法目的收集的数据用于非执法目的的处理,一般是不被允许的,除非能够获得法律的授权。

(三)第三原则

第三原则要求为执法目的而收集的个人数据应当是充分相关以及不过分的,以个人数据处理目的为必要限度进行处理。这与 UK GDPR 的数据最小化原则是一致的。

(四)第四原则

第四原则要求为执法目的收集的个人数据应当准确,如有必要应当及时更新,以及必须采取一切合理步骤,确保在处理不准确的个人数据时,考虑到处理该等数据的执法目的,能够立即删除或更正该不准确的数据,反映了 UK GDPR 的准确性原则。在处理执法用途的个人数据时,应当对个人数据的不同类别进行区分。例如有犯罪嫌疑的与即将犯罪的；已定罪的罪犯，刑事犯罪的受害人与潜在受害人；证人与其他了解犯罪信息的人。

（五）第五原则

第五原则要求为执法目的而收集的个人数据，其存储时间不得超过实现其处理目的所必需的时间，同时主管机关还必须制定适当的数据存储时间规定，定期检讨是否需要继续储存个人数据作任何执法用途。

（六）第六原则

第六原则要求为任何执法目的而处理的个人数据，必须采用适当的技术和组织上的措施，以确保个人数据的"适当安全"。在这一原则中，"适当安全"包括防止未经授权或非法的处理和防止意外损失、销毁或损害。

第三节　数据主体权利

总体来说，UK GDPR 以及《2018 年数据保护法》高度重视数据主体的权利。首先，数据控制者或处理者应当遵循透明性原则，以简单的语言和易获取的形式向数据主体提供交流方式和帮助。其次，在数据主体根据 GDPR 第 15—22 条的规定提出数据主体的权利请求（Data Subject Requests, DSRs）后，数据控制者应当在收到数据主体的权利请求后 1 个月内提供信息，不得无故拖延。在必要的情形下，考虑到数据主体的权利请求的复杂性和多样性，这个期限可以再延长 2 个月。如果有此类延长，数据控制者应当在收数据主体的权利请求的 1 个月内将此类延长以及延长原因告知数据主体。

另外，当数据主体以电子形式作出数据主体的权利请求在可行的情况下，对信息的提供也应当以电子形式提供且必须是可机读的，而且应以一种便于数据主体理解的方式提供，除非数据主体提出其他要求。在收费问题上，所有行使数据主体权利的行为和交流都应当是免费的，但《2018 年数据保护法》第 12 条规定，如果数据主体的权利请求明显不具备正当理由或超过必要限度，特别是当数据主体的权利请求是重复性的时候，数据控制者可以收取一定费用，但是应当有一份关于收费的文件说明。

一、数据主体的权利

（一）访问权

数据主体有权从数据控制者获知以下信息：确认其个人数据是否被数据控制者处理以及储存位置；处理行为的目的；被处理的个人数据的类型；个人数据已经或将被披露给接收者或接收者的类型；个人数据将被储存的预期期限或者确定此期限的标准；数据主体要求数据控制者更正或删除个人数据、限制或反对对数据主体相关的个人数据进行处理的权利；向数据保护监管机构进行申诉救济的权利信息；如果数据不是从数据主体处获得的，则需要告知数据主体关于其个人数据来源的相关信息；自动化决策数据处理，对于相关逻辑、此类处理对于数据主体的预期后果的信息。此外，数据控制者应当提供其处理的个人数据副本。

(二)纠正权

数据控制者应当确认,不准确、不完整的个人数据已经被删除或更正。数据主体应当有权更正关于其不准确的个人数据,或完善不充分的个人数据。

(三)删除权/被遗忘权

数据主体有权要求删除其个人数据(称为“被遗忘权”),在以下情形下,数据控制者应当及时删除其个人数据:个人数据对于实现其被收集或处理的目的不再是必要;处理行为是根据数据主体的同意作出的,而数据主体撤回在此类处理中的同意;数据主体实施了拒绝处理权,并且数据控制者没有更优先的正当理由;存在非法的个人数据处理;为了履行欧盟或成员国法律为控制者所设定的法律责任。

(四)限制处理权

数据主体有权要求限制处理自己的个人数据,即数据控制者掌握的有关数据主体的个人数据只能用于有限的目的。数据主体可以要求限制处理的情况包括:数据主体对个人数据的准确性有争议,并给予数据控制者一定的期限以核实个人数据的准确性;处理是非法的,并且数据主体不行使删除权,而是要求限制使用其个人数据;数据控制者不再需要个人数据以实现其处理的目的,但数据主体为了提起、行使法律主张而需要该个人数据;在提出删除权的情况下,需要确定数据控制者的正当理由是否优先于数据主体的正当理由。

(五)拒绝处理权

对于数据处理包括根据这些条款而进行的用户画像,数据主体应当有权随时拒绝。此时,数据控制者须立即停止针对这部分个人数据的处理行为,除非数据控制者证明,相比数据主体的利益、权利和自由,具有压倒性的、优先的正当理由,或者处理是为了提起、行使或抗辩法律性主张。

另外,数据主体有权拒绝以直接营销为目的的数据处理,包括与其相关的用户画像等。但在出现以下三种情况时,数据主体拒绝用户画像的自动化决策处理将会受到限制:(1)决策对于数据主体与数据控制者的合同签订或合同履行是必要的;(2)决策是欧盟或成员国的法律所授权的,数据控制者是决策的主体,并且已经制定了恰当的措施保证数据主体的权利、自由与正当利益;(3)决策是建立在数据主体的明确同意基础之上的。

对于自动化决策方面,《2018 年数据保护法》第 14 条对得到法律授权且已制定了保障数据主体权利的措施的控制者作了补充规定。例如此时数据主体的拒绝权虽被限制,但是如果数据控制者作出了重大影响的自动化决策,必须尽快以书面方式通知数据主体,而数据主体可以自收到该通知起 1 个月内,要求数据控制者重新考虑该自动化决策或是要求在非自动化处理的基础上作出新的决策。对此情况,数据控制者需要回应并遵守该请求,书面通知数据主体按其要求会发生的后果。也就是说,《2018 年数据保护法》要求数据控制者在自动化决策处理中依然遵循 UK GDPR 的透明性原则,以保障数据主体的权利和合法利益。

（六）数据可携带权

数据主体有权要求数据控制者将个人数据，以经过整理的、普遍使用的和可机读的形式，无障碍地从该数据控制者处传输至另一个数据控制者处。

二、数据主体权利的限制

数据主体的权利并不是绝对的，法律可通过单独立法对数据主体的权利加以限制。如果此类限制尊重了公民的基本权利和自由，且是为了实现民主社会的目的（如公共安全、调查犯罪行为、国防、司法诉讼等）并具有恰当的措施，那么这种限制是被允许的。《2018 年数据保护法》通过 3 个附件（附件 2、3、4）列举了对数据主体权利限制的情况。

附件 2 主要规定了可以免除数据控制者通知义务的特定情况。例如，当数据涉及预防、侦察、起诉犯罪、税款征收评估等情况时，或是为了维护有效的出入境管制或调查可能破坏有效出入境管制的活动时，或是涉及卫生、社会、教育工作者或其他相关的考试考核、公司信用和金融数据时，数据主体的更正、删除、数据可携带、拒绝处理等权利会受到一定限制。另外，与新闻、学术、艺术、文学、科学研究、统计这类特殊目的相关的，可以免除数据控制者需要履行的通知、访问等义务。

附件 3 规定了当法院处理有关健康数据、社会工作数据、教育数据以及虐童数据时，数据主体权利被限制的详细情况，包括数据主体会提出的期望、可能产生的严重危害以及事先应当征求专业人士意见等。

附件 4 规定了法律禁止或限制披露的信息，包括人类授精和胚胎信息、领养记录和报告、特殊教育需要、家长命令记录和报告、儿童听证会的信息。

第四节　控制者与处理者的责任义务

一、控制者与处理者的责任义务

（一）原则性要求下的责任

《2018 年数据保护法》和 UK GDPR 都提出了相一致的数据保护原则，这些指导性的原则本身就包含了对控制者与处理者的一系列要求，例如公平原则、合法原则、透明性原则、目的限制原则、数据最小化原则等。

具体来说，首先，控制者与处理者都需要确保自己的数据处理行为符合具有合法基础的要求，例如履行合同约定或根据数据主体的同意处理；其次，针对数据主体的权利，控制者与处理者要配合数据主体权利的履行，也就自然有了对应权利的义务，如向数据主体提供隐私政策等相关的信息；应数据主体的要求承担访问权、修正权、限制或拒绝处理、携带权、避免数据主体受到不当的用户画像决策等；最后，储存限制原则要求控制者与处理者的储存数据时间不能超过其处理目的所需要的时间。

（二）控制者与处理者的法定义务

一般考虑数据处理的性质、范围、语境与目的，以及考虑处理对数据主体权利与自由所带来的不同概率和程度的风险后，控制者应当采取适当的技术和组织上的措施，保证其处理是合规的。处理者虽然不像控制者一般要承担所有的义务，但需要协助控制者进行合规并且仍需要履行部分法定义务。

1. 设计与默认的数据保护义务

设计与默认的数据保护（Data Protection by Design and by Default），也被称为“隐私设计”，最早由加拿大渥太华省信息与隐私委员会前主席安·卡沃基安女士于20世纪90年代提出。隐私设计理论最为核心的有三点：其一，应当积极主动预防个人数据风险；其二，个人数据保护应当是系统运行的默认规则；其三，隐私设计理论强调正向共赢。[1] 此语境下的隐私设计，指的是在任何系统、服务、产品或流程的设计阶段以及整个业务生命周期中考虑隐私和数据保护问题，能够促进控制者以高效的方式将数据保护措施设计并整合至实践的数据处理过程中，以达到法律的要求以及保护数据主体权利的目的。

数据控制者应当基于国家的发展水平、实施成本和处理行为的性质、范围、环境和目的，以及处理行为可能给数据主体的权利和自由带来的风险和损害，采取适当的、有效的技术与组织上的措施，并且在处理中加以必要的安全措施。例如，控制者可以采取假名化的设计方式来实施数据保护原则。同时，控制者应当保障在默认情况下数据处理是严格按照必要性原则实施的，这种责任适用于收集的个人数据的数量、处理的限度、储存的期限以及可访问性。

2. 联合控制者和设立代表

如果控制者与其他控制者（两个或两个以上）共同确定处理的目的与方法，成为联合控制者，他们需要向数据主体提供更清晰、透明的信息或是通过联合控制者的安排来实现各自的控制者义务。这种安排应当如实恰当地反映联合控制者的各自角色和相互关系，并给数据主体提供一个联络点（对接部门或人员），以便于数据主体可以要求任何联合控制者履行相应的义务，即使联合控制者对此已作了责任区分。

设立代表方面，不在英国境内设立营业地但向英国境内的自然人提供商品服务，或监控英国境内的自然人的行为的控制者，都需要以书面形式指定其在英国的代表。当然此规定不包括特殊数据的大规模处理、不涉及刑事犯罪或违法行为的偶然的数据处理、不太可能对自然人的权利与自由带来风险的处理、公共机构的处理等情况。

控制者应当作出强制性规定，确保其代表受到授权和监管，作为控制者的补充或替代，接收消息、接受监管以及处理数据主体提起的诉求。另外，代表的指定不影响控制者进行的法律行动。

---

〔1〕 郑志峰：《通过设计的个人信息保护》，载《华东政法大学学报》2018年第6期。

3. 谨慎选用处理者的义务

处理者将以控制者的名义进行数据处理，因此控制者应当选用那些采取适当的技术与组织上的措施、具备合规的处理方式并且能充分保障数据主体权利的处理者。

4. 记录义务

每个控制者及其代表，都应当记载其所负责的处理活动的记录。记录的内容必须包括：控制者、共同控制者、控制者的代表、数据保护合规官的姓名、详细联系方式；处理的目的以及保存期限；对数据主体的类型以及个人数据的类型的描述；已经接收或将接收个人数据的接收者的类型等。记录必须是书面的，包括以电子形式作出的，以便于监管机构和数据主体获取相关记录。

一般记录处理活动不适用于小规模企业（员工少于 250 人）。但是如果数据处理行为不是偶尔性的而且可能会对数据主体的权利与自由带来风险，或者其处理包含了特定种类的数据，或者与刑事犯罪和违法相关的个人数据，小规模企业也需要履行记录义务。

5. 安全保障义务

控制者应当采取适当的技术与组织上的措施，例如：个人数据的匿名、加密；保障数据的保密性、完整性、有效性以及可恢复性；遭受物理性或技术性事故时，保障数据恢复能力；有效的定期访问、测试、评估与评价的流程，以便保证和风险相称的安全水平：重点防范个人数据的传输、存储或其他方式的处理过程中可能出现的意外、非法损毁、丢失、修改以及未经授权的披露和访问的风险。

6. 通知义务

由于数据泄露导致的结果通常是大规模的，且不利影响通常会扩大，及时的通知能够起到及时止损的效果，即提醒数据主体采取防范措施，降低风险。控制者应当在数据泄露发生后 72 小时内通知监管机构，除非该泄露不太可能对自然人的权利和自由带来风险。对不能在 72 小时以内通知监管机构的，应当提供延迟的原因。通知的内容应当包括：描述个人数据泄露的性质，在可能的情形下，描述包括相关数据主体的类型和大致数量，以及涉及个人数据的类型和大致数量；数据保护官的姓名与详细联系方式，或者可以获取更多信息的其他联系方式；数据泄露的可能后果；控制者对个人数据泄露已经采用或计划采用的措施。

此外，如果数据泄露是高危风险，控制者需要无不当延误地通知数据主体有关数据泄露的事实。向数据主体通知的内容与向监管机构通知的内容基本一致，但无须通知数据泄露的类型和数量，以及控制者应当以更加容易理解和朴实的语言进行描述。当然，前述义务存在例外情况，当满足以下情形时，控制者无须向数据主体进行通知：控制者已经采取适当的技术与组织上的措施，并且那些措施已经用于受影响的个人数据；控制者已经采取后续措施，确保数据主体的权利与自由不会出现高危风险；如为了通知到相关数据主体，控制者将付出不成比例的努力，其可采用公告或类似的措施来履行此义务。

7. 数据保护影响评估义务

当某种类型的处理,特别是适用新技术进行的处理,很可能会对数据主体的权利与自由造成高危风险时,控制者应当全面考虑处理的性质、范围、语境与目的,对此类处理进行事前评估,评估计划进行数据处理对个人数据保护可能造成的影响。

对于下列几种情况的数据处理,应当重点考虑适用事前评估:(1)建立在自动化决策处理基础上,包括在用户画像基础上针对自然人个人情况的系统化处理,并且该自动化决策对自然人会产生重大影响;(2)特殊类型的个人数据的大规模处理;(3)与定罪和刑事犯罪有关的个人数据处理;(4)大规模、系统地进行公共领域的监控。

事前评估的内容应当包括:计划的处理操作和处理目的的系统性描述,以及控制者所追求的合法利益;处理行为与处理目的的必要性、相当性分析;对数据主体的权利与自由带来的风险的评估;计划采取的风险应对措施,包括保障个人数据保护的安全保障、安全措施和机制。

8. 事先协商义务

如果数据保护影响评估表明控制者没有采取充分措施以减少处理带来的高风险,那么控制者应当向监管机构进行事先协商。如果监管机构认为,控制者的处理行为将会违反相关规定(尤其是无法降低风险),监管机构应当在收到协商请求的 8 周以内(如果事态复杂,可以再延长 6 周)向控制者以及处理者提供书面建议。控制者应当向监管机构提供的信息包括:控制者、联合控制者和处理者的相应责任;预期处理的目的与方式;为了保障数据主体权利与自由所采取的措施;数据保护官的联系方式;数据保护影响评估。

9. 数据保护合规官的义务

(1)数据保护合规官的设立和地位。

数据保护合规官是指监督组织机构内部个人数据处理的自然人。数据保护合规官也因此可以被视作“内部监督员”。根据 UK GDPR 与《2018 年数据保护法》的规定,相关组织机构应当在以下情况出现时设立数据保护合规官:由公共机构或机关主导的数据处理,法院等具有司法职能的机构除外;根据性质、营业范围或目的以及控制者或处理者的核心业务,需要对数据主体定期进行大规模系统监控的处理操作;控制者或处理者的核心业务包括对诸如与健康有关的特殊类型个人数据,或者是与定罪和刑事犯罪有关的个人数据进行大规模处理。

对此,鉴于 UK GDPR 与欧盟 GDPR 的相似度极强,且脱胎于 GDPR,其中的一些术语的具体含义可以从欧盟的文献和指南中获取更为详细的概念,以延续法律的一致性。欧盟第 29 条数据保护工作组(The Article 29 Data Protection Working Party, WP29)发布了有关数据保护合规官的指南,其中对一些概念进行了详细解释。例如:“核心业务”是指相关组织的主要工作内容是实现其目标所必需的关键性操作,不包括员工薪酬管理或正常的技术支持等支持性活动;“大规模处理”需要根据诸多因素,例如处理涉及的数据主体数量、数据总量、处理活动的持续时间以及处理活动的地域范围来判断和确定;"定期监控"是指任何情形下所进行的所有形式的互联网上的跟踪和分析,包括出于行为广告目的的跟踪和分析。值得注意的是,定期系统监控不限于网络环境。[1]

鉴于数据保护合规官的重要性,控制者和处理者在委任数据保护合规官时应当注意:①确保在所有与个人数据保护相关的事项中,数据保护合规官都能够以一种恰当和及时的方式介入。②充分支持数据保护合规官履行职责,提供数据保护合规官履行职责所需要访问的个人数据、需要进行的处理操作,以及维持其专业性知识的必要资源,如参加相关培训的机会。③确保数据保护合规官能够独立履行其职责,即数据保护合规官受聘于数据控制者或数据处理者这一事实不得影响其独立地位。包括:数据保护合规官不会收到任何关于履行相关责任的干扰和指令;数据保护合规官不能因为履行数据保护的职责而被解雇。④数据保护合规官直接向控制者或处理者的最高管理层进行报告。⑤数据保护合规官可以履行其他职能,但只有在不与数据保护职责相冲突的情况下才可担负其他职责。通常而言,控制者或处理者的冲突职位包括首席执行官、首席财务官、首席信息官等高级管理职位。⑥如果一个集团性全球公司,可以只任命一个数据保护合规官,但需保证该数据保护合规官能容易地被各个机构联系。⑦数据保护合规官的委任必须基于其专业性,也就是说,数据保护合规官需要具有数据保护法律与实践的专业知识。

(2)数据保护合规官的职责。

数据保护合规官应当结合数据处理的性质、范围、语境与目的,合理地考虑数据处理所伴随的风险。其职责包括:数据保护合规官在履行职责时应当确保遵守法律,承担保密义务;告知控制者或处理者的员工应遵守的各项义务,并为其提供建议;监督控制者或处理者是否遵守法律规定,是否符合控制者或处理者内部与个人数据保护相关的政策,包括责任分配、数据保护培训以及提高相关人员合规意识的政策;就是否进行数据保护影响评估及监督数据保护影响评估执行情况提供意见;作为控制者或处理者的内部联络人与监管机构开展合作。

除上述职责外,控制者或处理者还可为数据保护合规官增设职责,包括定期更新处理活动的记录制度等。数据保护合规官可以由控制者或处理者的内部工作人员担任,也可由诸如根据服务合同履行其职责的外部顾问担任。控制者与处理者应当发布数据保护合规官的详细联系方式,并向监管机构进行报告。

(三)处理者的义务

鉴于处理者与控制者的区别,法律对处理者的义务要求相应地有所减少。但《2018年数据保护法》和UK GDPR均将处理者与控制者共同作为承担数据保护合规义务的责任主体,包括规定了处理者有义务协助控制者进行数据合规。

---

[1] Working Party 29, *Guidelines on Data Protection Officers*, Accessed on August 8, 2019, https://iapp.org/media/pdf/resource_center/WP29-2017-04-DPO-Guidance.pdf.

总的来说，处理者的义务来源有两个方面：①法律规定的义务。例如，处理者也应当遵循上述提到的设置代理人义务、数据活动记录义务、安全保障义务、数据泄露通知义务（通常来说，与控制者的72小时相比，处理者需无不当延迟地通知控制者关于数据泄露的情况）、任命数据保护合规官以及在数据传输时遵循合规的要求。②与控制者签订的合同条款。一般来说，合同主要内容应当包含：处理的性质、目的、期限以及数据处理的种类、数据主体的类型以及控制者与处理者双方的权利和义务。

另外，在处理者试图引入新的处理者时，通常需要履行通知义务，即如果没有控制者事先的特别授权或一般书面授权，处理者不能引入另一个处理者。在具有一般书面授权的情形下，对于增加或替换其他处理者的变动，处理者都应当预先通知控制者，以便控制者有机会反对此类变动。可以看到，处理者这一义务与上述控制者应当谨慎选择处理者义务是相对应的，也最大限度地保障了数据主体的权利。

如果控制者允许引入其他处理者，那么原处理者还应当确保引入的其他处理者与其一样遵守法律的规定。即控制者和处理者之间的合同约束或其他法律条款所规定的数据保护责任应当通过合同或适用的法律条款，如《2018年数据保护法》，同等适用于引入的其他处理者，尤其是应当采取充分的安全保障措施、适当的技术与组织上的方式以满足数据合规的要求。如果引入的其他处理者无法完成其数据保护职责时，原处理者此时也需要承担全部责任。

二、额外缴费要求

《2018年数据保护法》在第5部分第137条中说明，处理个人数据的任何机构或企业，除非获得豁免，否则须向信息专员办公室缴付数据保护费用（Data Protection Fee）。《2018年数据保护法》下的数据保护费取代了《1998年数据保护法》中要求的“通知”或“注册”规定。

数据保护费用的具体金额在40英镑至2900英镑之间。该费用由英国议会设定，费用标准基于控制者处理个人数据可能带来的风险大小，具体考虑的因素包含了员工数量、年营业额、是否为公共性质的机构、慈善机构。为计算费用，“员工”的定义非常宽泛，包括所有专兼职、本地或非本地工作的员工、办公室职员和合伙人，员工人数是在财政年度为企业、机构工作的平均人数。具体的收费标准分为3档：第一档是40英镑，适用于财政年度营业额不超过63.2万英镑，或不超过10名员工的小机构或企业；第二档是60英镑，适用于财政年度营业额不超过3600万英镑，或不超过250名员工的中小型机构或企业；第三档则是采取排除做法，当机构或企业明确不符合第一档和第二档时，则必须支付第三档的2900英镑，除非该机构或企业声称自己不符合资质并提交凭证。

豁免的情况一般为以下情形：公共性质的组织机构仅需按照员工数量来分类判断缴费金额，无须考虑年营业额；未享受豁免的慈善机构无论机构的规模和营业额，仅需支付第一档费用；未享受豁免的一些运营小型退休金计划的组织机构，无论其规模和营业额如何,仅需支付第一档费用。[1]

第五节 数据跨境传输

UK GDPR 因与 GDPR 保持一致,其同样规定了个人数据自英国传输至其他国家或地区的规定以及适用的机制。

《2018 年数据保护法》一方面在第 2 部分规定了一般处理情况下的个人数据传输规则,另一方面在第 3 部分也补充规定了为执法目的进行处理的数据传输到其他第三方时需要遵循的规则。

因脱欧对于英国企业适用的数据保护法律的变化以及传输出境的概念变化,英国数据保护监管机关 ICO 在其官网上发布指南,来帮助企业合规,分别为:"International transfers after the UK exit from the EU Implementation Period"[2]以及"Standard Contractual Clauses (SCCs) after the transition period ends"[3]。

一、一般数据处理的传输

《2018 年数据保护法》针对一般数据跨境传输声明将会遵循 GDPR。UK GDPR 对于个人数据自英国传输至英国以外的第三国或国际组织时,提出了下列需被满足的条件。

(一)充分性保护水平的认定

充分性保护水平(An Adequacy Decision)的认定是一个白名单机制,即当英国认定相关的第三国、第三国中的某区域或一个或多个特定部门、国际组织具有充分性保护的水平,可以进行跨境传输,且此类传输不需要特定的授权。而对于此类充分性保护水平的认定一般会考虑相关国家、地区和组织的个人信息保护立法情况、是否建立有效的救济机制和监管机构、是否作出国际性承诺等多重因素。但由于充分性保护水平的认定并未达到普及的程度,因此实际上欧盟各国数据保护机构在跨境数据流动管理中更看重下述第二种做法,即适当的保障措施。

---

[1] ICO, *Data Protection fee: A guide for data controllers*, Accessed on August 10, 2019, https://ico.org.uk/for-organisations/guide-to-data-protection/guide-to-the-general-data-protection-regulation-gdpr/data-protection-fee/.

[2] ICO, *International transfers after the UK exit from the EU Implementation Period*, Accessed on November 18, 2021, https://ico.org.uk/for-organisations/guide-to-data-protection/guide-to-the-general-data-protection-regulation-gdpr/international-transfers-after-uk-exit/.

[3] ICO, *Standard Contractual Clauses (SCCs) after the transition period ends*, Accessed on November 18, 2021, https://ico.org.uk/for-organisations/guide-to-data-protection/guide-to-the-general-data-protection-regulation-gdpr/international-transfers-after-uk-exit/sccs-after-transition-period/.

（二）适当的保障措施

控制者或处理者需要证明其已采取了适当的保障措施，主要通过以下方式体现：组织或企业之间签订的具有法律约束力、可执行的文件；有约束力的公司规则（Binding Corporate Rules，BCRs）；欧盟委员会制定的标准合同条款（Standard Contract Clause，SCC）；监管机构制定并且为欧盟委员会批准的标准合同条款；行为准则，以及第三国的控制者或处理者为了采取合适的安全保障而作出的具有约束力和执行力的相应承诺；认证机制，以及第三国的控制者或处理者为了采取合适的安全保障而作出的具有约束力和执行力的相应承诺。其中，采用并遵守英国数据保护监管机关 ICO 制定的标准合同条款和有约束力的公司规则是该适当保障措施的主要体现。

首先，在标准合同条款方面，根据英国数据保护监管机关 ICO 在其官网上发布的 Standard Contractual Clauses（SCCs）after the transition period ends，一旦脱欧的过渡期结束，英国将开始制定自己的标准合同条款来协助企业自英国传输数据出境。与此同时，企业如需采用标准合同条款来实施数据自英国的跨境传输，与欧盟一致，企业也必须评估这些标准合同条款是否提供了与 UK GDPR 以及《2018 年数据保护法》基本相同水平的保护，并在必要时采取额外措施。关于标准合同条款的修改，英国数据保护监管机关在此指南中也提供了范本，并给出了修改建议，例如，在法律术语含义不变的情况下，将旧的欧盟数据保护指令更改为 UK GDPR，将欧盟或成员国更改为英国，并将监管机构的更改为英国数据保护监管机关 ICO。

其次，有约束力的公司规则，则是集团型跨国企业优先考虑的机制，即集团型跨国公司内部遵循一套完整的、经数据监管机构认可的数据处理机制。在此情形下，该集团内部整体可以视作“安全港”，即个人数据可以从集团内的一个实体合法传输给另一个实体。目前，埃森哲、宝马汽车、惠普、摩托罗拉等大型跨国公司获得了监管机构的认可。

（三）特殊的例外情形

如组织不符合上述条件，满足以下特殊情形之一，法律也允许该组织实施数据跨境传输：数据主体被告知传输行为，了解不存在上述两种保障措施，并知晓数据传输可能存在风险后，仍然明确表示同意数据传输；传输是为了履行数据主体与控制者之间的合同所必需的；控制者和另一自然人或法人之间签订或履行合同时，传输对于实现数据主体的利益是必要的；传输对于实现公共利益来说是必要的；当数据主体基于生理性或法律原因无法表达同意，为了保护数据主体或其他人的关键利益，传输是必要的；转移是根据登记册而进行的——这种登记册是欧盟法或成员国法律为了向具有正当利益的一般性公众或个人提供咨询（该咨询需要满足一定条件）。

二、执法数据的跨境传输

在执法情形下的数据跨境传输与上述一般数据传输的处理规定相类似，也需要满足法定条件。否则，数据控制者不能将个人数据传输至第三国或者国际组织。

与上述一般处理不同的地方在于，执法数据处理的跨境传输需要同时满足3个条件：(1)数据传输有助于实现执法目的。(2)传输基于一个适当决定（该决定为基于UK GDPR，对于达到UK GDPR基本相同的充分性保护水平的第三国或国际组织，决定允许数据传输不受限制）；如果不是基于一个适当的决定，则应当基于适当的保障措施；如果不是基于一个适当的决定或者适当的保障措施，则应当基于特殊情况的规定，即为了保护数据主体或其他人的重大利益、维护数据主体的合法利益、预防对第三国或其他成员国的严重损害、执法目的或合法目的。(3)数据接收者是在第三国或者国际组织的相关主管机构，或者数据控制者是附件7指定的主管机构。

三、英国脱欧后的数据跨境传输

根据英国与欧盟的脱欧协议，英国脱欧过渡期预计持续至2020年12月31日。过渡期内，欧盟的一系列数据保护法律仍然将适用于英国，在英国的企业仍应当遵守GDPR，欧洲法院的判决结果仍具有强制执行性。脱欧后，在英国的企业应当遵守UK GDPR。目前英国脱欧为其数据保护实践带来的最直观变化，即为数据跨境传输。换言之，英国脱欧后，其原来最主要的两种数据跨境传输的方式：有约束力的公司规则和标准合同条款都将发生变化。

（一）有约束力的公司规则在审批方面的变化

首先，只有欧盟和欧洲经济区成员国的监管机构才有资格在欧盟数据保护委员会中列席，因此英国脱欧将导致英国数据保护监管机构信息专员办公室失去其在欧盟数据保护委员会的席位，不再作为欧盟数据保护监管机构的一员。但在过渡期内，英国仍适用GDPR，如果欧盟数据保护委员会讨论的问题对英国的数据主体有影响，以及其认为信息专员办公室为欧盟的利益有必要出席的，则信息专员办公室可以在这种特殊情况下参加欧盟数据保护委员会的一些会议。

其次，由于在脱欧过渡期内，英国仍然适用现行的数据保护法律制度和体系，根据GDPR第56条"一站式执法"的规定以及有约束力的公司规则的规定，英国信息专员办公室将在过渡期继续作为审批相关有约束力的公司规则的主监管机构而存在。但一旦过渡期结束，信息专员办公室则将失去上述地位和职能。与这个问题息息相关的是，脱欧后的信息专员办公室与审查、批准有约束力的公司规则的关系，大致会出现以下几种情况：(1)当企业的有约束力的公司规则已经获得了此前信息专员办公室作为主监管机构的批准时，其应当在过渡期结束之前确定其新的主监管机构是谁并联系新主监管机构进行变更。对企业来说，还应当修改和更新企业的有约束力的公司规则政策，即确定新的主监管机构、当在欧盟以外的实体违反有约束力的公司规则时集团中对此负责的新实体，以及当数据主体因有约束力的公司规则的违反而遭受损害时受理诉讼的主管法院等。(2)当企业已经向信息专员办公室提交了有约束力的公司规则申请但尚未获得批准，即批准在进行中时，鉴于信息专员办公室在过渡期内仍然属于主监管机构，企业无须立即更改这一点。但过渡期结束前是否能获得信息专员办公室的有约束力的公司规则批准将成为问题，如果不能的话，企业必须将其有约束力的公司规则申请立即转移至其他主监管机构。（3）若企业还未提交其有约束力的公司规则申请，但根据设定的标准将确定信息专员办公室为主监管机构的，建议其向另一个欧盟监管机构提交申请。

（二）其他数据跨境传输方面的变化

就数据跨境传输而言，在欧洲经济区内传输数据是较为自由的，但脱欧后英国将成为“第三国”，不再属于欧洲经济区，这将为欧盟数据传输至英国带来阻碍。当地时间 2021 年 6 月 28 日，欧盟委员会通过英国的数据充分性保护认定，这意味着传输可按照 GDPR 下的白名单机制进行。该充分性认定将于生效后的四年期满失效。在那之后，充分性认定可能被更新，但只有在英国确保维持充分性保护水平的情况下才可能实现。此外，英国已经将 GDPR 和《执法指令》（Law Enforcement Directive）的原则、权利和义务完全纳入其脱欧后的法律体系。欧盟数据保护委员会于 2019 年 2 月 12 日发布了《无协议脱欧后在 GDPR 下的数据传输的注意事项》（Information Note on Data Transfers under the GDPR in the Event of A No – Deal Brexit）指南，旨在为英国提供相应的数据跨境传输指导，具体内容如下：

1. 由欧洲经济区成员国内传输数据至英国

如果数据传输是由欧盟或欧洲经济区成员国传输到英国，因为英国已成为第三国，那么此类传输将开始遵循上述提及的，跨境传输至欧洲经济区以外地区时需要满足的一定条件，此时，有 6 个步骤应当注意：第一，确定数据传输活动，需要对数据传输开展数据映射调查，并且记录数据传输活动；第二，确定适合的数据传输工具；第三，根据传输所处的环境，尤其是英国的法律环境，评估采用的数据传输工具的有效性；第四，识别出有效的补充措施保障数据传输工具的有效性；第五，当识别出有效补充措施后采取措施实施补充措施；第六，持续监督和重新评估数据传输。

其中关于第二点“确定适合的数据传输工具”，即为上述所提及的数据保护标准合同条款、有约束力的公司规则以及行为准则和认证机制。如果行为准则和认证机制中载明有约束力的、可强制执行的承诺，它们即可被视为是个人数据的传输提供了适当的保障措施。

另外，对于向公共组织和机构（Public Authorities or Bodies）的传输措施，则是不一样的。一种选择是使用具有法律约束力和可执行的文书，例如行政性协议、双边或多边国际协议。另一种选择是采取行政性的安排，例如谅解备忘录（Memorandum of Understanding）。有关的此类安排须经主管国家监察机关的批准，并遵循欧盟数据保护委员会的建议。除此之外，这两种选择方式也适用于执法机构的数据跨境传输，但须符合有关条件。

2. 由英国传输数据至欧洲经济区成员国以及充分性决定下的第三国和国际组织

由于英国与欧盟之间达成了关于国际数据传输的充分性决定，在决定有效期内，英国与欧盟之间的数据传输将不会有限制，英国传输数据至欧盟及欧洲经济区成员国时无须再采取其他机制。

英国的"充分性决定"目前临时性地包括欧洲经济区以及欧盟委员会"充分性决定"涵盖的所有国家、地区和国际组织,英国计划随着时间的推移来独立地审查这些充分性决定的有效性。

英国目前对以下国家和地区有"充分性决定":

欧洲经济区(EEA)国家,包括欧盟成员国和欧洲自由贸易联盟国家,具体如下:(1)欧盟成员国:奥地利、比利时、保加利亚、克罗地亚、塞浦路斯、捷克共和国、丹麦、爱沙尼亚、芬兰、法国、德国、希腊、匈牙利、爱尔兰、意大利、拉脱维亚、立陶宛、卢森堡、马耳他、荷兰、波兰、葡萄牙、罗马尼亚、斯洛伐克、斯洛文尼亚、西班牙、瑞典。(2)欧洲自由贸易联盟成员国:冰岛、挪威和列支敦士登。欧盟或欧洲经济区机构、团体、办事处或机构。此外,还有直布罗陀。

欧盟委员会充分性决定(于 2020 年 12 月 31 日生效)所涵盖的国家、领土和部门(其中包括对以下国家和地区的充分性的完整调查结果):安道尔、阿根廷、法罗群岛、根西岛、马恩岛、以色列、泽西岛、新西兰、瑞士和乌拉圭。

此外,关于充分性的部分调查结果:(1)日本—仅涵盖私营部门组织。(2)加拿大—仅涵盖受加拿大个人信息保护和电子文件法(PIPEDA)约束的数据。并非所有数据都受 PIPEDA 约束。有关更多详细信息,请参阅欧盟委员会关于加拿大 PIPEDA 充分性调查结果的常见问题解答。

3. 由英国传输数据至其他第三国或国际组织

对于英国在国际数据传输充分性决定的白名单之外的其他第三国或国际组织而言,如果企业(数据出境方)需要自英国传输数据至这些国家和地区的组织、机构(数据入境方),需要评估数据出境方是否遵循了 UK GDPR 的数据传输机制:

其一,是否开展了跨境传输影响评估?在依赖于任何跨境传输评估工具之前,必须先对数据入境方所在国的数据保护法律环境进行评估,确信数据主体能够享受与英国数据保护制度的基本一致的保护水平。

其二,采取 UK GDPR 的安全保障机制,包括公共机构之间具有法律约束力的法律文件,约束性公司规则,标准合同条款,经批准的行为准则,经批准的认证,以及英国数据保护监管机关 ICO 颁布的合同条款,公共机构或政府间的行政安排。

其三,如果没有采取上述安全保障机制,需要查看是否能够适用 UK GDPR 规定的例外情形来将数据传输出英国,但这些例外情形适用非常有局限性,是真正的例外情形,必须在有必要适用时才能适用,例如取得个人对此类传输的同意,或依赖于与个人之间的协议要求所需,或因重大的公共利益所需,或为法律诉讼所需,或为保障个人的重大切身利益所需,仅做一次性传输且传输有合法正当利益等。

第六节　英国数据保护监管机构及具体执法程序

一、英国数据保护监管机构

英国《1984 年数据保护法》建立了数据保护登记员（Data Protection Registrar）制度，后来被《1998 年数据保护法》中的信息专员（The Information Commissioner）制度取代。信息专员是独立的官员，其职责是基于公共利益来维护人们的信息权利、帮助实践公开透明的原则来保护个人的数据隐私。信息专员可以基于申诉进行调查，也可以主动进行调查。同时，作为执法者，专员可以对数据控制者进行通知、教育。2010 年，信息专员拥有了进行罚款的权力。此后，信息专员不断被赋予更多的权力。《2018 年数据保护法》明确了将继续由信息专员负责英国的数据保护监管工作，以实施 GDPR 第 57、58 条规定的权限和职责。此前，Elizabeth Denham CBE 被任命为新的信息专员，并与其办公室成员共同发挥隐私监管职能，由此信息专员办公室成为独立的监管机构。

二、信息专员办公室的主要职责

信息专员办公室除了执行 GDPR 所要求的职责以外，还需要向国会、政府以及其他机构提出有关个人数据处理的权利和自由的相关立法和行政措施建议；此外，信息专员办公室也会主动或是基于请求发布有关个人数据保护的相关意见，供国会、政府或其他机构进行查询和参考。在《2018 年数据保护法》的附件 13 中还赋予了信息专员办公室其他职能，这些职能是对 GDPR 未作规定的内容的补充，例如：信息专员办公室需要确保监督和执行《2018 年数据保护法》第 3、4 部分；提升公众对个人数据处理相关的风险、规则、保障以及权利的认知和理解；提升《2018 年数据保护法》第 3、4 部分的数据控制者和处理者对其义务的认知；基于请求，向数据主体提供《2018 年数据保护法》第 3、4 部分数据权利的履行信息，以及在适用情形下与监管机构合作及提供上述信息等。

除上述法定职责外，《2018 年数据保护法》第 129—141 条还规定了信息专员办公室也需要履行以下职责：（1）合作协助职责。由于英国地处欧洲，欧洲繁多的合作协助也是其立法体系的特点之一。GDPR 第 60—62 条规定了数据保护机构的国际合作和协助，因此《2018 年数据保护法》也在其法案中对信息专员办公室的国际合作和协助职责作出了要求（第 116 条）。其附件 14 第 1 部分明确了基于欧盟《数据保护执法指令》第 50 条规定了信息专员办公室共同协助职责，第 2 部分规定了信息专员办公室国际合作职责。（2）制定行为守则。《2018 年数据保护法》规定了信息专员办公室需制定有关数据共享、直销以及有关个人数据处理良好实践的行为守则（Codes of Practice），具体包括数据共享、直接营销、针对适龄儿童的使用设计、为新闻目的处理数据保护的行为守则。（3）审计评估职责。信息专员办公室可以在获得控制者或处理者的同意后，评估其是否符合良好的实践做法，并告知其评估结果，因此被称为“同意的审计”（Consensual Audits）。（4）备存证书职责。信息专员办公室需要记录国家安全证书（National Security Certificate），当英国内阁成员根据数据保护法的相关规定签发证书时，信息专员办公室会收到一份副本。因此，信息专员办公室需要备存该副本并在需要时向公众披露。（5）任职情况报告。信息专员办公室应当每年提供一份信息专员任职情况的报告，安排提交议会审议以及向公众披露。（6）其他职责。信息专员办公室有收费的权利，这一点在介绍控制者与处理者的义务时已经提到缴费义务。除此之外，原则上信息专员办公室会向除数据主体和数据保护合规官以外的人收费，但是当数据主体提出明显无依据或过分的请求时，例如重复请求，信息专员办公室需要证明其请求的不恰当性然后向数据主体收取合理费用。

三、信息专员办公室的执法权限

为确保数据主体的权利得到顺利实现，《2018 年数据保护法》第 6 部分赋予信息专员办公室广泛的执法权限，信息专员办公室不仅保留了《1998 年数据保护法》规定的监管权力，还获得了更多的执法权限。

（一）受理申诉

GDPR 第 57 条和第 77 条都提到了数据主体可以针对自己的数据权利提出申诉，因此《2018 年数据保护法》规定，当数据主体认为存在与其个人数据有关的违反 GDPR 的行为或是违反了数据保护法第 3 部分和第 4 部分的行为，可以向信息专员办公室提出申诉（Complaints）。信息专员办公室须采取一定的说明和步骤，例如为数据主体提供以电子方式或其他方式填写的投诉表格、告知投诉人权利义务、调查投诉事宜的汇报进展。如果信息专员办公室没有采取适合的步骤和说明，提供以上信息处理投诉事宜，数据主体可以向法院申请，由法院发布要求其回应投诉人或是告知投诉人进程结果的命令。

（二）通知

1. 信息通知

《2018 年数据保护法》第 142 条规定，信息专员办公室可以采取书面信息通知形式（An Information Notice），要求数据控制者或处理者向其提供与履行职责有关的信息，或者要求任何人出于调查或可能存在的犯罪行为的目的，协助提供信息。

该书面通知必须包含信息专员办公室根据法定细则要求哪一类主体提供信息及原因，以及提供不遵守该通知的结果。此外，该书面通知需指明：某类或某些信息的基本描述；信息提交的形式；信息提交的具体期限以及地点；当事人的诉讼权利等。同时，第 143 条规定了对信息通知的例外限制，例如信息专员办公室不能因特殊目的要求他人提供信息、不能要求他人提供与专业法律咨询人士的沟通信息、不能要求提供与犯罪有关且会将该人置于诉讼的信息。在紧急情况下，信息专员办公室可以发布信息通知，要求个人、控制者、处理者在 24 小时内提供信息。

值得注意的是，《1998 年数据保护法》规定了如果不遵守信息通知义务即构成犯罪，但《2018 年数据保护法》第 144 条规定是在回复信息专员办公室的信息通知时进行虚假陈述才构成犯罪。

2. 评估通知

《2018 年数据保护法》第 146 条规定，信息专员办公室可以采用书面评估通知（Assessment Notice）的方式，针对数据控制者或者处理者实施评估，以判断其是否履行了数据保护法的合规义务。书面的评估通知可以要求数据控制者或处理者以下事项：许可信息专员办公室进入指定场所；直接向信息专员办公室报告有特定描述的场所；协助信息专员办公室审查特定信息；回应信息专员办公室的要求，提供相关文件的副本；直接向信息专员办公室提供相关设备或其他特定描述的材料；允许信息专员办公室检查并向其解释此类相关文件、信息、设备和其他材料；允许信息专员办公室观察个人数据处理过程；向信息专员办公室提供代表数据控制者处理数据的若干访谈人员。

评估通知必须针对其通知所施行的每项规定，指明必须遵守的时间或期间，以及指明违反其通知的后果和当事人的权利。评估通知的限制与信息通知基本一致。信息专员办公室可以发布紧急评估通知，要求控制者或处理者在 7 天内回应并允许信息专员办公室进行评估。在信息专员办公室具有合理怀疑或犯罪怀疑的情况下，信息专员办公室可不发书面通知或发出简短通知，要求控制者或处理者在 7 天内回应并允许信息专员办公室评估。

《2018 年数据保护法》中还修订了信息通知和评估通知中会被视为刑事犯罪的行为：行为人意图防止信息专员办公室进行信息的查阅或资料的查询，销毁或用其他方式处置、隐匿、限制、伪造全部或部分信息、文件、设备或材料；行为人造成或是其允许以上述方式造成了上述严重结果的，均为犯罪。

3. 执行通知

《2018 年数据保护法》第 149 条规定，如果信息专员办公室认为数据控制者或处理者违反了本法相关规定，专员可向其发出书面执行通知（Enforcement Notice），要求其采取通知中列明的行为或者同时禁止其从事相关行为。

第一类违法行为，即数据控制者或处理者违反了以下规定的义务：GDPR 第 2 章、《2018 年数据保护法》第 3 部分第 2 章以及第 4 部分第 2 章的规定（数据处理的基本原则）；GDPR 第 12—22 条，或者《2018 年数据保护法》第 3 部分及第 4 部分规定的数据主体的权利规定；GDPR 第 25—39 条，或者《2018 年数据保护法》第 64、65 条的规定（数据控制者及处理者的法定义务）；《2018 年数据保护法》第 67、68 条及第 108 条规定的向信息专员办公室及数据主体报告数据泄露情况；GDPR 第 44—49 条以及《2018 年数据保护法》第 73—78 条及第 109 条关于个人数据传输至第三国、非公约国以及国际组织的基本原则。

第二类违法行为，即监督机构违反了 GDPR 第 41 条规定的监督行为守则的义务。

第三类违法行为，即认证机构未达到认证标准和要求、违反 GDPR 第 42、43 条规定的义务以及其他法定条件。

第四类违法行为，即数据控制者违反本法第 137 条规定的缴费义务。

对于执行通知的限制和需载明的内容与上述信息通知、评估通知基本一致。此外，第 154 条规定了信息专员办公室有权入室检查，附件 15 具体说明了信息专员办公室进入场所进行检查的程序。

（三）罚款处罚

《2018 年数据保护法》第 148 条规定，如果信息专员办公室认为数据控制者或处理者违反了该法相关规定，或者不遵守评估通知或执行通知，信息专员办公室可以给予书面处罚通知，要求其向信息专员办公室支付一定数额的罚款。

书面的处罚通知一般包括 GDPR 第 83 条第 1、2 款规定的事项，以及下列因素：违法行为的性质、严重性和持续时间；该违法行为是故意还是过失；数据控制者或处理者采取的减轻数据主体损害的措施；数据控制者或处理者的责任程度；数据控制者或处理者之前的相关违法行为；与信息专员办公室的合作程度，以弥补损失或减轻违法行为的负面影响；受违法行为影响的数据类别；数据控制者或处理者告知信息专员办公室违法行为的方式；数据控制者或处理者遵守先前执行通知或者处罚通知的程度；对已经获批的行为守则或认证体系遵守的程度；以及其他加重或减轻的因素等。

1. 处罚意向书

根据信息专员办公室发布的《监管政策》，在其发布处罚之前，信息专员办公室会向拟处罚对象发出一份处罚意向书。处罚意向书中会载明违法行为的情况、信息专员办公室的调查结果以及将适用的处罚措施和等级、处罚的理由和任何拟议的执行通知要求。拟处罚对象将有 21 天的时间作出关于处罚的陈述，并且信息专员办公室允许在特定情况下进行面对面形式的口头陈述。在口头陈述的时候，一般可以解释关于违法行为的情况以及所作出的缓解事故的努力，甚至可以提出减少罚款数额的要求。[1]

2. 两种罚款数额标准

针对不同违法情节，《2018 年数据保护法》专门引入了两个概念，即标准数额（the Standard Maximum Amount）和最高数额（the Higher Maximum Amount）。标准数额是指如果涉及企业，1000 万欧元或上一年度全球营业额的 2%，以较高者为准，如果其他情形按 1000 万欧元计算；最高数额是指如果涉及企业，2000 万欧元或上一年度全球营业额的 4%，以较高者为准，如果其他情形按 2000 万欧元计算。因此，在适用罚款数额时，将会根据行为的各类因素适用不同的数额：违反 GDPR 规定的，处罚通知将按照 GDPR 第 83 条的规定确定罚款数额，如果数额难以确定的，则采用《2018 年数据保护法》的标准数额。违反《2018 年数据保护法》第 3 部分第 35—37 条、38（1）条、39（1）条、40 条、第 44—49 条、52 条、53 条、第 73—78 条的规定，处罚通知将适用最高数额的

---

〔1〕 ICO, *Regulatory action policy*, Accessed on March 23, 2020, https://ico.org.uk/media/about-the-ico/documents/2259467/regulatory-action-policy.pdf.

罚款，否则适用标准数额。违反《2018 年数据保护法》第 4 部分第 86—91 条、93 条、94 条、100 条、109 条的规定，处罚通知将适用最高数额，否则适用标准数额。违反信息通知、评估通知或执行通知的，处罚应为最高数额的罚款。

可见，在 GDPR 的基础上，《2018 年数据保护法》对不同的违法行为设定了不同的处罚标准，处罚力度明显提升但也提供了一定的弹性机制。任何人若收到信息通知、评估通知、执行通知、处罚通知以及处罚变动通知均可向法院提出上诉。收到处罚通知或者是处罚变动通知的，可以针对处罚数额向法院提出上诉。

3. 违反收费规定的固定罚款标准

信息专员办公室必须出示及公布一份文件，列明未能遵守根据《2018 年数据保护法》第 137 条订立的规例而须遭受的罚款额，该数额可以由不同形式的违法行为确定具体数额，最高额的罚款可为控制者应缴费用的 150% 。

无视通知或拒绝支付的人可能会面临 400 英镑至 4000 英镑不等的罚款，具体金额根据该机构的规模和营业额分为三个档位：第一档位是 400 英镑，适用于小企业和机构；第二档位是 600 英镑，适用于中小型企业和机构；第三档位是 4000 英镑，适用于大型企业和机构。加重的因素可能导致罚款的增加，最高可达 4350 英镑。[1]

（四）提起刑事制裁

《2018 年数据保护法》还规定了刑事责任以及时应对可能损害数据主体权利的威胁。信息专员办公室将依据《2018 年数据保护法》的规定行使其刑事控诉的职能。

1. 非法获取数据罪

《2018 年数据保护法》第 170 条规定，行为人故意或过失地从事以下行为将构成犯罪：（1）未经数据控制者同意，获取或披露个人数据；（2）未经数据控制者同意，导致了个人数据披露给他人的结果；（3）获取个人数据之后，未经数据控制者同意留存该数据。但若是出于阻止犯罪、履行法律义务以及特殊情形下［详情参见第 170（2）（3）条］的原因，可以视作有效抗辩。另外，销售以及购买前款规定情形的个人数据，将构成犯罪。该罪名扩大了范围，使其可以扩大到处罚那些违反控制者的意愿而留存数据的人，即使他们最初获取数据是合法的。

2. 重新识别已匿名化的个人数据罪

《2018 年数据保护法》第 171 条规定，没有获得作出匿名化处理的数据控制者的同意，行为人故意或过失地重新识别该信息的行为将构成犯罪。在同样没有获得上述同意的情况下，若行为人故意或过失地处理已经被重新识别的个人数据，也构成犯罪。与第 170 条一样，此罪名也存在有效抗辩的规定。

3. 更改个人数据以阻止信息披露罪

《2018 年数据保护法》第 173 条规定，行为人（数据控制者、数据控制者雇佣的人

---

〔1〕 ICO, *Regulatory action policy*, Accessed on March 23, 2020, https://ico.org.uk/media/about-the-ico/documents/2259467/regulatory-action-policy.pdf.

员、管理者以及受其指令约束的人员等）更改、损坏、封锁、删除、破坏或隐藏相关信息，意图阻止数据主体基于访问权而向数据控制者请求披露部分或全部信息的行为，构成犯罪。也就是说，基于避免数据主体访问请求披露的目的，更改网络访问记录的行为将被确认为是一种犯罪。该项罪行以《2000 年信息自由法》（Freedom of Information Act 2000）第 77 条的规定为模板。这一罪行的范围不仅适用于公共部门，而且适用于所有的数据控制者和处理者。在组织和自由媒体中发挥重要作用的记者和举报人，将可能获得豁免。

第十七章

英国争议解决法律制度

第一节　概　　述

本章将英国争议解决方式大致分为诉讼和替代性纠纷解决机制(Alternative Dispute Resolution, ADR)。作为一个普通法国家,英国法院在审判时普遍遵守"先例拘束"原则,判例所形成的规则成为决定法院对相关案件审判的基础。后来,英国也逐渐诞生了一些成文法规则,来指导法院更好地审理案件,如民事审判程序就受《1999年民事诉讼规则》的规制。有关替代性纠纷解决机制,本章则介绍了包括仲裁、调解、专家裁决及监察者制度在内的多种制度。在商事领域中,源于经营环境的复杂多变,效率往往是许多企业在解决争议时的优先考量。为此,法律作出特别设置来满足企业的这种需求。总的来说,诉讼无论是在程序还是实体上,都更加强调规范及公正,而替代性纠纷解决机制则更重视解决问题的灵活性,重视当事人之间达成的共识。以下将分别介绍诉讼及替代性纠纷解决机制。

第二节　诉　　讼

在《1999年民事诉讼规则》生效前,英国的诉讼制度不仅会耗费当事人大量的金钱,而且诉讼效果不佳,程序推进十分缓慢,甚至连最终下达的判决内容都不易于理解。即便一些案件的案情并不复杂,却仍然需要当事人花费几年的时间走完整个诉讼程序,极大地消耗了双方当事人的精力和财力,在一定程度上使当事人不愿意采取诉讼的方式来解决争议。

《1999年民事诉讼规则》的颁布对改善这些问题起到了关键作用。民众可以在新的诉讼规则下得到迅速而公正的审判,而且节省很多成本开支。新诉讼规则的实施,构建出法院审理案件的三种方式,分别是小额索赔审理程序(Small Claims Track)、快捷审理程序(Fast Track)和多轨审理程序(Multi - Track)。为了能让当事人更好地预估整个诉讼可能花费的成本,不再像过去一样任由其他当事人或律师延长诉讼,占用过多的司法资源,法院引入了案件管理的理念,令法官在整个诉讼程序中有了更多的控制权,使案件的分类、审理变得更有效率,从而更好地促进审判公平的实现。

管辖权是一个非常重要的程序事项,英国存在3个司法管辖区,不同司法管辖区适用的法律规则是不同的。考虑到中国企业在英国投资一般优先考虑英格兰地区，所以本章所提及的有关争议解决的相关内容，主要是以英格兰及威尔士地区的规定为主。

英格兰的民事案件交由郡法院或高等法院管辖，其中普通案件由郡法院处理，相对复杂的案件由高等法院处理。高等法院下辖 3 个法庭，分别为皇座法庭、大法官法庭、家事法庭。其中，皇座法庭处理有关合同及侵权的索赔案件，商业和财产法庭处理与知识产权、信托及土地有关的案件[1]，家事法庭则主要处理婚姻、遗嘱、收养、家庭暴力等类型的案件。除此之外，英格兰还建立了许多专门的法院来处理特定类型的案件，例如商事法院（Commercial Court）、海事法院（Admiralty Court）、专利法院（Patents Court）等。在上述法院或法庭中，商事法院一直以来被认为是最适合处理国际商事纠纷的法院。

企业一旦涉讼，应当首先制作一份详细的日期记录文件，并标明各个诉讼程序的时间及期限，以免因错过法律所规定的强制性时效造成更大的损失。在英国的法律制度下，时效的限制属于程序问题。成文法中有许多关于时效的规定，例如《1980 年时效法案》（Limitation Act 1980）。根据规定，与合同契约及侵权索赔有关的案件（Contract and Tort Claims）诉讼时效为 6 年，时效自违约之日或发现侵权之日起算。

英国法院处理民事案件的平均时间为 1—2 年，如果当事人不服一审判决提起上诉，特别是向最高法院上诉，则诉讼时间将会相应地延长。在英国，复杂程度不同的案件需要的诉讼费用数额差别很大，这与律师或大律师收取的费用有关。一般情况下，与国内的情况相同，案件的诉讼费用由败诉的一方承担绝大部分，但也存在一些例外的情况，如果双方当事人对诉讼费用的承担另有协议或条款约定，则可以按照协议的内容判定，否则，法院会视案件的情况裁定费用的分摊。

整体而言，英国法院审理民事诉讼的主要步骤为：受理递交的起诉状；向被告送达传票；送达双方书状，如案件陈述及有关的重要文件（Key Documents）[2]；根据案件的复杂情况，将案件匹配不同的程序；文件披露；双方交换证据，包括认证和专家证据；法庭审判。

一、诉前程序

诉讼只是争议解决的方式之一，而且应被认为是最后的方式。企业应当首选通过

---

〔1〕 Greg Lascelles, Alan Kenny, *England & Wales: Litigation & Dispute Resolution* 2020, Accessed on May 5, 2020, https://iclg.com/practice-areas/litigation-and-dispute-resolution-laws-and-regulations/england-and-wales.

〔2〕 Ashrst, *This guide provides an overview of the litigation process in the courts of England and Wales*, Accessed on April 28, 2020, https://www.ashurst.com/en/news-and-insights/legal-updates/civil-proceedings-in-the-english-courts/.

聘用合适的律师来进行诉前风险管理。如无法避免诉讼，在诉讼发生之前，应根据公司实际的运营情况，策略性地与律师讨论不同争议解决方式的优劣点。在结合诉讼成本、诉讼预期、时间及资源、业务影响等多方面因素后作出决定。

在诉讼之前，需要履行特定的程序。例如，由诉讼双方各自制作一份诉前文件（Pre－action Protocols），并由案卷主事官（Master of the Rolls）批注[1]，使双方当事人了解案件涉及的争点和赔偿款的数额。该文件有时对争议的解决有重要作用，一方面，可以令双方了解未来诉讼将如何进行，明确法庭的讨论将围绕哪些重点展开；另一方面，也可以起到促进双方当事人和解的效果。在法庭交锋前，企业首先要了解自身的需求以及对方当事人的主要期待，对方目的是在赔偿还是希望借由诉讼达到其他商业目的。在争议解决的过程中，企业只有在明确自身需求及对方诉讼目的的前提下才能制定出更有针对性的解决策略。

在进行诉讼之前，原告可以根据实际的需要采取诉前的紧急行动。根据《1999年民事诉讼规则》的有关规定，法院有权批准包括冻结令和搜查令在内的禁令来维护起诉方的合法权益。冻结令可以将被告在英国或其他国家的资产冻结，以确保法院的判决作出时，被告有能力执行判决。在对冻结令进行核发时，法院将重点考量以下几个方面：申请人的案件存在关键争点（Good Arguable）；被告有隐匿财产的可能；结合案件的其他情况，作出冻结令对双方是公平的。

介于禁令的特性，申请和批准的程序都是在不通知对方的前提下进行的，借此来维持流程的保密性，使执行能够顺利进行。但是为了防止原告恶意申请禁令，达到限制被告发展的目的，法院会要求原告提出较为全面的举证，并且就某些法院所欲斟酌的重大事项进行披露，被告对举证及披露的相关内容有提出异议的权利。

一般情况下，商业纠纷中所牵涉的当事人数量较普通案件更多。在诉前阶段，企业应当提前做好规划，通盘考量哪些主体可能会在诉讼过程中被涉及，是否要将其列入共同被告或其他第三人，是否会影响诉讼的进程及结果。企业在提起诉讼时，应当尽量在同一时间对所有涉事主体一并提告，这样能更好地促进诉讼结果的一致性，维护企业的合法权益。除此之外，诉前阶段对证据的收集是至关重要的，法庭的辩论主要是证据的交锋，结果的成败在于当事人能否证实其主张的事实。所以，企业在经营过程中，应尽量保留证据，包括对事项的记录和审批流程的管控，关于证据的相关规则，下文也会进行更为详细地说明。

二、递交起诉状

英格兰民事诉讼是自法院签发的起诉状（Claim Form）被加盖法院印章时开始起算。原告在起诉时所递交的起诉状应当清楚地列明下列内容：当事人的姓名及地址；

---

〔1〕 Justice, *PRACTICE DIRECTION － PRE－ACTION CONDUCT AND PROTOCOLS*, Accessed on April 28, 2020, https://www.justice.gov.uk/courts/procedure－rules/civil/rules/pd_pre－action_conduct.

案件事实;诉讼的原因和基本要素;诉讼理由;诉讼请求(包括原价值及利息的赔偿)。

起诉状在送达另一方当事人之前原则上是可以修改的,但如果起诉状已经送达对方当事人,再想进行修改只能经过对方当事人的同意或者法院的许可。虽然在实务当中,法院常常批准这一类的申请,但法院一般不允许原告在审判即将开始前或者审判过程中更改起诉状,除非满足特定的情况。

三、答辩

关于管辖权,如果被告对法院的管辖权存在质疑,可以在收到法院通知后的 14 日内,递交申请书向法院提出管辖权异议。

关于起诉状实体内容,被告一方可以在收到起诉状后对其内容进行回应,向法院提交答辩意见,答辩意见的主要内容包括:被告否认的事实;被告承认的事实;被告不否认也不承认,需要原告提出证据佐证的事实;否认原告诉讼请求的理由;以另一角度陈述案件事实。

若被告一方没有在辩护意见中对相关指控提出辩护,则视为被告接纳原告的指控。如果被告方同时存在起诉原告的理由,被告也可以在辩护意见中向对方提出反诉。根据《1999 年民事诉讼规则》的规定,辩护意见一般应当在收到起诉状的 14 日内提出,但如果被告方根据规则的要求提交了送达确认书,那么在收到起诉状的 28 日内提出意见也是被允许的。如果被告没有在期限内提交答辩意见,那么法院可以作出缺席判决(Default Judgment),判决结果可能对原告方有利。

四、诉讼当事人、请求的合并(Joinder)与诉讼的合并(Consolidation)

《1999 年民事诉讼规则》中规定,若对多个当事人都存在诉讼理由,则可以将相关的当事人并入同一个诉讼当中。法院为确保诉讼的进行不受影响,保留了对合并诉讼当事人的审批权。

根据《1999 年民事诉讼规则》的规定,相同当事人之间发生的诉讼如果具有紧密联系的话可以合并审理。在合并之前,法院仍要审查不同案件的合并是否会对法院的审判工作产生问题和影响,只有在确定没有不可调和的风险之下,合并才能够进行。不过,也可能出现另外一种状况,即两个案件存在密切联系,但并不适合合并审理。在此情景下,法官有另外一种替代方案,即对两个案件进行连续判决,或者在作出前提案件的判决之前,暂停对另一案件的审判程序,以提升审判的效率和一致性。与此相对,法院也可以对案件进行拆分。拆分行为既可以由法院依职权进行,也可以由当事人申请进行,法院应当综合考量案件的各项因素,如时间、拆分对案件审判难易的影响等,避免因拆分造成对当事人的不公平,影响权利实现的时间及效果。

五、案件分配

所有的民事案件会根据案件情况被分发到法院所设定的 3 个不同审理程序,这 3

个审理程序分别为小额索赔审理程序、快捷审理程序和多轨审理程序。

（一）小额索赔审理程序

小额索赔审理程序主要审理一些情节轻微、赔偿额度不高的案件，包括〔1〕：任何经济价值不超过10,000英镑的案件，若属于人身伤害、房屋修缮类纠纷，则应符合有关特殊规定；人身损害案件中，对人身损害赔偿金的请求不超过1000英镑的案件及对经济损失索求不超过10,000英镑的案件；承租人向房东提出修缮或其他索赔的金额不超过1000英镑的案件，或其他损失不超过1000英镑的案件。

（二）快捷审理程序

如果纠纷涉及的金额为10,000镑到20,000镑，案件将适用快捷审理程序。法院会对案件作出指示，例如制定一个时间表来敦促各步骤的进行。在该指示下达后，法院便会在适用程序的说明（Notice of Allocation）中明确审判日期。通常来说，从指示的下达到审判开始不会超过30周的时间。审判开始后，法院会在3周以内将案件审理完毕〔2〕。

在案件适用快捷审理程序后，法院会给当事人发出审前确认单（Pre – trial Check List）。《1999年民事诉讼规则》的实践指南中，制作了以下如表17 – 1所示的审前确认单格式，可供企业参考〔3〕。

表17 – 1　审前确认单

信息披露（Disclosure）	4周
证人证言交换（Exchange of witness statements）	10周
专家意见交换（Exchange of experts' reports）	14周
法院发出审前确认表［Sending of pre – trial check lists（Listing questionnaires）by the Court］	20周
将完成的审前确认表存档（Filing of completed pre – trial check lists）	22周
审判（Hearing）	30周

（三）多轨审理程序

如果是涉案金额较高的案件，法庭会把案件分配至多轨道审理程序。在这种情况下，法庭同样也会对案件进行指示，制定相关时间表。鉴于案情较为复杂，法院审理的时间也会相应地延长，短则3个月，长则可能需要几年的时间。

〔1〕 Civil Procedure Rules, Section 27.1.

〔2〕 Ibid., Section 28.2.

〔3〕 Justice, *This Practice Direction supplements CPR Part* 28, Accessed on May 12, 2020, https://www.justice.gov.uk/courts/procedure – rules/civil/rules/part28/pd_part28.

六、文件的披露

根据英国法律，披露是一项重要的工作，通常可以“促成或破坏”（Make or Break）一个案件，因为只有揭示了有关争议的完整事实背景后，才能充分判断双方的权利义务归属。在某些情况下，如果当事方没有履行披露义务，法院可以处以罚款并对罚款的数额具有裁量权，一般是从不履行披露义务造成的成本损失到藐视法庭造成的加重处罚。

根据《1999 年民事诉讼规则》的规定，诉讼中的各方当事人有义务提前披露由各自掌握的重要文件（Documentation），如证据等。任一方当事人都可以请法院明确需要披露的范围以及确认相关具体文件的披露是否恰当。法院在认定时，一般会以《标准披露》（Standard Disclosure）为一般的要求[1]。当事人对其掌握或受其控制的文件具有披露义务，例如对个人拥有的财产、土地以及其有权查阅或复印的文件等。一般情况下，其他当事人有权查阅，但是如果文件已不由披露方控制，或者在披露方有权拒绝查阅的情况下，则不允许其他当事人查阅。如果当事人在诉讼之前丢失或处置了文件，则有必要说明丢失或处置文件的情况。此处所指的“文件”是记录任何描述信息的载体，不仅包括信件、传真、文件注释、备忘录和报告，而且包括手写注释、日记条目、日志、维护记录和电子文档（电子邮件和其他电子通信）等。

在案件管理会议上[2]，法院可以对披露进行审查，考量目前各方当事人的披露程度。为日后法庭审判的顺利进行，法院可能会要求各方进行更大程度的披露。通常来说，披露的目的会决定披露的范围，法院可能作出如下命令：无须披露；一方当事人所提交披露文件的形成依据，同时令其他当事人作出披露；在可行的前提下，要求各方就某一关键问题进行必要的披露；要求当事人披露任何有价值的信息文件，不论该文件是否对己方有利，即便是为了开启另一起案件的调查；规定一方当事人披露的标准；任何法院认为适当的披露命令。

在披露的程序上，每一方当事人应当根据相关的规定制作一份文件清单送达对方，清单的内容必须使用合理的排序及恰当的方式（易于理解）进行呈现。该清单应当对未能披露的文件作出具体的原因说明，例如已不再由披露方控制或披露方有权拒绝对某些文件进行披露。与此同时，披露方应当出具一份声明，交代其为了披露而进行搜查调取的范围以及所履行的其他更多义务。披露义务是一个持续存在的义务，会一直持续到诉讼的终结。如果在诉讼过程中，某当事人被法院要求披露相关文件，则该

[1] Ruth Grant, *UK: Disclosure Of Documents In Civil Proceedings In England And Wales*, Accessed on April 28, 2020, https://www.mondaq.com/uk/Litigation-Mediation-Arbitration/642194/Disclosure-Of-Documents-In-Civil-Proceedings-In-England-And-Wales.

[2] 案件管理会议是法院为了听取意见而召开的重要会议，法院借由在会议中听取的内容来决定具体案件将适用何种审理程序。在会议中，法院会对案件的争点进行识别，并对当事人作出一些指示，以提高审理的效率。

当事人应当将法院要求披露的内容一并通知其他诉讼参与方。

2019 年 1 月 1 日，新的为期 2 年的披露试点计划（Disclosure Pilot Scheme）在英格兰和威尔士的商事和财产法院开始实施。该计划旨在解决现有披露制度的成本问题、使用法律技术并鼓励采用更个性化的方法，适用于英格兰和威尔士的商事和财产法院的新诉讼和现有诉讼，但海事法院除外。因此，在商事法院进行有关诉讼的当事方将需要考虑上述披露试点计划的要求。

七、证据规则

在英国的证据体系中，法院可以指示当事人按要求固定证据。例如，在相关案件的举证环节，就证据种类、性质以及证据提交的方式作出要求。同时，法院有排除非法获取的证据的权利。

（一）证人证言与传闻证据

证据的类型若为证人证言，则一般情况下应当由证人当庭提供口头说明，但如果证人曾在聆讯中以书面的方式作出过回应，则该书面证言具有效力。如果证人在法庭的开庭日期不方便出庭，法院可以允许证人以视频的方式进行作证，但如果证人仅仅出具了书面陈述书（Witness Statements），则要作具体的判断。书面陈述书指由证人签名，载有其作证内容的证据[1]。当事人希望依靠证人的陈述书来证明某个事项时，除非法庭另有命令或将其作为传闻证据，否则法庭应当传唤证人到庭，对陈述书中的内容进行确认。涉案当事人有权对证人在庭外作出的书面证据进行质证，如果有关证人没有按照法院的命令到庭，一般情况下法院不得采纳该证人的书面陈述。书面陈述书原则上作为重要的证据之一，在案件的审理过程中可以被查阅，但任何一方当事人有权要求法庭作出不公开的指示，法院将审查该证据的内容是否有影响司法利益、公众利益、儿童权益等事项，来决定其是否具有不公开的事由。值得注意的是，如果当事人教唆或促使证人进行虚假陈述或者证人自身为达到某目的故意作出虚假陈述，则可能受到藐视法庭罪的控告[2]。

传闻证据（Hearsay）是指某人在诉讼中所提供的证据内容并非来自于亲眼所见而是从其他渠道听闻或间接知晓而来的。当事人如希望援引传闻证据，而该证据载于案件相关的证人陈述书中但证人却未曾到庭作证接受质询，则该当事人应当告知其他当事人该证人未到庭的原因，遵守《1995 年民事证据规则》（Civil Evidence Act 1995）的规定，向对方当事人通知下列信息[3]：对传闻证据的认定；陈述使用传闻证据的原因；不传唤证人的理由。

拟使用传闻证据举证的一方，必须要在证人陈述书的送达日之前发出通知，若传

---

〔1〕 Civil Procedure Rules, Section 32.4.

〔2〕 Civil Procedure Rules, Section 32.14.

〔3〕 Civil Procedure Rules, Section 33.2.

闻证据的内容载于某份文件，则该当事人应当向其他方当事人提供一份文件的副本，使其能够随时查询。

（二）获取和保存证据

根据《1999年民事诉讼规则》的规定，在某些情况下法院可以发出诉讼前披露证据的命令，以便公平处置预期的诉讼程序、协助解决争议或节省成本。

法院可以发布命令进行特定披露，指示一方当事人彻底搜索其合理认为可能会对自己的案件产生不利影响或其他当事人申请披露的任何文件。如果产生不利影响的人或利益相关者众多，则法院有权要求披露与该案直接相关的所有文件。

关于仲裁程序，《1996年仲裁法》（Arbitration Act 1996）第44条赋予法院（遵守当事方协议的情况下）具有以下权力：保存证据；就有关法律程序所涉及财产或在法律程序中出现的任何疑问作出命令；检查、拍照、保存、保管或扣押财产；命令从该财产中取样，对该财产进行观察或进行实验；为此目的，授权任何人进入由仲裁当事方拥有或控制的任何处所。

八、法庭判决

每一份由法院出具的判决书都会标明审判者的姓名及案件的司法编号，法院应当根据当事人已有的申请，将判决或命令送达当事人或其律师。判决一般情况下是自作出当日即开始生效，但法院也可以在判决中特别指定作出后的某一日期为判决生效日。关于判决中利息的计算，一般情况下按照《1838年判决法》（Judgments Act 1838）、《1984年郡法院法》（County Courts Act 1984）的规定，利息自判决作出之日起开始计算，但以下3种情况除外：其他法律另有规定的；法院另有命令的；法院判决要求利息自判决日之前的某个时点即开始计算的。

当事人在收到判决后，需要履行赔偿义务的一方，应当在14日以内履行，除非：判决中特别指明了支付日期或支付方式；其他法律另有规定；法院已暂停法律程序或判决的执行。

英国国内的给付判决被强制执行主要有以下几种形式：法院通过判决的方式要求债务人履行债务；通过下达命令要求第三方配合履行债务（例如银行划拨）；从债务人的薪资收入中扣押并划拨；法院下达给付命令。

值得一提的是，如果法院的判决与土地有关，则法院可以依职权令土地出售、抵押、置换或分割。任一当事人发现法院的判决存在错误时，可以向法院提出，法院可以对已作出的判决进行补正。

九、上诉规则

关于上诉案件的受理法院，参见本书第二章第三节的有关内容。

根据《1999年民事诉讼规则》的规定，上诉人如若想提起民事上诉，法院审查以下两点：法院认为该上诉可以成功；其他充分的理由。上诉申请被驳回后，当事人还可以就驳回本身进行上诉，该上诉是通过书面申请的。

十、诉讼和解

当事人可以在诉讼中的任何时间提出解决方案，根据《1999 年民事诉讼规则》第 36 部分的规定，任一方当事人可以提出一个“要约”（Offer），来解决后续可能产生的费用等争议问题。该规定同时对“要约”的内容及发出的时间提出明确的要求，如果期限届满时对方当事人未做回应或在接受后反悔，则依然按照诉讼程序继续进行。

第三节　替代性纠纷解决机制

争议发生后，企业更喜欢使用谈判的方式来解决双方的争议。鉴于商业的属性，法律也相应设置了快捷高效的替代性纠纷解决机制。即便一些企业已经采用诉讼的方式来解决纠纷，法院也可以在适当的情况下根据法律的规定，鼓励双方当事人适用替代性纠纷解决机制程序。替代性纠纷解决机制程序并非强制性的，在适用的过程中，双方当事人可以在任一时点放弃使用。以下介绍英国主要的替代性解决机制——仲裁、调解、专家裁决、监察者制度。

一、仲裁

仲裁是国际贸易中重要的争议解决程序，英国是最早颁布仲裁法的国家之一。早在 19 世纪，英国中央议会就制定了第一部仲裁法，该法历经多次修改，不断适应时代变化的要求。现今英国适用的是《1996 年仲裁法》（Arbitration Act 1996）。虽然近来有相关人士认为英国脱欧可能会对当地仲裁事务产生影响，但根据 2018 年 5 月 9 日伦敦玛丽女王大学（Queen Mary University of London）和美国威凯律师事务所（White & Case）共同发布的《2018 国际仲裁调查》（The 2018 International Arbitration Survey），超半数的受访者认为伦敦作为国际上最重要的仲裁城市之一，其国际仲裁地位未因脱欧受到影响。

上述《2018 国际仲裁调查》为双方共同完成的第 4 次报告，参与调查的人员遍及全球，人数创下新高[1]。根据调查内容显示，有 64% 的被调查人会选择伦敦作为仲裁地，这个数据高于巴黎的 53% 和新加坡的 39%。近年来，英国不断加强对仲裁员透明度（遴选透明及仲裁过程的透明）的要求，一般情况下法院很少裁定仲裁员是不适格的，除非该仲裁员不符合当事人仲裁协议中所规定的客观条件，例如对执业年限的要求。与此同时，仲裁员也享有更多的自由裁量权和司法豁免权，当事人不得以工作上的疏忽为由对仲裁员提起诉讼。只有在仲裁员出现欺诈性错误并影响其公平合理地

---

〔1〕 中国国际贸易促进委员会：《2018 国际仲裁调查报告公布》，载 http://www.ccpit.org/Contents/Channel_3466/2018/0510/1000852/content_1000852.htm，最后访问日期：2020 年 5 月 5 日。

作出裁决时，仲裁员才负有责任。仲裁员的自由裁量权体现在，当事人未作明确约定时，仲裁员具有决定仲裁程序的方式、管辖权的处理、选择适用法律的权利等[1]。

（一）仲裁的优缺点

利用仲裁来解决争议的优点有许多，例如具有很强的灵活性，当事人可以选择自己偏好的仲裁员来处理纠纷，相应地也就会提高争议解决的速度；仲裁也具有一定的秘密性，不像法庭审判一样公开进行，且作出的仲裁裁决（Award）有一定的法律强制力。《1996 年仲裁法》规定，在国际仲裁中，当事人可以以协议的形式排除法院的司法复审权，即当仲裁裁决作出后，法院不能以法律或事实认定上的错误为由撤销仲裁裁决；一般情况下，相对于诉讼，仲裁的成本是比较低的，这也是另一个明显的优势。与此相对的，仲裁也有一些缺点，例如程序上不如法院严谨、上诉的条件有限等。总的来说，仲裁出现的目的就是提供一个争议解决的新渠道来分担法院的压力，节省当事人的时间和财力。

（二）仲裁的适用范围

仲裁处理的事项主要是有关商业的纠纷。在英格兰，几乎所有商业事务都可以进行仲裁，如果出现规范不明的情况，一般主管机关会尽可能地扩大仲裁的适用范围，但如果涉及下列事项，则不允许通过仲裁解决争议：根据《1996 年就业权法案》提起的索赔（所争议事项为雇员应享有的权利时，不得阻碍雇员提起仲裁审理）；非法合同下的争议；破产程序；有关刑事责任的任何事项。此外，当事人可就争议的可仲裁性向仲裁庭或法院提起异议。

（三）仲裁组织

英格兰和威尔士存在许多仲裁组织，尤其以下列组织最具代表性。

（1）国际商会（International Chamber of Commerce, ICC）：无论是一般的合同纠纷，还是涉及知识产权、合资企业、股权交易的争议都可以提交国际商会仲裁，前提是当事人在纠纷发生之前或之后存在有效的仲裁协议。总的来说，国际商会在仲裁领域具有丰富的知识积累及实务经验，属于国际领先的仲裁机构。国际商会在仲裁时会依照国际领先的判断标准及规则行事，并不定期更新标准规则、制作简要版，以方便阅读及更好地适用[2]。

（2）伦敦国际仲裁院（London Court of International Arbitration, LCIA）：全球领先的商业纠纷解决机构之一。伦敦国际仲裁院具有很明显的国际属性，这也反映在其受理的案件上，目前仍在审理的案件中，有 80% 的当事方并非英国人或英国机构[3]。伦敦国际仲裁院没有会员的要求，其仲裁规则普遍适用于所有类型的仲裁争议。费用

---

[1] 王小莉：《英国仲裁制度研究（上）——兼论我国仲裁制度的发展完善》，载《仲裁研究》2007 年第 4 期。

[2] ICC, *ARBITRATION*, Accessed on May 5, 2020, https://iccwbo.org/dispute-resolution-services/arbitration/.

[3] LCIA, *Introduction*, Accessed on May 5, 2020, https://www.lcia.org/LCIA/introduction.aspx.

上，伦敦国际仲裁院会在申请人申请时要求其缴纳注册费（Registration Fee），随后仲裁员和伦敦国际仲裁院会将按照花费的小时数来收取费用。具体费用可以参照伦敦国际仲裁院官网公布的明细表[1]。

（3）伦敦海事仲裁员协会：伦敦海事仲裁员协会主要处理与海事有关的纠纷，伦敦则是众多申请者青睐的仲裁地点。2018 年，伦敦海事仲裁员协会一共公布了 500 份仲裁裁决，而同年其新收到的仲裁申请却高达 2600 件[2]。伦敦海事仲裁员协会的仲裁流程根据仲裁的金额不同区分为标准、中等及小额索赔程序，本书第十二章“英国海事海商法”具体说明了上述 3 种程序的内容。

（四）仲裁协议

英国《1996 年仲裁法》明确了仲裁的原则，即在当事人意思自治的基础上，快速简便地处理纠纷，公平合理地解决争议。与此同时，该法案还进一步扩大了仲裁的受案范围。根据《1996 年仲裁法》第 5 条对仲裁协议的规定，下列情况都属于存在有效的仲裁协议[3]：只要是书面作出的协议，包括书面交流达成的协议，有能证明存在仲裁共识的书面文件等，无论双方当事人有无签署，该书面文件都为有效的仲裁协议；除了仲裁协议外，当事人双方对仲裁事项另有约定，存在书面记录的文件；未有仲裁协议，任何一方当事人授权第三方书面记录了仲裁共识的文件；一方当事人以书面的形式向法庭说明存在口头协议，对方当事人未反对的。

（五）仲裁适用法律

根据《1996 年仲裁法》的规定，当事人有权选择适用的法律。这在英国仲裁领域可以说是一个重大的突破，过去英国的商事仲裁普遍适用英国的法律规定，而《1996 年仲裁法》大幅度提高了当事人意思自治的权限，包括赋予当事人“选法”的权利。

（六）临时仲裁制度

在国际仲裁中，不仅存在机构仲裁，而且存在临时仲裁。临时仲裁甚至比机构仲裁的历史更为悠久。所谓临时仲裁，是相对于机构仲裁而言的，当事人可以依照双方的仲裁协议，自行选择适用何种程序及形式，组成仲裁庭仲裁。国际上普遍将机构仲裁和临时仲裁都纳入仲裁中，令其具有同样的法律效力。英国的法律也同样认可临时仲裁的效力，根据《1996 年仲裁法》第 74 条的规定，当事人各方指定的仲裁机构、其他机构或个人，对履行仲裁职务时所发生的过失行为不承担责任。可以看出，豁免权的适用范围不仅包括仲裁机构，还及于其他机构和个人，这也就间接地承认了其他机构或个人具有仲裁的能力。

---

[1] LCIA, *Schedules of Costs*, Accessed on May 5, 2020, https://www.lcia.org//Dispute_Resolution_Services/schedule-of-costs.aspx.

[2] LMAA, *About us*, Accessed on May 5, 2020, http://www.lmaa.org.uk/about-us-Introduction.aspx.

[3] Arbitration Act 1996.

（七）仲裁的约束力

仲裁裁决是终局性的，具有普遍的法律约束力。当事人如若对仲裁裁决有异议，可以就裁决本身向法院提起上诉，但是如果仲裁协议中已经将上诉权进行排除，则反悔的一方不再具有上诉权。总的来说，对仲裁裁决的上诉是非常困难的。《1996 年仲裁法》所规定的上诉条件较为严苛，申请人必须提出明确合理的法律理由来对抗仲裁协议的内容。

二、调解

在争议发生后，当事人更容易想到通过诉讼的手段来明确争议各方的权利义务关系，解决现有纠纷。然而，随着时代的发展，为了达成当事人和解的目的，民事调解变得越来越重要。在英国，每年通过民商事调解处理终结的案件有 10,000 余件，涉及的金额有 105 亿英镑之多[1]，调解已成为英格兰地区最常见的替代性纠纷解决机制。

调解具有许多优点，通过引入一个公正的第三人作为居中者，促使纠纷当事人展开积极对话。调解一般是不公开的，仅当事人及中间人对纠纷发生的前因后果有充分的了解，所以具有较好的保密性，能够防止商业秘密泄露。英国调解程序的无偏见（Without Prejudice）原则要求，未经当事人的明确同意，调解过程中的所有讨论，都不得对外披露。如果各方当事人对调解的内容满意，便可以制成调解协议，该协议可以交法院认定并赋予强制执行力。整体来看，调解相较于其他争议解决方式更为灵活，不受特定法律的约束。欧洲调解指令（European Mediation Directive）在英国也有所适用，可以对跨境的争议解决进行规范，目的在于保护调解程序的私密性，并对调解所涉及的时效问题进行调整，例如暂停有关时效的计算。

英国有效争议解决中心（Center for Effective Dispute Resolution，CEDR）是英国民事调解的主要机构，成立于 1989 年，可以提供独立的替代性解决方案，无论是小额索赔还是价值数十亿的大型商业争议，都具有非常丰富的调解经验。在受理之前，有效争议解决中心会将不同类型的事件进行分类，其官网显示，申请人可以选择所需调解案件的专业领域，有包括不动产、航空、电信、会计、汽车、可再生能源在内的 16 个领域可供申请人选择。

除有效争议解决中心之外，独立调解员组织（Panel of Independent Mediators，PIMs）也是有效的调解机构，成员由全国各地的调解员组成。

三、专家裁决

专家裁决（Expert Determination）一般常用在租金审查、股份公司的股价评估、相关行业的价格调整、技术类合同纠纷解决中，因为解决该类纠纷需要专业的意见来做支撑。在英国，专家的决定具有终局的效力，有强制约束力，仅在有限的情况下才能向法

[1] 蒋丽萍：《英国有效争议解决中心的调解机制及借鉴》，载《人民法院报》2017 年 9 月 22 日，第 8 版。

院提起上诉。

四、监察者制度

监察者制度（Ombudsman）一般被应用于处理金融服务机构或公共事务机关所发生的投诉事件中。监察者的权利由法律赋予，旨在促进投诉者与服务提供者之间达成和解或在和解失败的情况下作出最终决定。

第四节　外国判决和仲裁裁决的承认与执行

一、判决的承认与执行

根据欧盟的相关规定，英格兰可以执行其他欧盟成员国法院作出的判决，但这种情况可能会随着英国脱欧而改变。如果诉讼程序在脱欧过渡期之前开始，则英国与欧盟之间的判决将继续得到承认及执行。如果英国与欧盟之间没有达成关于判决承认与执行的相关协议，则判决的承认与执行则取决于英国和欧盟成员国之间是否签署了相关公约或协议[1]。

根据英国所缔结的《1968 年布鲁塞尔公约》（The 1968 Brussels Convention）[2]、《1988 年洛迦诺公约》（The Lugano Convention）[3]和《2002 年布鲁塞尔规则》（The 2002 Brussels Convention），英国将承认与执行上述公约的缔约国及公约适用范围内的外国判决。涉及国外判决的承认与执行的英国国内法律主要有《1920 年司法行政法》、（Administration of Justice Act 1920）、《1933 年外国判决（互惠执法）法》[Foreign Judgments（Reciprocal Enforcement）Act 1933]、《1982 年民事管辖权和判决法》（the Civil Jurisdiction and Judgements Act 1982）和《1991 年民事管辖权和判决法》（the Civil Jurisdiction and Judgements Act 1991）等，英国可以执行规定中提及的部分国家的判决。

若不属于英国国内成文法的适用对象或并非其签署的有关国际公约的缔约国[4]，外国法院的判决并不能在英国直接得到执行，当事人须以已取得的外国法院判决书为依据，向英国法院重新提起诉讼，英国法院将对该外国判决是否满足应具备的条件进行审查，如符合条件，英国法院将作出一个与外国法院判决一致的判决，将之转化为国内判决来执行；若不符合条件，将拒绝予以承认和执行。

---

〔1〕 Anna Pertoldi，Maura McIntosh，*Enforcement of judgments between the UK and the EU post – Brexit：where are we now?*，Accessed on May 5，2020，http://disputeresolutionblog. practicallaw. com/enforcement – of – judgments – between – the – uk – and – the – eu – post – brexit – where – are – we – now/.

〔2〕 适用范围为所有的欧盟国家。

〔3〕 适用范围为欧盟国家和欧洲经济共同体国家。

〔4〕 目前，亚洲（包括中国）、北美洲（包括美国）、南美洲等大部分国家属于这种情况。

二、仲裁裁决的承认与执行

英国作为《纽约公约》的缔约国之一，已通过《1996 年仲裁法》赋予《纽约公约》效力。《纽约公约》要求缔约方法院承认和执行国际仲裁协议并执行外国仲裁裁决。其他缔约国可以根据自己国家的法律来执行英国的仲裁裁决，与此相对应地，英国也可以根据自己的法律执行其他国家的仲裁裁决。

第十八章

英国重点领域合规管理

第一节 概 述

20 世纪 70 年代以前,受自由主义思想的影响,英国的经济运行是以自由契约和"无形之手"为理论背景的,以道德劝诫等外部自律组织的监管为主要的治理手段。随着经济的快速发展和财务丑闻的不断发生,外部自律已经远远不能满足经济正常运营的需要。因此,从 20 世纪 80 年代开始,英国开始加强外部监管机制,严格规范公司治理实践活动[1]。如今的英国企业早已过了初创时期野蛮生长的阶段,开始讲究业绩和合规的平衡。

对于中国企业走出去,中国政府一直要求"走出去"的企业遵守当地国家的法律和规定。企业依据当地法律合规经营的好处很多,其中包括:一是合规可以实现优化企业内部治理的目标,完善制度设计,并可将企业合规计划建设成为外部监管机构与企业内部治理的桥梁;二是建立有效的合规计划可以成为企业寻求无罪抗辩或者免除或减轻刑罚或罚款的重要依据,企业可以减少损失。

合规本身的含义是全方位的法律法规的遵守,管辖各个领域合规的部门也是分散的,以下主要讨论英国合规的传统重点领域,包括反腐败、反洗钱、上市公司合规及贸易制裁和出口管制。新兴的合规领域,如竞争法合规、数据保护合规的有关事项,详见本书第十五章及第十六章的内容。

第二节 反 腐 败

一、《2010 年贿赂法》

英国《2010 年贿赂法》(Bribery Act 2010, UKBA)于 2011 年 7 月正式生效。该法被称为"世界上最严厉的反腐败法"[2],主要原因是该法对贿赂罪作了较宽泛的定义,既包括行贿也包括受贿,既包括公法领域的贿赂也包括私营领域的贿赂,贿赂的利益

[1] 张若丹:《追求合规与绩效的平衡——专访英国特许管理会计师公会(CIMA)首席执行官 Charles Tilley》,载《新理财》2005 年第 12 期。

[2] 季美君:《〈2010 年贿赂法〉:严厉是反腐的起点》,载《检察日报》2016 年 10 月 25 日,第 8 版。

不仅是经济方面的,还包括其他方面的利益和好处。该法也规定了宽泛的管辖权,即不管犯罪发生在哪里,只要与英国有关联的个人或公司,均有可能被起诉或者处罚。《2010 年贿赂法》共有 20 条条文,内容上分为普通的行贿罪与受贿罪、贿赂外国公职人员罪、商业组织预防贿赂失职罪、起诉与处罚、有关犯罪的其他规定以及补充规定和最后规定 6 个部分。

（一）行贿罪与受贿罪

《2010 年贿赂法》第 1 章"贿赂违法行为的基本规定"规定了行贿罪与受贿罪。行贿罪与受贿罪作为一般性的贿赂犯罪,在《2010 年贿赂法》中具有着较为宽泛的含义。《2010 年贿赂法》第 1 条规定了行贿行为,第 2 条规定了受贿行为,第 3 条规定了行贿行为与受贿行为中的相关职责与行为,第 4 条规定了与贿赂有关的不当履行,第 5 条规定了行为不当性之"期待测试"。

1. 行贿行为

行贿行为是指向他人提供、允诺提供或者给予他人经济上或者其他方面的利益,主要包括 3 种行为:向他人提供或者给予各种形式的利益,意图诱使他人进行不正当行为或者不正当履行相关职责;在他人进行不正当行为或者不正当履行相关职责后,向其提供或者给予各种形式的利益作为报酬;向他人允诺给予经济上利益或者其他利益。

2. 受贿行为

受贿表现为利用职务之便谋取利益,主要包括两类行为:第一,通过不正当履行职务谋取利益;第二,谋取利益本身就构成不正当履行职务。其中第一种通过不正当履行职务谋取利益行为包括 3 种行为方式:行为人索取、同意收受或者接受经济或者其他形式的利益,意图进行不正当行为或者不正当履行职责。行为人将索取、同意收受或者接受经济或者其他形式的利益作为不正当履行相关行为或职责的报酬。行为人索取、同意收受或接受经济或者其他形式的利益的预期结果或者实际结果是下述之一:(1)行为人进行不正当行为或者不正当履行职责;(2)在行为人的请求、同意或默许后第三人进行不正当行为或者不正当履行职责。

3. 行为不当性之"期待测试"

《2010 年贿赂法》第 5 条规定,行为"不当性"指违背合理地履行其职责或从事行为的期待,以及未能履行职责或从事行为,且未能履行职责本身就违反合理期待。履行职责行为构成"不当履行"的原因,除了其违背法律法规之外,还包括行为违背合理期待。这要求"适当履行职务"既要在形式上合法,也要在实质上符合该职务的内在要求,即客观测试标准:将英国的合理第三人对相关职责或者行为的履行所能期待的与职责或行为有关的履行行为作为标准。

（二）贿赂外国公职人员罪

贿赂外国公职人员罪是《2010 年贿赂法》创设的一项新罪名,其规定于《2010 年贿赂法》第 6 条,具体为:如果某人员直接或通过第三方间接向外国公职人员提供、许诺或者给予任何好处并具有不正当意图，且基于适用于该公职人员的成文法不允许或不要求该公职人员因有关提供、许诺或者给予的好处而令其在职权范围内受到影响，则该人员构成该项犯罪。其中，“不正当意图”指取得或者保留业务，以及意图从业务中取得或保留利益。

《2010 年贿赂法》第 6 条第 3 款中规定了直接与间接两种方式的贿赂形式，即直接贿赂某外国公职人员或者通过第三人进行，提供、许诺或者给予任何好处至某外国公职人员，或者在某外国公职人员要求下或者同意、默许下将好处给予第三人。

（三）商业组织预防贿赂失职罪

商业组织预防贿赂失职罪是《2010 年贿赂法》第 7 条针对现代社会日益盛行的商业贿赂所创设的新罪行。对于公司和合伙企业，若未能防止代表其行事的个人的贿赂行为，则构成商业组织预防贿赂失职罪。该罪属于严格责任，即不必证明存在过失。简言之，与商业组织有关的个人旨在为商业组织之利益（如获得业务或者其他好处等）而对他人行贿，则商业组织便构成此罪。

只有“相关商业组织”才能构成商业组织预防贿赂失职罪的犯罪主体。“相关商业组织”是指根据英国任何地方的法律成立的合伙组织或者公司，或者无论于何处成立但在英国开展业务的合伙组织或者公司。具体包括 4 种主体：（1）根据英国法律成立的股份有限公司，或者无论于何处成立但在英国开展业务的股份有限公司；（2）在英国开展业务的其他形式的公司；（3）根据英国法律成立的合伙组织或者公司，或者无论于何处成立，但在英国开展业务的合伙组织或者公司；（4）在英国开展业务的其他合伙组织或者公司（不论成立与否）。

（四）法律后果

个人如犯《2010 年贿赂法》第 1 条、第 2 条或第 6 条所规定的罪行，可处以下刑罚：如经简易程序定罪，可处刑事监禁不超过 12 个月，或处以不超过法定最高限额的罚款，或者两者并行；如经公诉程序定罪，可处刑事监禁不超过 10 年，或处以无上限的罚款，或者两者并行。

任何其他主体如犯《2010 年贿赂法》第 1 条、第 2 条或第 6 条所规定的罪行，可处以下刑罚：如经简易程序定罪，可处以不超过法定最高限额的罚款；如经公诉程序定罪，可处以罚款。

任何主体如犯《2010 年贿赂法》第 7 条所列的罪行，一经公诉程序定罪，可处罚款。

针对上述个人触犯《2010 年贿赂法》第 1 条、第 2 条或第 6 条规定经简易程序定罪被处于不超过 12 个月的监禁，具体适用情形为：若该行为在 2003 年《刑事司法法》第 154 条（1）节生效前在英格兰和威尔士所犯，则适用本法，且最长监禁期限为 12 个月；若该行为属于北爱尔兰管辖，最长的监禁期限为 6 个月。

需要注意的是，对于构成普通行贿罪、受贿罪和贿赂外国公职人员罪的主体，如经公诉程序定罪，可处罚款金额没有上限；商业组织如构成《2010 年贿赂法》第 7 条商业组织预防贿赂失职罪的，采用的也是无上限罚金制度，且只能适用公诉定罪的程序。

二、英国反贿赂监管机构

英国的反贿赂相关监管机构是分散而广泛的，主要包括严重欺诈办公室（Serious Fraud Office，SFO）、审计机构、政府部门和司法部门。其中，严重欺诈办公室是负责对贿赂犯罪起诉的检察机关，审计机构是利用审计手段调查贿赂的机关，政府机构设立反腐败内部监督机制，司法部门负责贿赂罪的审判。

（一）严重欺诈办公室

在反贿赂领域，严重欺诈办公室主要负责对回扣行为（Kickbacks）、行贿行为（Bribery）、敲诈行为（Extortion）、侵占行为（Embezzlement）进行调查和起诉[1]，并负责在起诉时提供证据。严重欺诈办公室还可以与公司针对贿赂犯罪达成暂缓起诉协议（Deferred Prosecution Agreements，DPAs）。暂缓起诉协议针对的是已经起诉到法院的案件，并设有一定的考验期，英国的暂缓起诉协议仅针对企业行使，不适用于个人。暂缓起诉协议内容包括犯罪事实、处罚、配合后续调查、执行合规计划、接受外部合规监管等。

（二）审计机构

英国是世界上较早设立审计机构的国家，早在 13 世纪就建立了王室财政审计制度。英国审计机构主要包括以下几个部分：

（1）国家审计署。负责对所有政府机构（包括超过半数以上使用公共资金的社会团体）的财务收支进行审计，此外，还对某些国外组织的机构进行审计。

（2）公共账目委员会。其是国会下议院的常务委员会。对于该委员会提交的报告建议，政府必须在 2 个月内予以回复，该委员会再根据政府的回复决定是否进行进一步调查。

（3）审计委员会。负责对一般性的审计问题进行监督，并且负责在公共审计机构和私人公司之间分配审计任务（比例一般是 1∶2）。审计委员会还负责对审计行为提出建议、监测全国的欺诈与腐败行为的发生概率，并且就当前趋势和技术发展提出报告。

（4）审计机构。英国属于立法型政府审计模式，审计机构对议会负责，直接向其报告工作。审计机构分中央和地方审计部门。根据 1983 年英国议会通过的《国家审计法》，中央设立英国审计署，独立于行政部门，代表议会对政府进行监督，向议会报告工作，但议会并不干涉具体的审计工作。审计署由审计长负责，实行终身制。审计长由议会议员提名，经首相和议会公共账目委员会同意，由国王任命。审计署的职责主要是“对各政府部门和其他公共机构进行财政审计，并向议会报告财政资金使用的合法性与有效性”。审计类型主要包括财务审计（Financial Audits）和效益审计（Value for Money）两种。财务审计主要检查账目是否符合会计准则，账目中数字是否得到了合理表述，资金是否用于了议会及政府规定的目的和项目，支出是否合规，有无重大舞弊行为以及财务信息是否充分。2012 年审计署年度报告显示，2011—2012 年度审计署共对

---

〔1〕 肖军：《英国反严重欺诈办公室的改革和启示》，载《山东警察学院学报》2012 年第 6 期。

325 个独立机构的 458 个账户的财务收支和资产负债情况进行了审计，收入支出总额超过 1 万亿英镑。效益审计主要反映被审计单位有关资金管理使用的经济、效率、效果和可持续性 4 个方面情况。英国审计署每年发表大约 50 份绩效审计报告，绩效审计业务量占其工作总量的 40%。审计署对审计结果只有建议权，没有处理权。审计建议没有强制性，被审计单位可以选择不执行审计建议，审计署只将报告提交议会并公开发表，通过加强和被审计单位的合作来促进建议得到实施。

（三）政府内部监督

英国有多个政府部门设有反腐败内部监督机制，其中以下 5 个部门最有特色，对腐败行为的管理也最为直接。

（1）财政部。每年都对发生在政府机构内部的欺诈行为的性质、类型、原因、数量、金额和追缴方式等提交一份详细报告。此外，财政部还发布一些指导政府各部防止欺诈行为的原则，例如，1997 年发布的《管理欺诈的危险——给管理人员的指导》，特别指出发生在政府机构的三种最严重的欺诈行为：偷盗、假账、贿赂和腐败。

（2）国民保健署（National Health Service）。设有“反欺诈与安全管理处”，主要针对国民保健系统出现的行政管理人员和供药商相互勾结合伙欺诈国家钱财，医生和患者相互勾结多开多报、虚报冒领等严重欺诈行为进行调查。

（3）国内税收署。设有特别办公室专门负责对税收方面的欺诈行为进行调查。国内税收署本身就是一个具有起诉权利的机构，有权自主提起诉讼。

（4）工作与养老金署。设有针对各项社会福利的专门反欺诈机构（包括地区性机构），并设有联合工作组，以便与其他政府部门更好地合作。

（5）国防部。设有反欺诈小组及防务欺诈分析小组和内部审计制度，主要针对军备采购过程中的欺诈和腐败行为。

（四）监察员

英国的监察员分为 3 种，即议会监察员、国家卫生署监察员和地方政府监察员。议会监察员是一个独立机构，负责对政府官员（尤其是高级公务员）的行为进行监督，但其权限仅限于处理公民由于中央行政机关的不当行政行为而使其利益受到侵害时的投诉。国家卫生署监察员负责监督国家卫生署系统的不当行政行为。地方政府监察员的管辖范围包括地方议会和议员、地方政府有关机构及官员等不当行政行为造成侵害公民利益的事件。

除上所述，在英国舆论和新闻媒体素有对政府进行监督和批评的传统权利，该权利是对政府滥用职权的一种有效制约，使权钱交易实际上对当事人来说变得十分困难[1]。

---

〔1〕《英国的反腐败机构和监督机制》，载广东省监察委员会南粤清风网：http://www.gdjct.gd.gov.cn/hqzh/729.jhtml?isWap=1，最后访问日期：2020 年 6 月 29 日。

三、典型贿赂行为及执法动态

（一）标准银行贿赂案[1]

严重欺诈办公室在2015年11月30日宣布就标准银行（Standard Bank plc.）[2]的贿赂问题与其达成英国第一个暂缓起诉协议，这也是严重欺诈办公室首次在诉讼过程中适用《2010年贿赂法》第7条关于商业组织预防贿赂失职罪的案例。

标准银行这一贿赂事件发生在2013年3月，起源于标准银行的前关联公司Stanbic Bank Tanzania（以下简称坦桑尼亚标准银行）向位于坦桑尼亚的商业伙伴Enterprise Growth Market Advisors进行了600万美元的付款。该项付款的目的在于诱使坦桑尼亚的政府官员支持坦桑尼亚标准银行和标准银行提出的二者代表坦桑尼亚政府提出6亿美元私人处置方案的提议。这一安排产生了840万美元的交易费，由坦桑尼亚标准银行和标准银行进行分摊。

2013年4月，标准银行向严重欺诈办公室进行了自我披露，标准银行的律师Jones Day向严重欺诈办公室具体报告了这一贿赂事实，并提交了贿赂事实的证明材料。Jones Day还对内部进行了一系列调查，调查结果于2013年7月21日被送至严重欺诈办公室。严重欺诈办公室主任认为同标准银行达成暂缓起诉协议可能更符合社会公众利益，于是双方开始谈判，并于2015年11月30日达成暂缓起诉协议。在暂缓起诉协议的结论部分显示：坦桑尼亚标准银行及其相关员工被认为触犯了英国《2010年贿赂法》第1条的规定；坦桑尼亚标准银行及其相关员工均为标准银行的关联人；标准银行在预防贿赂行为时存在失职；标准银行的反贿赂合规体系存在极大漏洞。暂缓起诉协议约定标准银行支付严重欺诈办公室2520万美元，并且给予坦桑尼亚政府700万美元的赔偿，除此之外，标准银行还同意支付严重欺诈办公室在本次贿赂事件中33万英镑的调查费用，以及承诺严格遵守暂缓起诉协议中的相关合规承诺。

2018年11月30日，严重欺诈办公室宣布标准银行切实执行了暂缓起诉协议中的合规体系建设承诺，该项暂缓起诉协议予以终止。需要注意的是，在2015年2月1日中国工商银行收购标准银行60%的股份时，暂缓起诉协议尚未达成。假如中国工商银行作为收购方未对贿赂合规事件开展详尽的风险评估和尽职调查，那么该收购行为将面临不少的风险。因此，海外投资的企业建立健全的反贿赂合规体系必不可少，在交易前应对交易对方进行反贿赂合规审查才有机会将此类风险降到最低。同时，从企业角度，在发生贿赂事件时，及时自我披露并配合监管的调查是减轻或者免除责任的重要方式，这是英国司法的重要实践经验，对合规体系建设有很高的借鉴意义。

---

[1] SFO, *SFO agrees first UK DPA with Standard Bank*, Accessed on June 29, 2020, https://www.sfo.gov.uk/2015/11/30/sfo-agrees-first-uk-dpa-with-standard-bank.

[2] 需要注意的是，2015年2月1日，中国工商银行收购Standard Bank Group Limited（标准银行集团）60%股份的项目完成交割，标准银行集团仍保留了标准银行的40%的股份。2013年贿赂问题披露时，中国工商银行尚未开始收购标准银行股份，所以中国工商银行并未卷入该起贿赂事件中。

（二）Sweett 集团贿赂案[1]

严重欺诈办公室 2014 年 7 月宣布对 Sweett 集团进入调查程序，时至 2015 年 12 月 18 日，Sweett 集团公开承认违反了英国《2010 年贿赂法》第 7 条的规定。2016 年 2 月，严重欺诈办公室对 Sweett 集团作出了 225 万英镑的处罚决定。

Sweett 集团被指控在 2012 年 12 月 1 日到 2015 年 12 月 1 日期间，未能防止其关联人子公司 Cyril Sweett International Limited 在阿拉伯联合酋长国地区对 Al Ain Ahlia 保险公司的董事会主席 Khaled Al Badie 实施贿赂行为。该项贿赂的目的是为 Sweett 集团获取或保留商业上的好处，即确保和保留与 Al Ain Ahlia 保险公司签订的有关迪拜一家酒店的项目管理和成本咨询服务合同。上述行为违反了英国《2010 年贿赂法》第 7 条有关商业组织预防贿赂失职罪的规定，最终 Sweett 集团被处 140 万英镑的罚款，并没收 85 万英镑的违法所得。

《2010 年贿赂法》第 7 条关于商业组织预防贿赂失职罪的规定，实行的是严格责任制，并旨在督促商业组织建立完备的反贿赂机制和内控体系。若商业组织不能证明其对贿赂行为进行了有效的内部控制，那么可能就无法排除因其关联人的贿赂行为而导致的预防贿赂失职的责任。同时，《2010 年贿赂法》的管辖范围非常广，除了法律意义上的关联主体之外，严重欺诈办公室在判断是不是关联人时，还会根据其他的案件细节予以综合判断，这就要求商业组织在进行反贿赂合规体系建设时应当体系化和全面化，严格审查任何可疑痕迹和关联主体的可疑行为。

（三）空中客车贿赂案[2]

根据英国严重欺诈办公室网站披露，自 2008 年至 2015 年，空中客车公司（以下简称空客公司）（注册地在荷兰）为了推进与国有和私营企业客户进行商业谈判，雇用了许多第三方的商业伙伴。2008 年，空客公司成立战略与市场部（Strategy and Marketing Organization），战略与市场部内部设立“SMO 国际”，负责国际业务的经营和拓展，并对商业伙伴进行聘用、监督和管理。公司发展与选拔委员会具有挑选商业伙伴的决定权，该委员会由战略与市场部的最高负责人和空客公司首席财务官共同担任主席，并直接向空客公司首席执行官汇报。该委员会的组成人员还包括合规官、SMO 国际的合规主管。

2020 年 1 月，空客公司承认了在英国、法国、美国等多个国家的贿赂行为，并与上述国家达成暂缓起诉协议，支付约 40 亿美元。这也是目前为数不多的多国联合反腐

---

〔1〕 SFO, *Sweett Group PLC sentenced and ordered to pay £ 2.25 million after Bribery Act conviction*, Accessed on June 29, 2020, https://www.sfo.gov.uk/2016/02/19/sweett-group-plc-sentenced-and-ordered-to-pay-2-3-million-after-bribery-act-conviction/.

〔2〕 SFO, *SFO enters into €991m Deferred Prosecution Agreement with Airbus as part of a €3.6bn global resolution*, Accessed on June 29, 2020, https://www.sfo.gov.uk/2020/01/31/sfo-enters-into-e991m-deferred-prosecution-agreement-with-airbus-as-part-of-a-e3-6bn-global-resolution/.

败执法案件。由于空客公司在英国成立了两家子公司并自2011年起持续在英国开展部分业务，构成受英国《2010年贿赂法》管辖的相关商业组织，严重欺诈办公室据此有权对其行为进行管辖。

根据英国暂缓起诉协议的披露，在调查期间，空客公司采取以下行为来配合严重欺诈办公室的调查：全面证实其下属部门存在腐败问题；向调查机构汇报可能遗漏的腐败风险的事件；向调查机构报告所有发生在海外的行为；提供了一份原第三方的商业合作伙伴名单，其中包括反腐败风险评估，未被调查机构知晓的风险事件，从而使调查机构评估出重点怀疑的事件展开调查；空客公司通过内部调查收集了大量文件，并在整理和分析后交给联合调查组，帮助推进调查工作；全面协调和配合调查性访谈工作；提供了广泛和详细的报告，并提供了相应的支持文件、组织图等，详细说明了相关电子邮件、合同、背景、发票、付款和会计记录；停止使用第三方商业伙伴协助销售，并极大地限制了第三方商业伙伴在其他部门的使用，这使2015年全集团的第三方合作伙伴使用量减少了95%；主动向媒体公开信息的策略与调查部门进行沟通；调查过程中及时对合规管理进行优化，并将在新的合规管理体系下发现的问题向联合调查组主动汇报。

在此次事件发生后，空客公司的首席执行官、首席财务官、总法律顾问均被撤换。同时，严重欺诈办公室指出，虽然并没有证据证明董事会知晓空客公司的贿赂情况，但空客公司仍旧对12名董事会成员中的8名成员进行了更换。公司对涉案的在职及离职员工也展开了调查，自2015年起，空客公司共有63名高管因本案被要求离职，其中31人被解雇，32人自愿离职或退休。空客公司还重组了合规部门，并将合规部门和法律部门进行合并，聘请了新的道德合规员并直接向总法律顾问和董事会下设的道德合规委员会汇报。另外，英国正在考虑是否对涉案的贿赂人员进行起诉。此外，涉案人员包括大量航空公司人员，已经进入各国的司法调查程序中。

四、英国《2010年贿赂法》与美国《反海外腐败法》比较

国际上，通常将英国《2010年贿赂法》与同样具有域外效力的美国《反海外腐败法》(Foreign Corrupt Practices Act, FCPA)进行比较。美国《反海外腐败法》主要规管以下主体：(1)“发行人”，即在美国登记的发行证券的公司，或需要定期向美国证券交易委员会提出报告的公司；(2)“国内相关人”，即所有主营业地在美国或者根据美国法律成立的个人、公司、合伙和商业信托等商业主体；(3)受美国自然人、企业控制的海外子公司，根据1998年修正案的补充规定，虽然海外的跨国子公司为东道国法人，其行为不直接受该法案的管辖，仍有要求子公司遵守该法案，这样《反海外腐败法》通过对控股母公司的控制、监管，间接管辖了美国跨国公司的子公司；(4)在美国境内违反该法案的外国企业或自然人。

总体来说，美国《反海外腐败法》对上述主体既实行属人管辖，即禁止其在国外行贿；又实行属地管辖，即禁止其在美国境内，使用美国的邮政系统，或州际贸易手段(如

电话、传真以及州际、国际交通工具）对国外行贿。违反该法案的行为需有下述5项要素，即属于适用该法的对象、有行贿的意图、有支付的内容、有属于该法规定的接受者和具有商业目的。

表18－1为美国《反海外腐败法》与英国《2010年贿赂法》的对比说明。

表18－1　美英反贿赂法案对比

	美国《反海外腐败法》	英国《2010年贿赂法》	评论
受贿对象	“外国官员”，指任何外国政府、国际组织、代表官方身份的任何部门或机构的雇员或官员。皇室成员、立法机构的成员、国有企业的官员也同样视为“外国官员”	任何人（不限于外国官员）	美国《反海外腐败法》重点打击行贿外国官员，英国《2010年贿赂法》更全面，不局限于打击对外国官员的贿赂，同时打击对“私”和对“公”的贿赂
行贿目的	为了“获得或者维持商业机会”	“不当”行为	英国《2010年贿赂法》不问行贿是否为了个人利益或商业利益，只考察行为是否“不当”，表现更为客观
贿赂行为	禁止支付行为，不包括接受贿赂的行为	规定了行贿（“主动”）和受贿（“被动”）两种违法行为	英国《2010年贿赂法》更全面
严格责任	仅在会计条款中，对上市公司未建立充分的内部控制体系，规定了严格责任	创设“严格责任”，任何“商业组织”未能防止贿赂行为的构成违法，但采取防止贿赂的“充分措施”的，可免责	英国《2010年贿赂法》更为严格
适用范围	美国公司和公民，在美国的证券交易所上市的外国公司，以及行为发生在美国的行为人	英国公民或在英国经常居住的个人；在英国注册的公司或者在英国从事业务的公司	两法类似，都有域外效力
商业推广抗辩	直接与商业推广或合同履行有关的合理而正当的花费，是确定的抗辩理由	无类似抗辩理由，但如支付行为并非“不当”，可主张没有违法	两法类似
符合当地法律抗辩	所在外国的法律法规确定为合法的支付，是确定的抗辩理由	如果所在外国允许，则不构成违法	两法类似

五、反贿赂合规管理

(一)英国管理指引

英国《2010 年贿赂法》除了与美国《反海外腐败法》同样具有域外效力外,在内容上也有了新的发展,即提出了上述针对商业组织的"严格责任"使公司只有在证明自己采取"充分措施"防止贿赂行为的情况下方可免责。考虑到"严格责任"原则,跨国公司仅仅自己反对商业贿赂是不够的,除了公司自身和员工需要符合反贿赂要求/合规义务,还要采取措施防止代表公司的第三方实施贿赂,否则将为第三方的行为承担责任。

《2010 年贿赂法》仅就"严格责任"规定了一项抗辩理由,即公司只有在证明自身已采取"充分措施"(Adequate Procedures)防止贿赂行为的情况下方可免责。为了便于跨国公司遵守法律的新要求,英国司法部(Ministry of Justice)在《2010 年贿赂法》正式实施前,就"商事组织"如何采取措施防止贿赂提出了《指导意见》(Adequate Procedures - Guidance to the UK Bribery Act 2010)[1]。英国政府公布《指导意见》的目的是帮助商事组织有效开展合规工作,而非列明或穷尽所有可能的"充分措施"。商事组织应根据《指导意见》的原则和企业的具体情况,设计有效防止贿赂的措施,而不能机械地理解为只要"照做"就可高枕无忧。对于如何达成反贿赂的"充分措施",《指导意见》为商事组织提出了"六项原则"(Six Principles)。

1. 风险评估

风险评估是为让商事组织了解所处行业和市场中的贿赂风险,并保持评估信息及时更新,这是实施有效反贿赂措施的基础。至于什么样的评估是充分的,这取决于组织的规模、经营活动、客户和市场的情况。贿赂风险包括内部和外部风险:内部风险有员工的反贿赂意识不够、对员工缺乏必要的培训、组织的薪酬结构没有体现反贿赂要求、没有关于礼物和接待的程序等;外部风险则有国别风险(如在高贿赂风险国家经营)、交易风险(如涉及政治捐献、许可证、政府采购、通过中介获取高价值的合同等)和商业伙伴风险(如商业伙伴处于高贿赂风险国家)。

2. 高层承诺

《指导意见》要求商事组织建立贿赂不能接受的文化,而商事组织的股东、董事和高级经理则处于最适合的位置培育这种文化。反贿赂的信息必须清晰地由高层传递给每一个员工,包括:公平、诚实和公开地开展业务,对于贿赂行为的零容忍,对于违反行为的处理,不与拒绝反贿赂的商业伙伴进行合作。一般情况下,中小企业不需要去培育这种文化,但有关企业也应向所有员工和商业伙伴定期传递不含糊的反贿赂要求。为保证高层承诺的有效性,商事组织应当考虑以下措施:组织高层参与对行为准则或反贿赂政策的制定,与员工、子公司和商业伙伴进行有关沟通,以及任命专职人员督促执行行为准则或反贿赂政策等。

---

[1] Transparency International UK, Accessed on June 29, 2020, https://www.transparency.org.uk/publications/adequate - procedures - guidance - to - the - uk - bribery - act - 2010/.

3. 尽职调查

商事组织应当了解其商业伙伴（包括供应商、代理商、中介、合资企业和类似关系的组织），知道支付款项的原因、时间和收款对象，获取彼此接受的反贿赂协议，使商业关系透明和符合道德。商事组织需要知道商业伙伴的贿赂风险评估和减低风险政策是否存在和有效。商事组织还应当了解从事业务的特定国家的贿赂风险、可能遇到什么样的贿赂、什么样的防止手段最为有效，该国对贿赂行为的民事、行政和刑事责任以及向地方政府举报违法行为的渠道。

4. 清晰、可操作和可获得的政策与程序

合规政策包括政治和慈善捐赠、礼物和接待、商业推广费用以及对贿赂行为的举报等方面的政策。公司应使政策和程序适用于能够有效控制所有员工和商业伙伴，以及应考虑将反贿赂要求融入既有程序中，如财务和审计控制、纪律处分、业绩评估和选择标准等。其他相关的政策和程序还包括以下方面的政策：对涉嫌贿赂的可疑订单的处理；采取措施保证任何员工可以安全和可信的方式举报贿赂或其他违法行为。

5. 有效执行

公司不应让合规限于纸面，而应将反贿赂合规制度融入内部控制、员工招聘与薪酬、运营、内部沟通和培训的各个环节中。为了有效实施反贿赂合规制度，公司应当考虑下列因素：负责实施的人；向员工和对商业伙伴进行沟通相关政策和程序；培训的性质和开展；向高层报告执行情况的渠道；是否引入外部资源；监督合规的机制；实施的时间表；在合同中规定违反政策和程序的处罚措施；下一次审查的时间。

6. 监控和审查

对于反贿赂而言，审计和财务控制非常重要（风控制度必须透明），应当考虑定期审查政策和程序，必要时应引入外部的验证，及时发现不足和改进。不同企业可采取不同的方案，如小企业可通过员工和商业伙伴的参与来发现问题，而大企业则可考虑董事会甚至专门的审计委员会进行独立审计，还可通过媒体报道、政府询问等启动监控和审查程序。

（二）其他合规管理指引

1. 世界银行

为反对商业贿赂行为，一些国际组织也行动起来为跨国公司合规提供帮助，例如，世界银行（World Bank）有其特色的反腐败规则体系。世界银行由5个机构组成：国际复兴开发银行、国际开发协会、国际金融公司、多边投资担保机构和国际投资争端解决中心。由于世界银行贷款资助项目多涉及资金投入量大的市政工程、医疗和教育设施等基础建设领域，因此世界银行对于参与其资助项目的企业有着严格的合规要求，以确保安全、合理、有效地使用贷款资金。世界银行内设诚信局（Integrity Vice Presidency, IVP），专门负责对世界银行资助项目中的欺诈和腐败行为进行调查和追责，对于投资项目贷款借款人存在的“贿赂行为”“欺诈行为”“串通行为”“施加压力”“阻碍行为”等，均可开展调查并进行制裁。世界银行制裁的范围不仅包括直接实施可制裁行为的企业,还可以延伸至制裁该企业的关联企业,不论关联企业是否直接参与了可制裁行为。此外,世界银行还于2010年与亚洲发展银行、非洲发展银行集团、欧洲复兴开发银行、美洲开发银行集团签订《共同实施制裁决议的协议》,对贿赂、欺诈等行为可以实施联合制裁。

2. 其他

透明国际(Transparency International)在2004年11月发布了《反商业贿赂守则》中针对企业的"六步骤"方案,为企业的反商业贿赂实践提供了具体可循的指导。

国际商会企业责任和反贿赂委员会在2010年11月发布了《代理、中介和其他第三方指引》(ICC Guidelines on Agents, Intermediaries and Other Third Parties),为监控第三方以避免贿赂行为提供了具体的指引,包括对第三方的尽职调查程序、贿赂的危险信号、使用第三方的批准、第三方合同中的标准反贿赂条款、培训和提高第三方的反贿赂意识、监控第三方的行为、对第三方支付和记录等内容。

此外,英国标准协会(British Standards Institution, BSI)于2011年制定了其国内反贿赂规范标准,基于此,英国于2013年向国际标准化组织(International Organization for Standardization, ISO)提出制定《反贿赂管理体系》的提议。为此,国际标准化组织成立了专门的反贿赂项目委员会,主要负责制定反贿赂管理体系标准。国际标准化组织在2014年12月15日正式出版了世界上第一个关于合规管理的国际标准,即《ISO 19600:2014合规管理体系——指南》,且于2016年10月15日出版了《ISO 37001:2016反贿赂管理体系——要求及使用指南》,形成了国际上较为流行的反贿赂合规管理体系。

第三节　反　洗　钱

一、反洗钱法律

英国是世界上最早进行反洗钱刑事立法的国家之一。自《1986年反毒品贩运犯罪法》(Anti－drug Trafficking Law 1986)开始,英国已建立起一套相对完备的反洗钱法律法规,严格规范了在英机构的反洗钱职责。英国的反洗钱法律制度基本结合国际要求及国内现实情况的成果。一方面,英国国际金融业务要遵循一系列国际反洗钱规则,如:(1)金融行动特别工作组发布的《40＋9项建议》;(2)巴塞尔银行监管委员会发布的《客户尽职调查》;(3)沃尔夫斯堡集团发布的《沃尔夫斯堡集团反洗钱原则》;(4)欧洲议会和理事会发布的《关于防止利用金融系统洗钱的91/308/EEC号理事会指令》。另一方面,英国又自行制定了一系列不同层级的反洗钱法律规范。此外,英国还遵循联合国关于反恐金融服务的有关决议,并授权英格兰央行定期发布公告,要求所有金融机构更新恐怖组织和个人名单,冻结相关账户并向当局报告。英国反洗钱法律规范大致分为4个层次,即议会立法、行政规章(授权立法)、监管规则和行业指南等。

(1)在议会法律方面。《2002年犯罪收益法》(Criminal Proceeds Act 2002)、《2000年反恐法》(Anti－terrorism Act 2000)、《2001年反恐法》(Anti－terrorism Act 2001)、

《2005年反恐法》(Anti - terrorism Act 2005)和《2008年反恐法》(Anti - terrorism Act 2008)。

(2)在行政规章方面。《2007年反洗钱条例》(Anti - money Laundering Regulations 2007)。

(3)在监管规则方面。英国监管机构制定了一系列反洗钱规则手册，包括《资格审批人员的操作规则和原则手册》(Handbook of Operating Rules and Principles for Qualified Personnel)等。

(4)在行业指南方面。英国16个负有金融监管职责的行业协会于1990年12月发起成立了联合反洗钱指导小组(Joint Money Laundering Steering Group , JMLSG)，并发布了《英国金融服务业反洗钱操作指南》(UK Financial Services Industry Anti - money Laundering Operation Guide)。

除金融业外，会计师行业、律师行业等特定非金融行业也需履行主要的反洗钱义务。

二、反洗钱组织

(一)反洗钱组织体系

在英国，反洗钱管理工作主要由多个部门综合负责，具体如下：财政部和内政部负责反洗钱的政策制定和国际合作；外交部和国际发展部在各自领域从事反洗钱国际和国内的合作；警察、税务部门、皇家检控署以及资产没收局则是执法部门；金融行为监管局行使监管职能；英格兰银行和税务局也在各自领域具有部分监管职能；反洗钱行业自律组织，即联合反洗钱指导小组，负责推广金融领域反洗钱的最佳经验、操作准则和业务规范[1]。

英国反洗钱组织体系架构，如表18－2所示。

表18－2　英国反洗钱组织架构

职能性质	部门
政策及协调部门	财政部
	内政部
监管部门	金融行为监管局 税务海关总署 英国反洗钱行业自律组织

[1] 李瑞山：《持续提升英国子行反洗钱水平》，载《中国城乡金融报》2014年11月21日，第A03版。

续表

职能性质	部　　门
执法部门	警察部门 税务海关总署 国家打击犯罪局 皇家检控署 资产没收局
反洗钱情报机构	英国金融情报中心 联合反洗钱情报小组 （均设在国家打击犯罪局之内）
反洗钱行业自律组织	联合反洗钱指导小组 法律行业、会计师行业协会等

（二）行业自律组织

英国有着长期的行业自律传统，特定非金融行业全部履行反洗钱义务，主要通过行业协会落实监管要求，政府部门辅助兜底。财政部负责确定反洗钱行业监管机构名单，通过制定规章，明确监管者的职能和权力，以有效监管相关的行业。英国共有 27 个机构在履行反洗钱监管职责，其中行业自律组织达 20 家（其中法律行业 8 家、赌场行业 1 家、会计师行业 11 家），行业自律作用强大，例如，各会计师协会和律师协会在财政部的授权下，通过发布指引、设立行业标准、监控行业行为等方式进行监管，并对违规行为进行处罚。财政部监管论坛 3 个月举行一次，协调各监管者解决监管中遇到的问题。此外，对于执行不力的监管机构，财政部会通过改组、收回监管权力等方式，对行业协会等监管机构进行约束。

英国反洗钱监管机构具体如表 18－3 所示。

表 18－3　英国反洗钱监管机构

行业	监管机构	补充监管
金融机构电子货币供应	金融行为监管局	
法律行业	英格兰及威尔士律师公会 北爱尔兰律师公会 苏格兰律师公会 英格兰和威尔士律师联合委员会 北爱尔兰律师联合委员会 英国律师联合会 特许法律行政人员公会 执业律师委员会	律师监管局

续表

<table>
<tr><th>行业</th><th>监管机构</th><th>补充监管</th></tr>
<tr><td>赌场</td><td>博彩委员会</td><td>/</td></tr>
<tr><td>会计师</td><td>英国专业会计员协会
英国特许注册会计师协会
国际会计师协会
税务技师协会
特许税务师公会
破产从业者协会
注册会计师协会
英格兰和威尔士会计师协会
北爱尔兰特许会计师协会
苏格兰特许会计师协会</td><td>税务海关总署</td></tr>
<tr><td>信托和公司服务</td><td rowspan="4">税务海关总署</td><td rowspan="4">/</td></tr>
<tr><td>房产中介</td></tr>
<tr><td>高价值经销商</td></tr>
<tr><td>货币服务商</td></tr>
</table>

（三）金融情报中心

英国金融情报中心（UK Financial Intelligence Unit，UKFIU）是根据反洗钱金融行动特别组要求成立的负责接收和分析可疑交易报告的机构。根据反洗钱金融行动特别工作组要求，金融情报中心应当能够从报告实体获取额外信息，并能够及时获取其恰当履职所需要的金融、管理和执法信息。运转高效的情报机构，可以为执法机构提供有效的可疑交易线索，对洗钱犯罪形成强有力的打击。

英国反洗钱工作机制的主要特点为：一是英国金融情报中心内设在国家打击犯罪局内经济犯罪指挥中心。该中心负责收集、分析和调查与犯罪收益、恐怖融资有关的可疑行为报告，并为监管机构、执法部门等提供信息服务。二是金融情报中心向相关部门开放。如税务海关总署在该中心派驻了情报分析团队，分析可疑行为报告并将分析结果用于税务犯罪调查。三是注重情报分析和交换，情报信息利用率高。为了加强金融行业与执法机关之间交换和分析金融情报，提升金融情报的利用效率，确保可疑交易报告体系的有效运行，英国成立了可疑交易报告委员会和联合反洗钱情报小组。联合反洗钱情报小组成员包括政府部门、执法部门以及英国 10 家大型商业银行。小组成员共同商议确定可疑行为报告标准，并就特定线索定期开会研究，最终分析结果供执法部门使用。由于在情报分析阶段执法部门都有参与，从发现可疑交易线索到调查、起诉、资产没收，整个执法过程大大缩短，从而能够对洗钱犯罪实施高效精准打击。联合反洗钱情报小组自设立以来强化了金融行业与执法机关之间交换和分析金融情报的工作机制，运行成果得到各方高度认可。

同时，为堵塞监管漏洞和避免监管机构之间互相推搪，从立法层面上，对多重监管和协调配合事宜制定规则。从实践层面上，英国通过组建反洗钱咨询委员会、强化日常监管协调、定期召开反洗钱机构论坛、定期开展内外部评估等多项措施，实现了反洗钱协调工作的低成本和灵活高效〔1〕。

三、反洗钱义务

根据英国《2007 年反洗钱条例》的规定，反洗钱义务主体（包括银行和公司等）应履行的反洗钱义务主要包括客户尽职调查、记录保存、可疑交易报告、内控制度建设、员工培训等方面。

（一）客户尽职调查

应实施客户尽职调查（Customer Due Diligence，CDD）措施的业务包括：与客户建立业务关系；客户有洗钱或恐怖融资嫌疑；对先前取得的客户身份的文件、数据、信息的真实性或完整性产生怀疑。

应采取的客户尽职调查措施包括：确定客户身份，并利用可靠的、独立来源的文件、数据或信息核实客户身份。在客户本人非受益所有人的情况下，应确定受益所有人身份，并以风险为基础采取合理措施核实受益所有人身份，以确信了解其受益所有人。对于法人、信托或类似的法律协议，应当了解其所有权和控制权结构。获取关于业务关系目的和意图的信息。核实受益所有人。根据英国的商业形式，将至少拥有 25% 的股权（收益权、投票权）或实际控制权作为基本的判断标准，包括对公司实体（上市公司除外）、合伙（有限责任合伙除外）、信托（包括受益人已确定和尚未确定两种）、其他法律实体或安排、死者不动产代管和其他等 6 种情形下的受益所有人进行了界定。

在与客户业务关系存续期间应进行持续监测，包括：监测在业务关系过程中进行的交易，审查这些交易是否与客户的身份、业务及风险状况相一致。保存获得的文件、数据和信息，以便用于采取与之相适应的新的客户尽职调查措施。当客户（含其受益所有人）的尽职调查无法完成时，应当拒绝与客户建立业务关系或提供服务、结束与客户现有的业务关系和考虑报告可疑交易。

可对上市公司、公共机构等类型的客户采取简化的尽职调查。同时，对高风险客户采取强化的客户尽职调查，若核实身份时客户未在现场，可采取下列一项或多项措施：要求补充其他的文件或者信息；通过补充措施来核实客户所提供的文件，或者从那些受到反洗钱和反恐怖融资规范的信贷机构或者金融机构那里获得确实的证明；确认第一次支付来自以客户名义在信贷机构开立的账户；与国外政治公众人物建立业务关系或提供服务，应当获得高级管理层批准，审核其财产和资金来源，并进行持续监测；存在其他高风险情形时，可通过第三方的客户尽职调查，但将第三方限定为受到英国

---

〔1〕 石彦杰：《英国反洗钱工作机制对我国的借鉴与启示》，载《征信》2019 年第 2 期。

金融服务监管局监管的信贷机构和金融机构，以及法律规定的受到职业团体管理的审计师、外部会计、税务顾问和独立的法律职业者。

（二）记录保存

在业务关系结束后或者交易结束后 5 年，保存以下记录：按客户身份识别程序获得的身份证明文件的复印件或者参考信息；在客户尽职调查和持续监测中获得的与业务关系及交易有关的所有记录（包括原件和复印件）。

（三）可疑交易报告

可疑交易监测分析是反洗钱义务主体在与客户开展金融交易过程中，按照反洗钱法律法规要求，识别和发现存有洗钱及相关犯罪嫌疑的异常交易过程。反洗钱义务主体应提高可疑交易监测分析效率。

（四）内控制度建设

以风险为基础建立内控制度，包括：客户尽职调查、风险评估、可疑监测和报告、记录保存、内部控制和管理、政策和程序的内部沟通等制度。

（五）员工培训

应当采取合理的措施对相关员工进行培训，让其了解与反洗钱相关的法律，掌握如何识别和分析处理涉嫌洗钱的可疑交易及其他活动〔1〕。

第四节　上市公司合规

一、信息披露

英国没有制定专门针对上市公司信息披露的法规。该方面的规范一般分散在其他法规和守则当中，法律层次虽各有所不同，却没有一定的从属关系，主要包括下列各项。

（1）《1985 年公司法》和《1986 年金融业务法》。《1985 年公司法》包含了公司的招股书和年报以及公司董事和持有公司一定数量权益人士的一些基本信息披露要求。此外，《1986 年金融业务法》也对招股书的信息披露作出了规范。

（2）《伦敦城市收购与兼并守则》。该守则的作用是确保股东在收购与兼并交易中得到公平的对待，其中包括及时和充分向股东和市场披露的要求。

（3）《上市规则》。按《上市规则》的要求，在财务信息披露方面，招股书、年报和中期报告中都应符合英国公认会计原则的规定。会计原则包括直至 1991 年英国会计准则委员会发布的会计实务准则（Statement of Standard Accounting Practice）和从 1991 年开始英国会计准则局（Accounting Standards Board）发布的财务报告准则（Financial Reporting Standards）。这些准则虽然不是官方文件，但在市场上作为财务信息披露的标

〔1〕 潘文娣：《英国对信托和公司服务提供商的反洗钱监管》，载《海南金融》2015 年第 5 期。

准是十分重要的。

(4)证券交易所规定。英国有7个证券交易所,以伦敦证券交易所为例。伦敦证券交易所颁布有针对上市公司的《上市许可及信息披露标准》(Admission and Disclosure Standards),其B章"持续义务"的B3至B5部分分别规定了须予公布交易(Notifiable Transaction)、关联交易及反向收购的定义、例外情况及披露义务,B6部分规定了须立即发布公告的其他6种情况[1]。

总体来说,英国上市公司信息披露的规范没有专门的法规,而是分散包含在不同的法规和守则内[2]。英国的金融服务监管局负责调查和处罚违反上市规则的企业,具有独立法定调查和强制权的各种刑事起诉权,以及与其他机构协同行使各种行政、民事和刑事权利,对于违反信息披露的公司可以进行处罚。

二、关联交易

伦敦证券交易所对关联交易的披露监管规定主要体现在其《上市规则》的第10章和第11章。伦敦证券交易所按交易所涉及的资产占上市公司总资产的比率、交易所获取的收益占上市公司总收益的比率、交易所涉及资产的总金额占上市公司总收益的比率、交易对价占上市公司总市值的比率以及被收购公司的总资本占上市公司总资本的比率等5个指标来判断交易的重要性,并根据交易的重要程度将其交易划分为3类:上述比率之一等于或超过25%的交易为第一类;上述比率之一等于或超过5%但低于25%的交易为第二类;上述比率之一低于5%的交易为第三类。

如上市公司进行或拟进行的关联交易,上市公司需采取相关行动。若为第一类,上市公司不仅需要立即进行公告,而且还须获得股东的批准。若为第二类,则须立即进行公告。若为第三类,且以上比率之一大于0.25%的关联交易,公司在完成交易或修订条款之前必须:(1)书面通知金融行为监管局,并出具书面确认书,确认计划与关联方进行的交易的条款就公司股东而言是公允合理的;(2)向金融行为监管局书面承诺,在公司下年度公布的年报中披露交易的细节(包括关联方的身份,交易的价款和其他相关情况)。

伦敦证券交易所对上市公司的关联交易的一般要求为:进行公告,关联交易所涉及的关联方的姓名;关联方在这项交易中涉及利益的性质;交易的详细资料,包括交易的对价、交易净资产的价值、交易对上市公司的影响,若交易的对价是股票或其他有价证券,则必须说明这些有价证券是准备出售还是持有。向股东发送通函。在关联交易进行之前,如果需要取得股东的批准,则在交易完成之前,征求股东的批准。确保关联方本身或采取所有合理的措施确保它的关联方不得对相关决议进行投票[3]。

---

〔1〕 陈怡:《各证券交易所上市规则信息披露重大性标准比较研究》,载《中国市场》2019年第23期。

〔2〕 高晓飞:《英国上市公司信息披露制度及监管体系》,载《欧洲一体化研究》2004年第3期。

〔3〕 彭卉:《国外关联交易信息披露监管制度对我国的启示》,载《企业经济》2005年第4期。

《上市规则》第 11 条规定，如果涉及关联方交易，公司必须出具关于所有关联交易构成要素的陈述声明、为股东提供相关的传阅文件以及必须获得股东的批准[1]。关联交易规则的违反后果对内体现为对公司的责任，对外体现为监管部门的处罚。公司的控股股东、实际控制人以及公司高管滥用关联交易转移公司利润、掠夺公司资源、侵害中小投资者的，应当赔偿公司和中小投资者的损失，金融行为监管局可以对违法行为进行处罚。

三、内幕交易

内幕交易是指由内幕人利用其拥有的、正常情况下投资者无法获得的非公开价格敏感信息，进行公司股票买卖或其他证券交易的行为。所谓价格敏感信息是指与公司相关的特定事项，如这一事项被广为知晓，公司证券的价格将会受到重大影响，例如，提议中的公司接管或合并计划。因此，英国政府对股票市场的日常活动并未加以限制，而是注重禁止与正常商业往来无关的特定信息的滥用。

至于内幕人的含义则极其广泛，它是指目前或在内幕交易发生的 6 个月前就与相关公司有密切联系的个人（非公司），包括公司董事、雇员、同该公司有商业或职业关系的个人及雇主或雇员、任何提出公司接管建议的人，在特定的情况下，公务员也可视为内幕人，也包括因上述内幕人泄密而获得特定信息，并滥用这些信息去谋取本人或他人利益的个人。只有内幕人利用特定的价格敏感信息谋取自身或他人利益时，才构成内幕交易。

英国采取了一系列禁止内幕交易的立法措施，主要有《1985 年公司证券法》及《1986 年金融服务法修正案》，其要求根据上述法律规定公司董事披露其所在公司股票持有量等。内幕交易作为一种刑事犯罪，根据现行有效的《1988 年刑事审判法》第 48 条规定，可以通过起诉或他人检举而处以高达 7 年的有期徒刑，并可处以与犯罪程度相当的无限制罚金。

此外，英国还有一项关于内幕交易的原则，即善意地从事普通商业交往过程中获得的价格敏感信息一般不构成内幕交易的要素之一，包括股票经纪人、市场制造商、清算人及破产财产管理人或受托人的善意商业活动。另外，如果个人使用价格敏感信息不是出于为自身或他人挽回损失或谋取利益之目的，也不视为内幕交易。

英国对于禁止内幕交易所采取的一系列措施的目的就在于确保避免极少数人为对于信息的集中而损害证券市场发展的总体平衡及良好的信誉[2]。

英国金融行为监管局制定了一套严格的查处内幕交易的流程，金融行为监管局发

---

〔1〕 天津证管办、渤海证券联合课题组：《上市公司关联交易的实证研究及监管政策建议》，载上海交易所网站：https://biz.sse.com.cn/cs/zhs/xxfw/jysjs/sseResearch/2004－3/20043f.pdf，最后访问日期：2020 年 7 月 10 日。

〔2〕 陈益民：《英国证券禁止内幕交易的对策》，载《上海投资》1993 年第 5 期。

现有内幕交易嫌疑的案件后，任命专人对该案件进行调查，依据相关法律对内幕交易提出准备建议，一旦确定为内幕交易，即由决议委员会进行进一步的调查。金融行为监管局认为不应进行处罚或情节较轻的，给予警告；认为应当处罚的，决定以罚款或是公告批评的方式进行处罚，则给当事人下达警告通知。当事人可就警告通知提出反馈意见或陈述，若该反馈或陈述满足一定条件，金融行为监管局可作出停止处罚的决定，否则在 28 日内通知有关部门进行处罚〔1〕。

第五节　经济制裁和出口管制

一、经济制裁

经济制裁是一国或数国政府通过法令对另一国采取强硬措施，以断绝相互之间的经济和贸易关系的行为。它是国家执行对外政策的一种工具。与战争相比，经济制裁采取的手段不会造成巨大的人力、财力、物力的损失，但是需要被制裁国家付出一定的经济代价。在“冷战”结束之后，世界政治、经济结构发生了巨大变化，国与国之间争端与冲突亦呈现多样性和复杂性的发展态势，经济制裁成为某些大国决策者所青睐的选择。

美国与欧盟是当今实施经济制裁最为频繁的国际行为主体。“冷战”后，美欧频繁地发起经济制裁。据初步统计，在 1993 年至 2018 年间，美国共发起 23 次经济制裁，欧盟共发起 21 次，其中双方联合发起 13 次。经济制裁的实质是以经济手段实现对外政治目的。就对外政策而言，美国和大多数欧盟成员国价值观一致、战略安全利益相近，这决定了双方在经济制裁方面的共识大于分歧。“冷战”后，即便失去了共同的战略威胁，美欧仍然在总体上保持着较高水平的制裁协作，如在联合国安理会联合发起经济制裁的提议；在安理会无法通过制裁决议或安理会制裁力度有限时，双方另行实施制裁；美欧在制裁发起时间、制裁措施以及制裁名单方面相近相似等。在“冷战”后历次重大国际政治事件中，如巴尔干冲突、“9·11”事件、中东剧变、俄乌冲突等，美欧大都相互配合，联合实施经济制裁，这是美欧经济制裁高度协作最直接的反映。

在经济层面，制裁主要体现在制裁国通过贸易或金融制裁等手段，对目标国进行进出口的扼制和封锁。但制裁对目标国经济造成损失的同时，制裁国经济也极可能蒙受损失。比如，2013 年美欧等西方国家由于乌克兰危机对俄罗斯实施经济制裁，但由于欧洲对俄罗斯油气资源的严重依赖，制裁在对俄罗斯造成巨大国际压力和带来严重经济损失的同时，欧盟自身经济也受到直接影响，欧盟内部开始出现反对声音〔2〕。

---

〔1〕 崔金珍：《从法律责任视角论证券市场内幕交易行为监管》（下），载中国金融服务法治网：http://www.financialservicelaw.com.cn/article/default.asp? id=7994，最后访问日期：2020 年 7 月 10 日。

〔2〕 罗圣荣、刘明明：《国际制裁的目的、条件、方式及其对中国参与国际制裁的启示》，载《云南大学学报（社会科学版）》2019 年第 4 期。

目前，英国主要通过以下方式实施经济制裁：一是作为联合国的一员参与联合国安理会的制裁；二是在自治的基础上实施经济制裁（这种情况占少数）。然而，英国之前实施的制裁措施中，绝大多数是源自英国以其欧盟成员国的身份，通过欧盟的决定和规定实施。在英国脱欧后，欧盟层面达成的制裁立法将不再自动适用于英国，英国除了继续实施联合国制裁，将需采用并实施一个自主的制裁机制。

作为集体安全机制的重要内容，联合国的制裁措施一直是国际法强制执行的有力保障。但是，无论联合国制裁措施本身如何强力，始终无法离开各个国家的有效执行。英国是联合国安理会常任理事国之一，主要由英国财政部金融制裁执行办公室（Office of Financial Sanctions Implementation，OFSI）负责管理和执行联合国以及自身的制裁规定，制裁涉及资产冻结、禁止提供资金或经济资源等。

英国财政部金融制裁执行办公室根据《2018 年制裁和反洗钱法》（以下简称《制裁法》）的相关规定，发布了有关英国金融制裁的通用指南。该指南的意义在于，自格林威治时间 2020 年 1 月 31 日 23 点英国退出欧盟后，制裁措施依然可以保持执行。

英国金融制裁的通用指南概述了《制裁法》下的二级立法和法定文书将把现有的欧盟制裁标准转到英国法律中。在过渡期间，英国还将根据《制裁法》开始全面实行完全自主的制裁制度，但是大多数制裁制度要到格林威治时间 2020 年 1 月 31 日 23 点才完全生效。该指南涵盖以下内容：金融制裁的限制手段；制裁的对象；受监管实体的报告义务；制裁和许可证例外情况。

具体而言，金融制裁执行办公室发布的指南强调，违反经济制裁将被视为严重的刑事犯罪，并根据《2017 年治安和犯罪法》，提高了对违法行为的处罚水平，具体包括：最高可判处 7 年监禁；有足够证据证明违法行为是由组织实施的，则可达成英国暂缓起诉协议；严格的预防犯罪命令，以阻止个人或组织进一步从事犯罪活动。

罚款金额为违法或违规所涉及的资金或经济资源价值的 50% 或者 100 万英镑，取较高值。英国制裁法律的制定与执行机构如表 18 – 4 所示。

表 18 – 4　英国经济制裁执行机构与职责

部　　门	职　　责
外交和联邦事务部	所有国际制裁的协商谈判
财政部（金融制裁执行办公室）	英国执行金融制裁的主管机关 在英国国内制度内制定制裁类型 可征收罚款
国际贸易部（出口管制组织）	执行贸易制裁与贸易禁令
内政部	执行旅游禁令
税务局/税务海关总署	对违反贸易制裁的行为采取强制措施
国家犯罪调查局	调查和对违反金融制裁的行为采取强制措施

为适应国际新形势，有效防控全球经营所面临的重大国际制裁风险，全球化企业都需根据自身的行业特点，未雨绸缪、提前防范，构建并不断完善制裁管理体系的长效机制，以切实提升国际制裁风险防控能力，具体措施包括：一是建立国际制裁合规风险数据库，对国际制裁黑名单进行识别；二是动态跟进联合国、美国、英国与欧盟最新的制裁法律和规定，按照国际制裁名单和决议要求进行国际制裁合规风险辨识和风险评估；三是建立产业链尽职调查系统，全面梳理经营业务、投资项目涉及的制裁国（地区）以及所适用的制裁法律和规定，对产业链各环节利益相关方进行国际制裁风险评估分析，并建立国际制裁风险框架和风险事件库；四是优化管理流程，在总部层面开展国际制裁合规风险管理的顶层设计，在海外业务和海外项目层面搭建国际制裁合规风险管控程序和制度体系，建立应对机制，明确风险偏好和风险承受能力，制定详尽的国际制裁风险管理体系、规章和措施，为意外遭受国际制裁审查时减责或免责辩护做好准备〔1〕。

二、出口管制

出口管制是指国家通过法令和行政措施对本国出口贸易所实行的管理与控制。为了达到一定的政治、军事和经济目的，国家往往对某些商品，尤其是战略物资与技术产品实行管制、限制或禁止出口。出口管制的形式或措施有许多种，如发放出口配额许可证、征收出口关税及出口配额等。出口管制的商品主要包括：军用或防务产品、高科技产品和技术、战略物资、国内生产所需的各种短缺原材料或半成品、国内市场供不应求的某些商品、艺术珍品、历史文物以及被列入对进口国或地区进行制裁范围的商品等。

英国的出口管制被称为战略性出口管制（Strategic Export Control），自《1939 年出口管制法案》（Export Control Act 1939）颁布以来，出口管制在英国的发展已有超过 60 年的历史，在政策、法规及机构方面形成了一套较为成熟和完整的体系，成为英国规范出口、实现防扩散目标的有力工具。英国最早的出口管制是对“战略物品（军品和两用品）”的管制，由欧盟法律和英国本国法律衍生而来。英国出口管制主要相关法律为《2002 年出口管制法》（Export Control Act 2002）以及依据该法制定的《2008 年出口管制法规》（Export Control Regulations 2008）和《放射源出口管理法规》（Regulations on the Administration of Export of Radioactive Sources）。此外，防扩散领域的国际条约和国际不扩散机制的相关规定也是英国出口管制法律体系的主要依据。

《2002 年出口管制法》是英国关于军事和军民两用产品出口管制的主要法律，其替代了《1939 年进口、出口和海关权力（国防）法》[Import, Export and Customs Powers (Defence) Act 1939]，提供了一个更加透明的框架，并增加了议会问责制，还赋予了英国政府延伸管制的权力，以巩固先前的次级立法和实行新的管制范围。《2008 年出口

〔1〕 何为：《从国际制裁看合规管理》，载《中国外汇》2018 年第 17 期。

管制法规》经修订为有关出口管制事项的主要法规,包括管辖:战略货物出口;技术转让和提供技术援助;与海外国家之间的军事装备贸易(管辖任何一部分活动发生在英国境内的情形);依据欧盟或安全合作组织武器禁运目的的法规或声明中所执行的贸易控制。

2015 年,英国出口管制组织商业、创新与技能部对《2008 年出口管制法规》进行了修改,修改后的条例名为《2015 年出口管制条例》,并于 2015 年 3 月 24 日生效。修改后的条例包括军用物资和软件技术的出口管制。

英国对华实施出口管制受美国政策的影响颇深。由于英国对华军事和军民两用产品出口管制的实施,阻碍了中英之间高新技术贸易的正常往来,也使英国在中英贸易中长期处于逆差状态。这些管制物项,包括核材料、设施与设备、特殊材料与相关设备、材料加工程序、电子产品、电脑、电信与“信息安全”、传感器与激光、导航与航空电子设备、海事、航空航天与推进系统等在没有获得出口许可的情况下不能出口[1]。

英国颁发的出口管制许可证分为 7 种,包括开放通用出口许可证、欧共体通用出口授权、标准个体出口许可证、开放式个体出口许可证、全球项目许可证、转运许可证和贸易管制许可证。英国战略出口管制许可证体系由出口许可证共同体(Export Licensing Community)管理,这一共同体包括 6 个政府部门和机构,分别是:商业、创新与技能部,外交和联邦事务部,国防部,国际发展部,税务海关总署和边境总署。前述 6 个政府部门和机构的职能分别如下:商业、创新与技能部是出口管制的核心主管部门,主要负责制定出口管制规章制度,出口许可证审批、发放及管理,向企业的宣传和教育、为企业提供咨询,对拥有许可证的企业进行监督以及维护官方网站等工作;外交和联邦事务部、国防部和国际发展部通过相关分析,对有关出口申请提出意见并提供商业、创新与技能部参考;税务海关总署为出口管制的具体执行机构,负责调查潜在违反规定的行为;边境总署负责出口管制的相关监管工作;许可证的申请、审核和发放由各政府部门共同完成,商业、创新与技能部处于整个流程的核心位置,其他部委、海外办公室和相关专家提供参考意见[2]。

英国企业在出口货物之前必须先了解出口的货物是否需取得出口许可证。如果没有许可证并蓄意试图出口受控货物,可能会被判处最高达 10 年的监禁和无上限的罚款。2006 年 3 月,出口控制组织推出了一个名叫货物检验器的网络搜索工具[3],可以帮助英国出口商判定他们的货物、软件或者技术是否需要遵守英国或欧盟委员会的

---

〔1〕 杨宁、耿燕:《英国技术出口管理体系对我国开展国际科技合作的启示》,载《中国高校科技》2016 年第 1 期。

〔2〕 程慧:《英国出口管制进展与中英高新贸易》,载《经济》2012 年第 12 期。

〔3〕 Department for International Trade, *OGEL and Goods Checker Tools*, Accessed on July 10, 2020, https://www.ecochecker.trade.gov.uk/spirefox5live/fox/spire/OGEL_GOODS_CHECKER_LANDING_PAGE/new.

战略出口控制法律。出口控制清单上所列的物项都需要出口许可证，包括军事、准军事和双重用途的货物。此外，如果某具体终端用户将未列入受控物品清单的物项用于某种将受到关注的最终领域，则这些物项也可受到出口控制。这就是所谓的终端使用控制或全部涵盖控制。最后，其他类型的货物或某些出口可能会由于某些事件而受到出口控制，比如针对这些国家或地区实施的贸易制裁或武器禁运〔1〕。

英国虽已正式宣布脱欧，但将继续实施与此前相同的出口管制，维持《2015 年出口管制条例》并将其纳入欧盟理事会第 428/2009 号条例，该条例对某些产品、软件和技术实施出口控制，这些产品、软件和技术可以同时用于民用和军事方面。英国还将继续留在目前支撑欧盟出口管制的国际机制和制度框架安排内，比如《瓦塞纳尔协议》(Wassenaar Agreement)。因此，在英国脱欧之后，英国的出口管制政策似乎不太可能发生重大变化。

---

〔1〕 杨宁、耿燕：《英国技术出口管理体系对我国开展国际科技合作的启示》，载《中国高校科技》2016 年第 1 期。

第三篇

外国企业英国投资实务

第十九章

外国企业英国投资情况

第一节　外国企业投资概况

一、在英投资优势

英国是世界上投资吸引力最高的国家之一，也是各国企业赴欧洲发展国际业务的首选投资目的地之一，具体优势体现在以下方面：

(1)世界第五大经济体。英国国内消费潜力和市场规模巨大。

(2)经商便捷。根据世界银行统计，在英国设立公司并开展业务只需13天，而欧洲其他国家平均需要32天。

(3)税率较低。2017年4月起，英国将企业所得税下调至19%，使英国成为发达国家中该项税率最低的国家之一。此外，2019/2020年度，英国个人所得税基本税率为20%，起征点为12,500英镑/年，最高税率为45%。

(4)劳动力市场灵活。世界银行认为，就劳动力市场的灵活性而言，英国是“欧洲雇佣市场第二强”，仅次于丹麦。

(5)投资、创业障碍少。经合组织统计显示，英国是创业障碍世界最少的国家之一，产品市场监管宽松程度位居世界第二，贸易和投资便利排名世界第三。

(6)创新能力世界领先。英国是世界上创新型企业最活跃的国家之一，基础研究的质量仅次于美国。

(7)政治环境稳定。透明国际(Transparency International)统计，英国是世界上最透明，腐败最少的国家之一。

(8)财产登记便利。在该方面，英国位列法国、德国、爱尔兰和意大利之前，位居世界前列。

(9)先进的通信网络。英国的信息与通信技术(Information and Communications Technology)基础设施处于世界领先地位。

(10)发达的交通网络。英国拥有世界级的交通运输网络，提供了通向欧洲大陆和世界其他地区的快速交通网络。希思罗机场是欧洲最大的航空枢纽港，并在不断扩大，运输效率也随之不断提高。伦敦也是拥有世界最大规模地面和地下铁路网络的城市之一。

(11)欧洲商务第一城市。众多重要绩效指标表明，伦敦是引领世界的金融服务中心。多家投资咨询机构均将伦敦列为欧洲最佳商务城市之一[1]。

二、在英直接投资概况

长期以来,英国在吸引外商直接投资(Foreign Direct Investment, FDI)方面位居世界前列。在过去十余年中,英国的外商投资项目数量稳居全球第2位,仅次于美国;资本投资方面紧随美国和中国,位居全球第3位。截至2018年年末,《财富》世界500强企业中有57%的企业将欧洲总部设在英国(201家企业中有114家),远高于德国(14%)、瑞士(7%)、荷兰(7%)、比利时(5%)等欧洲其他国家。世界银行发布的《2019年营商环境报告》(Doing Business 2019)显示,英国的营商便利度排名世界第9位[2]。在联合国世界知识产权组织发布的《2018年全球创新指数》的排名[3]中,英国排名第4位。值得留意的是,英国脱欧给企业在英开展业务带来了许多挑战,也降低了部分投资者的信心。

联合国贸易和发展会议于2019年6月12日发布了《2019年世界投资报告》(World Investment Report 2019)[4]。报告显示全球外商直接投资连续3年下降,2018年较2017年下降13%。2018年,在外资流入方面,英国在世界上排名第6位,流入量为640亿美元,与2017年相比下降了36%。2017年,在外资流入方面,英国则是排名第4,流入量为1010亿美元。英国吸收投资下降,一方面有跟随全球外商直接投资整体下降的原因,另一方面也有自身脱欧带来不确定性的原因。尽管2018年英国外资流入有了明显的降低,但英国仍是仅次于荷兰的欧洲第二大外资流入国,在市场规模、稳定性、营商环境、人才储备、监管和税收环境方面的优势依然吸引着外国(地区)投资者。

2019年6月,英国国际贸易部发布了《2018—2019年投资引进成果》[5],报告对投资来源的国家和地区、主要投资行业和投资项目数量进行了统计。2018年至2019

---

[1] 商务部国际贸易经济合作研究院、中国驻英国大使馆经济商务参赞处、商务部对外投资和经济合作司:《对外投资合作国别(地区)指南——英国(2018年版)》,载 http://www.mofcom.gov.cn/dl/gbdqzn/upload/yingguo.pdf,最后访问日期:2019年9月4日。

[2] World Bank Group, *Doing Business* 2019, Accessed on April 27, 2020, https://www.doingbusiness.org/content/dam/doingBusiness/media/Annual - Reports/English/DB2019 - report_web - version.pdf.

[3] 苏米特拉·杜塔(Soumitra Dutta)、布吕诺·朗万(Bruno Lanvin)、萨沙·温施—樊尚(Sacha Wunsch - Vincent):《2018年全球创新指数》,载 https://www.wipo.int/edocs/pubdocs/zh/wipo_pub_gii_2018 - abridged1.pdf,最后访问日期:2019年9月6日。

[4] UNCTAD, *World Investment Report* 2019, Accessed on September 5, 2019, https://unctad.org/en/PublicationsLibrary/wir2019_overview_en.pdf.

[5] Department for International Trade, *Inward Investment Results* 2018 - 2019, Accessed on September 5, 2019, https://assets.publishing.service.gov.uk/government/uploads/system/uploads/attachment_data/file/812252/dit - inward - investment - results - 2018 - to - 2019.pdf.

年英国外商直接投资、主要投资来源地和主要投资行业如表19－1、表19－2、表19－3所示。

表19－1　英国外商直接投资类型

投资项目类型	2014—2015年	2015—2016年	2016—2017年	2017—2018年	2018—2019年	近两季度变化幅度
新投资	1058	1130	1237	1179	1035	－12%
扩张	740	821	822	714	554	－22%
并购	190	262	206	179	193	8%
总计(个)	1988	2213	2265	2072	1782	－14%

表19－2　英国外商直接投资主要投资来源地

区域	国家和地区	项目数量	创造岗位
美洲	美国	440	16,388
	加拿大	68	1229
欧洲	德国	109	7741
	意大利	101	1515
	法国	98	4650
	荷兰	60	2204
	爱尔兰	53	1447
亚洲	印度	106	4858
	中国(含香港)	99	1739
	日本	81	2691
澳洲	澳大利亚及新西兰	61	1746

表19－3　英国外商直接投资主要投资行业

行业	项目数量	创造岗位
软件与计算机服务	366	12,291
商业服务与客户服务	155	6756
金融服务业	148	5177
环境、基础设施与交通	142	6805
先进工程与供应链	130	2394

续表

行业	项目数量	创造岗位
食品与饮料	115	4324
生命科学	115	2423
创意和媒体	111	1848
批发业	102	7136
汽车	93	4670
通勤	85	4550
生物与制药	53	1290
化学与农业	43	1186
航天	42	930
资源开采	41	1634
可再生能源	41	1017

第二节　中资企业投资概况

一、中资企业在英投资产业类别

英国属于中国企业在欧洲投资数量最多的国家之一。目前，已有超过500家中资企业落户英国，投资领域从贸易、金融、电信等传统部门向高端制造、基础设施、品牌网络、研发中心等领域延伸，呈现出多元化和放射性的发展。英国与中国主要产业互补优势明显。具体而言，金融、物流、IT、生物工程、制药、汽车、航空、旅游均为英国的支柱产业，这些产业跟中国的经济结构有很大的互补空间。英国的金融业、服务业和国际贸易均非常发达，英国也非常重视科技研发，在世界属于科技领先国家之一。中国正在逐步进行经济转型，从纯粹的制造业或者以制造业为主，慢慢转到服务业跟技术研发并行。从这个角度上看，中英企业之间有许多合作的可能性。[1]

二、中资企业在英投资现状与趋势

自2008年金融危机以来，中资企业在英国投资的步伐明显加快。据中国商务部统计，2017年中国对英国直接投资流量为20.66亿美元。截至2017年年底，中国对英国

〔1〕 Department for International Trade, *Inward Investment Results* 2018 - 2019, Accessed on September 5, 2019, https://assets.publishing.service.gov.uk/government/uploads/system/uploads/attachment_data/file/812252/dit-inward-investment-results-2018-to-2019.pdf.

直接投资存量达 203.18 亿美元。中国企业在英国的主要投资并购领域为金融、通信、汽车、运输、石化、传媒、服装、医药等行业。2017 年主要投资项目有：吉利汽车在考文垂投资建设制造新型电力伦敦出租车的新工厂、腾讯收购英国手机游戏公司 Space Ape Games 62% 股份、陕西炼石有色收购英国航空零部件制造商 Gardner Aerospace、京东收购英国奢侈品电商 Farfetch 股权、联合光伏公司收购英国太阳能发电站、山东济宁如意毛纺织股份有限公司收购雅格狮丹 Aquascutum、首农股份与中信农业收购英国樱桃谷农场有限公司（Cherry Valley Farm）100% 股权等〔1〕。

京东收购 Farfetch 股权后带来的双赢局面也是中资企业对英投资的代表性案例。2017 年 6 月，京东宣布投资 3.97 亿美元收购英国奢侈品电商 Farfetch 股权，成为 Farfetch 最大股东之一。Farfetch 接受京东注资后，与京东在营销、物流和技术等多个层面开展合作的同时，仍作为独立品牌面向消费者，而不是通过京东商城销售其商品。具体来说，在接受注资后，Farfetch 利用京东的黑珑科技和大数据资源，在中国建立自动化营销体系；"京东支付"以及小额信贷服务"京东白条"成为 Farfetch 平台上的首选方式；此外，Farfetch 也使用京东推出的"京尊达"物流服务。这种资源互补，为消费者提供了更为舒适的购物体验。2018 年 9 月，Farfetch 正式登陆纽约证券交易所，上市前估值高达 58 亿美元，成为英国估值最高的创业公司之一，上市当日估值更是高达 80 亿美元。

2018 年年初，英国首相特雷莎·梅成功访华，两国领导人就打造中英关系"黄金时代"达成重要共识，双方签署了一系列合作协议，并提出共同鼓励自由和公平贸易，共同建立一个透明的、基于规则的多边贸易体系，共同建立一个开放的、普遍的全球经济〔2〕。

2019 年至 2020 年，中资企业对英国进行了数笔重要的投资，主要包括：2019 年 2 月，中国蚂蚁金服正式完成收购英国跨境支付公司 WorldFirst。虽然官方声明未透露具体收购价，据此前《金融时报》报道，交易价约为 7 亿美元（约合 5.5 亿英镑，48 亿元人民币）。2019 年 11 月，腾讯宣布收购谢菲尔德游戏公司 Sumo Group 1500 万股的股份，价值约为 2310 万英镑（约合人民币 2.08 亿元），腾讯通过此次投资获得 9.96% 持股后，将成为 Sumo Group 的第二大股东。2020 年 3 月，中国河北敬业集团收购英国钢铁公司在英国斯肯索普市正式交割，敬业集团计划在未来 10 年中投入 12 亿英镑（约合 109 亿元人民币）对英国钢铁公司进行升级改造。2020 年 11 月，中国香港私募基金 LionRock Capital（莱恩资本）宣布 1 亿英镑收购英国百年鞋履品牌 Clarks 多数股权，莱恩资本现任董事长是国内运动服饰企业李宁的创始人李宁。

---

〔1〕 Department for International Trade, *Inward Investment Results* 2018 – 2019, Accessed on September 5, 2019, https://assets.publishing.service.gov.uk/government/uploads/system/uploads/attachment_data/file/812252/dit-inward-investment-results-2018-to-2019.pdf.

〔2〕 UK Government, Accessed on September 5, 2019, https://www.gov.uk/government/speeches/prime-ministers-speech-in-china-31-january-2018.

第三节　英国脱离欧盟影响

一、英国脱欧进程简介

2016 年 2 月 20 日，时任英国首相戴维 · 卡梅伦宣布在 6 月 23 日举行决定英国是否继续留在欧盟的全民公投；6 月 24 日，英国公投选举委员会公布结果，脱欧派获 51. 9% 支持率，英国在加入欧盟 43 年后决定脱离欧盟。2017 年 3 月 16 日，英国女王伊丽莎白二世批准“脱欧”法案，授权英国首相特雷莎 · 梅正式启动脱欧程序；2017 年 3 月 29 日，英国正式致函欧盟启动脱欧程序，开始就英国脱离欧盟进行谈判。2018 年 6 月 26 日，英国女王批准英国脱欧法案，允许英国退出欧盟；2018 年 11 月 25 日，欧盟除英国外的 27 国领导人一致通过了英国“脱欧”协议草案；同年 12 月 10 日，欧洲法院裁定英国可单方面撤销脱欧决定。2019 年 3 月 12 日，英国议会就修改后的“脱欧”协议进行了再次投票表决，但该协议仍然没有通过；2019 年 4 月 10 日，欧盟各国达成一致，同意将“脱欧”日期延迟至 10 月 31 日；2019 年 8 月 28 日，英国女王正式通过首相鲍里斯 · 约翰逊的请求，议会休会至 10 月 14 日；2019 年 10 月 19 日，英国议会要求首相寻求再度推迟脱欧；2019 年 10 月 22 日，英国暂停脱欧协议法案后续的审议、三读等立法程序，直到欧盟对英国延期脱欧的申请给出回复；2019 年 10 月 22 日，英国国会下议院投票否决了首相鲍里斯 · 约翰逊为推动通过脱欧协议而制定的立法时间表。2020 年 1 月，英国国会投票通过脱欧协议，欧洲议会于 1 月 29 日对脱欧协议进行最后的审议和表决；1 月 30 日，欧盟正式批准了英国脱欧。最后，英国在格林威治时间 2020 年 1 月 31 日 23 点（北京时间 2 月 1 日上午 7 点），在法律上正式脱欧。

二、英国脱欧对投资法律的影响

（一）整体影响

从宏观层面来看，英国脱欧后，欧盟的条约将不再对英国有约束力，英国在外商投资立法方面将拥有更大的主动权与自主权。

（二）竞争法领域的影响

在竞争法下的反垄断并购审查方面看，由于欧盟采取的是“一站式”申报制度，即达到欧盟审查标准的并购或新设合资企业的投资，应当向欧盟委员会申报。一旦通过欧盟委员会的审查，即便该投资同时满足了其他成员国或欧洲经济区国家的审查标准，也无须向这些国家进行申报。英国脱欧后，投资者可能面临既需要向欧盟委员会申报，也需要向英国进行申报的情形，一定程度上可能增加投资者的负担。此外，只要涉及英国实体的企业联合或滥用市场主导地位在欧盟 27 个成员国内产生影响，《欧盟运行条约》第 101 条（垄断协议）及第 102 条（滥用市场支配地位）仍将保持全面适用。鉴于脱欧后英国竞争和市场局将不再是欧盟竞争网络的一员，在发起和进行调查方面，英国与欧盟将需要建立新的合作体系，否则可能面临欧盟或其成员国对英国企业的调查,或英国对欧盟或其成员国的调查受阻的情况,进而影响欧盟与英国的反垄断执法活动。

(三)金融法领域的影响

首先,如果欧盟与英国之间没有签署金融法层面的特殊协议,伦敦的金融机构便永久失去了在欧盟其他 27 个成员国提供金融服务的许可。其次,在英国设立分支机构的金融机构将被欧盟认准为“第三国”金融机构,根据欧盟《金融工具市场指令》的规定,这些金融机构在进入欧盟市场时必须同时满足母国、英国以及其新分支机构所在的欧盟成员国的监管要求,监管成本将因此大幅上升。此外,欧央行的多位官员也曾表示,在英国脱欧后,欧央行将不再允许伦敦成为欧元的交易中心。

(四)知识产权法领域的影响

在知识产权方面,在欧盟商标系统下,申请人可以通过统一的申请程序,以统一的注册系统、费用、语言及申请单位为其商标取得所有欧盟成员国的保护。过渡期内,如果欧盟与英国之间签署与知识产权法相关的特殊协议,英国的申请人将需分别在不同国家申请商标注册;若过渡期内无特殊协议,在过渡期之后,英国的申请人在欧洲专利组织申请专利虽不会自动得到其成员国的认同与保护,但申请人只需付单一的律师费、申请费、审核费,待审核通过后,再向欧洲专利局(European Patent Office, EPO)成员国分别缴付指定费用进行专利注册,同样还能受到保护。另外,在英国脱欧后,英国的申请人可以通过《国际商标注册马德里协定》及其议定书在欧盟境内注册商标,但相对而言此种方式较为不便。中国企业在进行境外投资前,一般需要雇用具备知识产权专业经验的人士对知识产权申请等问题进行详细的调查与研究,以最大限度地降低知识产权法律风险,防止自身权利被侵犯,也避免侵犯他人权利。

在著作权方面,英国的立法有了一定变化。英国的著作权法有很大一部分与欧盟著作权法不同。在脱欧之前,英国著作权法律会参考一些欧盟及其成员国的法律规定。为了保证英国脱欧之后著作权法仍能正常运作,英国起草了《知识产权(著作权及其相关权利)(修订)(脱欧)规定 2019》[1],以删除或修改一些之前欧盟及其成员国法律规定在英国法律中的引用,最大限度地消除欧盟法对英国法的影响。其中,主要修改有:网络服务提供者将不再有义务为从英国入境欧洲经济区(或从欧洲经济区入境英国)的客户提供网络信息的可携带性。英国权利人在欧洲经济区内将不再享有数据库保护权(Sui Generis Database Right),同时只有英国居民和英国企业能在英国境内享有数据库保护权。由于一些国际协议的存在(如《伯尔尼条约》《与贸易有关的知识产权协议》等),英国和欧盟的著作权作品依然能在英国及欧盟都受到保护。

在商标方面,虽然脱欧之后,所有的欧盟注册商标将不会自动地在英国受到保护,

---

〔1〕 UK Government, Accessed on September 5, 2019, https://www.gov.uk/government/publications/changes-to-copyright-law-in-the-event-of-no-deal/changes-to-copyright-law-in-the-event-of-no-deal.

但是英国政府将保证脱欧前所有的欧盟注册商标和集体商标都可以被重新注册到英国[1]。这就意味着，欧盟商标可以用同样的商标在英国获得一个新的商标权，并在脱欧之后生效。需留意的是，英国国内注册的商标和欧盟商标将是两个独立的商标，他们可以分别被许可和转让。英国政府将保证此行政流程尽可能简略，使欧盟商标依旧在英国能得到保护。

在专利方面，脱欧对英国专利法的影响不大，因为只有一小部分的英国专利法是来自欧盟法律体系。在脱欧之后，英国专利体系依然将独立于欧盟运作。欧盟专利法的一个特殊之处是对药品和农业化学制品等专利在专利过期之后又提供了额外一段时间的保护（补充保护），此补充保护在脱欧之后也将被保留在英国法中[2]。这就意味着，英国的专利在脱欧之后仍可受到与之前一样的保护。

在商品流通层面，在英国脱欧过渡期内，商品一旦进入欧盟单一市场，知识产权的权利人就无法控制商品在欧盟内部的流通。但在脱欧之后，商品在英国与欧盟其他成员国之间的流通将会受到限制。英国目前的文件[3]显示，欧盟的产品在脱欧过渡期之后依旧可以自由进入英国流通。但是，当附带知识产权的商品（如带有商标的商品）从英国出口至欧盟成员国时，是否需要取得许可需要先行确认。但是上述安排也有可能随着欧盟与英国在过渡期内的谈判另外进行更改。

（五）税法领域的影响

在税法方面，脱欧后，英国将不会再被欧盟条约所限制。但是，英国政府也不太可能去推翻或修改之前为符合欧盟法律所做出的变动，或制定新的不符合欧盟法的法律。部分欧盟规则（如母子公司、利息和特许权使用费指令）将不再适用于英国，这将使得欧盟集团在英国境内设立控股公司的吸引力大大减少。

（六）其他规定的影响

对欧盟法规中有特殊规定的服务或货物供应行业，比如金融机构、保险企业、制药企业和航空企业进行投资时，投资者可能会有一定的风险。尤其对于金融机构来说，在过渡期后欧盟的跨国经营权可能不再适用。在过渡期内，英国的金融机构可以在所有欧盟国家开展业务，过渡期后，如果英国与欧盟无相关的协议，那么这些英国金融机构可能需要将总部搬迁至其他欧盟成员国，或者在其他欧盟成员国另行设立一个独立的企业从事欧盟国家的业务。对制药企业来说，若过渡期内欧盟和英国没有达成有关

---

〔1〕 UK Government, Accessed on September 5, 2019, https://www.gov.uk/government/publications/trade-marks-and-designs-if-theres-no-brexit-deal/trade-marks-and-designs-if-theres-no-brexit-deal.

〔2〕 UK Government, Accessed on September 5, 2019, https://www.gov.uk/government/publications/patents-if-theres-no-brexit-deal/patents-if-theres-no-brexit-deal.

〔3〕 UK Government, Accessed on September 5, 2019, https://www.gov.uk/government/publications/exhaustion-of-intellectual-property-rights-if-theres-no-brexit-deal/exhaustion-of-intellectual-property-rights-if-theres-no-brexit-deal.

药品流通的特殊协议，在过渡期后企业需要在英国、欧盟都销售产品的，则需要同时获得英国和欧盟的许可。

总体而言，英国一直以来秉持开放透明的传统，在脱欧过渡期后，法律和监管政策可能会进行一定的调整，目前无法预测英国脱欧的全部影响，这些变化也会增加在英投资的合规复杂性，需要投资者持续关注。

第二十章
外国企业投资法律合规案例

英国是高度成熟的法治国家，不仅各项法律法规健全，而且执法体系完善，这为外国投资者在英国创业发展提供了安全和有序的投资环境。英国对外商投资监管相对比较宽松，但对敏感和特别监管领域的投资，如防务、银行、电信、媒体及公共事业等，仍必须获得批准。尽管如此，由于企业自身对海外投资的复杂性认识不足，投资东道国的法律制度、政治环境和社会文化与本土差异较大，外国企业在英国的投资争端也频有发生[1]。以下选取了反洗钱、税务、反垄断、劳动、数据保护、买卖合同纠纷和知识产权纠纷等方面的典型的案例，说明在英国投资及日常运营时了解和遵循当地法律的重要性。

一、反洗钱案件——德意志银行监管不足案

（一）案件介绍

根据英国金融行为监管局的秘密调查，德意志银行在反洗钱、反恐怖主义资助和金融制裁等方面存在"严重"乃至"系统性"的问题。金融行为监管局发现所谓的"镜像交易"在2011年至2015年间进行。在这种交易中，客户在莫斯科以卢布购买股票，稍后与其关系密切的客户（比如同属一家公司）在伦敦银行再以相同价格卖出相同数量的股票。以此显然并非以营利为目的的方式来将卢布兑换成美元。

金融行为监管局在2016年3月2日的发函中写道，"我们的总体结论是，德意志银行在反洗钱等问题上存在严重的问题，从本质上来说这些是系统性的。在很长一段时间内，在防止金融犯罪方面，该行都缺乏有效的高层参与和领导"。最终，德意志银行被处以1.63亿英镑的罚款。

（二）风险提示

海外投资的企业，尤其在涉及金融行业时，应当依法建立健全反洗钱合规体系。从金融业界风向来看，以英国金融行为监管局为首的各国监管当局都正在加大对海外银行的监管措施力度，这一点势必将波及需要获得海外监管资质的国内金融服务公司。包括各大外汇券商在内的投资者，应做好心理准备，去面对更繁复的手续流程。考虑到反洗钱工作是一项非常复杂，且难度极高的工作，企业内部搭建健全的合规体

---

[1] 吕亚芳、琚磊：《中国企业海外投资纠纷的现状与反思》，载《经济体制改革》2014年第5期。

系，不仅有助于防范违法行为的发生，而且在违法行为发生后，也有助于企业向执法机构申请宽免处理。

二、税务案件——美国嘉吉公司与美国高盛集团避税案

（一）案件介绍

美国嘉吉公司（Cargill）和高盛集团（Goldman Sachs）因避税制度不合规被英国税务及海关总署追回7900万英镑应纳税额。

2001年，蒂赛德电站（Teesside Power Limited）的原持有者Enron破产，嘉吉公司和高盛集团取得了对蒂赛德电站的所有权。依据安永审计师的建议，蒂赛德电站向美国申请破产，这使蒂赛德电站收回原本Enron其他子公司所欠的数亿英镑的债务。随后，蒂赛德电站在泽西岛设立了公司，试图将这些收回的债权转换成股份以避免支付2亿英镑的企业税。英国税务及海关总署对本避税计划提出反对，并最终追回了7900万英镑的税款。

（二）风险提示

税务合规是所有投资者对英投资时都不得不面对的重要任务，一旦出现税务不合规的情况，不仅需要补缴税款，也会面临罚款、企业声誉受损等风险。因此，企业应当聘请税务专业机构进行严谨的税务审查，尽早取得税务方面的专业建议。

三、反垄断案件——香港和记黄埔有限公司收购“O2 UK”案

（一）案件介绍

2015年3月25日，西班牙电信宣布与香港和记黄埔有限公司（以下简称和记黄埔）达成了收购西班牙电信持有的英国Telefonica Europe plc.（“O2 UK”）的交易，总金额为102.5亿英镑。该交易旨在为和记黄埔将其“Three UK”（手机网络运营商）业务与“O2 UK”进行合并铺平道路，两家公司合并后用户数将超过3000万，约占英国移动电信市场44%，但此举将使英国的无线运营商数量从4家减为3家，市场集中度进一步提高。

根据《欧盟并购条例》的规定，该交易需要通过欧盟委员会的经营者集中反垄断批准。尽管该交易有关反垄断批准的管辖权是在欧盟，但是英国的反垄断执法机构也表达了高度关注，并于2015年10月2日向欧盟委员会申请将交易转移至英国竞争和市场局进行审查。2016年4月11日，在欧盟委员会拒绝将本案移交至英国竞争和市场局之后，英国竞争和市场局又向欧盟委员会提交了关于该交易的意见，列举了交易可能会产生的不利竞争影响。2016年5月，该交易最终因会对欧盟市场的竞争产生不利影响而被欧盟委员会否决。

（二）风险提示

尽管就并购交易的反垄断审查方面而言，本案最终由欧盟委员会进行管辖，但英国竞争和市场局对涉及英国的经营者集中行为的关注也十分密切。

企业对英国企业进行投资，在经营者集中行为达到申报标准时，应当仔细评估是否需要申报，并评估反垄断审批可能带来的商业风险。如果交易对竞争具有显著影响，而经营者选择不进行主动申报时，英国的反垄断执法机构很有可能主动对交易进行干预，而打乱计划的收购时间表，也会导致交易的不确定性。一旦英国竞争和市场局在交易完成之后才进行干预，则有可能导致交易无效，并需要恢复至交易前状态的不利状况。

虽然英国已经脱欧，英国与欧盟之间在过渡期后是否会有任何有关经营者集中审查事宜的协议仍不得而知。对企业最为不利的情况是交易既需要向欧盟申报，又可能同时面临英国审查的情况。因此，中国企业在英国投资时，应对经营者集中反垄断申报问题予以重视。

四、劳动案件——瑞士 H&M（Hennes & Mauritz AB）等 37 家企业未按法定最低工资标准支付劳动报酬案

（一）案件介绍

2015 年，英国税务海关总署对包含 H&M 在内未按法定最低工资标准支付劳动报酬的 37 家企业进行查处。据调查，H&M 在英国有 540 名员工每人至少少被支付 2605 英镑，是 37 家涉案企业中涉及员工最多的企业。对此，H&M 的解释是电脑系统出错。

针对未能按最低工资标准支付劳动报酬的企业，英国税务海关总署有权进行点名批评和罚款等处罚。最终，37 家涉案企业被处以总计 51,000 英镑的罚款，并被点名批评，此外仍需要支付拖欠的劳动报酬。时任英国商业、创新与技能部下的雇佣关系和消费者事务部长 Jo Swinson 强调[1]，“工资低于最低工资标准是非法的、不道德的而且完全不能接受。如果雇主违反这项义务，违法的雇主要知道我们将采取强硬措施，点名、羞辱并处以罚款，并帮助工人追讨欠他们的数十万英镑工资”。

（二）风险提示

前往英国投资的企业应当遵守当地的劳动法。尽管英国的人力资源成本较高，按照最低工资标准支付劳动报酬仍是雇佣主体不可避免的责任。目前，因未能按照最低工资标准支付劳动报酬一事的处罚较低，但英国政府正在讨论提高罚款金额，罚款将按照受害员工数量，每有一位员工，英国政府将会对违法雇主施加 20,000 英镑的罚款；或者对违法雇主施加总计 300 万到 1220 万英镑的罚款。[2] 上述措施一旦落实，将会显著提高企业的违法成本。

---

〔1〕 BBC, *Minimum wage: 37 firms named for failing to pay rate*, Accessed on July 11, 2020, https://www.bbc.com/news/business-30822565.

〔2〕 UK Government, Accessed on July 13, 2020, https://www.gov.uk/government/news/national-minimum-wage-penalties-increased-on-rogue-employers#:~:text=Currently%20employers%20that%20break%20NMW,can%20face%20is%20%C2%A35%2C000.

五、数据保护案件——我国香港国泰航空数据泄露案

(一)案件介绍

香港国泰航空因未能保护乘客的个人数据而被英国信息专员办公室处以50万英镑的罚款。

国泰航空通过香港联交所公告披露其在2018年3月至10月期间,电脑系统缺乏针对乘客个人数据的保护系统,导致111,578名英国乘客,940万全球旅客的个人信息被泄露。这些被泄露的个人数据包括姓名、护照号、身份信息、出生日期、邮箱地址、电话号码以及历史旅行轨迹。

据调查发现,国泰航空的系统是通过连接到互联网的服务器被侵入的,并且被安装了恶意软件来收集数据。另外,国泰航空还存在很多基本的安全问题,使黑客轻松获得了访问权限,例如备份文件没有密码保护,服务器没有应用补丁,应用的操作系统是不再被开发者支持和维护的系统,防病毒保护不足等。

信息专员办公室调查主管史蒂夫·埃克斯利(Steve Eckersley)表示:"国泰航空系统中基本的安全缺陷数量众多,甚至有些安全措施远低于标准,从最基本的角度来看,该航空公司未能满足国家网络安全中心基本网络要求的五分之四。"最终,鉴于其行为开始的时间早于GDPR生效的时间,信息专员办公室最终根据英国《1998年数据保护法》对国泰航空处以50万英镑的罚款。

(二)风险提示

个人数据保护是较为新兴的法律领域,中国企业赴英国进行投资时,应当关注和遵循英国对于数据保护的法律和监管要求,尤其是涉及数据业务较多的企业。

仅从本案例而言,企业在个人信息保护方面应当关注信息系统的安全性问题,包括物理环境方面的安全、信息技术安全、安全管理措施、权限设置、加密和防范恶意攻击等多方面的问题。根据我国香港特别行政区和英国信息专员办公室的调查结果,国泰航空应当按照适当的标准,系统地建立起公司的数据保护合规体系,保障个人数据的安全,这同样也适用于其他有个人数据保护需求的企业。

除了信息系统的安全之外,企业还应考虑在数据保留和数据删除方面履行法律义务,如果企业删除掉不需要保留的数据,这些数据被非法获取使用的可能性就会降低,也会从另一个路径来帮助企业维护数据安全。

此外,企业还需要注意,企业在英国的数据保护合规义务不止于数据安全,应当按照其在英国《2018年数据保护法》下的角色,即数据控制者或者数据处理者,来判断企业应当履行的法定义务。

六、买卖合同案件——罗马尼亚 OMV Petrom SA 诉瑞士 Glencore International AG

(一)案件介绍

2014年,罗马尼亚石油公司OMV Petrom SA(原告)因原油买卖合同争议在英国

高等法院向瑞士自然资源巨头 Glencore International AG 索赔超过 1 亿美元。原告诉称，被告出售并运送到罗马尼亚的 32 批货船的原油涉及蓄意的欺诈行为、欺骗和阴谋，原告收到的货物是由多种更便宜且更重的原油组成的混合物，在组成原油的成分、数量或比例上都与原本购买的伊朗重型（Iranian Heavy）原油和 GOSM 的原油不同。被告为这批货物制作了一套虚假文件，这套虚假文件的内容主要是证明“位于罗马尼亚境内的收货人认为每一箱原油均为伊朗重型原油或 GOSM”。

在法院判决前，本案原告曾尝试和解，并向被告提出了和解要约，希望被告支付 3500 万美元以解决争议，但被告并未接受或对和解要约进行任何回应。在 2015 年的判决中，法官不仅要求 Glencore International AG 向 OMV Petrom SA 支付 40，071，913 美元（无利息）的赔偿，也提高了被告应当支付的利息，作为补偿性赔偿。

随后，OMV Petrom SA 向英国上诉法院提起上诉，要求获得更高的惩罚性赔偿。上诉法院判决认为，当事方不能仅仅因为有能力继续进行诉讼而一直进行诉讼，当事方必须考虑到其他群体使用法院这一公共资源的权利。考虑到被告未能就原告的和解要约进行适当的回应这一情节，在最终的判决中，法官提高了被告应当支付的利息，作为惩罚性赔偿。2017 年上诉法院判决，支持了上诉人 OMV Petrom SA 获得惩罚性赔偿的请求。

（二）风险提示

英国《1999 年民事诉讼规则》第 36 部分关于和解方案的规定是民事索赔金额的计算基础。此案中法官判给原告的赔偿金额包含了利息，且利率是高于基准利率最高水平 10% 的范围。上诉法院表明，在《1999 年民事诉讼规则》第 36 部分的基础之上，法院可判决提高胜诉方的利息，该数额可视为对败诉方行为的惩罚性罚款。该制度是为了促进纠纷双方在解决争议过程中采取适当的合作措施，从而避免持续申请审讯所产生的额外成本。

因此，企业需要注意，在纠纷处理过程中，应当就对方基于《1999 年民事诉讼规则》第 36 部分提出的调解和谈判方案进行及时且适当的回应，不可故意拒绝对方提供的和解方案而直接申请上诉，或阻挠一方试图达成和解协议的努力，否则，作为被索赔方有可能面临支付额外的惩罚性赔偿的风险；而作为索赔方时，如拒绝对方提出的和解方案，而最终法院判决的赔偿金额低于对方提出的和解方案金额，则需要支付对方自提出和解方案后起至索赔结束为止的费用，该等费用可能很高。